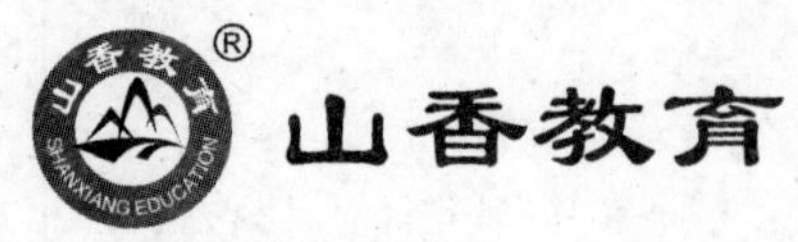

国家教师资格考试

高分题库

1000

山香教师资格考试命题研究中心 主编

幼儿园·综合素质

参考答案及解析

目　录

第一模块　过关必刷题库

第二模块　全真模拟试卷

學

日日行 不怕千万里

常常做 不怕千万事

参考答案及解析

第一模块　过关必刷题库

第一章　职业理念

核心知识提要

①面向全体学生　②创新精神和实践能力　③全面教育儿童　④因儿童而施教　⑤发展中的人　⑥具有能动性的　⑦公平公正地　⑧提供多样的发展机会　⑨全心全意为幼儿服务　⑩学生学习的促进者　⑪教育教学的研究者　⑫课程的开发者和建设者　⑬社区型开放的教师　⑭尊重、赞赏　⑮帮助、引导　⑯反思　⑰合作

经典真题回顾

一、单项选择题

答案速查

1～5	DAADA	6～10	DCBDB
11～15	BDADD	16～20	DACBB
21～25	DCBAC	26～29	DDBD

1. D　【解析】本题考查"育人为本"的儿童观。幼儿不同于成人,正处于发展之中,有自己独特的认知方式、成长特点。题干中,李老师没有理解幼儿的认知特点,对幼儿天马行空的想象给予否定,说明李老师没有认识到幼儿的发展特点,没有尊重幼儿,忽视了幼儿的天性,且忽视了幼儿作为权利主体所拥有的基本权利。A、B 选项对李老师的评价正确。幼儿是受教育的对象,但幼儿在受教育过程中并不是对教师的完全盲从。题干中的李老师忽视了幼儿在教育活动中的主观能动性,没有对幼儿进行正确引导,C 选项对李老师的评价正确。题干中并未提及对幼儿特长的培养,故本题选择 D。

2. A　【解析】本题考查素质教育的内涵。素质教育是面向全体幼儿的教育。题干中的老师在面对幼儿不愿参加游戏活动时,不能忽略幼儿,更不能强制幼儿参与活动。教师要密切关注幼儿的情况,询问幼儿不参与活动的原因,引导幼儿加入到活动中,促进幼儿全面发展。

3. A　【解析】本题考查素质教育的内涵。素质教育是促进学生全面发展的教育。学校教育不仅要抓好智育,更要重视德育,使诸方面的教育相互渗透、协调发展,促进学生的全面发展和健康成长。题干中秦晋妈妈对于环卫工这一职业存在偏见,容易对幼儿的认知产生不良影响,孙老师引导幼儿正确认识收垃圾的作用和意义,有利于发展幼儿良好的价值观念,引导幼儿正确认知。

4. D　【解析】本题考查幼儿教育的特点。幼儿教育具有保教结合的特点。对学龄前儿童的教育要特别强调保育与教育相结合,一切教育活动都是在保育的前提下进行的。题干中教师通过比赛的方式引导幼儿"帮橘子脱衣服",使幼儿学会独立剥橘子,有利于培养幼儿初步的生活自理能力和良好的习惯。

5. A　【解析】本题考查幼儿教育的特点。题干中,教师面对男孩故意将小便撒在小便池外这一不良生活习惯,通过在便池合适位置画花朵这一形式来调动幼儿的兴趣,纠正幼儿的不良习惯,可见教师利用的是幼儿教育的游戏性的特点,故本题选 A。

6. D　【解析】本题考查学前教育观的树立。科学的学前教育观要求教师不能虐待儿童、体罚或变相体罚儿童,以免损害儿童身心的健康发展。D 项胡老师让争抢玩具的幼儿站到墙角属于体罚儿童,故做法不合适。

7. C　【解析】本题考查"育人为本"的儿童观。幼儿是学习的主体,是具有能动性的教育对象。题干中蒋老师面对小朋友的问题,没有急于出手帮助,而是鼓励幼儿自己去尝试,说明蒋老师比较注重幼儿的亲身体验。

8. B　【解析】本题考查"育人为本"的儿童观在保教实践中的应用。"育人为本"的儿童观强调教育以服务幼儿为前提,促进每个人的全面发展,发掘每个人的潜能和创造力。题干中王老师通过自编通俗易懂的儿歌帮助幼儿学习正确的洗手方法,有利于幼儿积累相关经验,养成良好的卫生习惯。同时,王老师引导幼儿边唱边练,也关注到了幼儿的情境体验。故 A、C、D 三项正确。B 项,"注重幼儿气质养成",题干中没有体现。

9. D　【解析】本题考查"育人为本"的儿童观在保教实践中的应用。教育要以幼儿的全面发展为本,用全面的眼光看待幼儿。这就要求教育教学活动的组织者要充分尊重幼儿的主体地位,尊重幼儿的感受,调动幼儿学习的积极性和能动性,鼓励幼儿的创造性。题干中幼儿园将 70% 的课程安排为

音乐、美术、舞蹈等内容,忽视了幼儿其他方面的发展,故做法不正确,本题选 D。

10. B 【**解析**】本题考查"育人为本"的儿童观在保教实践中的应用。题干中孩子们都在向杨老师"告状",面对此类情景,教师正确的做法是先安抚幼儿的情绪,等幼儿平静下来,再倾听他们的问题并予以解决,故 B 项正确。A、C 两项,不理会所有"告状"的孩子,甚至批评他们,都不能解决孩子的问题,同时也没有体现教师对幼儿的尊重;D 项,选取部分孩子的"告状"予以解决,没有体现对幼儿的一视同仁。

11. B 【**解析**】本题考查"育人为本"的儿童观在保教实践中的应用。在教育活动中,教师必须使各个保教环节充满趣味,以引起幼儿浓厚的学习兴趣,激发幼儿的学习积极性和求知欲,使幼儿处于愉快的气氛中。题干中教师用充满趣味性的话语引导幼儿吃饭时要安静,体现了保教活动的趣味性原则。

12. D 【**解析**】本题考查"育人为本"的儿童观在保教实践中的应用。题干中胡老师在面对家长对孩子教育不恰当的问题时,能够利用合适的时机,及时地予以纠正,说明教师遵循了教育的适时性原则,故做法正确。

13. A 【**解析**】本题考查"育人为本"的儿童观在保教实践中的应用。题干中小虎爱抢答表明其属于冲动型的认知方式,对此,老师需引导他仔细思考,批评、多布置作业、置之不理等都是对小虎不负责任的做法。故本题选 A。

14. D 【**解析**】本题考查教师专业发展的途径。教师专业发展的途径,主要包括师范教育、新教师的入职培训、教师的在职培训、师徒结对、同伴互助和教师的自我教育。题干中王老师遇到问题去请教李老师,是自主与协作的结合。李老师对王老师说:"慢慢摸索吧,时间长了就知道了。我们都是这么过来的。"体现的是借鉴与探索、学习与反思的结合。题干的情境中并未体现理想与现实的结合,因此本题选择 D。

15. D 【**解析**】本题考查教师的专业素养。教师要有积极乐观的情绪和豁达开朗的心胸,应具备较强的情绪调适能力。题干中教师因为自己被投诉,心里不舒服就训斥小朋友,是缺乏情绪调适能力的表现,做法不合理。

16. D 【**解析**】本题考查教师终身学习在教学中的作用。焦老师"参加教师培训"是终身学习的表现;"返园后主动与同事们交流学习心得"有利于幼师的共同发展,推动幼儿园的园本教研。D 项,"有利于增进家园合作",与题意无关,故本题选 D。

17. A 【**解析**】本题考查"育人为本"的儿童观。幼儿是发展中的人,要用发展的观点认识幼儿。题干中李老师没有认识到幼儿动作发展的规律,没有准确把握小班幼儿动作发展的特点,并误认为欢欢把色彩涂到轮廓外面是由于她不认真,故李老师做法错误。

18. C 【**解析**】本题考查教师的专业素养。题干中闵老师的做法是不合理的,闵老师应正确看待测评成绩,注重反省、积极调整自我,避免把负面情绪转移到幼儿身上。

19. B 【**解析**】本题考查素质教育的内涵。素质教育是面向全体学生的教育。题干中,王老师只关注到了班里的小林,在组织表演游戏时总让小林扮演主角,忽视了其他幼儿的需求与发展,违背了素质教育倡导的面向全体学生的要求。

20. B 【**解析**】本题考查素质教育的内涵。《中国教育改革和发展纲要》中提出中小学要由"应试教育"转向全面提高国民素质的轨道。素质教育是面向所有学生开展的教育,而非只针对基础教育,因此本题选择 B 选项。

21. D 【**解析**】本题考查"育人为本"的儿童观。幼儿是发展中的人,幼儿的发展具有个别差异性。题干中点点刚入园,对新环境有点不适应,作为老师应关注点点的个别需要及情感需求,降低对点点的要求,用恰当的方法引导点点入睡。故本题选 D。

22. C 【**解析**】本题考查"育人为本"的儿童观在保教实践中的应用。"育人为本"的儿童观强调教师应理解、体谅与宽容地对待幼儿的错误,尊重幼儿。题干中洋洋"溜出教室""故意让老师追自己"是符合幼儿发展特点的表现,教师应正确地对待。A 选项,将教育责任归于家长的做法错误。B 选项,放任洋洋在户外活动,易发生意外事故。D 选项,关闭教室的门虽然直接解决了洋洋外跑的问题,但并没有理解洋洋的身心发展特点,可能会造成洋洋情绪的不稳定。故本题选择 C 选项。

23. B 【**解析**】本题考查"育人为本"的儿童观。幼儿是具有能动性的教育对象,具有自我教育的可能性。面对幼儿摔倒的情况,教师应引导幼儿发挥自己的主观能动性,主动站起来。如若幼儿确实需要帮助,再为其提供支持。故教师正确的说法为 B 项,既舒缓了幼儿的情绪,又体现了对幼儿的尊重。

24. A 【**解析**】本题考查"育人为本"的儿童观在保教实践中的应用。题干中两名幼儿产生矛盾,作为教师,应帮助幼儿解决问题,并借此机会帮助幼儿形成良好的同伴关系。

25. C 【**解析**】本题考查新课程倡导的教师观。教师不仅要对幼儿的行为给予赞赏,更要对幼儿的行为给予具体的指导,从而使幼儿学会某项技能。题干中梅老师对不会跳绳的超超只给予口

头的赞赏,并没有采取措施帮助超超领会跳绳的要点,给予针对性的指导。

26. D 【解析】本题考查"育人为本"的儿童观。题干中辰辰坐在椅子上摇来摇去,东倒西歪,此时教师的正确做法应是给予提醒,耐心劝导。故 D 项说法正确,既体现了教师对辰辰的关爱,也在一定程度上促进了辰辰良好行为习惯的培养。

27. D 【解析】本题考查教师专业发展的阶段。处于自我更新关注阶段的教师,其专业发展的动力转移到了专业发展自身,而不再受外部评价或职业升迁的牵制,直接以专业发展为指向。同时教师已经可以自觉依照自身发展的一般路线和目前的发展条件,有意识地自我规划,以谋求最大程度的自我发展。题干中窦老师"有意识地自我规划、自我发展、关注学生整体发展",说明窦老师处于自我更新关注阶段,故本题选择 D 选项。

28. B 【解析】本题考查"育人为本"的儿童观。"育人为本"的儿童观认为幼儿身心发展具有个别差异性,个别差异性是指儿童发展在具有整体共同特征的前提下,每个儿童的身心发展,在表现形式、内容和水平方面,都有其独特之处。题干中幼儿园建立了"过程性数据"与"关键事件"相结合的幼儿发展评价信息系统,目的是跟踪幼儿个体的成长过程,这体现了幼儿园关注幼儿发展中的独特性,故本题选 B 选项。

29. D 【解析】本题考查新课程倡导的教师观。新课程倡导的教师观在对待教学关系上,强调帮助、引导。教的本质在于引导,引导的特点是含而不露、开而不达、引而不发。题干中东东的游戏陷入了困境,正是需要教师进行引导的时候,D 选项中教师引导幼儿从颜色和形状两个方面观察拼图,是对幼儿的有效引导,故本题选择 D 选项。

二、材料分析题(参考答案)

1. 王老师的教育行为符合素质教育背景下的教育观。

(1)素质教育是面向全体幼儿的教育。面向全体幼儿的教育要求教师要平等对待每一个孩子。材料中王老师并没有因为馨馨跳得不好而放弃她,而是坚持让馨馨参加舞蹈排练,说明王老师的教育是面向全体幼儿的,不愿意放弃任何一个孩子。

(2)素质教育是促进幼儿全面发展的教育。幼儿的全面发展教育是促进幼儿德智体美劳的全面发展。材料中王老师不仅关注幼儿的舞蹈学习,还能够在排练时抓住教育契机,培养孩子们"互帮互助""善良""勇敢"等品质,说明王老师不仅关注活动的进行,还注重幼儿品德的教育。

(3)素质教育是促进幼儿个性发展的教育。素质教育观要求教师要针对每个幼儿因材施教,尊重每个幼儿的想法。材料中馨馨由于手臂发育不良,在舞蹈学习时跟不上其他小朋友,王老师因材施教,编排了相对简单的舞蹈,使之能加入舞蹈排练,说明王老师尊重幼儿的个体差异性,尊重馨馨的个性发展。

(4)素质教育是以培养创新精神和实践能力为重点的教育。教师要在活动中鼓励幼儿积极参与,激发幼儿的主动性和创造性。材料中王老师引导幼儿积极参与到艺术节活动中,有利于培养幼儿的实践能力。

综上所述,材料中王老师的做法践行了素质教育的具体要求,值得我们提倡和学习。

2. 张老师的行为符合素质教育背景下的教育观,值得肯定。

(1)素质教育是促进学生全面发展的教育。教师要全面教育儿童,促进幼儿生动活泼地发展,不能偏废其中任何一方。材料中,张老师针对托班幼儿吃饭时普遍存在的问题,想尽了办法,帮助幼儿形成了良好的进食习惯,保证了幼儿身体的健康发育。

(2)素质教育是面向全体学生的教育。素质教育不是只注重个别人或者一部分人,而是促进每一位学生的发展。材料中,张老师通过采用各种教育方法引导幼儿动脑、动手、动口,强化幼儿正确的吃饭行为,培养每个幼儿良好的行为习惯,做到了面向全体学生。

(3)素质教育是促进学生个性发展的教育。素质教育要求教师承认每位学生之间的差异性,因材施教。材料中,璐璐吃饭容易弄脏小手和衣袖,张老师有针对性地给璐璐准备毛巾擦手,体现了张老师因材施教的原则。

(4)素质教育是以培养创新精神和实践能力为重点的教育。教师要在活动中鼓励幼儿积极参与,激发幼儿的主动性和创造性。材料中张老师为了让幼儿养成好好吃饭的习惯,通过教师示范、幼儿模仿,并辅之以小动物角色扮演的方式增加幼儿吃饭的积极性,鼓励幼儿克服困难,在活动中锻炼了幼儿的实践能力,激发了幼儿的主动性与积极性。

总之,张老师的行为促进了幼儿主动、活泼地发展,培养了幼儿的良好习惯,很好地贯彻了素质教育背景下的教育观。

3. 邓老师的做法符合素质教育背景下"育人为本"的儿童观,这种教育行为值得我们学习。

(1)幼儿是发展中的人,要用发展的观点认识幼儿。幼儿具有巨大的发展潜能。材料中,就金鱼的意外死亡事件,老师并没有直接告知幼儿答案,而是带领幼儿大胆假设、论证研究,激发幼儿的学习热情,说明教师认识到了幼儿巨大的发展潜力,能够创设机会促进幼儿发展。

(2)幼儿是学习的主体,是具有能动性的教育对

象。幼儿在受教育过程中不是对教师的完全盲从,而是具有在教育活动中的主观能动性和自我教育的可能性。材料中,教师引导幼儿通过自主探究、主动思考去了解金鱼死亡的原因,并讨论金鱼正确的喂养方式,说明教师看到了幼儿自身的能动性,促进了幼儿认知的自我建构。

(3)幼儿是独特的人。幼儿是完整的、独一无二的人,教师要将幼儿看成独特的个体,因材施教,促进幼儿的全面发展。材料中,老师不但就金鱼之死引发大家认知方面的讨论,还为金鱼举办了一个葬礼,让幼儿体会到了生命的宝贵与意义,说明教师能够关注幼儿的情感体验,做到了促进幼儿的全面发展。

因此,作为幼儿教师,应该像邓老师一样全面贯彻"育人为本"的儿童观,以儿童的全面发展为中心,帮助幼儿在各方面健康快乐地成长。

4. 张老师的教育行为违背了"育人为本"的儿童观。

(1)"育人为本"的儿童观要求教师认识到幼儿是发展中的人,用发展的观点认识幼儿。幼儿具有巨大的发展潜能,教师要相信幼儿,给予幼儿期望,多表扬幼儿、鼓励幼儿。材料中,张老师一开始上课的"三不许"以及在孩子不识字、没有反应的情况下,直接放弃与孩子一起探索书的种类的做法是不对的,没有看到幼儿身上的巨大潜力,忽视了幼儿是发展中的人。

(2)"育人为本"的儿童观要求教师认识到幼儿是独特的人。因此,教师要将幼儿看成独特的个体,因材施教,促进幼儿的全面发展。但是,材料中张老师在面对很多孩子不认识生字的情况时,直接请"识字大王"江江来认读,并没有针对其他孩子予以具体的指导。说明教师没有关注不同孩子发展的差异性,没有做到因材施教。

(3)"育人为本"的儿童观要求教师认识到幼儿是学习的主体,是具有能动性的教育对象。幼儿是受教育的对象,但幼儿在受教育过程中并不是对教师的完全盲从,而是具有在教育活动中的主观能动性和自我教育的可能性。材料中,张老师的教育活动并没有充分发挥幼儿的能动性,整个过程中教师主导了教育活动,幼儿是完全被动的。

总之,张老师的教育行为没有遵循"育人为本"的儿童观的要求,不利于幼儿的全面发展,不值得我们提倡和学习。

5. 材料中李老师的行为是恰当的,符合新课程倡导的教师观。

(1)从教师与学生的关系看,教师是学生学习的促进者。教师是学生学习能力的培养者。教师不仅传授知识,而且是学生学习的激发者,各种能力和积极个性的培养者。材料中,李老师在孩子们发现蜗牛后能够因势利导,提出和孩子们一起研究蜗牛,说明李老师能够有意识地促进、支持幼儿的学习。

(2)从教学与研究的关系看,教师是教育教学的研究者。教师即研究者,意味着教师在教学过程中要以研究者的心态置身于教学情境之中,以研究者的眼光审视和分析教学理论与教学实践中的各种问题,对自身的行为进行反思,对出现的问题进行探究,对积累的经验进行总结,最终形成规律性的认识。材料中,李老师课后研究查阅蜗牛的相关资料,并找来关于蜗牛的科普视频和孩子们一起观看,说明李老师能够积极探究教育教学问题。

(3)从教学与课程的关系看,教师是课程的开发者和建设者。新课程倡导民主、开放、科学的课程理念,同时确立了国家、地方、学校三级课程管理政策,这就要求课程与教学相互整合,教师必须在课程改革中发挥主体作用。材料中,李老师将蜗牛引入课堂,和孩子们一起观察、记录蜗牛的生活,通过查阅资料、分享资料展开以"蜗牛"为主题的系列活动,说明李老师能够自主开发、建设幼儿感兴趣的课程。

(4)在对待师生关系上,新课程强调尊重、赞赏。"为了每一位学生的发展"是新课程的核心理念。为了实现这一理念,教师必须尊重每一位学生做人的尊严和价值。同时,还要学会发现学生的闪光点,学会赞赏每一位学生。材料中,当幼儿提出问题时,李老师能够采取积极的态度及时给予赞赏,说明李老师善于发现幼儿的闪光点。

(5)在对待教学关系上,新课程强调帮助、引导。教的本质在于引导。引导的特点是含而不露、开而不达、引而不发。材料中,针对幼儿发现的问题,李老师能够启发幼儿思考,并帮助幼儿寻找、搜集学习资源,找到解决问题的方法,说明李老师能够通过引导促进幼儿的发展。

总之,李老师的教育行为体现了新课程倡导的教师观,值得我们借鉴和学习。

6. 我们应该辩证看待李老师的行为。

(1)新课程倡导的教师观要求教师应是学生学习的促进者。教师是学生学习的激发者,各种能力和积极个性的培养者。材料中李老师为幼儿提供了球、跳绳等器械练习,促进了幼儿平衡能力的发展。但李老师对幼儿大胆尝试的行为给予制止,表明李老师并没有完全尊重幼儿的想法,没有了解幼儿的最近发展区,没有对幼儿的行为给予引导。

(2)新课程倡导的教师观要求教师应是教育教学的研究者。教师应以研究者的心态置身于教学情境中,以研究者的眼光审视和分析教学理论与教学实践中的各种问题。材料中李老师在进行活动之前根据幼儿的发展特点,为幼儿提供不同的练习材料体现了这一点。但有五个孩子因为各种原因没有参与此次活动,李老师却并没有发现,在活

动前也没有考虑到他们的情况，表明李老师对教学的研究还有很大的进步空间。

(3)新课程倡导的教师观要求教师在对待教学关系上，强调帮助、引导。教师应以各种方式引导学生发展，应给予学生启迪与激励。材料中李老师看到幼儿在活动中出现的行为，总是给予制止或帮助，而没有对幼儿进行引导，提供给幼儿安全的活动环境，说明李老师的教学方法应改进，应侧重于对幼儿的引导。

综上所述，对于该老师的做法我们应该辩证看待，李老师的出发点是为了幼儿的发展，但在实际教学过程中的方法和理念应适时更新，从而能更有效地促进幼儿的发展。

过关必刷题库

专题一 教育观

一、单项选择题

答案速查

1～5	BBBBD	6～10	ABADD
11～15	CABAC	16～20	CBDCD
21～23	CCB		

1. B 【解析】素质教育是以培养创新精神和实践能力为重点的教育。题干中的学生善于思考，敢于质疑，指出了老师教学上的错误，杨老师则肯定了该生勇于质疑的行为，这种做法有利于培养学生的发散思维、创新能力和反思能力。B项题干中没有体现，本题选B。

2. B 【解析】题干中，针对不同特长的幼儿，庄老师采取了不同的方法，鼓励其发挥各自的优势，表明庄老师注重幼儿的差异，善于因材施教。庄老师经常对幼儿进行鼓励，表明庄老师善于激发幼儿的自信。题干中庄老师的做法并未体现他关注幼儿的全面发展，本题选B。

3. B 【解析】素质教育是面向全体学生的教育，强调在教育中每个人都得到发展，而不是只注重一部分人，更不是只注重少数人的发展。题干中曲老师每次都让铭铭站在舞台中间，忽视了其他学生的发展，故曲老师的做法违背了素质教育面向全体学生的理念。

4. B 【解析】素质教育是依据人的发展和社会发展的实际需要，以全面提高全体学生的基本素质为根本目的，以尊重学生主体性和主动精神，注重开发人的智慧潜能，形成人的健全个性为根本特征的教育。题干中"虎妈"给孩子报了多个兴趣班，不顾实际情况，让孩子在所有领域全面发展，没有尊重孩子的兴趣和需要，没有尊重孩子的身心发展规律，违背了素质教育的理念。

5. D 【解析】素质教育是以培养创新精神和实践能力为重点的教育，创新教育是素质教育的核心，是旨在激发学生创新意识、培养学生创新能力的教育。题干中王老师因为小刚没有按照他的标准画画而批评他并让他重新画，违背了素质教育培养学生创新精神的理念，故王老师的做法是错误的。

6. A 【解析】素质教育是以培养创新精神和实践能力为重点的教育，是旨在激发学生创新意识、培养学生创新能力的教育。创新教育是素质教育的核心。题干中孙老师不限制答案，让幼儿勇敢地发表自己的意见，畅所欲言，说明孙老师注重幼儿创新精神的培养。

7. B 【解析】素质教育是面向全体学生的教育。题干中李老师将每个孩子的作品都展出，关注到了每个孩子的发展，体现了素质教育面向全体学生的理念，故李老师的做法是正确的。

8. A 【解析】素质教育是面向全体学生的教育。题干中马老师注意到班级中有点孤僻、不合群的学生王蕊，并指定她做小组长来培养其与人交往的能力，符合素质教育中面向全体学生的教育理念。

9. D 【解析】科学的学前教育观要求教师关爱幼儿，尊重幼儿。题干中，面对其他幼儿对莉莉的嘲笑，教师应及时予以引导，并想办法保护莉莉的自尊心。D项，教师的说法巧妙地化解了莉莉的尴尬，故做法正确。

10. D 【解析】培养具有创新精神和实践能力的新一代人才，是素质教育的时代特征。创新教育是素质教育的核心，创新能力不仅是一种智力特征，更是一种人格特征、一种精神状态。题干中陈老师在课堂上通过不断提问，激发学生进行发散思考，培养了学生的创新精神。

11. C 【解析】素质教育是以培养创新精神和实践能力为重点的教育。题干中阳阳将苹果涂成紫色，虽看似不合理，但基于幼儿的认知特点，王老师应该尊重阳阳的想法，保护阳阳的创新意识和兴趣。A、B、D三个选项中的做法不合理，违背了素质教育的理念。

12. A 【解析】素质教育是促进学生全面发展的教育。题干中秦老师的表述表明他注重学生的全面发展，具备素质教育的理念。

13. B 【解析】素质教育是面向全体学生的教育。题干中周老师认为"教育应适合儿童，而不是挑选适合教育的儿童"，表明周老师贯彻了这一理念。

14. A 【解析】素质教育是促进学生个性发展的教育，每一位学生都有其个性，教师要尊重并充分发展学生的个性。题干中胡老师并没有因为图图的纪律问题而忽视了图图手工课上的出色表现，说明胡老师注意到了图图的个性发展，并充分尊重与鼓励图图的个性发展。

15. C 【解析】素质教育是促进幼儿全面发展的教育。实施素质教育必须坚持德育、智育、体育、美育和劳动技术教育并举,促进学生生动活泼地发展。题干中李老师只注重对幼儿知识的传授,忽视了幼儿的全面发展,违背了素质教育促进幼儿全面发展的理念。

16. C 【解析】素质教育的根本宗旨是提高国民素质;素质教育的两个重点是培养学生的创新精神和实践能力;素质教育的三大要义是面向全体、全面发展、主动发展。

17. B 【解析】素质教育是培养学生创新精神和实践能力的教育。题干中老师的做法是错误的,会扼杀学生的创造力。在教育教学中,教师对学生的奇思妙想应该持肯定、支持的态度,既要引导学生正确认识事物,也要鼓励学生进行与众不同的想象,培养他们的想象力和创造力。

18. D 【解析】素质教育是促进学生个性发展的教育,教师要尊重并充分发展学生的个性。题干中于老师增设多项不同的荣誉称号,说明于老师关注到了幼儿不同方面的优势,有利于促进幼儿的个性发展,故做法合理。

19. C 【解析】素质教育的内涵包括:(1)素质教育是面向全体学生的教育;(2)素质教育是促进学生全面发展的教育;(3)素质教育是促进学生个性发展的教育;(4)素质教育是以培养创新精神和实践能力为重点的教育。C 项表述不符合素质教育的内涵。

20. D 【解析】素质教育与全面发展教育并不矛盾,而是相辅相成的,二者的关系可以概括为:全面发展教育是素质教育的内容或途径,素质教育是全面发展教育的目标或落实。A、B 两个选项说法错误。全面发展教育并不是让学生各方面平均发展,更不是削弱个性的教育。C 项说法错误。

21. C 【解析】学前教育对幼儿的教育来说,具有启蒙性。因为幼儿对客观世界的认识尚处于蒙眬的阶段,还不能分门别类地接受系统的科学知识。学前教育的启蒙性是指对学前儿童的教育要与他们的现实发展需要联系起来,要启于未发、适时而教、循序渐进,不损伤“幼嫩的芽”,并且要促使其茁壮成长。

22. C 【解析】素质教育是着眼于基础的教育,素质教育是为学生成长打基础的教育,它不是专业性教育,更不是升学教育。它要为学生做人打基础,为整个中华民族素质的提高打基础。基础教育中的素质教育是让学生拥有一般的学识和最基本的能力,而不是成为某一专门领域的小专家或某一劳动领域的小行家。故题干内容主要说明素质教育是着眼于基础的教育。

23. B 【解析】题干中的幼儿园针对学生的不同兴趣爱好,开设不同的兴趣小组,目的是针对学生的个性特长,有的放矢地进行教育,促进学生的个性发展。

二、材料分析题(参考答案)

1. 材料中李老师的做法很好地践行了素质教育观,值得我们学习。

(1)素质教育是促进学生全面发展的教育。素质教育倡导的是在教育中使每个学生都得到充分的、全面的发展。材料中,李老师常常说:“美术课堂不仅要教会学生画画,还应该培养学生更多的能力。”表明李老师认识到素质教育不仅要教会学生某方面的知识和能力,还要培养学生更多的能力,促进学生全面发展。

(2)素质教育是促进学生个性发展的教育。每一个学生都有其个别性,有不同的欲望需求、不同的兴趣爱好、不同的创造潜能,这些不同点铸造了一个个千差万别的、个性独特的学生。材料中,有的学生将旧衣服改成符合时尚潮流又具有独特魅力的新衣服;有的学生将旧衣物裁剪成布条、布块,制作成灯笼、小布娃娃等布艺饰品……体现了学生不同的个性和潜能,李老师的教育方式促进了学生的个性发展。

(3)素质教育是以培养创新精神和实践能力为重点的教育。材料中,在李老师组织的创意大赛中,学生们动脑动手,给旧衣物赋予了新的功能和价值,制作出缤纷多彩的作品。李老师在教育中培养了学生的创新精神和实践能力。

综上所述,李老师践行了素质教育的理念,促进了学生健康成长。

2. 老师的行为是正确的,值得每一位老师学习,他充分践行了素质教育观。

(1)素质教育是以培养学生的创新精神和实践能力为重点的教育。创新教育是素质教育的核心,是旨在激发学生创新意识、培养学生创新能力的教育。材料中,老师通过营造这样一种宽松的发展环境和条件,保护了明明的好奇心和求知欲,有效地促进其创造力和想象力的发展。

(2)素质教育是面向全体幼儿的教育。素质教育倡导人人有受教育的权利,强调在教育中每个人都得到发展,而不是只注重一部分人,更不是只注重少数人的发展。材料中,明明淘气、好动、不爱学习,但是当孩子有疑问时,老师依旧给予解答,给予关爱,说明老师充分做到了面向每一位学生。

(3)素质教育是促进幼儿全面发展的教育。素质教育倡导的是在教育中使每个幼儿都得到充分的、全面的发展。材料中老师及时关注到了幼儿的兴趣点,并用浅显易懂的语言解答了幼儿的问题,培养了幼儿的自信心,使幼儿遇到问题时能够大胆地提出来,得到全面发展。

因此,教师在教育的过程中,要充分践行新课程背

景下的素质教育观,促进学生健康成长。

3. 华老师的教育行为体现了素质教育的理念,促进了幼儿的发展。

(1)素质教育是促进幼儿全面发展的教育。幼儿的全面发展教育是促进幼儿德智体美劳的全面发展。素质教育倡导的是在教育中使每个幼儿都得到充分的、全面的发展。材料中华老师通过灵活的教育方式,不但教会了幼儿系鞋带,提高了幼儿的生活自理能力,而且也促进了其智力的发育。

(2)素质教育是以培养学生的创新精神和实践能力为重点的教育。材料中华老师没有局限于传统的教育方式,而是创造性地采用编儿歌的方式教导幼儿,取得了比较好的效果,体现了"创新教育是素质教育的核心"这一理念。

综上所述,华老师很好地践行了素质教育观,其做法值得我们借鉴和学习。

4. 材料中刘老师的教育行为体现了素质教育观,值得肯定和学习。

(1)素质教育是面向全体学生的教育,强调在教育中每个人都得到发展,而不是只注重一部分人,更不是只注重少数人的发展。材料中,小安令其他老师都很头疼,但刘老师并没有因此放弃对小安的教育,而是鼓励他,使其恢复了自信,最终小安的学习主动性提高了,还赢得了幼儿园绘画比赛的二等奖。这表明刘老师坚持了面向全体学生的教育观。

(2)素质教育是促进学生个性发展的教育。素质教育是全面发展的教育是从教育对所有学生的共同要求的角度来看的,但每一位学生都有其个性。因此,教育还要尊重并充分发展学生的个性。材料中,刘老师针对小安喜欢画画的特点,经常与他交流绘画心得,鼓励小安参加绘画比赛,最终赢得了幼儿园绘画比赛的二等奖,这表明刘老师尊重并充分发展了学生的个性。

(3)素质教育是促进学生全面发展的教育。素质教育倡导的是在教育中使每个学生都得到充分的、全面的发展。材料中,刘老师不仅关注小安的情绪体验,而且能够采取适宜的方法促进小安学习主动性的发挥和学习能力的提升,说明刘老师关注到了幼儿的全面发展。

作为教师,我们应当践行素质教育观,正确教育学生,促进学生发展。

5. 于老师的做法是合理的,遵循了新课程背景下的素质教育观。

(1)素质教育是面向全体幼儿的教育。素质教育不同于应试教育。素质教育倡导人人有受教育的权利,强调在教育中每个人都得到发展,而不是只注重一部分人,更不是只注重少数人的发展。材料中于老师组织全员展示活动,因看到小伟没有报名对他进行鼓励,不落下班里每一位幼儿。

(2)素质教育是促进幼儿全面发展的教育。实施素质教育必须坚持德育、智育、体育、美育和劳动技术教育并举,促进学生生动活泼地发展。材料中于老师不但关注了小伟的学习,还采取推荐他做"小小卫生员"的做法,促进小伟在其他方面共同发展。

(3)素质教育是促进幼儿个性发展的教育。每一位幼儿都有其个性,因此,教育要尊重并充分发展幼儿的个性。材料中于老师组织特长展示活动,鼓励小伟展示自己的特长,这说明于老师充分尊重和发挥幼儿的主体意识和主动精神,促进幼儿个性发展。

新课程背景下,教师只有从学生的角度出发,以学生为本,积极鼓励学生才能够更好地实现教书育人的目的。

专题二 儿童观

一、单项选择题

答案速查

1~5	CDBCB	6~10	DDDDD
11~15	AABCC	16~20	BACDA
21~25	DDDBA		

1. C 【解析】"育人为本"的儿童观认为幼儿是发展中的人,要用发展的观点认识幼儿。幼儿不同于成人,正处于发展之中,他们有自己独特的认知方式、成长特点,有巨大的发展潜能和被塑造与自我塑造的潜力。题干中陈老师针对幼儿的疑问,可以布置家庭作业课外探究,既不影响上课,同时还能激发学生的求知欲,培养学生的创新精神和实践能力。

2. D 【解析】幼儿是发展中的人,具有巨大的发展潜能。王老师应该看到小聪的发展潜力,重视小聪的想法并给予积极回应。此外,老师应该保护幼儿的好奇心,鼓励幼儿主动质疑、积极思考,培养幼儿的创造性思维,而王老师的做法欠妥,扼杀了幼儿的创造性思维。

3. B 【解析】"育人为本"的儿童观认为幼儿是独特的、完整的人。在教育活动中,作为完整的人而存在的幼儿,不仅具备智慧和人格力量,而且体验着全部的教育生活。题干中赵老师让康康离开舞蹈队的做法,损害了康康的人格,是不尊重幼儿的表现,故做法不合理。

4. C 【解析】幼儿是具有能动性的教育对象,具有自我教育的可能性。面对幼儿学不会的情况,教师应引导幼儿发挥自己的主观能动性,尝试着进行。如若幼儿确实需要帮助,再为其提供支持。故教师正确的说法为C项,既舒缓了幼儿的情绪,又体现了对幼儿的尊重。

5. B 【解析】幼儿是发展中的人。题干中老师从李

岩现在算术学习上的表现推断其以后物理、化学学习困难,否定了幼儿巨大的发展潜能,忽视了幼儿是发展中的人,没有用发展的观点认识幼儿。

6. D 【解析】幼儿和成人一样,彼此平等,具有相同的价值。幼儿作为权利主体拥有权利,题干中的张老师大声斥责讽刺乐乐的行为,很明显伤害了乐乐的自尊。

7. D 【解析】"育人为本"的儿童观认为每个幼儿都有自身的独特性,教师应当尊重幼儿的独特性和差异性。题干中,小明创作出了一个与众不同的苹果,老师应当尊重小明的创作,适当引导小明表达自己的创意,而不是直接否定学生,打击学生的创作激情。所以D项做法最合理。

8. D 【解析】题干中两位小朋友的做法显然是不合适的,教师要予以引导。但教师同时也要理解、体谅、宽容地对待幼儿的错误,采取温和的方式去解决,因此教师恰当的做法应是眼神示意两人,将其注意力引到课堂上。

9. D 【解析】发展的顺序性是指正常情况下,儿童的发展具有一定的方向性和顺序性,既不能逾越,也不会逆向发展,按由低级到高级、由简单到复杂的顺序进行。儿童心理时刻都在发生量的变化,随着量变的积累,到了一定程度,就会发生"质变",出现一些带有本质性的重要差异。这些差异有显著的变化,使儿童心理发展呈现出"阶段性"。个别差异性是指儿童发展在具有整体共同特征的前提下,每个儿童的身心发展,在表现形式、内容和水平方面,都有其独特之处。发展具有不平衡性是指人的发展不是等速的,学前期和青春期是发展的两大加速期。在学前期的不同时间内,儿童的发展速度也不同。儿童年龄越小,发展的速度就越快,这是学前期儿童心理发展的规律。题干中"不是每个儿童都聪明"体现了儿童发展的差异性,B项正确。"某一方面能力落后不代表永远落后"体现了儿童发展的阶段性和不平衡性,A项、C项正确。

10. D 【解析】个别差异性是指儿童发展在具有整体共同特征的前提下,每个儿童的身心发展,在表现形式、内容和水平方面,都有其独特之处。题干中描述十个手指的长度各不相同,体现了个体发展的差异性特征。

11. A 【解析】上课扮鬼脸是为了得到老师或同学的关注,老师与同学可以不予理睬,不给予其希望得到的强化,那么此类行为就会逐渐减少。故针对题干中小浩的行为,教师最为适宜的处理策略是不予理睬。

12. A 【解析】幼儿是发展中的人,幼儿的发展具有个别差异性。题干中圆圆刚入园,对新环境有点不适应,作为老师应关注圆圆的个别需要及情感需求,降低对圆圆的要求,用恰当的方法引导圆圆学会自己吃饭。故本题选A。

13. B 【解析】幼儿是发展中的人,要用发展的观点认识幼儿。题干中老师的做法体现了容错教育的思想,学生犯错是在所难免的,只有吸取错误中的教训才会更好地成长,说明宁老师把学生看作是发展中的人来对待。

14. C 【解析】幼儿的身心发展具有连续性和阶段性特征。儿童心理发展的连续性表现在:先前的较低级的发展是后来较高级的发展的前提。儿童心理时刻都在发生量的变化,随着量变的积累,到了一定程度,就会发生"质变",出现一些带有本质性的重要差异。这些差异有显著的变化,使儿童心理发展呈现出"阶段性"。题干中幼儿园根据幼儿的认知发展特点和身心发展规律,对不同年龄阶段的幼儿进行不同层次的教学,是尊重幼儿身心发展阶段性的表现。

15. C 【解析】幼儿是发展中的人,具有巨大的发展潜能,要用发展的观点认识幼儿。题干中,凡凡对科学活动很感兴趣,教师应该对凡凡予以鼓励,保护凡凡的积极性和主动性,而不是打击凡凡,故吴老师做法不正确。其次,吴老师以凡凡在科学课上的表现就判定凡凡不适合当科学家,说明吴老师没有将幼儿看成是正在发展的个体,没有注意到幼儿巨大的发展潜能。故本题选C。

16. B 【解析】幼儿是学习的主体,是具有能动性的教育对象。幼儿是受教育的对象,但幼儿在受教育过程中并不是对教师的完全盲从,而是具有在教育活动中的主观能动性和自我教育的可能性。题干中B项让幼儿先观察再作画,充分调动了幼儿学习的主动性,发挥了幼儿的创造力,正确。幼儿年龄小,无法自主选择教学内容,A选项错误。以幼儿的经验及思维水平尚无法独立完成科学实验及研究,C选项错误。幼儿园应建立接送交接制度,不可以让幼儿独自回家,D选项错误。

17. A 【解析】"育人为本"的儿童观认为幼儿是发展中的人,教师要用发展的、全面的眼光看待幼儿。题干中郑老师因为圆圆把鞋子穿反,没有耐心地鼓励与引导,反而当众批评他,郑老师没有尊重幼儿的人格,伤害了幼儿的自尊心,违背了"育人为本"的儿童观理念。

18. C 【解析】"育人为本"的儿童观认为幼儿是独一无二的人。由于遗传、环境、教育等方面的影响,每个幼儿身心发展的速度都各不相同,身心素质的组合特征也不同。教师应当将幼儿看成独特的个体,因材施教,促进幼儿身心的全面发展。题干中兵兵沉默寡言,针对这样的情况,教师应该在充分尊重幼儿的基础上先了解情况,因材施教,分析原因,不能心急。

19. D 【解析】幼儿是发展中的人,要用发展的观点

认识幼儿。现代科学研究的成果与教育的价值追求,要求人们用发展的眼光来认识和看待幼儿。幼儿不同于成人,正处于发展之中,他们有自己独特的认知方式、成长特点,有巨大的发展潜能和被塑造与自我塑造的潜力。题干中的王老师鼓励家长支持康康的兴趣,正是因为看到了康康身上的发展潜能。

20. A 【**解析**】幼儿是发展中的人,要用发展的观点认识幼儿。作为发展中的人,意味着幼儿还是不成熟的人,是一个正在成长的人。题干中面对李鹏的不足,张老师没有一味批评李鹏,而是鼓励他继续努力,并相信李鹏能取得更大的进步,体现了该观念。

21. D 【**解析**】教师要用鼓励、温和的语言对幼儿说话,不能用命令、强硬的语言,因此D项是最贴切的。

22. D 【**解析**】题干的描述启示教师应该用发展的眼光去看待学生,说明学生是具有发展潜力的人。

23. D 【**解析**】根据不同学生的认知水平、学习能力以及自身素质,教师应当因材施教,在教学中选择适合每个学生特点的学习方法来进行有针对性的教学。对于小明,教师应该表扬其勇于发言的行为,不能因其答错而指责,而是应进一步启发其多思考;对于小强,教师要鼓励其多举手发言。

24. B 【**解析**】A项,教师批评冰冰不利于儿童创新精神与能力的发展,还可能会对冰冰造成心理伤害;C项,教师放任不管是不负责任的表现;D项,幼儿是学习的主体,教师不能以己代劳,帮助冰冰重新填色。正确的做法应当是,教师耐心询问、了解冰冰的想法,根据幼儿的实际情况采取针对性的教育措施。故本题选B项。

25. A 【**解析**】"育人为本"的儿童观包括:(1)幼儿是发展中的人,要用发展的观点认识幼儿;(2)幼儿是独特的人;(3)幼儿是学习的主体,是具有能动性的教育对象;(4)幼儿是权利的主体。①③④体现了"育人为本"的儿童观的内涵。②⑤⑥表达正确,但不属于学生观,故不选。

二、材料分析题(参考答案)

1. 材料中王老师的做法是正确的,践行了"育人为本"的儿童观,值得借鉴学习。

(1)"育人为本"的儿童观认为幼儿是发展中的人,要用发展的观点认识幼儿。幼儿具有巨大的发展潜能,教师应用发展的眼光看待幼儿。材料中王老师在问幼儿每种动物的生活习性时,幼儿回答不上来,王老师并没有直接告诉幼儿答案,而是请幼儿回家和家长一起搜集资料,得出答案。表明了王老师用发展的眼光认识和看待幼儿,尊重幼儿的发展。

(2)"育人为本"的儿童观认为幼儿是学习的主体,是具有能动性的教育对象。幼儿在受教育过程中并不是对教师完全盲从,而是具有在教育活动中的主观能动性和自我教育的可能性。材料中王老师让幼儿和家长一起搜集资料,再将资料以主题的形式展示,和幼儿一起讨论,发展了幼儿的独立性和创造性。

综上所述,王老师很好地践行了"育人为本"的儿童观,值得我们学习。

2. 吴老师的做法体现了"育人为本"的儿童观,值得我们借鉴。

(1)"育人为本"的儿童观认为幼儿是发展中的人,要用发展的观点认识幼儿。幼儿具有巨大的发展潜能。材料中吴老师利用蝴蝶向大家提出问题,引导幼儿积极观察,各自分享自己的看法,不固定答案,使幼儿充分发挥自己的想象力,促进幼儿的发展。

(2)"育人为本"的儿童观认为幼儿是学习的主体,是具有能动性的教育对象。幼儿在受教育过程中并不是对教师完全盲从,而是具有在教育活动中的主观能动性和自我教育的可能性。材料中吴老师带大家在户外观察花,利用恰当的时机引导幼儿自己探索发现,鼓励幼儿表达自己的想法,发挥了幼儿的主体性。

因此,作为教师,我们要向吴老师学习,尊重幼儿,发挥幼儿的主体性,以发展的眼光看待幼儿,充分践行"育人为本"的儿童观。

3. 马老师的教育行为体现了"育人为本"的儿童观,值得肯定。

(1)幼儿是发展中的人,要用发展的观点认识幼儿。作为发展中的人,意味着幼儿还是不成熟的人,是一个正在成长的人。把幼儿作为发展中的人来对待,就要理解幼儿身上存在的不足,就要允许幼儿犯错误。当然,更重要的是要帮助幼儿解决问题,改正错误,从而不断促进幼儿的进步和发展。材料中马老师组织了"交朋友"的活动,在活动中让晓星学会了与人相处的方法。

(2)幼儿是独特的人,每个幼儿都有自身的独特性。独特性是个性的本质特征,教师应珍视幼儿的独特性和培养具有独特个性的人。材料中马老师找到了晓星的问题产生的原因,做到了因材施教。

综上所述,马老师认识到了幼儿身上的独特性,用发展的眼光看待幼儿,践行了"育人为本"的儿童观。

4. 吴老师的教育行为是正确的,践行了"育人为本"的儿童观,值得我们学习。

(1)幼儿是发展中的人,要用发展的观点认识幼儿。幼儿不同于成人,正处于发展之中,他们有自己独特的认知方式、成长特点,有巨大的发展潜能

和被塑造与自我塑造的潜力。材料中吴老师对幼儿的搞怪行为没有责骂,而是以此为契机,让幼儿展开想象,激发了幼儿的创造力,吃完香蕉还让幼儿用香蕉皮进行手工制作,锻炼了幼儿的动手操作能力。

(2)幼儿是独特的人。教师应当将幼儿看成独特的个体,因材施教,促进幼儿的全面发展。材料中吴老师利用香蕉的形状、味道,充分发挥了幼儿独特的想象力,并利用各种材料带大家加工香蕉皮,尊重幼儿在这一过程中独特的想法,促进幼儿健康成长。

(3)幼儿是学习的主体,是具有能动性的教育对象。幼儿是教育的主体,幼儿的学习和发展是幼儿主动建构的过程。材料中吴老师并没有直接讲授关于香蕉的知识,而是引导幼儿自己品尝、自己想象,促进了幼儿想象力和创造力的发展,尊重了幼儿的主体地位。

综上所述,吴老师的行为值得我们借鉴。

5. 钟老师的教育行为是错误的,违背了“育人为本”的儿童观。

(1)“育人为本”的儿童观认为幼儿是发展中的人,要用发展的观点认识幼儿。幼儿身心的各个方面都非常不完善,极易受到伤害。因此,幼儿教师应努力地呵护、照料和关心他们。材料中钟老师面对幼儿的哭闹,不能调节自己的心态,反而对幼儿发脾气,这样不利于幼儿适应幼儿园生活。

(2)“育人为本”的儿童观认为儿童是独特的人,是独一无二的人。教师应该根据幼儿的特点和要求,进行有的放矢地教育。材料中钟老师面对个别幼儿的哭闹时,没有分析他们哭闹的原因,反而是跟孩子发脾气,这说明钟老师没有尊重儿童,没有根据幼儿的实际情况进行针对性的教育。

在实际教学中,教师必须树立一切为了幼儿发展的核心理念,充分践行“育人为本”的儿童观。

6. 材料中老师的教育行为是正确的,体现了“育人为本”的儿童观。

(1)幼儿是发展中的人。幼儿是处于发展过程中的人。材料中教师将小女孩当作发展中的人,通过交谈发现女孩的优点,同时对小朋友们嘲笑小女孩的行为,并没有斥责,而是采取合理的措施引导小朋友们发现小女孩的优点,使小朋友们自觉改正了自己的错误行为,这些都体现了教师将幼儿当作发展中的人。

(2)幼儿是独特的人。材料中教师能够根据小女孩的艺术才能,通过办手工比赛,拉近她和小朋友们的距离,让小朋友们认识小女孩,并引导幼儿树立正确的价值观,说明教师能够认识到每个幼儿都有自身的独特性,根据幼儿各个方面的情况进行因材施教。

总之,作为一名教师应该向材料中的老师学习,将“育人为本”的儿童观落实到教育教学活动中,做到因材施教,促进幼儿全面发展。

7. 老师的行为是错误的,违背了“育人为本”的儿童观的理念。

(1)“育人为本”的儿童观认为幼儿是发展中的人,要用发展的观点认识幼儿。幼儿不同于成人,正处于发展之中,他们有自己独特的认知方式、成长特点,有巨大的发展潜能和被塑造与自我塑造的潜力。材料中的华华因为害羞,所以在训练的过程中放不开,经常跳错,不是跟不上其他小朋友的节拍,就是动作不到位。对此,老师却是指责批评华华,说明该教师忽略了幼儿的个体差异性。

(2)“育人为本”的儿童观强调幼儿是独特的人。①幼儿是一个完整的人;②幼儿是独一无二的人。教师应当将幼儿看成独特的个体,因材施教,促进幼儿的全面发展。材料中负责训练的教师,总是当场严厉指责华华跳得不对,并斥责说:“怎么有你这么笨的孩子呢,不会跳还报名干什么呢?”该教师没有考虑幼儿的独特性,没有尊重幼儿的选择和自由,更加忽略了幼儿个体发展的潜能。

(3)“育人为本”的儿童观提出幼儿是学习的主体,是具有能动性的教育对象。幼儿是受教育的对象,但幼儿在受教育过程中并不是对教师的完全盲从,而是具有在教育活动中的主观能动性和自我教育的可能性。材料中教师的做法违背了这一观点,使华华失去对舞蹈的兴趣。

综上所述,作为一名幼儿教师,要身体力行地践行“育人为本”的儿童观,促使幼儿得到全面发展。

专题三　教师观

一、单项选择题

答案速查

1~5	CAADA	6~10	ADCDD
11~15	ACCAB	16~20	DCDDC

1. C 【解析】幼儿园没有统一的课程,没有教材使用的规定,这就给予了每个幼儿园很大的空间,使得幼儿园能够根据当地以及自身的实际情况,制定出适合本幼儿园的课程。题干中,教师围绕主题进行整合、设计,以形成新的课程,体现了教师是课程的开发者和建设者的角色。

2. A 【解析】从教学与课程的关系看,教师是课程的开发者和建设者。新课程倡导民主、开放、科学的课程理念,教师不仅是课程实施的执行者,更应成为课程的开发者和建设者。题干中黄老师根据学校的环境和季节特点,因时施教,带领学生观察荷花、荷叶,引导学生将关于荷花、荷叶的知识做成小册子,开发了新的课程资源,说明黄老师具有课程研发的意识。

3. A 【解析】教师在对待教学关系上,强调帮助、引

导,教的本质在于引导。引导的特点是含而不露、开而不达、引而不发;引导的内容不仅包括方法和思维,同时也包括价值和做人。题干中老师的提问方式看似让学生参与课堂,其实只是一种无效提问,说明教师有这种意识,却没有正确理解帮助、引导幼儿的含义。

4. D 【解析】从教师与学生的关系看,教师是学生学习的促进者。教师是学生人生的引路人,这要求教师不仅要向学生传播知识,更要引导学生沿着正确的道路前进,并不断在他们成长的道路上设置不同的路标,成为学生健康心理和健康品德形成的促进者、催化剂,引导学生学会自我调适、自我选择,引导学生向更高的目标前进。题干中,班主任孙老师在班会上对大操大办生日会的风气进行了批评,要求厉行节俭。这属于老师对学生品行的引导。

5. A 【解析】教师是学生学习能力的培养者。教师不仅传授知识,检查学生对知识的掌握程度,而且教师是学生学习的激发者,各种能力和积极个性的培养者。题干中老师没有直接打断孩子的观察,而是采用比较委婉的方式,保护了幼儿自主探索的兴趣。

6. A 【解析】教师即研究者,意味着教师在教学过程中要以研究者的心态置身于教学情境之中,以研究者的眼光审视和分析教学理论与教学实践中的各种问题,对自身的行为进行反思,对出现的问题进行探究,对积累的经验进行总结,最终形成规律性的认识。题干中的邱老师经常梳理工作中遇到的问题,并进行研究,从而找到问题的成因及解决策略,体现了教师的研究者角色。

7. D 【解析】教师在对待教学关系上,强调帮助、引导。引导的特点是含而不露、开而不达、引而不发。题干中教师最恰当的做法是用表情和眼神提醒乐乐,使其转变态度,积极参与到课堂活动中。

8. C 【解析】幼儿教师的沟通能力主要包括教师与幼儿、教师与家长的沟通能力和促进幼儿之间相互沟通的能力。题干描述的现象说明该教师缺乏沟通能力。

9. D 【解析】从教学与研究的关系看,教师是教育教学的研究者。教师即研究者,意味着教师在教学过程中要以研究者的心态置身于教学情境之中,以研究者的眼光审视和分析教学理论与教学实践中的各种问题,对自身的行为进行反思,对出现的问题进行探究,对积累的经验进行总结,最终形成规律性的认识。题干中王老师并未考虑班级实际情况,只是一味地对李老师进行模仿,没有关注到学生的个体差异,没有做到对自己的教学行为进行反思,不利于其教学水平的提高。D 选项的表述题干中未涉及,故本题选择 D。

10. D 【解析】在现代教师教学行为的转变中,强调教师在对待自我上,要注重反思。教学反思是教师专业发展和自我成长的核心因素。同时教师具有教育教学研究的能力,是教育教学的研究者,教师可以以研究者的身份来审视和分析教学理论与教育实践中的各种问题。题干中的孙老师针对自己课堂气氛沉闷、学生表现不积极的现象,认真分析反思,寻找解决问题的途径,体现孙老师具备自我反思和教育教学研究的能力。

11. A 【解析】从教学与课程的关系看,教师是课程的开发者和建设者。新课程倡导民主、开放、科学的课程理念,教师不仅是课程实施的执行者,更应成为课程的开发者和建设者。题干中马老师将学校里的废旧物品融入课堂,是开发新课程的表现,说明马老师具有课程研发的意识。

12. C 【解析】学生犯了错误之后,由于害怕、担心等一些情绪,而不敢承认自己的错误。这时,教师要积极引导学生"知错能改",鼓励学生敢于承认自己的错误。故选 C。

13. C 【解析】根据福勒和布朗的理论,关注幼儿阶段的教师将考虑幼儿的个别差异,认识到不同发展水平的幼儿有不同的需要,能根据幼儿的差异采取适当的教学,促进幼儿发展。题干中张老师在设计保教活动时能够充分考虑幼儿的个别差异,采取相应的教学模式,说明张老师处于关注幼儿阶段。

14. A 【解析】根据福勒和布朗的理论,处于关注生存阶段的一般是新教师,他们非常关注自己的生存适应性,最担心的问题是"学生喜欢我吗""同事们如何看我""领导是否觉得我干得不错"等。因而,可能会把大量的时间花在如何与学生搞好个人关系上,想方设法控制学生,而不是更多地考虑如何让学生获得学习上的进步。

15. B 【解析】根据福勒和布朗的理论,处于关注情境阶段的教师关心的是如何教好每一堂课,以及班级大小、时间压力和备课材料是否充分等与教学情境有关的问题,如"内容是否充分得当""如何呈现教学信息""如何掌握教学时间"等。传统教学评价集中关注这一阶段,一般来说,老教师比新教师更关注此阶段。

16. D 【解析】作为一名教师,不仅要有崇高的师德,还要有深厚而扎实的专业知识。只有树立终身学习的思想,不断充实自己,拓宽知识视野,才能在学生心目中树立起较高的威信。题干的描述表明李老师具备终身学习的能力。

17. C 【解析】教师同伴互助是指教师与同事结成伙伴关系,在一起工作,通过共同阅读与讨论、示范教学、课例研究,特别是有系统地教学观察与反馈,学习并分享新的知识,改进教学策略,进而提高教学质量,并促进自身的专业发展。

18. D 【解析】新课程倡导的教师角色包括:(1)从教师与学生的关系看,教师是学生学习的促进者;(2)从教学与研究的关系看,教师是教育教学的研究者;(3)从教学与课程的关系看,教师是课程的开发者和建设者;(4)从学校与社区的关系看,教师是社区型开放的教师。A、B、C 三项都不是新课改倡导的教师角色,故答案选 D 项。

19. D 【解析】新课改倡导学生主动参与、乐于探究、勤于思考、善于动手。这就要求教师调整教学行为和策略,转变角色,不再是知识的占有者、传递者,应成为学生学习的促进者。教师要帮助学生制定适当的学习目标,并确认和协调达到目标的最佳途径,指导学生形成良好的学习习惯,掌握学习策略,发展认知能力;要创设丰富的教学情境,激发学生学习动力,培养学生的学习兴趣,鼓励学生将自己掌握的各种知识、实践经验带到课堂中,促进学生自主学习,使学生能够自己去实验、观察、探究、研讨,使他们身心全部投入学习活动之中,在愉快中学习,掌握新知识。所以,题干所述体现了教师的促进者角色。

20. C 【解析】福勒和布朗根据教师的需要和不同时期所关注的焦点问题,把教师的成长划分为关注生存、关注情境和关注学生三个阶段。处于关注生存阶段的一般是新教师,他们非常关注自己的生存适应性,最担心的问题是"学生喜欢我吗""同事们如何看我""领导是否觉得我干得不错"等。因而,可能会把大量的时间花在如何与学生搞好个人关系上,而不是更多地考虑如何让学生获得学习上的进步。处于关注情境阶段的教师关心的是如何教好每一堂课,以及班级大小、时间压力和备课材料是否充分等与教学情境有关的问题。因此,题干中的郝老师正处于关注情境阶段。答案选 C 项。处于关注学生阶段的教师将考虑学生的个别差异,认识到不同发展水平的学生有不同的需要,根据学生的差异采取适当的教学,促进学生发展。

二、材料分析题(参考答案)

1. 陈老师的教育反思过程是恰当的,符合新课程倡导的教师观的要求。

(1)新课程倡导的教师观强调,教师是教育教学的研究者。教师即研究者,意味着教师在教学过程中要以研究者的心态置身于教学情境之中,以研究者的眼光审视和分析教学理论与教学实践中的各种问题,对自身的行为进行反思,对出现的问题进行探究,对积累的经验进行总结,最终形成规律性的认识。材料中,教师对自己的教学行为进行了深刻的反思,体会到了为人师表的重要性,充分践行了新课程倡导的教师观所强调的教师反思。

(2)新课程倡导的教师观强调,教师是学生学习的促进者。教师是学生人生的引路人。这要求教师不仅仅向学生传播知识,更要引导学生沿着正确的道路前进,并不断在他们成长的道路上设置不同的路标,成为学生健康心理和健康品德形成的促进者、催化剂,引导学生学会自我调适、自我选择,引导学生向更高的目标迈进。材料中,教师对自己不良行为为学生的道德行为习惯造成的负面影响,给予了及时关注,在日后的教育教学中必将更好地促进学生道德品质的发展。

因此,教师在教育教学过程中应该自觉做到为人师表,运用新课程理念看待教师职业,树立正确的教师观,才能做好教书育人。

2. 陈老师的做法是合理的。符合新课程倡导的教师观的要求,值得学习。

(1)新课程倡导的教师观认为教师是学生学习的促进者。教师不仅仅向学生传播知识,更要引导学生沿着正确的道路前进,并不断在他们成长的道路上设置不同的路标,成为学生健康心理和健康品德形成的促进者、催化剂,引导学生学会自我调适、自我选择,引导学生向更高的目标迈进。材料中的陈老师面对有很多不良习惯的小浩没有谩骂,而是引导小浩发现自身的优点,帮助其树立理想,对小浩的发展起到了引导和帮助的作用。

(2)新课程倡导的教师观强调教师是教育教学的研究者。教师在教学过程中要以研究者的心态置身于教学情境之中,以研究者的眼光审视和分析教学理论与教学实践中的各种问题,对自身的行为进行反思,对出现的问题进行探究,对积累的经验进行总结,最终形成规律性的认识。材料中,陈老师发现小浩有很多不良习惯时,没有急于批评,而是经过反思,想到更好的方法,使小浩树立远大的理想,并为之努力。

(3)新课程倡导教师在对待师生关系上,强调尊重、赞赏。教师不仅要尊重每一位学生,还要学会发现学生的闪光点,学会赞赏每一位学生。材料中陈老师在发现小浩有很多不良习惯后,没有斥责,而是尊重小浩,认识到幼儿发展的个体差异性,帮助小浩找到自己的优点,给予小浩肯定和鼓励,培养了小浩的自信心,促进小浩健康成长。

(4)新课程倡导教师在对待教学关系上,强调帮助、引导。教的本质在于引导。引导的特点是含而不露、开而不达、引而不发;引导的内容不仅包括方法和思维,同时也包括价值和做人。材料中陈老师积极引导小浩发现自己的优点,并给予小浩肯定和鼓励,帮助小浩树立正确的价值观与人生观,促进小浩全面发展。

因此,教师要时刻践行新课程倡导下的教师观,引导和帮助学生,促进学生成长。

3. 曾老师的教育行为伤害了幼儿的自尊心和想象力,没有践行新课程倡导的教师观的要求。

(1)从教师与学生的关系看,教师是学生学习的促

进者。教师不仅传授知识,而且是学生学习的激发者,各种能力和积极个性的培养者。材料中,曾老师缺乏对幼儿兴趣的关注,缺乏对幼儿除学习以外的其他领域的发展的关注,不利于幼儿的全面发展。

(2)在对待师生关系上,新课程强调尊重、赞赏。"为了每一位幼儿的发展"是新课程的核心理念。为了实现这一理念,教师必须尊重每一位幼儿做人的尊严和价值。材料中,曾老师用成年人的标准来评价幼儿的想象,对幼儿的想象没有给予尊重,没有从幼儿的角度思考问题,不利于幼儿健康人格和兴趣的发展。

(3)在对待教学关系上,新课程强调帮助、引导。教的本质在于引导。引导的特点是含而不露、开而不达、引而不发。材料中,曾老师在面对幼儿富有想象力的思考时没有及时地进行引导,忽视了儿童的主观能动性,挫伤了幼儿探索世界、独立思考的积极性。

因此,作为教师,要践行新课程倡导的教师观的要求,充分关注幼儿主动思考的意识和想象力,鼓励幼儿表达自己的看法和观点,保护幼儿的好奇心和求知欲。

第二章　教育法律法规

核心知识提要

①中华人民共和国教育法　②学生伤害事故处理办法　③幼儿园工作规程　④人格权　⑤受教育权

经典真题回顾

单项选择题

答案速查

1~5	ADDAC	6~10	CAABD
11~15	CADDB	16~20	BABCD
21~25	AACCD	26~30	BACBA
31~35	BBAAC	36~38	DDD

1. A 【解析】本题考查《中华人民共和国宪法》。我国《宪法》第一百三十四条规定,中华人民共和国人民检察院是国家的法律监督机关。

2. D 【解析】本题考查《中华人民共和国宪法》。我国宪法规定,我国公民依法享有宗教信仰自由、人身自由、通信自由等。教育自由不属于宪法规定的公民基本权利,故本题选D。

3. D 【解析】本题考查《中华人民共和国宪法》。我国宪法规定,我国国民经济的主导力量是国有经济,本题选D。

4. A 【解析】本题考查《中华人民共和国教育法》(2015年修订)。《中华人民共和国教育法》第七十七条规定,在招收学生工作中徇私舞弊的,由教育行政部门或者其他有关行政部门责令退回招收的人员;对直接负责的主管人员和其他直接责任人员,依法给予处分;构成犯罪的,依法追究刑事责任。题干中幼儿园园长的行为尚未构成犯罪,应依法给予其处分,故本题选择A选项。

5. C 【解析】本题考查《中华人民共和国教育法》(2015年修订)。根据《中华人民共和国教育法》第三十六条规定,"学校及其他教育机构中的管理人员,实行教育职员制度"。题干中梁某在幼儿园从事专职食品安全管理工作,属于管理人员,故对梁某应实行教育职员制度,本题选C。

6. C 【解析】本题考查《中华人民共和国教育法》(2015年修订)。《中华人民共和国教育法》第三十一条规定,"学校及其他教育机构的举办者按照国家有关规定,确定其所举办的学校或者其他教育机构的管理体制"。幼儿园是由某教育发展集团独资创办的,因此,该教育集团有权确定本园的管理体制。

7. A 【解析】本题考查《中华人民共和国教育法》(2015年修订)。《中华人民共和国教育法》第九条规定,"公民不分民族、种族、性别、职业、财产状况、宗教信仰等,依法享有平等的受教育机会"。

8. A 【解析】本题考查《中华人民共和国教师法》。《中华人民共和国教师法》第十四条规定,"受到剥夺政治权利或者故意犯罪受到有期徒刑以上刑事处罚的,不能取得教师资格;已经取得教师资格的,丧失教师资格"。题干中李某曾被判处有期徒刑一年,故李某将终身不能从事教师职业。

9. B 【解析】本题考查《中华人民共和国教师法》。《中华人民共和国教师法》第三十六条规定,"国家工作人员对教师打击报复构成犯罪的,依照刑法有关规定追究刑事责任"。题干中园长找社会人员殴打教师钱某,导致钱某重伤,因此对园长的行为应依法追究刑事责任。

10. D 【解析】本题考查《中华人民共和国义务教育法》。《中华人民共和国义务教育法》第十二条规定,"县级人民政府教育行政部门对本行政区域内的军人子女接受义务教育予以保障"。题干中亮亮为现役军人的子女,因此对亮亮的义务教育负有保障义务的是县级人民政府教育行政部门。

11. C 【解析】本题考查《幼儿园工作规程》。《幼儿

园工作规程》第四十七条规定，幼儿园不得以培养幼儿某种专项技能、组织或参与竞赛等为由，另外收取费用；不得以营利为目的组织幼儿表演、竞赛等活动。题干中公立幼儿园以幼小衔接为由开展辅导活动，收取费用，违反了此项规定，故本题选择 C 选项。

12. A 【解析】本题考查《儿童权利公约》。《儿童权利公约》确立了一个重要理念，即涉及儿童的所有行为均应以“儿童的最大利益”为首要考虑，而且把这种考虑宣布为儿童的一项权利。

13. D 【解析】本题考查《幼儿园工作规程》。《幼儿园工作规程》第二十五条规定，“幼儿园教育应当遵循幼儿身心发展规律，符合幼儿年龄特点”。题干中幼儿园组织幼儿进行军训，一方面没有顾及幼儿身体发育的特点，另一方面也不利于幼儿个性的健康成长，因此幼儿园做法不正确。

14. D 【解析】本题考查《学生伤害事故处理办法》。《学生伤害事故处理办法》第十三条规定，下列情形下发生的造成学生人身损害后果的事故，学校行为并无不当的，不承担事故责任；事故责任应当按有关法律法规或者其他有关规定认定：(1)在学生自行上学、放学、返校、离校途中发生的；(2)在学生自行外出或者擅自离校期间发生的；(3)在放学后、节假日或者假期等学校工作时间以外，学生自行滞留学校或者自行到校发生的；(4)其他在学校管理职责范围外发生的。题干中的事故发生在放学之后，且幼儿园的行为并无不当，因此幼儿园不承担责任。事故是在监护人的看护下发生的，责任应由幼儿的监护人承担。

15. B 【解析】本题考查《学生伤害事故处理办法》。《学生伤害事故处理办法》第九条规定，“因下列情形之一造成的学生伤害事故，学校应当依法承担相应的责任：学校组织学生参加教育教学活动或者校外活动，未对学生进行相应的安全教育，并未在可预见的范围内采取必要的安全措施的”。题干中，东东在户外活动中摔伤时，教师正背对着幼儿的活动区域，说明幼儿园没有尽到相应的管理职责，因此幼儿园应承担相应责任。

16. B 【解析】本题考查《中华人民共和国未成年人保护法》(2020 年修订)。《中华人民共和国未成年人保护法》第十七条规定，未成年人的父母或者其他监护人不得实施“放任、唆使未成年人吸烟(含电子烟，下同)、饮酒、赌博、流浪乞讨或者欺凌他人”的行为。

17. A 【解析】本题考查《学生伤害事故处理办法》。《学生伤害事故处理办法》第九条规定，因“学校组织学生参加教育教学活动或者校外活动，未对学生进行相应的安全教育，并未在可预见的范围内采取必要的安全措施的”造成的学生伤害事故，学校应当依法承担相应的责任。题干中丁丁是在幼儿园户外活动时受伤，故应由幼儿园承担赔偿责任。

18. B 【解析】本题考查《幼儿园工作规程》。《幼儿园工作规程》第十三条规定，入园幼儿应当由监护人或者其委托的成年人接送。题干中，王某受萌萌父亲的委托，可以代为接送，但老师应当向幼儿监护人核实。张老师核对了接送人的身份，做法正确。

19. C 【解析】本题考查《幼儿园工作规程》。《幼儿园工作规程》第二十条规定，“幼儿园应当建立患病幼儿用药的委托交接制度，未经监护人委托或者同意，幼儿园不得给幼儿用药”。故何老师做法不合法。

20. D 【解析】本题考查《幼儿园工作规程》。题干中幼儿园为大班开设小学课程，属于提前教授小学教育内容，违背了幼儿身心发展规律。因此做法不正确，不利于幼儿身心发展。

21. A 【解析】本题考查《幼儿园工作规程》。题干中幼儿园让幼儿入园前先接受体检，方便幼儿园了解、掌握幼儿的健康状况，符合《幼儿园工作规程》中的要求。

22. A 【解析】本题考查《儿童权利公约》。《儿童权利公约》规定，“儿童系指 18 岁以下的任何人，除非对其适用之法律规定成年年龄低于 18 岁”，故本题选 A。

23. C 【解析】本题考查教师的权利。题干中幼儿园从教师工资中扣除 100 元用于订阅专业刊物，属于变相克扣教师工资，侵犯了教师获取工资报酬的权利，故做法不合法。

24. C 【解析】本题考查幼儿的基本法律权利。身体权是自然人对其肢体、器官及其他组织的完整性所享有的人格权。题干中教师刘某并未经过圆圆的同意，剪掉圆圆的头发，侵犯了圆圆的身体权。

25. D 【解析】本题考查幼儿的基本法律权利。著作权是指作者和其他著作权人对文学、艺术和科学工程作品所享有的各项专有权利。题干中幼儿园未经兰兰及其家长的同意就将兰兰的画拿给出版社出版，侵犯了兰兰的著作权，故不合法。

26. B 【解析】本题考查《中华人民共和国宪法》。《中华人民共和国宪法》第十九条规定，国家发展社会主义的教育事业，提高全国人民的科学文化水平。国家举办各种学校，普及初等义务教育，发展中等教育、职业教育和高等教育，并且发展学前教育。

27. A 【解析】本题考查《中华人民共和国教师法》。《中华人民共和国教师法》第十六条规定，国家实行教师职务制度，具体办法由国务院规定。

28. C 【解析】本题考查《中华人民共和国教师法》。

《中华人民共和国教师法》第十三条规定,取得教师资格的人员首次任教时,应当有试用期。

29. B 【解析】本题考查《中华人民共和国教师法》。《中华人民共和国教师法》第三十七条规定,教师有下列情形之一的,由所在学校、其他教育机构或者教育行政部门给予行政处分或者解聘:(1)故意不完成教育教学任务给教育教学工作造成损失的;(2)体罚学生,经教育不改的;(3)品行不良、侮辱学生,影响恶劣的。题干中,黄某体罚幼儿被园长批评教育后,没有改正,反而再次体罚幼儿,其行为违反了我国《教师法》的规定,可由教育行政部门给予行政处分或解聘,本题选 B。

30. A 【解析】本题考查《中华人民共和国义务教育法》。《中华人民共和国义务教育法》第五十九条规定,有下列情形之一的,依照有关法律、行政法规的规定予以处罚:(1)胁迫或者诱骗应当接受义务教育的适龄儿童、少年失学、辍学的;(2)非法招用应当接受义务教育的适龄儿童、少年的;(3)出版未经依法审定的教科书的。

31. B 【解析】本题考查《中华人民共和国宪法》。《中华人民共和国宪法》第九十六条规定,地方各级人民代表大会是地方国家权力机关。第一百零五条规定,地方各级人民政府是地方各级国家权力机关的执行机关,是地方各级国家行政机关。故本题选择 B 选项。

32. B 【解析】本题考查《儿童权利公约》。《儿童权利公约》第十八条规定,父母、或视具体情况而定的法定监护人对儿童的养育和发展负有首要责任。故本题选择 B 选项。

33. A 【解析】本题考查《中华人民共和国未成年人保护法》(2020 年修订)。《中华人民共和国未成年人保护法》第九十四条规定,具有下列情形之一的,民政部门应当依法对未成年人进行长期监护:(1)查找不到未成年人的父母或者其他监护人;(2)监护人死亡或者被宣告死亡且无其他人可以担任监护人;(3)监护人丧失监护能力且无其他人可以担任监护人;(4)人民法院判决撤销监护人资格并指定由民政部门担任监护人;(5)法律规定的其他情形。题干中相关部门一直没有找到小孙的父母或者其他监护人,故应由民政部门对小孙进行长期监护,本题选择 A 选项。

34. A 【解析】本题考查《中华人民共和国教师法》。《中华人民共和国教师法》第三十九条规定,教师对学校或者其他教育机构侵犯其合法权益的,或者对学校或者其他教育机构作出的处理不服的,可以向教育行政部门提出申诉,教育行政部门应当在接到申诉的三十日内,作出处理。题干中张某对幼儿园的处理不服可以向教育行政部门提出申诉,故本题选择 A 选项。

35. C 【解析】本题考查《中华人民共和国教育法》(2021 年修订)。《中华人民共和国教育法》第五十一条规定,图书馆、博物馆、科技馆、文化馆、美术馆、体育馆(场)等社会公共文化体育设施,以及历史文化古迹和革命纪念馆(地),应当对教师、学生实行优待,为受教育者接受教育提供便利。电影院不属于按规定优待开放的社会公共文化体育设施,故本题选择 C 选项。

36. D 【解析】本题考查《幼儿园工作规程》。《幼儿园工作规程》第十三条规定,入园幼儿应当由监护人或者其委托的成年人接送。题干中小米读小学六年级的哥哥属于未成年人,不能去幼儿园接送小米,故本题选择 D 选项。

37. D 【解析】本题考查《中华人民共和国未成年人保护法》(2020 年修订)。《中华人民共和国未成年人保护法》第四章“社会保护”第六十三条规定,任何组织或者个人不得隐匿、毁弃、非法删除未成年人的信件、日记、电子邮件或者其他网络通讯内容。除下列情形外,任何组织或者个人不得开拆、查阅未成年人的信件、日记、电子邮件或者其他网络通讯内容:(1)无民事行为能力未成年人的父母或者其他监护人代未成年人开拆、查阅;(2)因国家安全或者追查刑事犯罪依法进行检查;(3)紧急情况下为了保护未成年人本人的人身安全。故 D 选项“任何组织或者个人不得披露未成年人的个人隐私”属于社会保护的内容。本题选择 D 选项。

38. D 【解析】本题考查《中华人民共和国教师法》。《中华人民共和国教师法》第二十二条规定,学校或者其他教育机构应当对教师的政治思想、业务水平、工作态度和工作成绩进行考核。教育行政部门对教师的考核工作进行指导、监督。第二十三条规定,考核应当客观、公正、准确,充分听取教师本人、其他教师以及学生的意见。第二十四条规定,教师考核结果是受聘任教、晋升工资、实施奖惩的依据。故本题选择 D 选项。

过关必刷题库

专题一 教育法律法规概述

单项选择题

答案速查

1 ~ 5	BBABC	6 ~ 10	ABBDB
11 ~ 15	CBBBA	16 ~ 20	CCBDA
21 ~ 25	DDBDB	26 ~ 30	CCDCC
31 ~ 35	CCACC	36 ~ 40	BCCCD
41 ~ 45	CDDBD	46 ~ 50	ABBCC

续表

51～55	DCCBC	56～60	BAACC
61～65	BBBBD	66～70	DDACC
71～75	DCCDB	76～80	DDBAC
81～85	BDCDD	86～90	ABDBD
91～95	BDCDB	96～100	DBABD
101～105	BCBBB	106～110	BACDB
111～115	ABACA	116～120	BABBA
121～125	CABAA	126～130	DDABA
131～135	ADADC	136～140	BBADD

1. B 【解析】我国《宪法》第三十七条规定，中华人民共和国公民的人身自由不受侵犯。任何公民，非经人民检察院批准或者决定或者人民法院决定，并由公安机关执行，不受逮捕。禁止非法拘禁和以其他方法非法剥夺或者限制公民的人身自由，禁止非法搜查公民的身体。题干中老师未经法律许可搜查小蔡衣服口袋的行为是侵犯他人人身自由的行为。故选 B。

2. B 【解析】根据《中华人民共和国宪法》第八十五条规定，中华人民共和国国务院，即中央人民政府，是最高国家权力机关的执行机关，是最高国家行政机关。

3. A 【解析】根据《中华人民共和国宪法》第五条规定，一切国家机关和武装力量、各政党和各社会团体、各企业事业组织都必须遵守宪法和法律。

4. B 【解析】根据《中华人民共和国宪法》第六十七条规定，全国人民代表大会常务委员会行使“解释宪法，监督宪法的实施”的职权。

5. C 【解析】我国《宪法》第三条规定，中华人民共和国的国家机构实行民主集中制的原则。

6. A 【解析】《中华人民共和国宪法》是我国的根本大法，是治国安邦的总章程，是党和人民意志的集中体现。宪法具有最高的法律地位、法律权威、法律效力。宪法的变动必然会引起普通法律做出相应的修改。故 B、C、D 三项正确。A 项，宪法是我国所有法律的母法，不是所有法律的总和，故 A 项错误。

7. B 【解析】《中华人民共和国教育法》第三十一条规定，学校及其他教育机构的举办者按照国家有关规定，确定其所举办的学校或者其他教育机构的管理体制。学校及其他教育机构的校长或者主要行政负责人必须由具有中华人民共和国国籍、在中国境内定居、并具备国家规定任职条件的公民担任，其任免按照国家有关规定办理。学校的教学及其他行政管理，由校长负责。

8. B 【解析】根据《中华人民共和国教育法》第七十三条规定，明知校舍或者教育教学设施有危险，而不采取措施，造成人员伤亡或者重大财产损失的，对直接负责的主管人员和其他直接责任人员，依法追究刑事责任。

9. D 【解析】根据《中华人民共和国教育法》第四十三条规定，受教育者享有下列权利：(1)参加教育教学计划安排的各种活动，使用教育教学设施、设备、图书资料；(2)按照国家有关规定获得奖学金、贷学金、助学金；(3)在学业成绩和品行上获得公正评价，完成规定的学业后获得相应的学业证书、学位证书；(4)对学校给予的处分不服向有关部门提出申诉，对学校、教师侵犯其人身权、财产权等合法权益，提出申诉或者依法提起诉讼；(5)法律、法规规定的其他权利。故本题选 D。

10. B 【解析】《中华人民共和国教育法》第七十三条规定，明知校舍或者教育教学设施有危险，而不采取措施，造成人员伤亡或者重大财产损失的，对直接负责的主管人员和其他直接责任人员，依法追究刑事责任。

11. C 【解析】根据《中华人民共和国教育法》第三十二条规定，学校及其他教育机构具备法人条件的，自批准设立或者登记注册之日起取得法人资格。

12. B 【解析】根据《中华人民共和国教育法》第七十二条规定，结伙斗殴、寻衅滋事，扰乱学校及其他教育机构教育教学秩序或者破坏校舍、场地及其他财产的，由公安机关给予治安管理处罚。

13. B 【解析】根据《中华人民共和国教育法》第二十七条规定，设立学校及其他教育机构，必须具备下列基本条件：(1)有组织机构和章程；(2)有合格的教师；(3)有符合规定标准的教学场所及设施、设备等；(4)有必备的办学资金和稳定的经费来源。

14. B 【解析】《中华人民共和国教育法》第七十二条规定，侵占学校及其他教育机构的校舍、场地及其他财产的，依法承担民事责任。题干中幼儿园园长将学校操场改为临时停车场，并暂停体育课的行为违反了此规定，故应承担相应的民事责任。

15. A 【解析】《中华人民共和国教育法》第七十八条规定，学校及其他教育机构违反国家有关规定向受教育者收取费用的，由教育行政部门或者其他有关行政部门责令退还所收费用；对直接负责的主管人员和其他直接责任人员，依法给予处分。

16. C 【解析】《中华人民共和国教育法》第四十九条规定，学校及其他教育机构在不影响正常教育教学活动的前提下，应当积极参加当地的社会公益活动。

17. C 【解析】根据《中华人民共和国教师法》第二十七条规定，地方各级人民政府对教师以及具有中专以上学历的毕业生到少数民族地区和边远贫困地区从事教育教学工作的，应当予以补贴。

18. B 【解析】根据《中华人民共和国教师法》第三十五条规定，侮辱、殴打教师的，根据不同情况，分别给予行政处分或者行政处罚；造成损害的，责令赔偿损失；情节严重，构成犯罪的，依法追究刑事责任。

19. D 【解析】《中华人民共和国教师法》第三十七条规定，教师有下列情形之一的，由所在学校、其他教育机构或者教育行政部门给予行政处分或者解聘：(1)故意不完成教育教学任务给教育教学工作造成损失的；(2)体罚学生，经教育不改的；(3)品行不良、侮辱学生，影响恶劣的。

20. A 【解析】《中华人民共和国教师法》第三十九条规定，教师对学校或者其他教育机构侵犯其合法权益的，或者对学校或者其他教育机构作出的处理不服的，可以向教育行政部门提出申诉，教育行政部门应当在接到申诉的三十日内，作出处理。根据题干描述，受理王老师申诉的机构应当是当地县教育局。

21. D 【解析】根据《中华人民共和国教师法》第三条规定，教师是履行教育教学职责的专业人员，承担教书育人，培养社会主义事业建设者和接班人、提高民族素质的使命。

22. D 【解析】《中华人民共和国教师法》第八条规定，教师应当履行"制止有害于学生的行为或者其他侵犯学生合法权益的行为，批评和抵制有害于学生健康成长的现象"的义务。题干李老师的言行表明她在履行教师的义务。

23. B 【解析】根据《中华人民共和国教师法》第十四条规定，受到剥夺政治权利或者故意犯罪受到有期徒刑以上刑事处罚的，不能取得教师资格；已经取得教师资格的，丧失教师资格。根据《教师资格条例》第十八条规定，依照教师法第十四条的规定丧失教师资格的，不能重新取得教师资格，其教师资格证书由县级以上人民政府教育行政部门收缴。故王某丧失教师资格，且刑满释放后不能执教，但可从事其他职业，本题选 B。

24. D 【解析】根据《中华人民共和国教师法》第三十三条规定，教师在教育教学、培养人才、科学研究、教学改革、学校建设、社会服务、勤工俭学等方面成绩优异的，由所在学校予以表彰、奖励。国务院和地方各级人民政府及其有关部门对有突出贡献的教师，应当予以表彰、奖励。对有重大贡献的教师，依照国家有关规定授予荣誉称号。

25. B 【解析】根据《中华人民共和国教师法》第十三条规定，取得教师资格的人员首次任教时，应当有试用期。

26. C 【解析】根据《中华人民共和国教师法》第三十八条规定，违反国家财政制度、财务制度，挪用国家财政用于教育的经费，严重妨碍教育教学工作，拖欠教师工资，损害教师合法权益的，由上级机关责令限期归还被挪用的经费，并对直接责任人员给予行政处分；情节严重，构成犯罪的，依法追究刑事责任。

27. C 【解析】《中华人民共和国教师法》第四十二条规定，外籍教师的聘任办法由国务院教育行政部门规定。

28. D 【解析】《中华人民共和国义务教育法》第十二条规定，适龄儿童、少年免试入学。地方各级人民政府应当保障适龄儿童、少年在户籍所在地学校就近入学。该校做法不合法，违反了免试就近入学的规定。

29. C 【解析】《中华人民共和国义务教育法》第二十七条规定，对违反学校管理制度的学生，学校应当予以批评教育，不得开除。

30. C 【解析】《中华人民共和国义务教育法》第五十六条规定，学校以向学生推销或者变相推销商品、服务等方式谋取利益的，由县级人民政府教育行政部门给予通报批评；有违法所得的，没收违法所得；对直接负责的主管人员和其他直接责任人员依法给予处分。

31. C 【解析】根据《中华人民共和国义务教育法》第十一条规定，适龄儿童、少年因身体状况需要延缓入学或者休学的，其父母或者其他法定监护人应当提出申请，由当地乡镇人民政府或者县级人民政府教育行政部门批准。

32. C 【解析】《中华人民共和国义务教育法》第五条规定，适龄儿童、少年的父母或者其他法定监护人应当依法保证其按时入学接受并完成义务教育。题干中小玲父母的做法违背了我国《义务教育法》的相关规定。

33. A 【解析】根据《中华人民共和国义务教育法》第二十一条规定，对未完成义务教育的未成年犯和被采取强制性教育措施的未成年人应当进行义务教育，所需经费由人民政府予以保障。

34. C 【解析】根据《中华人民共和国义务教育法》第三十四条规定，教育教学工作应当符合教育规律和学生身心发展特点，面向全体学生，教书育人，将德育、智育、体育、美育等有机统一在教育教学活动中，注重培养学生独立思考能力、创新能力和实践能力，促进学生全面发展。

35. C 【解析】根据《中华人民共和国义务教育法》第三十九条规定，国家实行教科书审定制度。教科书的审定办法由国务院教育行政部门规定。未经审定的教科书，不得出版、选用。

36. B 【解析】《中华人民共和国义务教育法》第二

十九条规定,教师应当尊重学生的人格,不得歧视学生,不得对学生实施体罚、变相体罚或者其他侮辱人格尊严的行为,不得侵犯学生合法权益。题干中陈老师将学生赶出学校的行为侵犯了学生的受教育权,违反了我国《义务教育法》的相关规定。

37. C 【解析】《中华人民共和国义务教育法》第十一条规定,适龄儿童、少年因身体状况需要延缓入学或者休学的,其父母或者其他法定监护人应当提出申请,由当地乡镇人民政府或者县级人民政府教育行政部门批准。

38. C 【解析】《中华人民共和国义务教育法》第十九条规定,普通学校应当接收具有接受普通教育能力的残疾适龄儿童、少年随班就读,并为其学习、康复提供帮助。题干中小强只是轻度听力损失,可以随班就读,故选C项。

39. C 【解析】《中华人民共和国义务教育法》第五十六条规定,学校违反国家规定收取费用的,由县级人民政府教育行政部门责令退还所收费用;对直接负责的主管人员和其他直接责任人员依法给予处分。

40. D 【解析】《中华人民共和国未成年人保护法》第十七条规定,未成年人的父母或者其他监护人不得实施"放任未成年人进入营业性娱乐场所、酒吧、互联网上网服务营业场所等不适宜未成年人活动的场所"的行为。题干中小杨属于未成年人,小杨妈妈却带小杨出入娱乐场所,表明其没有正确履行监护人职责。

41. C 【解析】《中华人民共和国未成年人保护法》第二十七条规定,学校、幼儿园的教职员工应当尊重未成年人人格尊严,不得对未成年人实施体罚、变相体罚或者其他侮辱人格尊严的行为。题干中刘老师的做法是不正确的,违反了《中华人民共和国未成年人保护法》。

42. D 【解析】《中华人民共和国未成年人保护法》第九十二条规定,具有"未成年人流浪乞讨或者身份不明,暂时查找不到父母或者其他监护人"情形的,民政部门应当依法对未成年人进行临时监护。

43. D 【解析】根据《中华人民共和国未成年人保护法》第二条规定,本法所称未成年人是指未满十八周岁的公民。

44. B 【解析】《中华人民共和国未成年人保护法》第一百零七条规定,人民法院审理离婚案件,涉及未成年子女抚养问题的,应当尊重已满八周岁未成年子女的真实意愿,根据双方具体情况,按照最有利于未成年子女的原则依法处理。

45. D 【解析】《中华人民共和国未成年人保护法》第二十二条规定,未成年人的父母或者其他监护人因外出务工等原因在一定期限内不能完全履行监护职责的,应当委托具有照护能力的完全民事行为能力人代为照护;无正当理由的,不得委托他人代为照护。故本题选择D选项。

46. A 【解析】《中华人民共和国未成年人保护法》第四章"社会保护"第四十四条规定,博物馆、纪念馆、科技馆、展览馆、美术馆、文化馆、社区公益性互联网上网服务场所以及影剧院、体育场馆、动物园、植物园、公园等场所,应当按照有关规定对未成年人免费或者优惠开放。

47. B 【解析】《中华人民共和国未成年人保护法》第六十三条规定,任何组织或者个人不得隐匿、毁弃、非法删除未成年人的信件、日记、电子邮件或者其他网络通讯内容。除下列情形外,任何组织或者个人不得开拆、查阅未成年人的信件、日记、电子邮件或者其他网络通讯内容:(1)无民事行为能力未成年人的父母或者其他监护人代未成年人开拆、查阅;(2)因国家安全或者追查刑事犯罪依法进行检查;(3)紧急情况下为了保护未成年人本人的人身安全。题干中小丽是无民事行为能力人,故其父母可代为开拆、查阅。

48. B 【解析】《中华人民共和国未成年人保护法》第二十七条规定,学校、幼儿园的教职员工应当尊重未成年人人格尊严,不得对未成年人实施体罚、变相体罚或者其他侮辱人格尊严的行为。

49. C 【解析】《中华人民共和国未成年人保护法》第一百一十八条规定,未成年人的父母或者其他监护人不依法履行监护职责或者侵犯未成年人合法权益的,由其居住地的居民委员会、村民委员会予以劝诫、制止;情节严重的,居民委员会、村民委员会应当及时向公安机关报告。

50. C 【解析】《中华人民共和国未成年人保护法》第七十条规定,学校应当合理使用网络开展教学活动。未经学校允许,未成年学生不得将手机等智能终端产品带入课堂,带入学校的应当统一管理。

51. D 【解析】《中华人民共和国未成年人保护法》第二十九条规定,学校应当关心、爱护未成年学生,不得因家庭、身体、心理、学习能力等情况歧视学生。对家庭困难、身心有障碍的学生,应当提供关爱;对行为异常、学习有困难的学生,应当耐心帮助。

52. C 【解析】《中华人民共和国未成年人保护法》第二十六条规定,幼儿园应当做好保育、教育工作,遵循幼儿身心发展规律,实施启蒙教育,促进幼儿在体质、智力、品德等方面和谐发展。

53. C 【解析】《中华人民共和国未成年人保护法》第三十三条规定,幼儿园、校外培训机构不得对学龄前未成年人进行小学课程教育。题干中拼音和算术等属于小学课程,故该培训机构违反了此项规定。

54. B 【解析】《中华人民共和国未成年人保护法》第六十三条规定，任何组织或者个人不得隐匿、毁弃、非法删除未成年人的信件、日记、电子邮件或者其他网络通讯内容。

55. C 【解析】《中华人民共和国未成年人保护法》第七十六条规定，网络直播服务提供者不得为未满十六周岁的未成年人提供网络直播发布者账号注册服务。第一百二十七条规定，信息处理者违反本法第七十二条规定，或者网络产品和服务提供者违反本法第七十三条、第七十四条、第七十五条、第七十六条、第七十七条、第八十条规定的，由公安、网信、电信、新闻出版、广播电视、文化和旅游等有关部门按照职责分工责令改正，给予警告，没收违法所得，违法所得一百万元以上的，并处违法所得一倍以上十倍以下罚款，没有违法所得或者违法所得不足一百万元的，并处十万元以上一百万元以下罚款，对直接负责的主管人员和其他责任人员处一万元以上十万元以下罚款；拒不改正或者情节严重的，并可以责令暂停相关业务、停业整顿、关闭网站、吊销营业执照或者吊销相关许可证。故本题选择C选项。

56. B 【解析】《中华人民共和国未成年人保护法》第五十九条规定，学校、幼儿园周边不得设置烟、酒、彩票销售网点。禁止向未成年人销售烟、酒、彩票或者兑付彩票奖金。烟、酒和彩票经营者应当在显著位置设置不向未成年人销售烟、酒或者彩票的标志；对难以判明是否是未成年人的，应当要求其出示身份证件。故题干中商店老板的做法是错误的，应禁止向未成年人出售香烟。

57. A 【解析】《中华人民共和国未成年人保护法》第一百零八条规定，未成年人的父母或者其他监护人不依法履行监护职责或者严重侵犯被监护的未成年人合法权益的，人民法院可以根据有关人员或者单位的申请，依法作出人身安全保护令或者撤销监护人资格。被撤销监护人资格的父母或者其他监护人应当依法继续负担抚养费用。题干中康康爸爸虽然被撤销了对康康的监护权，但其仍应继续承担康康的抚养费，本题选择A选项。

58. A 【解析】根据《学生伤害事故处理办法》第十三条规定，下列情形下发生的造成学生人身损害后果的事故，学校行为并无不当的，不承担事故责任；事故责任应当按有关法律法规或者其他有关规定认定：(1)在学生自行上学、放学、返校、离校途中发生的；(2)在学生自行外出或者擅自离校期间发生的；(3)在放学后、节假日或者假期等学校工作时间以外，学生自行滞留学校或者自行到校发生的；(4)其他在学校管理职责范围外发生的。题干中描述的对于龙龙所受的伤害，学校不承担赔偿责任。

59. C 【解析】根据《学生伤害事故处理办法》第十二条规定，因下列情形之一造成的学生伤害事故，学校已履行了相应职责，行为并无不当的，无法律责任：(1)地震、雷击、台风、洪水等不可抗的自然因素造成的；(2)来自学校外部的突发性、偶发性侵害造成的；(3)学生有特异体质、特定疾病或者异常心理状态，学校不知道或者难于知道的；(4)学生自杀、自伤的；(5)在对抗性或者具有风险性的体育竞赛活动中发生意外伤害的；(6)其他意外因素造成的。C项台风属于不可抗的因素，故本题选择C。

60. C 【解析】根据《学生伤害事故处理办法》第九条规定，"学校组织学生参加教育教学活动或者校外活动，未对学生进行相应的安全教育，并未在可预见的范围内采取必要的安全措施的"造成的学生伤害事故，学校应当依法承担相应的责任。第十一条规定，学校安排学生参加活动，因提供场地、设备、交通工具、食品及其他消费与服务的经营者，或者学校以外的活动组织者的过错造成的学生伤害事故，有过错的当事人应当依法承担相应的责任。因此，幼儿园和剧院应依法承担责任。

61. B 【解析】《学生伤害事故处理办法》第九条规定，学校组织学生参加教育教学活动或者校外活动，未对学生进行相应的安全教育，并未在可预见的范围内采取必要的安全措施，造成学生伤害事故的，学校应当依法承担相应的责任。题干中小吴是在学校组织的活动中受伤。且学校并未对学生进行相应的安全教育，也并未在可预见的范围内采取必要的安全措施，故小吴治疗脚伤的费用应由学校来承担。

62. B 【解析】根据《学生伤害事故处理办法》第九条规定，"学校的校舍、场地、其他公共设施，以及学校提供给学生使用的学具、教育教学和生活设施、设备不符合国家规定的标准，或者有明显不安全因素的"造成的学生伤害事故，学校应当依法承担相应的责任。

63. B 【解析】《学生伤害事故处理办法》第九条规定，因学生有特异体质或者特定疾病，不宜参加某种教育教学活动，学校知道或者应当知道，但未予以必要的注意造成的学生伤害事故，学校应当依法承担相应的责任。根据题干描述可知，班主任对小李的病情是知情的，但未告知体育老师且并未对小李予以必要的注意。因此，小李在参加学校的教育教学活动中受伤，学校应当承担相应的赔偿责任。故小李父母的要求是合理的。

64. B 【解析】根据《学生伤害事故处理办法》第九条规定，"学校教师或者其他工作人员体罚或者变相体罚学生，或者在履行职责过程中违反工作要求、操作规程、职业道德或者其他有关规定的"

造成的学生伤害事故,学校应当依法承担相应的责任。题干中由于吴老师的行为对幼儿造成伤害,根据法律规定应由学校依法承担相应的责任。

65. D 【解析】《学生伤害事故处理办法》第九条规定,学校教师或者其他工作人员在负有组织、管理未成年学生的职责期间,发现学生行为具有危险性,但未进行必要的管理、告诫或者制止而发生的学生伤害事故,学校应当依法承担相应的责任。题干中的班主任知道小红对芒果过敏,却未及时阻止而导致小红因严重过敏入院,依据上述规定,学校应当承担赔偿责任。

66. D 【解析】《学生伤害事故处理办法》第二十二条规定,事故处理结束,学校应当将事故处理结果书面报告主管的教育行政部门;重大伤亡事故的处理结果,学校主管的教育行政部门应当向同级人民政府和上一级教育行政部门报告。

67. D 【解析】《学生伤害事故处理办法》第二十八条规定,学生的行为侵害学校教师及其他工作人员以及其他组织、个人的合法权益,造成损失的,成年学生或者未成年学生的监护人应当依法予以赔偿。故 D 项正确。第十三条规定,在放学后、节假日或者假期等学校工作时间以外,学生自行滞留学校或者自行到校发生的造成学生人身损害后果的事故,学校行为并无不当的,不承担事故责任;事故责任应当按有关法律法规或者其他有关规定认定。故 A 项说法错误。第二十一条规定,对经调解达成的协议,一方当事人不履行或者反悔的,双方可以依法提起诉讼。故 B 项说法错误。第九条规定,因"学校组织学生参加教育教学活动或者校外活动,未对学生进行相应的安全教育,并未在可预见的范围内采取必要的安全措施的"造成的学生伤害事故,学校应当依法承担相应的责任。故 C 项错误。

68. A 【解析】《学生伤害事故处理办法》第二十八条规定,未成年学生对学生伤害事故负有责任的,由其监护人依法承担相应的赔偿责任。题干中未成年学生吴军是这一伤害事故的致害人,因此应由其监护人承担赔偿责任。故 B 项说法正确。第二十七条规定,因学校教师或者其他工作人员在履行职务中的故意或者重大过失造成的学生伤害事故,学校予以赔偿后,可以向有关责任人员追偿。体育老师在体育课上玩手机,即在履行职务时存在过失,因此学校应承担相应的责任,但学校在赔偿后,可以向体育老师追偿。故 C、D 项说法正确。

69. C 【解析】根据《中华人民共和国民法典》第一千一百八十八条规定,无民事行为能力人、限制民事行为能力人造成他人损害的,由监护人承担侵权责任。题干中亮亮将聪聪推倒摔伤,亮亮属于无民事行为能力人,故应由其监护人承担赔偿责任。

70. C 【解析】根据《中华人民共和国民法典》第一千一百九十九条规定,无民事行为能力人在幼儿园、学校或者其他教育机构学习、生活期间受到人身损害的,幼儿园、学校或者其他教育机构应当承担侵权责任。题干中小朋友是在幼儿园的秋千上摔下来受伤的,故由幼儿园承担相应的法律责任。

71. D 【解析】根据《中华人民共和国民法典》第一千一百八十九条规定,无民事行为能力人、限制民事行为能力人造成他人损害,监护人将监护职责委托给他人的,监护人应当承担侵权责任;受托人有过错的,承担相应的责任。

72. C 【解析】根据《中华人民共和国民法典》第一千一百六十九条规定,教唆、帮助他人实施侵权行为的,应当与行为人承担连带责任。

73. C 【解析】《中华人民共和国民法典》第一千一百八十八条规定,无民事行为能力人、限制民事行为能力人造成他人损害的,由监护人承担侵权责任。题干中事故发生在暑假期间,故学校不承担赔偿责任。事故是由王某造成的,王某为无民事行为能力人,故应由王某的监护人承担赔偿责任。

74. D 【解析】《中华人民共和国民法典》第一千一百九十九条规定,无民事行为能力人在幼儿园、学校或者其他教育机构学习、生活期间受到人身损害的,幼儿园、学校或者其他教育机构应当承担侵权责任。第一千一百八十八条规定,无民事行为能力人、限制民事行为能力人造成他人损害的,由监护人承担侵权责任。题干中小刚是在幼儿园户外活动时间受到损害的,且老师未尽到监管的责任,所以幼儿园应当承担赔偿责任。小刚是被小明推倒受伤的,小明属于无民事行为能力人,因此小明的监护人也应当承担赔偿责任。

75. B 【解析】《幼儿园工作规程》第三十三条规定,幼儿园不得提前教授小学教育内容,不得开展任何违背幼儿身心发展规律的活动。题干中该幼儿园提前教授小学一年级的课程内容的做法违反了《幼儿园工作规程》的规定,是错误的。

76. D 【解析】《幼儿园工作规程》第三十条规定,幼儿园应当将环境作为重要的教育资源,合理利用室内外环境,创设开放的、多样的区域活动空间,提供适合幼儿年龄特点的丰富的玩具、操作材料和幼儿读物,支持幼儿自主选择和主动学习,激发幼儿学习的兴趣与探究的愿望。

77. D 【解析】《幼儿园工作规程》第三十三条规定,幼儿园不得提前教授小学教育内容,不得开展任何违背幼儿身心发展规律的活动。题干中的幼

儿园开设的拼音课、数学课、英语课等属于小学阶段的课程,故该幼儿园的做法错误,幼儿园不得提前教授小学教育内容。

78. B 【解析】根据《幼儿园工作规程》第二十三条规定,正常情况下,每日户外体育活动不得少于1小时。

79. A 【解析】《幼儿园工作规程》第十五条规定,幼儿园应当结合幼儿年龄特点和接受能力开展反家庭暴力教育,发现幼儿遭受或者疑似遭受家庭暴力的,应当依法及时向公安机关报案。

80. C 【解析】《幼儿园工作规程》第八条规定,幼儿园对烈士子女、家中无人照顾的残疾人子女、孤儿、家庭经济困难幼儿、具有接受普通教育能力的残疾儿童等入园,按照国家和地方的有关规定予以照顾。

81. B 【解析】根据《幼儿园工作规程》第十条规定,幼儿入园前,应当按照卫生部门制定的卫生保健制度进行健康检查,合格者方可入园。幼儿入园除进行健康检查外,禁止任何形式的考试或测查。

82. D 【解析】《幼儿园工作规程》第十九条规定,幼儿园应当建立幼儿健康检查制度和幼儿健康卡或档案。每年体检一次,每半年测身高、视力一次,每季度量体重一次。

83. C 【解析】《幼儿园工作规程》第三十七条规定,幼儿园的建筑规划面积、建筑设计和功能要求,以及设施设备、玩教具配备,按照国家和地方的相关规定执行。《托儿所、幼儿园建筑设计规范》指出,插座应采用安全型,安装高度不应低于1.8m。

84. D 【解析】《幼儿园工作规程》第五十四条规定,幼儿园应当成立家长委员会。家长委员会的主要任务是:对幼儿园重要决策和事关幼儿切身利益的事项提出意见和建议;发挥家长的专业和资源优势,支持幼儿园保育教育工作;帮助家长了解幼儿园工作计划和要求,协助幼儿园开展家庭教育指导和交流。家长委员会在幼儿园园长指导下工作。

85. D 【解析】《幼儿园工作规程》第十八条规定,在正常情况下,幼儿户外活动时间(包括户外体育活动时间)每天不得少于2小时,寄宿制幼儿园不得少于3小时;高寒、高温地区可酌情增减。

86. A 【解析】《幼儿园工作规程》第二条规定,幼儿园是对3周岁以上学龄前幼儿实施保育和教育的机构。

87. B 【解析】《幼儿园工作规程》第三十一条规定,幼儿园的品德教育应当以情感教育和培养良好行为习惯为主,注重潜移默化的影响,并贯穿于幼儿生活以及各项活动之中。

88. D 【解析】《幼儿园工作规程》第十三条规定,入园幼儿应当由监护人或者其委托的成年人接送。D选项如果孩子的父母忙,可以将孩子交给父母委托的其他人接,同时要与孩子的父母联系确认。

89. B 【解析】《幼儿园工作规程》第四十二条规定,幼儿园保育员应当具备高中毕业以上学历,受过幼儿保育职业培训。

90. D 【解析】《幼儿园工作规程》第二十一条规定,幼儿园应当每周向家长公示幼儿食谱,并按照相关规定进行食品留样。故幼儿园晚餐应当进行食品留样,D项表述错误。

91. B 【解析】《幼儿园工作规程》第二十条规定,幼儿园应当建立患病幼儿用药的委托交接制度,未经监护人委托或者同意,幼儿园不得给幼儿用药。题干中刘老师未经平平家长允许,便擅自给平平服用药物,违反了《幼儿园工作规程》的规定,故做法不合理。

92. D 【解析】《幼儿园工作规程》第十八条规定,幼儿园应当制定合理的幼儿一日生活作息制度。正餐间隔时间为3.5~4小时。

93. C 【解析】《幼儿园工作规程》第二十二条规定,幼儿园应当培养幼儿良好的大小便习惯,不得限制幼儿便溺的次数、时间等。题干中彭老师规定了每天的如厕时间和次数,违反了《幼儿园工作规程》的规定,不利于幼儿养成良好的大小便习惯,故做法不正确。

94. D 【解析】《幼儿园工作规程》第四十七条规定,幼儿园不得以培养幼儿某种专项技能、组织或参与竞赛等为由,另外收取费用;不得以营利为目的组织幼儿表演、竞赛等活动。题干中幼儿园向家长收取费用,违反了《幼儿园工作规程》的规定,故做法不合理。

95. B 【解析】《幼儿园工作规程》第四十一条规定,幼儿园教师对本班工作全面负责,其主要职责如下:(1)观察了解幼儿,依据国家有关规定,结合本班幼儿的发展水平和兴趣需要,制订和执行教育工作计划,合理安排幼儿一日生活;(2)创设良好的教育环境,合理组织教育内容,提供丰富的玩具和游戏材料,开展适宜的教育活动;(3)严格执行幼儿园安全、卫生保健制度,指导并配合保育员管理本班幼儿生活,做好卫生保健工作;(4)与家长保持经常联系,了解幼儿家庭的教育环境,商讨符合幼儿特点的教育措施,相互配合共同完成教育任务;(5)参加业务学习和保育教育研究活动;(6)定期总结评估保教工作实效,接受园长的指导和检查。B项是幼儿园园长的工作职责,因此B项错误。

96. D 【解析】《幼儿园工作规程》第二十一条规定,幼儿园应当每周向家长公示幼儿食谱,并按照相关规定进行食品留样。题干中园长拒绝向幼儿

家长公示食谱的做法违反了《幼儿园工作规程》的规定,做法不正确,因此本题选择 D。

97. B 【解析】《幼儿园工作规程》第十五条规定,幼儿园教职工必须具有安全意识,掌握基本急救常识和防范、避险、逃生、自救的基本方法,在紧急情况下应当优先保护幼儿的人身安全。

98. A 【解析】1989 年联合国通过的《儿童权利公约》的宗旨是:最大限度地保护儿童权益。

99. B 【解析】《儿童权利公约》提倡的四项原则是:儿童最大利益原则;尊重儿童权利与尊严原则;无歧视原则;尊重儿童观点的原则。

100. D 【解析】《儿童权利公约》中提到的儿童权利多达几十种,但其中最基本的权利可以概括为以下四种:生存权;受保护权;发展权;参与权。

101. B 【解析】《中国教育现代化 2035》提出了推进教育现代化的八大基本理念:更加注重以德为先,更加注重全面发展,更加注重面向人人,更加注重终身学习,更加注重因材施教,更加注重知行合一,更加注重融合发展,更加注重共建共享。

102. C 【解析】《中国教育现代化 2035》提出了推进教育现代化的实施路径:一是总体规划,分区推进;二是细化目标,分步推进;三是精准施策,统筹推进;四是改革先行,系统推进。

103. B 【解析】根据《中华人民共和国宪法》第四十六条与《儿童权利公约》第二十八条规定可知,受教育权是学生享有的最基本的权利。

104. B 【解析】《中华人民共和国宪法》第三十五条规定:中华人民共和国公民有言论、出版、集会、结社、游行、示威的自由。第三十六条规定:中华人民共和国公民有宗教信仰自由。第四十七条规定:中华人民共和国公民有进行科学研究、文学艺术创作和其他文化活动的自由。第五十六条规定:中华人民共和国公民有依照法律纳税的义务。税收具有强制性特点,依法纳税是公民必须履行的基本义务,不属于公民自由。故本题选 B。

105. B 【解析】教育的公共性原则的基本要求是:(1)国家制定教育发展规划,保障教育事业优先发展,并有责任举办教育事业;(2)各级各类学校必须接受国家的管理和监督;(3)教育活动必须符合国家和社会公共利益,举办学校不得以营利为目的;(4)教师应忠诚于人民的教育事业,教师的劳动应当受到全社会尊重;(5)全社会应当关心和支持教育事业的发展,各类社会组织和公民负有通过一定方式支持教育的义务;(6)教育与宗教相分离,任何组织和个人不得利用宗教进行妨碍国家教育制度的活动。故题干所述规定体现了教育的公共性原则。

106. B 【解析】根据《中华人民共和国教育法》的规定,学生申诉的范围包括:(1)对学校给予的各种处分不服,如警告、严重警告、记过、留校察看、勒令退学、开除学籍等,可以提出申诉;(2)对学校或教师侵犯其人身权,如在教育活动中对其进行体罚或变相体罚,限制其人身自由等,可以提出申诉;(3)对学校或教师侵犯其财产权,如乱收费、乱摊派、乱罚款,非法没收其财物,强迫其购买非必需教学物品等,可以提出申诉;(4)学校或教师对学生的评价不公正。学生的评价包括多个方面,从日常的操行评语,到小考、中考、期末考、毕业考、升学考等。学校和教师对所有这些评价都必须坚持客观、公正原则,如果学生认为评价不公正,影响到学生的学业、生活或升学,可以提出申诉;(5)学生的其他合法权益受到侵害的。其他合法权益包括侵犯学生的隐私权、知识产权、荣誉权、肖像权等,对这些侵权行为,学生可以提出申诉。所以,答案选 B 项。

107. A 【解析】《中华人民共和国教育法》是我国教育法律法规体系中的基本法,是依据我国宪法对于教育的相关规定制定的调整我国教育内部和外部相关关系的基本法律准则。《中华人民共和国教育法》是我国的"教育宪法",是我国教育法律法规体系中的"母法",在教育法律法规纵向层次中处于顶层,具有最高效力。

108. C 【解析】根据《中华人民共和国教育法》第二十九条和第三十条规定可知,A、B、D 三项属于学校及其他教育机构可行使的权利,C 项属于学校及其他教育机构应当履行的义务。故答案选 C 项。

109. D 【解析】根据《中华人民共和国教育法》第三十一条规定,学校及其他教育机构应当按照国家有关规定,通过以教师为主体的教职工代表大会等组织形式,保障教职工参与民主管理和监督。

110. B 【解析】《中华人民共和国教育法》总则第五条明确规定了我国的教育方针,"教育必须为社会主义现代化建设服务、为人民服务,必须与生产劳动和社会实践相结合,培养德智体美劳全面发展的社会主义建设者和接班人。"该教育方针也进一步规定了我国教育的社会主义性质。故本题答案选 B 项。

111. A 【解析】根据《中华人民共和国教育法》第八条规定,教育活动必须符合国家和社会公共利益。国家实行教育与宗教相分离。任何组织和个人不得利用宗教进行妨碍国家教育制度的活动。

112. B 【解析】根据《中华人民共和国教育法》第八十条规定,任何组织或者个人在国家教育考试中有下列行为之一,有违法所得的,由公安机关

没收违法所得，并处违法所得一倍以上五倍以下罚款；情节严重的，处五日以上十五日以下拘留；构成犯罪的，依法追究刑事责任；属于国家机关工作人员的，还应当依法给予处分：(1)组织作弊的；(2)通过提供考试作弊器材等方式为作弊提供帮助或者便利的；(3)代替他人参加考试的；(4)在考试结束前泄露、传播考试试题或者答案的；(5)其他扰乱考试秩序的行为。题干中强调组织或个人在国家教育考试中组织作弊，且情节严重，因此应处五日以上十五日以下拘留。

113. A 【解析】《中华人民共和国教育法》第四十三条明确了受教育者的申诉权利，即"对学校给予的处分不服向有关部门提出申诉，对学校、教师侵犯其人身权、财产权等合法权益，提出申诉或者依法提起诉讼"。故本题答案选 A 项。

114. C 【解析】根据《中华人民共和国教育法》第五十四条规定，国家建立以财政拨款为主、其他多种渠道筹措教育经费为辅的体制，逐步增加对教育的投入，保证国家举办的学校教育经费的稳定来源。

115. A 【解析】根据《中华人民共和国教育法》第七十八条规定，学校及其他教育机构违反国家有关规定向受教育者收取费用的，由教育行政部门或者其他有关行政部门责令退还所收费用；对直接负责的主管人员和其他直接责任人员，依法给予处分。

116. B 【解析】教师的科学研究权是指教师有从事科学研究、学术交流，参加专业的学术团体，在学术活动中充分发表意见的权利。张老师将自己在教育教学中的成功经验总结升华，撰写成论文并成功发表，这是张老师行使科学研究权的体现。

117. A 【解析】根据《中华人民共和国教师法》第二条规定，本法适用于在各级各类学校和其他教育机构中专门从事教育教学工作的教师。第七条规定，教师享有"按时获取工资报酬，享受国家规定的福利待遇以及寒暑假期的带薪休假"的权利。因此，非正式在编的教师也受我国《教师法》的保护，享受教师应有的权利，故题干中学校的做法是不正确的。

118. B 【解析】根据《中华人民共和国教师法》第十一条规定可知，取得高级中学教师资格和中等专业学校、技工学校、职业高中文化课、专业课教师资格，应当具备高等师范院校本科或者其他大学本科毕业及其以上学历。故 A 项说法错误。第十八条规定，非师范学校应当承担培养和培训中小学教师的任务。故 C 项说法错误。第十三条规定，普通高等学校的教师资格由国务院或者省、自治区、直辖市教育行政部门或者由其委托的学校认定。故 D 项说法错误。第十四条规定，受到剥夺政治权利或者故意犯罪受到有期徒刑以上刑事处罚的，不能取得教师资格；已经取得教师资格的，丧失教师资格。故答案选 B 项。

119. B 【解析】根据《学生伤害事故处理办法》第三十一条规定，学校有条件的，应当依据保险法的有关规定，参加学校责任保险。教育行政部门可以根据实际情况，鼓励中小学参加学校责任保险。提倡学生自愿参加意外伤害保险。这样一方面可以减轻学校的压力，另一方面可以较好地解决学生伤害事故的赔偿问题。

120. A 【解析】根据《学生伤害事故处理办法》第七条规定可知，学校对未成年学生不承担监护职责，但法律有规定的或者学校依法接受委托承担相应监护职责的情形除外。故 A 项正确。根据《学生伤害事故处理办法》第五条规定，学校应当对在校学生进行必要的安全教育和自护自救教育。学校对学生进行安全教育、管理和保护，应当针对学生年龄、认知能力和法律行为能力的不同，采用相应的内容和预防措施。故 BCD 项说法错误。

121. C 【解析】教育单行法律一般是由全国人民代表大会常务委员会制定的，规定教育领域某一方面具体问题的规范性文件，其效力低于《中华人民共和国宪法》和教育基本法。例如，《中华人民共和国教师法》《中华人民共和国职业教育法》等。故 B、D 两项排除。《中华人民共和国义务教育法》虽然是由全国人民代表大会制定的，但仍属于教育单行法律。故 A 项排除。教育基本法律是由全国人民代表大会制定，调整教育内部、外部相互关系的基本法律准则。例如，《中华人民共和国教育法》。故 C 项符合题意。

122. A 【解析】《中华人民共和国教育法》第七十六条规定，学校或者其他教育机构违反国家有关规定招收学生的，由教育行政部门或者其他有关行政部门责令退回招收的学生，退还所收费用，A 项错误；对学校、其他教育机构给予警告，可以处违法所得五倍以下罚款，B 项正确；情节严重的，责令停止相关招生资格一年以上三年以下，直至撤销招生资格、吊销办学许可证，C 项正确；对直接负责的主管人员和其他直接责任人员，依法给予处分；构成犯罪的，依法追究刑事责任。D 项正确。故本题选 A 项。

123. B 【解析】根据《中华人民共和国教育法》(1995 年颁布)第十二条规定，汉语言文字为学校及其他教育机构的基本教学语言文字。少数民族学生为主的学校及其他教育机构，可以使用本民族或者当地民族通用的语言文字进行教

学。学校及其他教育机构进行教学,应当推广使用全国通用的普通话和规范字。因此B项说法错误。

124. A 【解析】根据《中华人民共和国教育法》第四十三条规定,受教育者享有下列权利:(1)参加教育教学计划安排的各种活动,使用教育教学设施、设备、图书资料;(2)按照国家有关规定获得奖学金、贷学金、助学金;(3)在学业成绩和品行上获得公正评价,完成规定的学业后获得相应的学业证书、学位证书;(4)对学校给予的处分不服向有关部门提出申诉,对学校、教师侵犯其人身权、财产权等合法权益,提出申诉或者依法提起诉讼;(5)法律、法规规定的其他权利。A项属于受教育者应当履行的义务,故答案选A项。

125. A 【解析】根据《中华人民共和国教育法》第三十一条规定,学校的教学及其他行政管理,由校长负责。故选A项。

126. D 【解析】根据《中华人民共和国教育法》第四十四条规定,受教育者应当履行下列义务:(1)遵守法律、法规;(2)遵守学生行为规范,尊敬师长,养成良好的思想品德和行为习惯;(3)努力学习,完成规定的学习任务;(4)遵守所在学校或者其他教育机构的管理制度。故D项不属于受教者应当履行的义务。

127. D 【解析】根据《中华人民共和国教育法》第十四条规定,国务院和地方各级人民政府根据分级管理、分工负责的原则,领导和管理教育工作。故本题答案选D项。

128. A 【解析】根据《中华人民共和国教育法》第七十九条规定,考生在国家教育考试中,让他人代替自己参加考试的,由组织考试的教育考试机构工作人员在考试现场采取必要措施予以制止并终止其继续参加考试;组织考试的教育考试机构可以取消其相关考试资格或者考试成绩;情节严重者,由教育行政部门责令其停止参加相关国家教育考试一年以上三年以下。

129. B 【解析】根据《中华人民共和国教育法》第十六条规定,国务院和县级以上地方各级人民政府应当向本级人民代表大会或者其常务委员会报告教育工作和教育经费预算、决算情况,接受监督。

130. A 【解析】根据《中华人民共和国教育法》第七十二条规定,结伙斗殴、寻衅滋事,扰乱学校及其他教育机构教育教学秩序或者破坏校舍、场地及其他财产的,由公安机关给予治安管理处罚;构成犯罪的,依法追究刑事责任。所以,A项符合题意。

131. A 【解析】根据《中华人民共和国教育法》第三十条规定,遵照国家有关规定收取费用并公开收费项目是学校及其他教育机构应当履行的义务。所以,本题答案选A项。

132. D 【解析】本题考查《中华人民共和国教育法》的内容。根据《中华人民共和国教育法》第五十九条规定,国家采取优惠措施,鼓励和扶持学校在不影响正常教育教学的前提下开展勤工俭学和社会服务,兴办校办产业。

133. A 【解析】《中华人民共和国教育法》第四十三条规定,受教育者享有下列权利:(1)参加教育教学计划安排的各种活动,使用教育教学设施、设备、图书资料;(2)按照国家有关规定获得奖学金、贷学金、助学金;(3)在学业成绩和品行上获得公正评价,完成规定的学业后获得相应的学业证书、学位证书;(4)对学校给予的处分不服向有关部门提出申诉,对学校、教师侵犯其人身权、财产权等合法权益,提出申诉或者依法提起诉讼;(5)法律、法规规定的其他权利。

134. D 【解析】《中华人民共和国教师法》第二十五条规定,教师的平均工资水平应当不低于或者高于国家公务员的平均工资水平,并逐步提高。建立正常晋级增薪制度,具体办法由国务院规定。

135. C 【解析】根据《中华人民共和国教师法》第七条规定可知,教师享有"进行教育教学活动,开展教育教学改革和实验"的权利。题干中的园长打断教师正常的上课进程,让老师去迎接临时到访的上级领导,此行为影响了教育教学活动,故本题答案选C项。

136. B 【解析】根据《中华人民共和国教师法》第三十六条规定,对依法提出申诉、控告、检举的教师进行打击报复的,由其所在单位或者上级机关责令改正;情节严重的,可以根据具体情况给予行政处分。国家工作人员对教师打击报复构成犯罪的,依照刑法有关规定追究刑事责任。题干强调情节严重,故本题答案选B项。

137. B 【解析】根据《中华人民共和国教师法》第七条规定可知,教师享有按时获取工资报酬,享受国家规定的福利待遇以及寒暑假期的带薪休假的权利。题干中的医疗保险属于国家规定的福利待遇,故该学校的做法侵犯了林业的获得报酬权。

138. A 【解析】根据《中华人民共和国教师法》第二十四条规定,教师考核结果是受聘任教、晋升工资、实施奖惩的依据。

139. D 【解析】根据《中华人民共和国教师法》第三十七条规定,教师有下列情形之一的,由所在学校、其他教育机构或者教育行政部门给予行政处分或者解聘:(1)故意不完成教育教学任务给教育教学工作造成损失的;(2)体罚学生,经教育不改的;(3)品行不良、侮辱学生,影响恶劣

的。教师有前款第(2)项、第(3)项所列情形之一,情节严重,构成犯罪的,依法追究刑事责任。

140. D 【解析】根据《中华人民共和国教师法》第二十二条规定,学校或者其他教育机构应当对教师的政治思想、业务水平、工作态度和工作成绩进行考核。教育行政部门对教师的考核工作进行指导、监督。

专题二 教师的权利与义务

单项选择题

答案速查

1~5	BAADC	6~10	DDCCA
11~15	CADBB	16~20	DBABA

1. B 【解析】教育行政复议,是指教育行政相对人(如学校、教师)认为教育行政机关做出的具体行政行为侵犯其合法权益,向做出该行为的机关的上一级教育行政机关或该机关所属的本级人民政府提出申请,受理申请的行政机关对发生争议的具体行政行为进行复查并做出决定的活动。因此,朱老师可向当地人民政府提出行政复议。

2. A 【解析】教师获取报酬待遇权是指,教师的报酬必须按时发放,不得拖欠教师的报酬,不得克扣或变相克扣教师的工资。A项隐私权是指,公民依法享有拒绝、排斥任何未经法律批准的监视、窥探和防止个人私生活秘密、个人信息(个人数据)被披露的权利。题干描述并未侵犯教师的隐私权。

3. A 【解析】教育行政申诉,是指教师在其合法权益受到侵犯时,依照法律法规的规定,向主管的行政机关申诉理由,请求处理。根据题干所描述,校长侵犯了华老师的权益,应向当地教育行政机关提出行政申诉。

4. D 【解析】获取报酬待遇权是宪法赋予公民享有的社会经济权利在教师职业范围内的具体体现。我国《教师法》第七条规定,教师有"按时获取工资报酬,享受国家规定的福利待遇以及寒暑假期的带薪休假"的权利。本题中该幼儿园以扣发工资强迫教师在寒假期间加班的做法是不正确的。故本题选D。

5. C 【解析】《中华人民共和国教师法》第七条规定,教师有"参加进修或者其他方式的培训"的权利。因此学校剥夺的是马老师在职学习、参加进修的权利。

6. D 【解析】根据《中华人民共和国教师法》规定,教师应当履行的义务之一为"对学生进行宪法所确定的基本原则的教育和爱国主义、民族团结的教育,法制教育以及思想品德、文化、科学技术教育,组织、带领学生开展有益的社会活动",即全面教育义务。

7. D 【解析】教师的首要职责是搞好教学、教好功课、完成知识教学任务,因而教师就必须锐意进取,刻苦学习。要使学生学好知识,教师首先必须学好知识。"不断提高思想觉悟和教育教学业务水平"这项义务实际上是国家对教师不断提高自身素质的基本要求。

8. C 【解析】《中华人民共和国教师法》第七条规定,教师有"按时获取工资报酬,享受国家规定的福利待遇以及寒暑假期的带薪休假"的权利。学校或其他组织不得拖欠教师的报酬,不得克扣或变相克扣教师的工资。C选项中学校因修盖宿舍扣除教师工资,侵犯了教师的报酬待遇权。

9. C 【解析】教师对学校或者其他教育机构提出的申诉,主管教育行政部门应当在收到申诉书的次日起30日内进行处理。

10. A 【解析】根据《中华人民共和国教师法》第七条规定,教师有"进行教育教学活动,开展教育教学改革和实验"的权利。教师享有教育教学权,任何组织或部门都无权干涉。

11. C 【解析】民主管理权是指教师对学校教育教学、管理工作和教育行政部门的工作提出意见和建议,通过教职工代表大会或者其他形式,参与学校的民主管理。题干中该教师积极参加学校工会活动,并对学校的改革发展建言献策,该老师行使的是教师的民主管理权。

12. A 【解析】根据《中华人民共和国教师法》第七条规定,教师享有按时获取工资报酬,享受国家规定的福利待遇以及寒暑假期的带薪休假的权利。教育行政部门组织教师在暑假参加培训,占用了教师的休息时间,侵犯了教师的权利。故答案选A项。

13. D 【解析】根据《中华人民共和国教师法》第八条规定可知,A、B、C三项均属于教师应当履行的义务。根据第九条规定可知,各级人民政府、教育行政部门、有关部门、学校和其他教育机构为保障教师完成教育教学任务,应当履行提供必需的图书、资料及其他教育教学用品的职责。故D项不属于教师应当履行的义务。

14. B 【解析】根据《中华人民共和国教师法》第七条规定可知,教师享有"参加进修或者其他方式的培训"的权利。因此,该校不准教师外出参加脱产学习,这实际上侵犯了教师的进修培训权。

15. B 【解析】"从事科学研究、学术交流,参加专业的学术团体,在学术活动中充分发表意见"是教师作为专业技术人员的一项基本权利。校长的做法侵犯了李老师的学术研究权。

16. D 【解析】根据《中华人民共和国教师法》第七条规定,教师有"对学校教育教学、管理工作和教育行政部门的工作提出意见和建议,通过教职工代表大会或者其他形式,参与学校的民主管理"

的权利。因此,李老师向校领导反映学校考评考核制度中存在的问题,其实是在行使教师权利。

17. B 【解析】教师对学校或者其他教育机构侵犯其合法权益的,或者对学校或者其他教育机构作出的处理不服的,可以向教育行政部门提出申诉,教育行政部门应当在接到申诉的三十日内,作出处理。所以,小赵可以向当地县教育局提出申诉。

18. A 【解析】《中华人民共和国教师法》第三十七条规定,教师有下列情形之一的,由所在学校、其他教育机构或者教育行政部门给予行政处分或者解聘:(1)故意不完成教育教学任务给教育教学工作造成损失的;(2)体罚学生,经教育不改的;(3)品行不良、侮辱学生,影响恶劣的。教师有前款第(2)项、第(3)项所列情形之一,情节严重,构成犯罪的,依法追究刑事责任。题干中教师李某在校外兼职严重影响了教学工作,按照规定,应该对其给予解聘。

19. B 【解析】教育申诉制度是指作为教育法律关系主体的公民,在其合法权益受到侵害时,向国家机关申诉理由,请求处理的制度。我国的教育申诉制度主要有教师申诉制度和受教育者申诉制度。教师申诉制度,是指教师在其合法权益受到侵犯时,依照法律、法规的规定,向主管的行政机关申诉理由,请求处理的制度。

20. A 【解析】教育教学权是指教师享有进行教育教学活动、开展教育教学改革和实验的权利。这是教师为履行教育教学职责必须具备的最基本权利。任何人不得非法剥夺在聘教师行使教育教学权。题干中校长罚王老师停课一周进行反思的行为,侵犯王老师的教育教学权。

专题三 幼儿权利的法律保护

单项选择题

答案速查

1~5	ABACB	6~10	DBCBA
11~15	BBBAB	16~19	BAAD

1. A 【解析】受教育权是幼儿的一项基本权利。题干中徐老师在上课时把皮皮关在卫生间里,会导致皮皮无法参加课堂教学中的各种活动,因此侵犯了皮皮的受教育权。

2. B 【解析】《中华人民共和国义务教育法》第五条规定,适龄儿童、少年的父母或者其他法定监护人应当依法保证其按时入学接受并完成义务教育。题干中小红父母的做法侵犯了小红的受教育权。

3. A 【解析】幼儿享有隐私权。任何组织或者个人不得以刺探、侵扰、泄露、公开等方式侵害幼儿的隐私权。隐私是自然人的私人生活安宁和不愿为他人知晓的私密空间、私密活动、私密信息。题干中丁丁将同学丽丽的个人信息披露给其他人,这种行为侵犯了丽丽的隐私权。

4. C 【解析】幼儿享有名誉权。任何组织或者个人不得以侮辱、诽谤等方式侵害幼儿的名誉权。名誉是对民事主体的品德、声望、才能、信用等的社会评价。题干中王老师对小亮说“笨得像头猪”,对学生来说是一种侮辱,使小亮的名誉受到了损害。他的做法侵犯了学生的名誉权,是不正确的。

5. B 【解析】健康权是指幼儿以其机体生理机能的正常运作和功能的完善发挥,维持人体生命活动的利益为内容的具体人格权。题干中教师因学生没有完成作业便以打手心的方式惩戒,属于体罚学生,侵犯了学生的健康权。故本题选择B选项。

6. D 【解析】健康权是指幼儿以其机体生理机能的正常运作和功能的完善发挥,维持人体生命活动的利益为内容的具体人格权。幼儿的身心健康受法律保护。任何组织或者个人不得侵害他人的健康权。题干中陈老师拖拽朵朵,使朵朵身体多处擦伤,危及了朵朵的生命健康,因此侵犯了朵朵的健康权。

7. B 【解析】幼儿享有名誉权。任何组织或者个人不得以侮辱、诽谤等方式侵害幼儿的名誉权。名誉是对民事主体的品德、声望、才能、信用等的社会评价。题干中陈某给小强起绰号,是不尊重小强的人格尊严的表现,使小强的名誉受到了损害,侵犯了小强的名誉权。

8. C 【解析】幼儿有受教育的权利和义务。幼儿受教育机会平等包括受教育过程上的机会平等,即幼儿进入幼儿园以后,幼儿园应该保障每个幼儿参加教育教学计划内安排的各种活动,使用各种教学设备、玩具等,每个幼儿都是平等的。题干中齐老师因为自己嫌弃磊磊,便不让磊磊参与集体活动,是教育机会不平等的表现,是不正确的做法,应当让磊磊一起参与集体活动。

9. B 【解析】学校和教师必须尊重幼儿的人格尊严,严禁对幼儿实施体罚、变相体罚或其他侮辱人格尊严的行为。题干中的黄老师对小强进行粗暴的言语辱骂,体现了对学生人格尊严权的侵犯。

10. A 【解析】著作财产权是著作权人基于对作品的利用给其带来的财产收益权。题干中小明的画获奖,所得奖金属于著作财产收益,因此奖金应该归小明所得。

11. B 【解析】学校和教师必须尊重幼儿的人格尊严,严禁对幼儿实施体罚、变相体罚或其他侮辱人格尊严的行为。题干中汤老师贴“坏学生”榜的做法是侮辱人格尊严的行为,没有尊重学生的人格。

12. B 【解析】幼儿享有肖像权,有权依法制作、使用、公开或者许可他人使用自己的肖像。肖像是通过影像、雕塑、绘画等方式在一定载体上所反

映的特定自然人可以被识别的外部形象。未经幼儿监护人的书面同意,任何人不得以营利为目的使用幼儿的肖像。题干中幼儿园未得到璐璐家长的同意,将璐璐的视频放在网站上用来招生,属于侵犯了璐璐的肖像权。

13. B 【解析】人身自由是幼儿的一项基本权利,包括身体行动自由和表达的自由。侵害幼儿人身自由的表现形式:非法拘禁和限制幼儿、非法搜查幼儿、非法限制幼儿表达自由的权利等。题干中学校对学生进行搜身检查的行为,侵犯了学生的人身自由权。故选 B 项。

14. A 【解析】幼儿的合法财产受到法律保护,教师不得侵占、破坏或非法扣押、没收等。教师侵犯幼儿财产权的表现形式有:损坏幼儿财物、非法没收幼儿物品、乱罚款、乱摊派、推销。题干中班主任张老师的行为侵犯了幼儿的财产权。

15. B 【解析】学校和教师必须尊重幼儿的人格尊严,严禁对幼儿实施体罚、变相体罚或其他侮辱人格尊严的行为。A、C、D 选项都属于对幼儿的体罚,侵犯了幼儿的合法权益。B 选项没有侵犯幼儿的合法权益,故本题选择 B。

16. B 【解析】人身自由是公民的一项基本权利,包括身体行动自由和表达的自由。侵害学生人身自由的表现形式有:非法拘禁和限制学生、非法搜查学生、非法限制学生表达自由的权利等。

17. A 【解析】学校和教师侵犯学生隐私的表现形式有:故意隐匿、毁弃或者非法开拆学生信件,披露、宣扬学生自身及家庭成员的资料,提供学生成绩的方式不适当等。因此,教师出于各种目的,隐匿、销毁、私拆学生的私人信件的做法,侵犯了学生的个人隐私权。

18. A 【解析】拥有生命是人最基本、最原始的权利,享有生命权是人享有其他各项权利的前提。生命权是人的尊严的基础,具有神圣性与不可转让性,不可非法剥夺。

19. D 【解析】人身自由是公民的一项基本权利,包括身体行动自由和表达的自由。侵害学生人身自由的表现形式有:非法拘禁和限制学生、非法搜查学生、非法限制学生表达自由的权利等。题干中的王老师因小明在课堂上捣乱,就将其关进体育器材室,这一行为侵犯了小明的人身自由权。

第三章　教师职业道德

核心知识提要

①爱岗敬业　②关爱学生　③为人师表　④团结协作　⑤廉洁从教　⑥幼稚性　⑦全面性　⑧劳动过程　⑨长期性　⑩劳动成果的群体性　⑪处理人际关系

经典真题回顾

一、单项选择题

答案速查

1 ~ 5	ADDCC	6 ~ 10	AABAD
11 ~ 15	BDCCC	16 ~ 19	BDDC

1. A 【解析】本题考查《中小学教师职业道德规范》(2008 年)。为人师表的教师职业道德规范要求教师做到尊重同事,尊重家长。作风正派,廉洁奉公。自觉抵制有偿家教,不利用职务之便谋取私利。题干中教师践行了为人师表的教师职业道德规范。A 选项,“大厦之成,非一木之材也;大海之阔,非一流之归也”的意思是高大的房屋的建成,不是靠一棵树的木材原料就能做到的;大海的辽阔不是靠一条河流的水注入就能形成的。这句话强调的是团结与合作,与为人师表的教师职业道德规范不符,故本题选择 A。

2. D 【解析】本题考查《中小学教师职业道德规范》(2008 年)。关爱学生的教师职业道德规范要求教师要关心爱护全体学生,尊重学生人格,平等公正对待学生。对学生严慈相济,做学生良师益友。不讽刺、挖苦、歧视学生,不体罚或变相体罚学生。题干中,孙老师面对乐乐的行为没有给予正确的引导和教育,而是直接呵斥乐乐,并把乐乐安排到角落,这说明孙老师没有做到尊重学生人格,平等公正对待学生,违背了教育的平等性。

3. D 【解析】本题考查教师职业道德规范。教书育人的教师职业道德规范要求教师做到遵循教育规律,实施素质教育。循循善诱,诲人不倦,因材施教。题干中吴老师面对幼儿的不同想法时,应将幼儿看成独特的个体,因材施教,促进幼儿的全面发展。D 选项老师继续组织游戏,并根据幼儿的兴趣调整动作,体现了教育中的因材施教,是恰当的。

4. C 【解析】本题考查《中小学教师职业道德规范》(2008 年)。题干中李老师上示范课时并没有听取同事的建议,只挑选乖巧的小朋友参加,而是选择让全班小朋友都参加,说明李老师认为幼儿发展是平等的,做到了关爱学生、公正地对待所有学生。

5. C 【解析】本题考查《中小学教师职业道德规范》(2008 年)。题干中张老师面对家长的“好意”能坚持自己的底线,体现了她为人师表、作风正派、廉洁奉公的良好品质。A 项,“祸患常积于忽微,

而智勇多困于所溺”意思是不良的嗜好、习惯一旦养成,久而久之就会成为你本性的一部分,日后也会成为你成功的绊脚石,强调要“防微杜渐”;B项,“不要人夸好颜色,只留清气满乾坤”意思是不需要别人夸奖颜色美好,只要留下充满乾坤的清香之气,表达了一种坚贞纯洁的品格,不重虚名;C项,“明者因时而变,知者随事而制”意思是聪明的人往往会根据时期的不同而改变自己的策略和方法,有大智慧的人会随着事物发展方向的不同而制定相应的管理方法,表示要灵活变通;D项,“善禁者,先禁其身而后人”的意思是善于用禁令治理社会的人,必然先按照禁令要求自身,而后才去要求别人,表明要求别人做到的自己会先做到。A、B、D三项与题意相符,C项没有体现,故本题选C。

6. A 【**解析**】本题考查《中小学教师职业道德规范》(2008年)。题干中佳佳尿裤子了,当其他幼儿嘲笑佳佳时,刘老师能够及时地予以引导,挽回佳佳的形象,说明刘老师能够充分尊重幼儿人格,维护幼儿权益,有利于保护幼儿的自尊心,故本题选A。

7. A 【**解析**】本题考查《中小学教师职业道德规范》(2008年)。题干中赵老师将部分孩子的作品丢在废纸篓里的行为会伤害孩子的自尊心,长此以往,将不利于幼儿身心的健康发展,故赵老师做法不正确。

8. B 【**解析**】本题考查《中小学教师职业道德规范》(2008年)。幼儿园教师要以身作则,体现在为人作风上就是要“廉洁奉公”。因此,给幼儿分剩的礼物理应上交幼儿园。

9. A 【**解析**】本题考查《中小学教师职业道德规范》(1997年)。面对幼儿的错误,叶老师不体罚幼儿,而是耐心地与幼儿交流,说明叶老师能够自觉遵守相关法律法规,依法执教。

10. D 【**解析**】本题考查幼儿教师的职业特点。题干中提到教师不应只是“一桶水”,更要成为“源头活水”,强调的是教师要终身学习。这也意味着教师需要不断更新自己的教学方法,针对幼儿多方面的发展进行教育,即体现了教师劳动的创造性和复杂性。除此之外,教师职业需具备专业素养,因此又具有专业性。故A、B、C三项正确,本题选D。

11. B 【**解析**】本题考查幼儿教师的职业特点。题干中王老师在给孩子们讲故事时,不仅用语言进行描述,同时还辅之以具体的动作,给孩子们示范,让孩子们模仿,说明幼儿教师的劳动具有示范性的特点。

12. D 【**解析**】本题考查教师职业行为规范的基本要求。题干中教师因为方方不理解活动规则就剥夺了他参与活动的权利,并且扬言说让他以后都不要踢球了,这是对方方的不尊重,会打击方方参与活动的积极性,故做法不正确。

13. C 【**解析**】本题考查教师职业行为规范。教师之间要做到相互学习,取长补短,乐于助人,关心同事。题干中夏老师外出学习回来后,应该主动与其他老师分享学习体会,促进全园老师共同发展,故C项正确。

14. C 【**解析**】本题考查教师职业行为规范在保教实践中的应用。题干中孩子们进入大班后会变得吵闹,主要是由于孩子们逐渐有了自己的想法和主见,并且语言表达能力渐趋完善。幼儿教师要正确看待幼儿的这一现象,对幼儿进行说服教育,引导幼儿自我约束,也可以引导幼儿参与其感兴趣的活动,转移幼儿的注意力。C项,让家长接吵闹的孩子回家安抚,是把教育责任推给了家长,是不负责任的表现,故做法不恰当。

15. C 【**解析**】本题考查教师职业行为规范在保教实践中的应用。教师要主动积极地与家长沟通和交流,与家庭形成教育合力,共同促进幼儿健康成长。因此,对于幼儿良好行为习惯的退步,教师应当与家长及时沟通,发挥自身优势,为家长提供指导。

16. B 【**解析**】本题考查《中小学教师职业道德规范》(2008年)。教书育人要求教师遵循教育规律,实施素质教育。循循善诱,诲人不倦,因材施教。培养学生良好品行,激发学生创新精神,促进学生全面发展。题干中教师面对冬冬躲在柜子里不肯出来的情况,没有了解幼儿的具体情况就采取威胁、恐吓的方式解决问题,没有做到尊重幼儿的独特心理,循循善诱、因材施教。

17. D 【**解析**】本题考查《中小学教师职业道德规范》(2008年)。教书育人的教师职业道德规范要求教师遵循教育规律,实施素质教育。循循善诱,诲人不倦,因材施教。D选项“圣贤施教,各因其材,小以小成,大以大成”的意思是圣人贤人教育学生,能够因材施教,小材让他取得小成功,大材让他取得大成功。题干中陈老师针对小豆发音不清楚的问题,查找相关资料,采取一系列有针对性的措施,帮助小豆进步,表明陈老师做到了因材施教,与D选项的表述相符合。A选项的意思是“只一味地读书学习而不主动思考问题,就会迷惑而无所得;只空想却不去学习钻研、积累知识,也会陷入困境而无所获”。B选项的意思是“要引导学生,而不是牵着学生走;要鼓励学生而不要压抑他们,要指导学生学习门径,而不是代替学生作出结论”,体现的是启发性教学原则。C选项的意思是“当政者本身言行端正,不用发号施令,大家自然起身效法,政令将会畅行无阻;如果当政者本身言行不正,虽下命令,大家也不会服从遵守”,强调的是以身作则。A、B、C选项均与题干表述不符合。

18. D 【解析】本题考查《中小学教师职业道德规范》(2008 年)。为人师表的教师职业道德规范要求教师坚守高尚情操,知荣明耻,严于律己,以身作则。题干中李老师发现评职称的材料中还缺少两份听课材料,李老师正确的做法应是直接放弃本次职称评定的机会,ABC 三项的做法是造假的行为,不符合为人师表的教师职业道德规范,故本题选择 D 选项。

19. C 【解析】本题考查《中小学教师职业道德规范》(2008 年)。教书育人的教师职业道德规范要求教师遵循教育规律,实施素质教育。循循善诱,诲人不倦,因材施教。A 选项原句为"不闻不若闻之,闻之不若见之,见之不若知之,知之不若行之。学至于行之而止矣。"意为"没有听到的不如听到的,听到的不如见到的,见到的不如了解到的,了解到的不如去实行。学问到了实行就达到了"极点"。强调的是实践的重要性。B 项意为"眼睛经常看到,耳朵经常听到,不知不觉地受到影响,不用专门学习就有了相应的才能"。强调听得多了,见得多了,自然而然受到影响。C 项意为"教学,不到学生冥思苦想而不得其解的时候,不要去开导他;不到学生欲言又难以表达的时候,不要去启发他"。强调的是启发诱导原则。D 项意为"用言语去打动人的,其感染力不深;用行动去打动人的,其效应一定很快"。强调的是言教不如身教。题干中李老师在发现小朋友经常将两只鞋子穿反后,创编儿歌引导幼儿学会正确的穿鞋方法,体现了启发诱导、循循善诱的教育方法,也体现了教书育人的教师职业道德规范。故本题选择 C 选项。

二、材料分析题(参考答案)

1. 材料中陈老师的做法是错误的,违背了教师职业道德规范的要求。

(1)陈老师违背了爱岗敬业的教师职业道德规范。爱岗敬业的教师职业道德规范要求教师对工作高度负责,认真备课上课,认真批改作业,认真辅导学生。不得敷衍塞责。材料中,陈老师对婉婉不记得歌词和跑调的情况,没有给予及时的帮助和引导,反而因婉婉表现差给了她一朵绿色的小花,没有做到爱岗敬业。

(2)陈老师违背了关爱学生的教师职业道德规范。关爱学生的教师职业道德规范要求教师关心爱护全体学生,尊重学生人格,平等公正对待学生。对学生严慈相济,做学生良师益友。不讽刺、挖苦、歧视学生,不体罚或变相体罚学生。材料中,陈老师的言语和行为伤害了婉婉,致使婉婉不愿来幼儿园,这表明陈老师没有做到关爱学生。

(3)陈老师违背了教书育人的教师职业道德规范。教书育人的教师职业道德规范要求教师遵循教育规律,实施素质教育。循循善诱,诲人不倦,因材施教。培养学生良好品行,激发学生创新精神,促进学生全面发展。材料中,婉婉因生病导致身体发育比他人迟缓,而陈老师在教学过程中,面对婉婉的身心发展和学习情况,没有及时地给予帮助,没有因材施教,反而讽刺学生,这表明陈老师没有做到教书育人。

(4)陈老师违背了为人师表的教师职业道德规范。为人师表的教师职业道德规范要求教师坚守高尚情操,知荣明耻,严于律己,以身作则。衣着得体,语言规范,举止文明。关心集体,团结协作,尊重同事,尊重家长。材料中,陈老师用错误的方式对待婉婉,给其他幼儿做了错误的示范,导致其他幼儿以同样的方式对待婉婉。并且在婉婉的妈妈与其沟通时,陈老师没有认识到自己的错误,坚持认为婉婉比别人差,没有做到尊重家长,以身作则。

综上所述,材料中陈老师的做法是错误的,不符合教师职业道德规范的要求,陈老师应反思并改正自己的行为。

2. 周老师的教育行为科学合理,符合教师职业道德规范的要求。

(1)周老师践行了爱岗敬业的教师职业道德规范。爱岗敬业要求教师要对工作高度负责,认真辅导学生,不得敷衍塞责。材料中,周老师给妮妮讲故事、念儿歌,和妮妮妈妈就妮妮的教育问题进行交流等都体现了这一点。

(2)周老师践行了关爱学生的教师职业道德规范。关爱学生要求教师要关心爱护全体学生,关心学生健康,维护学生权益。材料中,周老师在日常工作中能照顾到每一个幼儿,并在看到妮妮不洗手就拿东西吃时能及时给予指导体现了这一点。

(3)周老师践行了教书育人的教师职业道德规范。教书育人要求教师要做到循循善诱,诲人不倦,因材施教。材料中,周老师针对妮妮不爱洗手的问题进行了积极引导,并能够针对妮妮不爱说话的特点及时与妮妮妈妈交流、给出合理建议,体现了这一点。

(4)周老师践行了为人师表的教师职业道德规范。为人师表要求教师要做到尊重家长。材料中,周老师能够积极了解幼儿的家庭情况,并积极和家长沟通,体现了这一点。

(5)周老师践行了终身学习的教师职业道德规范。终身学习要求教师要不断提高专业素养和教育教学水平。材料中,周老师认为自己对幼儿的心理特点了解不够、有些问题不能妥善处理,于是主动参加培训学习体现了这一点。

综上所述,材料中周老师的做法践行了教师职业道德规范中的要求,值得我们学习。

3. 黄老师的教育行为体现了"关爱学生""教书育人""为人师表""爱岗敬业"的教师职业道德要求,是值得肯定的。

(1)黄老师的教育行为体现了“关爱学生”的要求。关爱学生是师德的灵魂,是教师处理其与学生的关系时所应遵循的原则要求。材料中黄老师为解决馨馨不睡午觉的问题,耐心地告诉她午睡的好处,还联系家长、请家长配合,让馨馨在家里早睡早起,以帮助其养成良好的午睡习惯,体现了该要求。

(2)黄老师的行为体现了“教书育人”的要求。教书育人是教师的天职。教书育人要求教师要遵循教育规律,实施素质教育。循循善诱,诲人不倦,因材施教。材料中黄老师经观察发现馨馨不好运动,到午睡时仍然精神饱满,不觉疲劳。于是,她采取了加大其运动量的方式,让馨馨和运动量大的小朋友一起游戏、玩耍,并舒缓她的情绪,最终使馨馨逐渐养成了午睡的好习惯,体现了该要求。

(3)黄老师的教育行为体现了“为人师表”的要求。为人师表是教师职业道德的内在要求。它要求教师坚守高尚情操,知荣明耻,严于律己,以身作则。关心集体,尊重家长。材料中黄老师不仅自己想方设法对幼儿进行教育,还积极联系家长,了解幼儿情况,与家长交流教育经验与方法,从而形成教育合力,最终促使馨馨建立起了良好的午睡习惯。

(4)黄老师的教育行为体现了“爱岗敬业”的要求。爱岗敬业要求教师忠诚于人民教育事业,志存高远,勤恳敬业,甘为人梯,乐于奉献。对工作高度负责,不得敷衍塞责。材料中黄老师为了帮助馨馨解决睡不着的问题想尽了各种办法,运用了多种策略,具有爱心和耐心,说明黄老师做到了爱岗敬业,勤恳负责。

总之,黄老师的行为体现了崇高的教师职业道德规范,这种精神值得大力弘扬,需要每个老师学习。

4. 李老师的教育行为科学合理,符合教师职业道德规范的要求。

(1)李老师的行为体现了关爱学生。关爱学生要求教师关心爱护全体学生,尊重学生人格,平等公正对待学生。材料中,李老师看到班里的涛涛因没有抢到玩具而大哭时,及时上前劝导涛涛并且带着涛涛通过其他游戏获得乐趣和成长,是关爱学生的典型体现。

(2)李老师的行为体现了教书育人。教书育人要求教师遵循教育规律,实施素质教育。循循善诱,诲人不倦,因材施教。材料中,李老师通过引导涛涛玩拼图不仅顺利化解了涛涛和其他小朋友之间的矛盾,还开展了新的区域活动。并在之后的活动中有意引导涛涛和小朋友一起游戏,在此过程中,涛涛学会了跟其他幼儿相处,并改掉了任性的毛病,懂得了分享的意义,说明李老师做到了教书育人。

(3)李老师的行为体现了爱岗敬业。爱岗敬业要求教师忠诚于人民教育事业,志存高远,勤恳敬业,甘为人梯,乐于奉献。材料中,李老师时刻关注涛涛的状态,及时给予涛涛帮助和引导,并且有意改善涛涛的不足,发展涛涛的社会性,说明李老师做到了爱岗敬业,勤恳负责。

总之,李老师的行为遵循了教师职业道德规范的相关要求,值得我们提倡和学习。

5. 材料中刘老师的教育行为是正确的,符合教师职业道德的相关要求。

(1)爱岗敬业要求教师要忠诚于人民教育事业,志存高远,勤恳敬业,甘为人梯,乐于奉献。不得敷衍塞责。材料中刘老师观察到瑞瑞的问题并能够及时解决,体现了爱岗敬业。

(2)关爱学生要求教师要关心爱护全体学生,尊重学生人格,平等公正对待学生。对学生严慈相济,做学生良师益友。保护学生安全,关心学生健康,维护学生权益。材料中刘老师面对经常咬人、言语交流和表达方面发展水平比较低的瑞瑞并没有歧视,而是平等地对待,体现了关爱学生。

(3)教书育人要求教师要遵循教育规律,实施素质教育。循循善诱,诲人不倦,因材施教。培养学生良好品行,激发学生创新精神,促进学生全面发展。材料中刘老师针对瑞瑞的情况,专程到儿童医院向专业人士进行咨询,说明刘老师能够做到因材施教,体现了教书育人。

(4)为人师表要求教师要关心集体,团结协作,尊重同事,尊重家长。材料中刘老师针对瑞瑞的情况进行家访,并且经常和瑞瑞家长进行沟通,给予瑞瑞的家长专业性的建议,体现了为人师表。

综上所述,刘老师的行为体现了爱岗敬业、关爱学生、教书育人和为人师表的教师职业道德规范,值得我们学习。

过关必刷题库

专题一　教师职业道德规范

一、单项选择题

答案速查

1 ~ 5	ADBAA	6 ~ 10	ACDDC
11 ~ 15	DCAAD	16 ~ 20	CAAAD
21 ~ 25	DACCB	26 ~ 30	CDCDA
31 ~ 35	CCBDB	36 ~ 40	DAADB
41 ~ 45	CCDCB	46 ~ 50	CBBBB
51 ~ 55	DABDC	56 ~ 60	BBACC
61 ~ 67	CAABCCC		

1. A 【解析】为人师表要求教师坚守高尚情操,知

荣明耻，严于律己，以身作则。题干中王老师面对亲戚的请求，应该坚持为人师表的职业道德，坚决拒绝，并向亲戚说明拒绝的理由。

2. D 【解析】为人师表要求教师作风正派，廉洁奉公。自觉抵制有偿家教，不利用职务之便谋取私利。题干中带班老师收下家长送的礼品并对小勇关爱有加，是利用职务之便谋取私利的行为。

3. B 【解析】A项中的陈老师在教学时不顾学生身心发展的规律，违反了教书育人的教师职业道德规范；C项中的马老师利用职务之便谋取私利，违反了为人师表的教师职业道德规范；D项中的杨老师不认真上课、对工作敷衍塞责，违反了爱岗敬业的教师职业道德规范。

4. A 【解析】终身学习要求教师崇尚科学精神，树立终身学习理念，拓宽知识视野，更新知识结构。题干中教育理念辅导报告能够提高教师的理论素养，同时在新课改的背景下，教师只有做到更新教育理念，树立终身学习意识，才能成为称职的老师。

5. A 【解析】关爱学生要求教师关心爱护全体学生，平等公正对待学生。题干中廖老师只关心绘画能力强的嘟嘟，却不理睬调皮的齐齐，说明教师没有做到关心爱护全体学生，违反了关爱学生的职业道德规范。故本题选A。

6. A 【解析】爱岗敬业的师德规范要求教师对工作高度负责，认真备课上课，认真批改作业，认真辅导学生，不得敷衍塞责。题干中李老师即使被幼儿家长辱骂和投诉，还是努力做好本职工作，这是爱岗敬业的表现。

7. C 【解析】终身学习的师德规范要求教师要崇尚科学精神，树立终身学习理念，拓宽知识视野，更新知识结构。题干中的刘老师经常与同行交流教学心得，发表多篇论文等行为都符合这一师德规范要求。

8. D 【解析】为人师表要求教师自觉抵制有偿家教，不利用职务之便谋取私利。刘老师用假名在培训机构上课，挣取相应费用补贴家用，属于一种变相的家教，虽然事出有因，但违反了教师职业道德规范的要求。

9. D 【解析】A、B项违背了关爱学生的教师职业道德规范要求，C项违背了为人师表的教师职业道德规范要求。D选项教师的行为符合为人师表的教师职业道德规范。

10. C 【解析】终身学习要求教师崇尚科学精神，树立终身学习理念，拓宽知识视野，更新知识结构。潜心钻研业务，勇于探索创新，不断提高专业素养和教育教学水平。"积极听老教师的课""业余时间自修研究生课程""潜心研究教学法"这一系列做法都体现了殷老师具有终身学习的理念。

11. D 【解析】为人师表要求教师要做到作风正派，廉洁奉公。自觉抵制有偿家教，不利用职务之便谋取私利。题干中贾老师应对付款家长表示感谢并坚持把钱还给家长。

12. C 【解析】终身学习是时代发展的要求，也是教师职业特点所决定的。因此，教师必须树立终身学习的观念，不断在读书学习中拓宽知识视野，更新知识结构，这是教师专业成长的必由之路。题干中王老师的做法符合终身学习的教师职业道德要求。

13. A 【解析】教师职业道德规范要求教师在教学时要关爱学生，关心爱护全体学生，尊重学生人格，平等公正对待学生，做学生良师益友。循循善诱，诲人不倦，因材施教。培养学生良好品行，促进学生全面发展。因此，带班老师应该关心爱护学生，加强学生的行为养成教育，尤其是对于留守儿童，因其缺乏父母的关爱，更应该给予更多的关注。

14. A 【解析】教书育人要求教师遵循教育规律，实施素质教育。培养学生良好品行，激发学生创新精神，促进学生全面发展。题干中郑老师只关注幼儿的学习情况，忽视了培养幼儿良好的卫生习惯和集体意识，不利于幼儿品德的形成和全面发展。

15. D 【解析】为人师表要求教师坚守高尚情操，知荣明耻，严于律己，以身作则。题干中姚老师应以身作则，为学生树立良好的榜样。

16. C 【解析】关爱学生的师德规范要求教师关心爱护全体学生，尊重学生人格，平等公正对待学生。题干中，李老师让爱说话的小虎一个人坐到教室角落的做法，是不尊重学生人格的体现，会伤害学生的自尊心，这一行为违背了关爱学生的这一要求。

17. A 【解析】为人师表要求教师要坚守高尚情操，知荣明耻，严于律己，以身作则。题干中林老师的行为明显有悖于为人师表的教师职业道德规范。

18. A 【解析】新教师应该独立备课，按照自身设计的教学计划开展教学。黄老师的教案可以适当参考，吸收适合自己的内容，而黄老师要求新教师严格按照自己的设计教学，这不利于新教师成长。

19. A 【解析】为人师表要求教师关心集体，团结协作，尊重同事，尊重家长。题干中王老师总是训斥方铭家长没有教育好孩子的做法，违背了教师职业道德规范中的"为人师表"这一要求。

20. D 【解析】严谨治学要求教师要树立优良学风，刻苦钻研业务，不断学习新知识，探索教育教学规律，改进教育教学方法，提高教育、教学和科研水平。题干中赵老师的做法体现了严谨治学。

21. D 【解析】关爱学生的教师职业道德规范要求教师关心爱护全体学生,尊重学生人格,平等公正对待学生。不讽刺、挖苦、歧视学生,不体罚或变相体罚学生。题干中老师打手心属于体罚学生的行为,故做法错误。

22. A 【解析】《中小学教师职业道德规范》规定,教师要关心爱护全体学生,尊重学生人格,平等公正对待学生。题干中刘老师没有做到公平待生。

23. C 【解析】《中小学教师职业道德规范》(1997年)中"严谨治学"要求教师树立优良学风,刻苦钻研业务,不断学习新知识,探索教育教学规律,改进教育教学方法,提高教育、教学和科研水平。题干中小白老师向同事请教,向专家寻求帮助,认真对待学生提出的问题,体现了严谨治学。

24. C 【解析】爱国守法是教师职业的基本要求。热爱祖国是每个公民,也是每个教师的神圣职责和义务。题干中孙老师开展爱国主题活动,激发幼儿的爱国主义情感,培养幼儿的自信心和主人翁意识,体现了爱国守法的教师职业道德规范。

25. B 【解析】卢老师看到学生画的自己奇丑无比的画像不仅没有生气,责怪贝贝,反而对贝贝进行表扬和肯定,是正面激励的表现。

26. C 【解析】教书育人要求教师要遵循教育规律,实施素质教育。循循善诱,诲人不倦,因材施教。题干中卢老师针对班级里学生喜欢昆虫的这一爱好,专门开展相关活动,促进学生发展,体现了教书育人的职业道德规范。

27. D 【解析】A、C项违背了师德规范"为人师表"中"作风正派,廉洁奉公"的要求,B项违背了师德规范"教书育人"中"遵循教育规律,实施素质教育,循循善诱,诲人不倦,因材施教"的要求。

28. C 【解析】教书育人要求教师要遵循教育规律,实施素质教育。循循善诱,诲人不倦,因材施教。题干中王老师把教育幼儿的责任推给家长,违反了教书育人的职业道德规范。

29. D 【解析】关爱学生要求教师不讽刺、挖苦、歧视学生,不体罚或变相体罚学生。题干中教师常常讽刺、挖苦学生,违背了教师职业道德规范的相关要求,因此,范老师的做法不正确。

30. A 【解析】《中小学教师职业道德规范》(1997年)中"廉洁从教"要求教师坚守高尚情操,发扬奉献精神,自觉抵制社会不良风气影响。不利用职责之便谋取私利。题干中陈老师拒绝了家长的送礼,不从学生那里谋取私利,体现了廉洁从教的职业道德规范。

31. C 【解析】终身学习的师德规范要求教师要崇尚科学精神,树立终身学习理念,拓宽知识视野,更新知识结构。题干中的谢老师认为自己已经评完高级职称了就不用去参加培训了,说明其缺乏终身学习的意识。

32. C 【解析】教师职业道德规范要求教师在工作中能够做到忠诚于人民教育事业,志存高远,勤恳敬业,甘为人梯,乐于奉献。关心集体,团结协作,尊重同事,尊重家长。题干中李老师对青年教师的帮扶,使青年教师在帮扶过程中拓宽知识视野,更新知识结构,有利于教师间的共同成长。

33. B 【解析】爱国守法要求教师全面贯彻国家教育方针,自觉遵守教育法律法规,依法履行教师职责权利。不得有违背党和国家方针政策的言行。题干中乔老师的做法侵犯了学生的财产权。

34. D 【解析】关爱学生的教师道德规范要求教师关心爱护全体学生,尊重学生人格,平等公正对待学生。题干中王老师对小萍家访次数达10次以上,而对其他幼儿的家访次数却只有一两次,说明王老师没有做到平等对待所有幼儿,没有做到平等待生。

35. B 【解析】爱岗敬业的师德规范要求教师对工作高度负责,认真备课上课,认真批改作业,认真辅导学生,不得敷衍塞责。题干中李老师没有认真备课上课,对待教学工作态度敷衍,违反了爱岗敬业的师德规范。

36. D 【解析】爱岗敬业要求教师对工作高度负责。题干中沈老师未经过朵朵家长的同意便将朵朵交给了其他人,没有做到对幼儿负责,对工作负责。

37. A 【解析】爱岗敬业要求教师忠诚于人民教育事业,志存高远,勤恳敬业,甘为人梯,乐于奉献。陶行知先生全心全意地对待教育事业,将毕生精力奉献于教育,体现了爱岗敬业的职业道德。

38. A 【解析】教师要有积极乐观的情绪和豁达开朗的心胸,应具备较强的情绪调适能力。题干中张老师不能很好地缓解自己工作中的压力,将负面情绪发泄在家人身上,说明张老师缺乏心理调适能力。

39. D 【解析】严谨治学的师德规范要求教师树立优良学风,刻苦钻研业务,不断学习新知识,探索教育教学规律,改进教育教学方法,提高教育、教学和科研水平。题干中教师对课堂的语言、实验、指令都反复斟酌,力求把课上好,说明教师具备严谨治学和精益求精的职业理念。

40. B 【解析】关爱学生的师德规范要求教师关心爱护全体学生,尊重学生人格,平等公正对待学生。不讽刺、挖苦、歧视学生,不体罚或变相体罚学生。题干中梦晨同学因为心情不好,上课走神。班主任老师没有主动与梦晨沟通,了解她走神的原因,帮助她调整心态尽快投入课堂,反而在全班同学面前讽刺她,这违背了关爱学生的教师职业道德规范。

41. C 【解析】为人师表要求教师坚守高尚情操,知荣明耻,严于律己,以身作则。语言规范,举止文

明。题干中王老师将学生扔的垃圾捡起并扔进垃圾桶，以身作则，给学生们塑造了一个好的榜样，无声地教育了学生们，体现了为人师表的教师职业道德规范。

42. C 【解析】教书育人要求教师在教育过程中要循循善诱，诲人不倦，因材施教。因此作为教师，应该因材施教，循循善诱，与贝贝谈心，让他认识到炫富的坏处，从而促进其良好品行的发展。

43. D 【解析】廉洁从教的教师职业道德规范要求教师坚守高尚情操，发扬奉献精神，自觉抵制社会不良风气影响。不利用职责之便谋取私利。题干中张老师利用职责之便谋取私利违背了廉洁从教的职业道德规范。

44. C 【解析】团结协作的教师职业道德规范要求教师谦虚谨慎、尊重同事，相互学习、相互帮助，维护其他教师在学生中的威信。题干中黄老师拒绝与同事分享培训材料，没有做到团结协作。

45. B 【解析】终身学习的教师职业道德规范要求教师崇尚科学精神，树立终身学习理念，拓宽知识视野，更新知识结构。题干中赵老师认为自己不需要参加讲座是缺乏终身学习意识的体现。

46. C 【解析】教师职业道德是教师在从事教育劳动时所应遵循的行为规范和必备的品德的总和，是调节教师与他人、与社会等关系时所必须遵守的基本道德规范和行为准则，以及在此基础上所表现出来的道德观念、情操和品质。故选C项。

47. B 【解析】B项的意思是"知道自己不足之处，这样以后能够反省自己；知道自己困惑的地方，这样以后才能自我勉励"。于老师遇到难题不能解答时，课后查资料、请教专家来拓展、丰富学识，以解答学生疑问，体现了于老师终身学习的职业道德，B项与于老师的情况相符。A项的意思是：说话一定讲信用；做事一定有成效。C项的意思是：有道德修养的人教育他人，诱导他人而不是牵着他人学习，勉励他人而不是逼迫他人学习，启迪他人的思路而不是代替他人去做结论。D项的意思是：君子懂得求学有难有易，并懂得人的天资有高有低，然后能够因材施教，广泛地晓喻。能广泛地晓喻，然后才能当老师。

48. B 【解析】爱国守法是教师职业的基本要求，故选B项。爱岗敬业是教师职业的本质要求，教书育人是教师的天职，关爱学生是师德的灵魂。

49. B 【解析】2008年修订的《中小学教师职业道德规范》中关于爱岗敬业的具体规定是：忠诚于人民教育事业，志存高远，勤恳敬业，甘为人梯，乐于奉献。对工作高度负责，认真备课上课，认真批改作业，认真辅导学生。不得敷衍塞责。习总书记强调好老师要甘守三尺讲台，这是告诫教师要肩负起自己的使命，立足岗位、不断学习、学以致用，做好本职工作。即要践行爱岗敬业的师德规范。

50. B 【解析】在2008年修订的《中小学教师职业道德规范》中，关爱学生要求教师关心爱护全体学生，尊重学生人格，平等公正对待学生。关爱学生的关键是做到对学生平等公正。平等，是师生之间的平等、生生之间的平等；公正，是将关爱给每一个学生，不论这些学生的发展状况、社会背景和家庭背景如何。B项中王某只提问互动积极的学生，这种做法是错误的，违背了平等公正对待学生的要求，违背了关爱学生的师德规范。

51. D 【解析】题干中教育学家的话强调教师既要爱漂亮的孩子，也要爱不漂亮的孩子，即要爱全体学生，这符合关爱学生的教师职业道德规范。

52. A 【解析】2008年修订的《中小学教师职业道德规范》中，教书育人要求教师培养学生良好品行，激发学生创新精神，促进学生全面发展。学校教师在组织教学活动过程中，要以教育内容为载体，强健学生的体质，传授给学生系统的科学文化知识，培养学生正确的审美观和健康向上的人格。

53. B 【解析】"良心活"说明教师已经将教师职业道德行为准则内化为自己行事的原则，体现了教师职业道德的自觉性。

54. D 【解析】"师也者，教之以事而喻诸德者也"的意思是：教师的职责是既要教学生有关具体事物的知识，又要让学生知晓立身处世的品德。这说明教师职业道德要求具有教书和育人的双重性。

55. C 【解析】《中小学教师职业道德规范》(2008年修订)"为人师表"要求教师要作风正派，廉洁奉公。自觉抵制有偿家教，不利用职务之便谋取私利。题干中教师收取小海家长礼品并承诺额外关注小海的行为违背了该项规定。

56. B 【解析】题干中教师的话表明其对教育事业具有强烈的责任感和深厚的感情。这体现了该教师爱岗敬业的师德规范。

57. B 【解析】张丽莉老师拼命保护学生安全，践行了《中小学教师职业道德规范》中"关爱学生"的职业道德规范。

58. A 【解析】2008年修订的《中小学教师职业道德规范》中关于"关爱学生"的要求之一是教师要关心爱护全体学生，尊重学生人格，平等公正对待学生。故老师偏爱优生违背了关爱学生的师德规范。

59. C 【解析】2008年修订的《中小学教师职业道德规范》中的"关爱学生"要求教师保护学生安全，关心学生健康，维护学生权益。题干所述说明这些教师遵循了关爱学生的师德规范。

60. C 【解析】教书育人的师德规范要求教师培养学生良好品行，激发学生创新精神，促进学生全

面发展。题干中教师对学生的不良行为视而不见，不注意培养学生的良好品行，违反了教书育人的师德规范。

61. C 【解析】题干中“以身立教”的意思是用自身的行为去感染他人，体现了以身作则、为人师表的重要性。

62. A 【解析】“学为人师，行为世范”的意思是：所学要为世人之师，所行应为世人之范。这句话与“为人师表”的内涵是一致的。

63. A 【解析】题干中的王老师认为自己快要退休了就不用学习，不用参加培训，这说明他缺乏终身学习的理念。

64. B 【解析】终身学习的教师职业道德规范要求教师树立终身学习理念，拓宽知识视野，更新知识结构，不断提高专业素养和教育教学水平。题干所述要求体现了终身学习的重要性。

65. C 【解析】终身学习是教师专业发展的不竭动力，2008 年修订的《中小学教师职业道德规范》关于“终身学习”方面所规定的具体职业行为要求包括：崇尚科学精神，树立终身学习理念，拓宽知识视野，更新知识结构；潜心钻研业务，勇于探索创新，不断提高专业素养和教育教学水平。题干中马老师从教 20 多年，仍积极参加教师培训，创新教学方法，以不断提高自己的职业素养和教学水平。这体现了马老师遵循了终身学习的职业道德规范。

66. C 【解析】依法执教就是要求教师全面贯彻国家教育方针，自觉遵守《中华人民共和国教师法》等法律法规，在教育教学中同党和国家的方针政策保持一致，不得有违背党和国家方针、政策的言行。C 项中，教师丙收取学生家长赠送的购物卡，这不仅违反了廉洁从教的要求，也违反了依法执教的要求。

67. C 【解析】在《中小学教师职业道德规范》(1997 年)中，依法执教是完成本职工作的前提基础，是国家和社会对教师提出的道德要求。它是判断教师行为是非善恶的最根本的道德标准，具有重要的现实意义。

二、材料分析题(参考答案)

1. 材料中陈老师的行为是正确的，遵循了教师职业道德规范。

(1)陈老师的做法体现了关爱学生的教师职业道德。关爱学生要求教师关心爱护全体学生，尊重学生人格；对学生严慈相济，做学生良师益友。材料中，当其他同学怀疑小明偷钢笔并要搜小明的书包时，陈老师并没有鼓励学生这样做，而是让学生先上课。这是对小明的尊重与保护，体现了关爱学生的教师职业道德。

(2)陈老师的做法体现了教书育人的教师职业道德。教书育人要求教师循循善诱，诲人不倦，因材施教；培养学生良好品行，促进学生全面发展。材料中，陈老师耐心地说服了小明，并通过动员家长和在班会活动中对小明进行教育，最终让小明改掉了乱拿别人东西的不良习惯。这体现了陈老师教书育人的教师职业道德。

2. 方老师的行为体现了关爱学生、教书育人的教师职业道德规范，值得我们借鉴。

(1)方老师的行为体现了关爱学生的教师职业道德规范。关爱学生是师德的灵魂。关爱学生，就是要求教师有热爱学生、诲人不倦的情感和爱心。材料中方老师用语言劝说星星，让星星认识到自己的错误，同时鼓励星星用自己的创意做粽子。这体现了方老师关爱幼儿的教师职业道德。

(2)方老师的行为体现了教书育人的教师职业道德规范。教书育人是教师的天职。教书育人，就是要求教师遵循教育规律，实施素质教育。循循善诱，诲人不倦，因材施教。培养学生良好品行，激发学生创新精神，促进学生全面发展。材料中方老师鼓励星星的创意，保护了星星的创新意识，践行了教书育人的教师职业道德规范。

综上所述，方老师的行为体现了良好的教师职业道德，符合教师职业道德规范的要求。

3. 王老师的这种做法是不正确的，违反了教师职业道德中关爱学生、教书育人、爱国守法的内容。

(1)关爱学生指的是在教育过程中要关心爱护全体学生，尊重学生人格，平等公正对待学生。对学生严慈相济，做学生良师益友，不体罚、变相体罚学生。材料中，王老师在明明不遵守游戏规则时，把明明单独拉出来，并罚他站在墙角，没有做到关爱学生。

(2)教书育人指的是教师应当遵循教育规律，实施素质教育。循循善诱，诲人不倦，因材施教。培养幼儿良好品行，激发幼儿创新精神，促进幼儿全面发展。材料中王老师在明明不遵守游戏规则时，不是耐心教育，而是采用简单粗暴的站墙角惩罚，违反了教师职业道德中教书育人的内容。

(3)爱国守法指的是全面贯彻国家教育方针，自觉遵守教育法律法规，依法履行教师职责权利。不得有违背党和国家方针政策的言行。材料中，王老师因为明明不遵守游戏规则，就变相体罚明明，禁止明明吃午饭，侵犯了孩子的人格和尊严，违反了相关的法律法规。

作为教师，我们要遵守教师职业道德，用心呵护每一位幼儿，培养幼儿良好品行，促进幼儿不断发展。

4. 材料中关老师的行为践行了教师职业道德规范，值得我们学习。

(1)关老师践行了教书育人的师德规范。教书育人是教师的天职，教师要遵循教育规律，实施素质教育，促进学生的全面发展。材料中，面对学生关

于老猴子抢小猴子东西吃的争论,关老师以此为契机,组织学生展开讨论,教育学生要做文明人,与人和谐相处,与动物和谐相处,促进了学生的全面发展。

(2)关老师践行了关爱学生的师德规范。关爱学生是师德的灵魂,要求教师有热爱学生、诲人不倦的情感和爱心。材料中,面对学生议论纷纷的问题,关老师及时关注,引导学生正确思考,循循善诱,取得了良好的教育效果。

(3)关老师践行了爱岗敬业的师德规范。爱岗敬业是教师职业的本质要求,教师对教育事业要有强烈的责任感和深厚的感情。材料中,关老师在秋游中对学生们的言行积极观察,并及时采取正确的教学方法,让学生们独立思考,懂得与动物和谐相处,关老师对工作认真负责的态度实现了秋游的教育价值。

总之,作为一名教师,关老师积极践行了教师职业道德,促进了学生的发展。

5. 蔡老师的行为符合为人师表、教书育人、关爱学生的教师职业道德,值得我们学习与借鉴。

(1)蔡老师的教学行为体现了为人师表的教师职业道德素养。为人师表,就是要求教师言传身教,以身立教,在各个方面率先垂范,做学生的榜样,以自己的人格魅力和学识魅力教育感染学生,做学生健康成长的指导者和引路人。材料中教师抱起椅子对幼儿进行示范,做到了以身作则。

(2)蔡老师的教学行为体现了教书育人的道德素养。教书育人指的是教师应当遵循教育规律,实施素质教育。循循善诱,诲人不倦,因材施教。培养幼儿良好品行,激发幼儿创新精神,促进幼儿全面发展。材料中教师在活动中注意培养幼儿爱护桌椅的良好行为习惯,注重塑造幼儿的健全人格。

(3)蔡老师的教学行为体现了关爱学生的道德素养。关爱学生要求教师关心爱护全体学生,尊重学生人格。平等公正对待学生。对学生严慈相济,做学生良师益友。材料中教师看到有的幼儿抱起椅子,有的幼儿推着椅子,有的幼儿拖着椅子,活动室一片混乱时,没有责怪幼儿,而是采用以身作则的方式去引导幼儿。

综上所述,蔡老师的行为很好地践行了教师职业道德规范,有利于学生和自身的成长。

6. 郭老师的教育教学行为符合教师职业道德中爱岗敬业、关爱学生、教书育人、终身学习、爱国守法、为人师表的表现,值得我们学习。

(1)爱岗敬业要求教师要忠诚于人民教育事业,志存高远,勤恳敬业,甘为人梯,乐于奉献。对工作高度负责,认真备课上课,认真批改作业,认真辅导学生。不得敷衍塞责。材料中,郭老师认真履行岗位职责,勤奋工作,敬业乐业,主动帮助外来务工人员的子女,是对工作岗位的高度负责。

(2)关爱学生要求教师要关心爱护全体学生,尊重学生人格,平等公正对待学生。对学生严慈相济,做学生良师益友。保护学生安全,关心学生健康,维护学生权益。不讽刺、挖苦、歧视学生,不体罚或变相体罚学生。材料中,郭老师每天照顾没有及时接走的幼儿,从无怨言,还经常买学习用品,是关爱学生的具体表现。

(3)教书育人要求教师要遵循教育规律,实施素质教育。循循善诱,诲人不倦,因材施教。培养学生良好品行,激发学生创新精神,促进学生全面发展。不以分数作为评价学生的唯一标准。材料中,郭老师充满爱心,总是耐心、细心对待每个孩子,承担了教书育人的光荣职责。

(4)终身学习要求教师要崇尚科学精神,树立终身学习理念,拓宽知识视野,更新知识结构。潜心钻研业务,勇于探索创新,不断提高专业素养和教育教学水平。材料中,郭老师工作特别认真,每次活动前都花大量时间精心准备,参加市、区各种比赛屡屡获奖,不断更新知识结构,促进个人教学水平的不断提高。

综上所述,郭老师认真践行教师职业道德规范的具体要求,对自己严格要求,值得我们学习。

专题二　教师的职业行为

单项选择题

答案速查

1～5	BACBB	6～10	CDBAD
11～15	BBBBB	16～20	DBCDA
21～25	BBBBA		

1. B　【解析】教师与家长间的交往要做到尊重家长,理解家长;经常家访,互通情况;密切配合,教育学生。B项当对学生进行重大处分时,教师事先与家长进行沟通的做法正确。A项,教师要尊重家长,并承担起教育学生的义务,学生犯错误,教师不能一味地寻找家庭原因并责备家长管教无方。C项,教师无论什么时候都不能利用自己的职务之便谋取私利。D项,教师要公平地对待每一个学生,不能因为学生的学习成绩或家庭经济状况等对学生区别对待。因此,本题正确答案为B项。

2. A　【解析】教师应尊重和信任家长,与家长真诚的交流,理解并尊重家长的意见和看法。只有在教师与家长的教育合力下,幼儿才能够顺利而健康地成长。题干中的方老师要求家长完全按照自己的方法教育孩子,没有尊重家长的意见,看似认真负责,实则是把家长当作自己的"助教",这种做法是不可取的。

3. C　【解析】首先,林老师没有把教案借给新老师,

防止了新教师在备课不充分、不了解班级情况的前提下，匆忙上课；其次，林老师表明愿意在适当时间同新老师探讨备课，即愿意帮助新老师备课。所以说林老师帮助同事讲究方式方法。

4. B 【解析】题干中林老师的做法违背了“关爱学生”的教师职业道德规范，是不正确的行为，所以CD项的做法都是错误的。教师在处理与同事的关系时要做到：互相尊重，切忌嫉妒；相互学习，取长补短；平等相待，不卑不亢；乐于助人，关心同事。所以A项的严厉批评做法不当，故该题选B。

5. B 【解析】教师应做到热爱学生，关心学生，尊重学生；严格要求，耐心教导，循循善诱，不偏不袒。题干中教师唯分是举，认为孩子学习不好就不会有好的发展前途，这是不合理的，忽视了幼儿的发展潜能，他应该对幼儿综合评价之后再与家长沟通。

6. C 【解析】教师应以理解、宽容的心态对待幼儿的错误，心平气和地帮助幼儿分析错误的原因，让幼儿心悦诚服地接受教师的批评，不要伤害幼儿的自尊心。题干中老师的做法体现了尊重儿童的人格和正当权利，坚持以正面激励为主，维护了幼儿的自尊心。

7. D 【解析】教师要尊重和信任家长，主动、积极地与家长进行沟通与交流，在幼儿园和家庭间建立和谐、密切的联系，形成教育合力，共同促进幼儿的健康成长。题干中陶老师当众指责皮皮爸爸的做法是不合适的，教师应尊重和信任家长，与家长真诚地交流，故陶老师要注意与家长沟通的方式。

8. B 【解析】教师要善于调节自身的情绪，具备豁达开朗的心胸，避免将自己的不良情绪转移到幼儿身上。题干中邹老师面对家长的指责时，不能很好地调节自己，反而将自己的不良情绪发泄到幼儿身上，这是违反教师职业行为规范的表现。

9. A 【解析】关爱幼儿最基本的要求是尊重幼儿的人格，尊重幼儿的主体性，树立以幼儿为本的思想。严慈相济是教师关爱幼儿的基本要求。题干中韩老师为了让军军改掉不吃蔬菜的习惯，严厉批评军军，是不尊重军军人格尊严的表现。韩老师应该注意自己的教育方法，严慈相济，因材施教，使军军养成良好的行为习惯。

10. D 【解析】教师职业行为规范要求教师热爱、尊重学生，严禁体罚和变相体罚学生。题干中万老师脾气急躁，打了小夏同学，违反了教师职业行为规范的规定，所以在面对家长时，要注意控制自己的情绪，为自己的错误行为向小夏和小夏的母亲道歉。

11. B 【解析】教师劳动的全面性是指幼儿教师的劳动任务是要根据教育目的和培养目标，向幼儿进行体、智、德、美、劳几方面的教育，使其身心健康、活泼地成长，为入学打下基础。题干中描述的是既要承担保育工作，负责儿童的生活，关心他们的身心健康；又要承担幼儿的教育工作，指导幼儿的各项活动，促进幼儿的全面发展。这体现了幼儿园教师劳动的全面性特点。

12. B 【解析】教师运用行为规范处理与幼儿家长的关系时，要做到：(1)尊重和信任家长；(2)与家长真诚的交流；(3)理解并尊重家长的意见和看法。需要注意的是，尊重并不代表迁就，故B项说法错误。

13. B 【解析】段老师的职业修养有待改善，因为教师在教学中在各方面应起到表率垂范的作用，师德修养是内在品质和仪表修养的结合。段老师师德优秀，但是仪表修饰有待改善。

14. B 【解析】在教学过程中，教师要相互学习、相互交流、取长补短、共同提高。题干中张老师的做法体现了教师之间的相互合作，共同成长。

15. B 【解析】题干中方老师只重视教学而忽视与同事的关系的做法是不正确的。处理教师与同事关系的基本要求包括：互相尊重、彼此理解、团结协作。方老师应该反思自我，加强与同事的沟通。

16. D 【解析】教师和家长以幼儿为纽带被置于同一个教育系统中，他们共同的目标就是将幼儿培养成才。在处理与幼儿家长的关系时，教师要做到主动和积极地与家长进行沟通与交流，在幼儿园和家庭间建立和谐、密切的联系，形成教育合力，共同促进幼儿的健康成长。

17. B 【解析】教师思想行为规范要求教师积极参加政治学习和宣传活动，做社会主义精神文明的建设者和传播者。

18. C 【解析】教师的人际行为规范要求教师之间要做到互相尊重，切忌嫉妒；相互学习，取长补短；平等相待，不卑不亢；乐于助人，关心同事。题干描述的是王老师与同事的团结互助，反映的是师师关系，王老师的做法是正确的。

19. D 【解析】教师在处理与同事的关系时要做到平等待人，宽容大度，虚怀若谷。在教学过程中相互学习、相互交流、取长补短、共同提高。题干中孙老师拒绝帮助钱老师，说明了孙老师缺乏与同事相互学习，互助合作的精神。

20. A 【解析】在学前教育中，身教重于言教，幼儿教师的自身活动和言行是重要的劳动手段。幼儿教师和幼儿朝夕相处，和幼儿一同活动、游戏，教师的一言一行、一举一动都是幼儿的榜样，有力地熏陶、影响着幼儿。教师爱干净、讲卫生，也会影响学生的行为，这体现了教师劳动的示范性。

21. B 【解析】教师的教学行为规范要求教师要有端正的教学态度，严肃认真地对待教学工作中的每一项内容；认真备课；定时做好检查教学质量

工作,及时补缺补漏;上课语言文明、清晰流畅,表达准确简洁;尊重学生;等等。题干所述属于教师的教学行为规范。

22. B 【解析】教师之间要做到:互相尊重,切忌嫉妒;相互学习,取长补短;平等相待,不卑不亢;乐于助人,关心同事。题干中夏老师工作很努力、教学能力强,这些优点是值得赞扬的,但他对教学能力差的同事不屑一顾,没有做到尊重理解、团结互助。夏老师应该反思“一些老师不愿意搭理他”的原因,改善与同事的关系。

23. B 【解析】教师之间要做到:互相尊重,切忌嫉妒;相互学习,取长补短;平等相待,不卑不亢;乐于助人,关心同事。题干中吴老师经验丰富,应主动指导蒋老师,让其迅速掌握教学技能,不能等着蒋老师来请教,也不能任由蒋老师自己探索。推门听课必须取得蒋老师的同意,在课堂上直接指出不妥之处不仅会打断课堂教学,也是对蒋老师的不尊重。

24. B 【解析】学生之间发生矛盾,教师不能偏袒任何一方,而是要公平公正地处理。首先教师要向矛盾双方了解事情原委,再根据实际情况做进一步处理,不宜将事件进一步扩大化,将双方家长都牵扯进来,也不宜直接对错误方学生进行批评,而是要引导其认识到自己的错误。B项做法最合适。

25. A 【解析】教师在处理与家长关系时应尊重学生家长的人格。题干中的陈老师当众指责李同学的家长,没有做到尊重学生家长的人格,这种做法是不恰当的。对于李同学头发过长的问题,陈老师应该首先与家长积极沟通和交流,讲明学生的仪表规范要求,取得家长的认同,从而共同致力于李同学的教育问题。

第四章　文化素养

经典真题回顾

单项选择题

答案速查

1～5	AABBC	6～10	ACBDD
11～15	CBDCD	16～20	ABBCB
21～25	DDABB	26～30	ABACA
31～35	ACBBD	36～39	CADB

1. A 【解析】本题考查中国古代史。山顶洞人因发现于北京市周口店龙骨山遗址顶部的山顶洞而得名。元谋猿人在我国云南省元谋县。巫山猿人在重庆市巫山县。蓝田猿人在陕西省蓝田县。

2. A 【解析】本题考查世界古代史。山岳台又称观象台,是古代西亚人崇拜山岳、崇拜天体、观测星象的塔式建筑物。

3. B 【解析】本题考查中国近代史。1905年,孙中山在日本东京建立统一的革命组织——中国同盟会,同盟会以“驱除鞑虏,恢复中华,建立民国,平均地权”为政治纲领。孙中山在《民报》发刊词中,将同盟会的政治纲领阐发为“民族”“民权”“民生”三大主义,即三民主义。

4. B 【解析】本题考查中国近代史。我国首个国家公祭日是为了纪念1937年12月13日侵华日军在中国南京进行的大屠杀惨案。

5. C 【解析】本题考查世界古代史。中国的四大发明主要是由阿拉伯商人通过丝绸之路传播到西方的。

6. A 【解析】本题考查西方近代科学家及其成就。首先提出行星的运行轨道是椭圆形的天文学家是开普勒。

7. C 【解析】本题考查中国古代科技成就。《天工开物》是世界上第一部关于农业和手工业生产的综合性著作,由明末清初的科学家宋应星所著。它更多地着眼于手工业,反映了中国明代末年出现资本主义萌芽时期的生产力状况,被欧洲学者称为“中国17世纪的工艺百科全书”。

8. B 【解析】本题考查地理常识。柴达木盆地位于中国青海省西北部。东西长约800千米,南北宽约300千米。海拔2600～3000米,是中国海拔最高的盆地。

9. D 【解析】本题考查中国近现代科技成就。1970年1月,上海江南造船厂建造“向阳红01号”。“向阳红01号”是国家海洋局建造的第一艘水文气象船,也是我国第一艘吨位比较大的气象船。

10. D 【解析】本题考查科学常识。雾是近地面空气中水汽凝结(或凝华)的产物,不是从天空降落到地面的。霾的核心物质是空气中悬浮的灰尘颗粒。排除A、B选项。毛毛雨是指由直径小于0.5mm的雨滴组成的稠密、细小而十分均匀的液态降水现象。毛毛雨雨滴直径比小雨小,而数量却比小雨多,随气流飘浮在空中,徐徐落下。故答案选D项。

11. C 【解析】本题考查交通安全常识。A项表示“禁止直行”,B项表示“禁止停车”,C项表示“禁止驶入”,D项表示“禁止行人通行”。故本题选C。

12. B 【解析】本题考查历史典故与人物。三顾指的是三顾茅庐,两表是指诸葛亮的著作《前出师表》《后出师表》,一对是指《隆中对》。故对联所描述人物为诸葛亮。

13. D 【解析】本题考查传统文化素养。永乐为明朝第三位皇帝明成祖朱棣的年号。明神宗朱翊钧年号万历,在位四十八年,是明朝在位时间最长的皇帝。

14. C 【解析】本题考查传统文化素养。魔方又叫鲁比克方块,最早是由匈牙利布达佩斯建筑学院厄尔诺·鲁比克教授于1974年发明的机械益智玩具。

15. D 【解析】本题考查中国文学。《千字文》《百家姓》和《急就章》属于中国古代蒙学教材。《千字文》是由周兴嗣编纂的由一千个汉字组成的韵文;《百家姓》与《三字经》《千字文》并称"三百千",是中国古代幼儿的启蒙读物;《急就章》又名《急就篇》,由汉元帝时黄门令史游所作;《山海经》是中国先秦重要古籍,也是一部富于神话传说的最古老的奇书,但不属于中国古代蒙学教材。

16. A 【解析】本题考查先秦文学。庄子在唐玄宗时被追号"南华真人",而《庄子》则被尊为《南华真经》。

17. B 【解析】本题考查传统文化常识。中国古代丝织品的分类主要有绮、锦、缎、绫、缣、纱、绢、罗等重要品种。其中,锦是用染好颜色的彩色经纬线,经提花、织造工艺织出图案的织物。锦的生产工艺要求高,织造难度大,所以它代表着古代纺织的最高水平。

18. B 【解析】本题考查文学素养。《格列佛游记》是乔纳森·斯威夫特享誉世界的讽刺名著。作品假托主人公格列佛医生自述他数次航海遇险,漂流到小人国、大人国和智马国等几个童话式国家的遭遇和见闻,全面讽刺了英国的社会现实。

19. C 【解析】本题考查外国文学。《童年》《在人间》《我的大学》是高尔基著名的三部曲自传体小说,写出了高尔基对苦难的认识,对社会人生的独特见解,字里行间涌动着一股生生不息的热望与坚强。

20. B 【解析】本题考查儿童文学常识。陈伯吹于1981年创立"陈伯吹儿童文学园丁奖",鼓励国内作家参与儿童文学创作,1988年此奖改名为"陈伯吹儿童文学奖"。

21. D 【解析】本题考查电影常识。美术片是以各种美术创作手段反映生活、表达思想的影片,主要运用绘画或其他造型艺术的形象(人、动物或其他物体)来表现艺术家的创作意图。

22. D 【解析】本题考查戏曲常识。小提琴协奏曲《梁祝》是以我国家喻户晓的民间故事《梁山伯与祝英台》为题材,以越剧里的部分曲调为素材写成的一首单乐章标题协奏曲。

23. A 【解析】本题考查书法。唐朝的张旭,人称"草圣"。题干中诗句的意思是张旭三杯酒醉后,豪情奔放,绝妙的草书就会从他笔下流出。他无视权贵的威严,在显赫的王公大人面前,脱下帽子,露出头顶,奋笔疾书,自由挥洒,笔走龙蛇,字迹如云烟般舒卷自如。

24. B 【解析】本题考查基本乐理知识。在乐音体系中,两音之间的高低关系叫作音程。

25. B 【解析】本题考查乐器常识。风笛是流行于欧洲各国的一种民间乐器。

26. A 【解析】本题考查中国古代史。题干中的诗句是孙中山于民国元年(公元1912年)撰写的歌颂黄帝的祭文。轩辕黄帝是传说中原各民族的共同祖先。

27. B 【解析】本题考查历史常识。1927年9月,毛泽东领导了湘赣边界秋收起义,起义失败,改向敌人统治力量薄弱的农村进军,创建井冈山革命根据地,将武装斗争的重心转向农村。

南昌起义发生于1927年8月1日,周恩来、贺龙、叶挺、朱德、刘伯承等人率领在中国共产党掌握或影响下的革命军于南昌发动武装起义,打响了武装反抗国民党反动统治的第一枪。

广州起义是1927年12月11日,由共产党人张太雷、叶挺、叶剑英等在广州率领工人、农民和革命士兵举行的武装起义,是对国民党反动派的屠杀政策进行的积极而英勇的反击,与同年举行的南昌起义、秋收起义并称为中国共产党和中国人民解放军历史上的三大起义。

百色起义,又称右江暴动,是1929年12月11日,由邓小平等老一辈革命家在广西百色组织领导的武装起义。

28. A 【解析】本题考查中国古代科技成就。《氾胜之书》是西汉晚期氾胜之汇录的一部农学著作,一般认为是中国现存最早的一部农书。《氾胜之书》与《齐民要术》、《农书》、《农政全书》被称为中国古代四大农书。

29. C 【解析】本题考查物理常识。撑竿跳高是田径运动技术中最复杂的项目之一。运动员带竿起跑,化学能转化为动能;竿弯曲,运动员动能转化为竿的弹性势能;竿恢复原状,竿的弹性势能转化为运动员的机械能(重力势能和动能);运动员从最高点开始下落,运动员的重力势能转化为他的动能;运动员落到缓冲装置,他的动能转化为缓冲装置的内能。撑竿跳高应用的主要科学原理是弹力。

30. A 【解析】本题考查地理常识。安第斯山脉是世界上最长的山脉,山脉范围从巴拿马一直到智利,纵贯南美大陆西部,素有"南美洲脊梁"之称。

31. A 【解析】本题考查生物常识。瓷娃娃病又称成骨不全症或脆骨症,原发性骨脆症及骨膜发育不良等。其特征为骨质脆弱、蓝巩膜、耳聋、关节

松弛,是一种由于间充质组织发育不全,胶原形成障碍而造成的先天性遗传性疾病,是一种先天性骨骼病。

32. C 【解析】本题考查历法常识。处暑,是二十四节气中的第十四个节气,标志着炎热暑天即将结束,逐渐进入气象意义的秋天,所在的季节是秋季。

33. B 【解析】本题考查文艺复兴时期的艺术家。米开朗基罗是意大利画家、雕刻家、诗人,文艺复兴时期雕塑艺术的代表人物之一。达·芬奇、米开朗基罗与拉斐尔并称为"文艺复兴三杰"。

34. B 【解析】本题考查戏曲常识。京剧《贵妃醉酒》又名《百花亭》,取材于中国唐朝历史人物杨贵妃的故事,源自洪昇的《长生殿》。

35. D 【解析】本题考查动画常识。《白雪公主和七个小矮人》是一部1937年的美国迪士尼动画电影,改编自格林兄弟的童话故事《白雪公主》,是世界第一部长篇动画。

36. C 【解析】本题考查安全常识。A项为禁止靠近的安全标志,B项为当心坑洞的安全标志,C项为禁止攀登的安全标志,D项为当心跌落的安全标志。故本题选择C选项。

37. A 【解析】本题考查生物医学常识。白化病是由于酪氨酸酶缺乏或功能减退引起的一种皮肤及附属器官黑色素缺乏或合成障碍所导致的遗传性白斑病。患者视网膜无色素,虹膜和瞳孔呈现淡粉色,怕光。皮肤、眉毛、头发及其他体毛都呈白色或黄白色。白化病属于家族遗传性疾病,患有白化病的幼儿被称为"月亮娃娃"。戈谢病即葡萄糖脑苷脂病,是一种家族性糖脂代谢疾病,为常染色体隐性遗传疾病,是溶酶体沉积病中最常见的一种。由于葡萄糖脑苷脂酶的缺乏而引起葡萄糖脑苷脂在肝、脾、骨骼和中枢神经系统的单核—巨噬细胞内蓄积而发病,产生相应的临床表现。血友病为一组遗传性凝血功能障碍的出血性疾病,其共同的特征是活性凝血活酶生成障碍,凝血时间延长,终身具有轻微创伤后出血倾向,重症患者没有明显外伤也可发生"自发性"出血。脆骨症又称瓷娃娃病,其特征为骨质脆弱、蓝巩膜、耳聋、关节松弛,是一种由于间充质组织发育不全,胶原形成障碍而造成的先天性遗传性疾病,是一种先天性骨骼病。故本题选择A选项。

38. D 【解析】本题考查地理常识。阿尔卑斯山脉位于欧洲南部,是欧洲最高大宏伟的山脉。它西起法国尼斯附近的地中海海岸,经意大利北部、瑞士南部、列支敦士登、德国南部,东至奥地利的维也纳盆地,呈弧形东西延伸。故本题选择D选项。

39. B 【解析】本题考查传统文化素养。小满是二十四节气之一。小满节气意味着进入了大幅降水的雨季,雨水开始增多,往往会出现持续大范围的强降水。夏收作物已盈满但未完全成熟,农事正做准备。煮茧缫丝要动纺车;菜籽榨油,油坊要动油车;夏种插秧,灌溉农田,要踏水车,称"小满动三车"。故本题选择B选项。

过关必刷题库

专题一 历史素养

单项选择题

答案速查

1~5	CADDB	6~10	ADCCA
11~15	CABDC	16~20	CDBDB
21~25	CDABB	26~30	BCDDC
31~35	CBCBA	36~40	BBBBD
41~45	BBABB	46~50	CBACC
51~55	BADDB		

1. C 【解析】遵义会议是1935年1月,中共中央在贵州遵义召开的独立自主地解决中国革命问题的一次极其重要的扩大会议,是中国共产党第一次独立自主地运用马克思列宁主义基本原理解决自己的路线、方针政策的会议。

2. A 【解析】文成公主原本是李唐远支宗室女,贞观十四年(640年),太宗李世民封李氏为文成公主;贞观十五年(641年)文成公主远嫁吐蕃,成为吐蕃赞普松赞干布的王后。

3. D 【解析】明朝时期,郑和先后七次航海,访问了亚非30多个国家和地区,最远到达非洲东海岸和红海沿岸。故郑和下西洋不能说明唐朝对外开放。

4. D 【解析】洛阳是华夏文明发源地之一,先后有西周、秦、西汉、王莽建立的新朝、东汉、西晋、前赵、前秦、后秦、西魏、北周、隋、唐十三个朝代在这里建都,八代陪都指西汉、东魏、北周、后晋、后汉、后周、北宋、金又以洛阳为陪都。

5. B 【解析】1839年6月,清朝政府委任钦差大臣林则徐在广东虎门海滩集中销毁收缴的鸦片,史称虎门销烟。

6. A 【解析】南昌起义打响了武装反抗国民党反动派的第一枪,揭开了中国共产党独立领导武装斗争和创建革命军队的序幕。

7. D 【解析】汉朝时,"丝绸之路"是以首都长安(今西安)为起点,经甘肃、新疆,到中亚、西亚,并连接地中海各国的陆上通道。

8. C 【解析】长征后,中国的革命中心地区从南方的江西和福建转移到北方的陕甘宁地区。

9. C 【解析】允许日本人在中国通商口岸开设工厂,这一条也是《马关条约》内容里影响最严重的一条,它使各国列强根据“利益均沾”的条款,争先恐后在中国开设工厂,严重阻碍了中国民族资本主义的发展。

10. A 【解析】题干中的诗句出自毛泽东的《七律·人民解放军占领南京》,“天翻地覆”就是指人民解放军解放南京。

11. C 【解析】1937 年 9 月 25 日,八路军在平型关附近集中较大兵力对日军进行了一次成功伏击战。平型关战役是全国性抗战开始后中国军队的第一次重大胜利。

12. A 【解析】1927 年 8 月 7 日,中国共产党召开“八七”会议。会议批判了陈独秀的右倾错误,确定了开展土地革命和武装反抗国民党反动统治的总方针。毛泽东同志在八七会议的发言中提出了“须知政权是由枪杆子中取得的”的著名论断。

13. B 【解析】达尔文和法拉第是 19 世纪的科学家,拉瓦锡是 18 世纪的科学家,故只有 B 是正确选项。牛顿的经典力学,打破了神主宰世界的迷信,以纯粹的规律来支配世界,这激发了人们对于人类理性的追求。这种对于理性的追求与痴迷,正是启蒙运动得以发起的重要原因。牛顿的那个时代,被人们称为“理性主义”时代,为启蒙运动准备了先决条件。

14. D 【解析】1945 年秋,以毛泽东为首的中国共产党代表团与国民党政府代表在重庆举行谈判,经过 43 天的谈判,在 10 月 10 日签署《政府与中共代表会谈纪要》,即《双十协定》。

15. C 【解析】十一届三中全会是新中国成立以来党的历史上具有深远意义的伟大转折。

16. C 【解析】公元 208 年,孙权、刘备于赤壁以少胜多战胜曹操,史称赤壁之战。赤壁之战奠定了三国鼎立局面形成的基础。

17. D 【解析】1936 年 12 月 12 日,张学良和杨虎城为了达到劝谏蒋介石改变“攘外必先安内”的既定国策,停止内战,一致抗日的目的,在西安发动“兵谏”。该事件称为西安事变,又称“双十二事变”。

18. B 【解析】拿破仑曾说过:“我一生四十次战争胜利的光荣,被滑铁卢一战就抹去了,但我有一件功绩是永垂不朽的,这就是我的法典。”《拿破仑法典》是人类历史上资产阶级国家的第一部民法典,这部诞生于 1804 年的法国民法典是法国大革命时期,为保卫资产阶级革命的胜利果实而制定的。该法典的系统性、完整性和规范性,对后来其他资本主义国家的立法产生了巨大影响,起到了立法规范的作用。

19. D 【解析】1969 年 7 月,“阿波罗 11 号”宇宙飞船登月成功。

20. B 【解析】题干诗句为唐朝诗人皮日休《汴河怀古二首(其二)》。从“尽道隋亡为此河”一句,可推知“此河”与隋朝灭亡密切相关。在隋朝历史发展中,对隋朝产生重大影响,并引起隋朝动荡的莫过于隋朝开凿的大运河。所以诗句中的“河”,应是指隋朝大运河。故本题选 B。

21. C 【解析】牧野之战—周武王伐纣,长平之战—战国时期,赤壁之战—三国,淝水之战—东晋,因此,C 项正确。安史之乱—唐中后期,八王之乱—西晋,玄武门之变—唐初,土木堡之变—明朝,A 项错误。诸葛亮七擒孟获—三国,陈汤平定匈奴—汉朝,郑成功收复台湾—明末清初,郑和下西洋—明初,B 项错误。黄巾起义—东汉,陈胜吴广起义—秦朝,太平天国运动—清朝,李自成起义—明朝,D 项错误。

22. D 【解析】诺曼底登陆开始于 1944 年 6 月;德国进攻波兰发生于 1939 年 9 月;慕尼黑阴谋发生于 1938 年 9 月;日本偷袭珍珠港发生于 1941 年 12 月。因此,按事件发生的先后顺序排列正确的选项为 D 项。

23. A 【解析】古埃及、古印度、古巴比伦和中国被称为“四大文明古国”。其中,古巴比伦发源于两河流域,“两河”即幼发拉底河和底格里斯河。因此本题选 A。

24. B 【解析】第二次鸦片战争期间,英、法组成联军发动侵华战争。咸丰十年(1860 年)8 月,英法联军攻入北京。10 月 6 日,占领圆明园。从第二天开始,军官和士兵就疯狂地进行抢劫和破坏。为了迫使清政府尽快接受议和条件,英国公使额尔金、英军统帅格兰特以清政府曾将英法被俘人员囚禁在圆明园为借口,命令米启尔中将于 10 月 18 日率领侵略军三千五百余人直趋圆明园。英法侵略军把圆明园抢劫一空之后,为了销赃灭迹,掩盖罪行,英国全权大臣额尔金在英国首相帕麦斯顿的支持下,下令烧毁圆明园。大火连烧三昼夜,使这座世界名园化为一片废墟。故选 B。

25. B 【解析】古埃及人最早使用的文字形成于公元前 3000 年左右,它用图形表示事物,所以称为象形文字,是世界上最古老的文字之一。B 项正确。佛教和《罗摩衍那》是古印度的文明成就。A、D 项错误。《汉谟拉比法典》是古巴比伦的文明成就。C 项错误。

26. B 【解析】巴黎凯旋门上的《马赛曲》浮雕是吕德的浮雕作品,雕于法国巴黎爱德华广场的凯旋门上,是歌颂法国大革命的史诗性作品。

27. C 【解析】1956 年底,社会主义三大改造基本完成,标志着社会主义制度建立,我国进入社会主义初级阶段,故选 C 项。

28. D 【解析】象棋盘上的“楚河”“汉界”其实就是在模拟历史上的楚汉相争。楚汉相争是项羽和刘邦之间的一场战争,以成皋之战为中心而展开,以垓下之战汉胜楚败而结束。A 项符合。《十面埋伏》出自楚汉相争的垓下之战,B 项符合。《霸王别姬》来源于西楚霸王项羽和虞姬的故事,C 项符合。“风声鹤唳”“草木皆兵”出自前秦苻坚与晋王朝谢石、谢玄二人的“淝水之战”,与楚汉相争无关。

29. D 【解析】五四运动的直接导火线是巴黎和会上中国外交的失败,A 项错误。五四运动作为新民主主义革命的开端,是在新的历史条件下发生的,它具有旧民主主义革命不具备的特点,B 项错误。青年学生在五四运动中起到了革命运动先锋队的作用。在五四运动中起决定性作用的是工人阶级,C 项错误。五四运动促进了马克思主义理论在中国的广泛传播,为中国共产党的成立在思想上和干部上作了准备,D 项正确,当选。

30. C 【解析】“战国七雄”指东周后期七个强势诸侯国的统称,分别是齐、楚、燕、韩、赵、魏、秦,A 项错误。西夏政权是由党项人在中国西部建立的一个封建政权,党项族是我国古代北方少数民族之一,属于西羌族的一支,B 项错误。汉阳兵工厂是晚清时期洋务运动的代表人物张之洞到湖北后主持创办的军工制造企业,C 项正确。陈毅曾经强调,五百万支前民工,遍地都是运粮食、运弹药、抬伤员的群众,是淮海战役中人民解放军的真正优势,淮海战役的胜利是人民群众用小车推出来的,D 项错误。

31. C 【解析】纽伦堡审判指的是第二次世界大战战胜国对欧洲轴心国的军事、政治和经济领袖进行的数十次军事审判。由于审判主要在德国纽伦堡进行,故总称为纽伦堡审判。

32. B 【解析】遵义会议是中国共产党第一次独立自主地运用马克思列宁主义基本原理解决自己的路线、方针、政策的会议,在极端危险的时刻,挽救了党和红军。这次会议开始确立实际以毛泽东为代表的马克思主义的正确路线在中共中央的领导地位,是中国共产党历史上一个生死攸关的转折点,标志着中国共产党从幼稚走向成熟。

33. C 【解析】张居正改革推行的是一条鞭法。而青苗法是属于王安石变法的内容,因此 C 选项错误。

34. B 【解析】马歇尔计划,又称欧洲复兴计划,由时任美国国务卿马歇尔提出,该计划旨在援助二战后的欧洲,帮助其经济复苏,以抵抗苏联的影响。曼哈顿计划是美国陆军部于 1942 年 6 月开始实施利用核裂变反应来研制原子弹的计划,于 1945 年 7 月 16 日成功地进行了世界上第一次核爆炸,并按计划制造出两颗实用的原子弹。第四点计划是战后初期美国对不发达国家推行的所谓“援助”计划。1949 年 1 月 20 日杜鲁门在第二任总统就职演说中,提出美国外交的“四点行动计划”。其中第四点是“技术援助和开发落后地区”,即通称为“第四点计划”。阿波罗计划是美国在 1961 年到 1972 年组织实施的一系列载人登月飞行任务,它是世界航天史上具有划时代意义的一项成就。

35. A 【解析】礼部主管朝廷中的礼仪、祭祀、宴餐、学校、科举和外事活动。

36. B 【解析】南昌起义是创建人民军队的开端,三湾改编是中国共产党建设新型人民军队最早的一次成功探索和实践。故 B 项说法错误。

37. B 【解析】元谋人距今约 170 万年,是我国境内已知的最早人类,B 正确。

38. B 【解析】19 世纪六七十年代,在俾斯麦的领导下,普鲁士通过三次王朝战争完成了德国的统一大业。1871 年,德意志帝国建立。

39. B 【解析】殷为商朝的别称,商朝的青铜制造业发达,甲骨文为商周时期的文字。所以具有这些典型特征的朝代是商朝。

40. D 【解析】无产阶级建立政权的第一次伟大尝试是巴黎公社,D 项正确。英国宪章运动是 1836—1848 年英国工人阶级为争取政治普选权而发动的工人运动。法国里昂丝织工人起义是 19 世纪 30 年代法国里昂的丝织工人反抗资本家剥削的武装反抗运动。这两次工人运动和德国西里西亚纺织工人起义并称为欧洲三大工人运动,表明无产阶级登上历史舞台,为马克思主义的诞生奠定了阶级基础,不涉及建立政权,A、C 两项不符合题意。俄国十月革命是人类历史上第一次获得胜利的社会主义革命,B 项不符合题意。

41. B 【解析】仰韶文化,是指黄河中游地区一种重要的新石器时代彩陶文化,其持续时间大约在公元前 5000 年至公元前 3000 年。

42. B 【解析】三星堆遗址群位于四川省广汉市西北,是迄今为止在西南地区发现的范围最大、延续时间最长、文化内涵最丰富的古城、古国、古蜀文化遗址,昭示了长江流域与黄河流域一样,同属中华文明的母体,被誉为“长江文明之源”。

43. A 【解析】1947 年美国总统杜鲁门在国会提出杜鲁门主义,成为冷战开始的标志,A 正确。

44. B 【解析】汉武帝时期,儒生董仲舒提出了“罢黜百家,独尊儒术”的主张,后来成为汉武帝实行的封建思想统治政策。

45. B 【解析】葡萄牙航海家达·伽马是从欧洲绕好望角到印度的航海路线的开拓者。英国学者

达尔文出版了《物种起源》一书，提出了进化论。意大利航海家哥伦布横渡大西洋到达了美洲；葡萄牙航海家麦哲伦率领的船队完成了世界上第一次环球航行，证实了地圆之说。马可·波罗是意大利旅行家、商人，著有《马可·波罗游记》一书。

46. C 【解析】在扑克牌中，梅花K上的人物是亚历山大大帝，方块K上的人物是恺撒大帝，红桃K上的人物是查理大帝，黑桃K上的人物是大卫王。

47. B 【解析】2014年2月27日，十二届全国人大常委会第七次会议决定将9月3日确立为中国人民抗日战争胜利纪念日。

48. A 【解析】戊戌维新运动，不仅是一次政治改良运动，也是一次思想启蒙运动。以维新运动为起点，资产阶级新文化开始打破封建文化独占文化阵地的局面，对中国近代教育的发展起了积极的推动作用。

49. C 【解析】公车上书是1895年康有为、梁启超组织联合各省举人联名上书光绪帝，反对在甲午战争中败于日本的清政府签订丧权辱国的《马关条约》的历史事件。

50. C 【解析】严复第一次把西方的古典经济学、政治学理论以及自然科学和哲学理论较为系统地引入中国，较为系统地介绍了西方资产阶级的社会政治学说和自然科学理论，为维新运动增添了思想武器。康有为是中国近代改良派代表人物，参与了戊戌变法、公车上书等事件；谭嗣同，戊戌六君子之一，在戊戌变法失败后被杀；魏源是近代中国"睁眼看世界"的代表人物，提出了"师夷长技以制夷"的主张。

51. B 【解析】党在过渡时期的总路线和总任务，是要在一个相当长的时期内，逐步实现国家的社会主义工业化，并逐步实现国家对农业、手工业和资本主义工商业的社会主义改造。故选B。

52. A 【解析】《法显传》又名《历游天竺记》《昔道人法显从长安行西至天竺传》《释法显行传》《佛国记》等，是东晋法显所撰游记。

53. D 【解析】嫘祖是先祖女性中的杰出代表，在嫘祖的倡导下，人们开始了栽桑养蚕的历史，后人为了纪念嫘祖这一功绩，就将她尊称为"先蚕娘娘""先蚕圣母"。

54. D 【解析】1972－1974年发掘的长沙马王堆汉墓，是西汉长沙国丞相、轪侯利苍一家三口的墓葬，共出土了三千多件珍贵文物，是20世纪世界最重大的考古发现之一。其中一号墓出土一具保存完好、并未腐烂的女尸，即墓主人辛追夫人的尸体。

55. B 【解析】17～18世纪，成立"东印度公司"的主要国家是英国、荷兰和法国。

专题二　科学素养

单项选择题

答案速查

1～5	DACAC	6～10	BCDCC
11～15	BADAD	16～20	DCBAD
21～25	BAADD	26～30	CDABD
31～35	CAAAA	36～40	DACBB
41～45	ACDCB	46～50	CDCBC
51～55	DBDCC	56～60	BBBCD

1. D 【解析】东汉时蔡伦在总结前人造纸经验的基础上，改进了造纸术，使纸张成为人们普遍使用的书写材料。A选项表述错误。火箭出现于唐末，突火枪最早出现在南宋，B选项表述错误。北宋时期毕昇发明了活字印刷术，C选项表述错误。北宋人朱彧的《萍洲可谈》中有这样一段文字："舟师识地理，夜则观星，昼则观日，阴晦则观指南针。"故D项正确。

2. A 【解析】普利斯特里在气体研究方面成就卓著，他被称为"气体化学之父"。

3. C 【解析】1609年，伽利略创制了天文望远镜（后被称为伽利略望远镜），并用来观测天体，这是世界上第一架天文望远镜。

4. A 【解析】杂交水稻被国际上称为中国"第五大发明"和世界"第二次绿色革命"的原因是有助于解决世界饥饿问题。

5. C 【解析】贵州、西藏、云南、四川等省区多大江大河，且地势变化大，水流湍急，蕴藏着丰富的水能。故本题答案为C选项。

6. B 【解析】衣橱中的樟脑丸时间长了体积会缩小，这是部分樟脑丸由固体直接变成气体，这种变化属于升华。物质由气态变为固态的现象称为凝华。蒸发是指物质由液态变为气态的过程。物质由气态变为液态的过程称为液化。

7. C 【解析】苏伊士运河是亚洲和非洲的分界线。乌拉尔山脉，是欧亚两洲的分界线，位于东欧平原和西西伯利亚平原之间。高加索山脉，位于黑海与里海之间，其最高峰为厄尔布鲁士峰，海拔五千多米，同时也是欧洲第一高峰。高加索山脉主轴分水岭为南欧和西亚的分界线。巴拿马运河，位于中美洲国家巴拿马，横穿巴拿马地峡，连接太平洋和大西洋，是航运要道，被誉为世界七大工程奇迹之一的"世界桥梁"。

8. D 【解析】发生火灾时，普通电梯遇到高温，电梯厢容易失控变形卡住，在消防人员灭火时，水容易流到电梯内，还可能会有触电的危险。故D项说法错误。

9. C 【解析】选项中金属导电性的顺序为银、铜、铝、铅,金属导热性的顺序是银、铜、铝、铅。故导电性导热性最好的为银。

10. C 【解析】长城站、泰山站、中山站都是我国在南极建立的科学考察站,黄河站是我国在北极建设的科学考察站。

11. B 【解析】都江堰位于四川省成都市都江堰市城西,坐落在成都平原西部的岷江上,是全世界迄今为止,年代最久、唯一留存、仍在一直使用、以无坝引水为特征的宏大水利工程。

12. A 【解析】长期大量饮酒会引起慢性酒精中毒,对人体各个器官系统均有损害,尤其对肝、脑损害最大。可引起脂肪肝、肝炎,甚至酒精性肝硬化,诱发肝癌。

13. D 【解析】我国首次成功发射的载人航天飞船"神舟五号",于2003年10月15日将航天员杨利伟送入太空。

14. A 【解析】《伤寒杂病论》对中医学治疗急慢性传染病、流行病以及内科杂病等理论和技术的发展,曾产生过极其深远的影响,奠定了中医治疗学的基础,A正确。

15. D 【解析】明朝时,李时珍的《本草纲目》全面总结了16世纪以前的中国医药学,被誉为"东方医药巨典"。东汉时的《神农本草经》是中国第一部完整的药物学著作,是中医药药物学理论发展的源头。东汉时张仲景的《伤寒杂病论》是后世中医的重要经典。唐朝时,孙思邈的《千金方》全面总结了历代和当时的医学成果。

16. D 【解析】南仁东是"中国天眼"工程的发起者和奠基人,首席科学家兼总工程师,人称"中国天眼之父"。

17. C 【解析】《墨经》概括了墨家关于认识论、逻辑学和自然科学的研究成果,其中包括物理学的力学、几何学和光学等知识。《营造法式》记载着宋代建筑的制度、做法、用工、图样等珍贵资料,是中国古代最为全面的营造学专著,对研究中国建筑、理解其理念和精神有着深远的意义。《天工开物》是世界上第一部关于农业和手工业生产的综合性著作,是中国古代一部综合性的科学技术著作,也有人称它是一部百科全书式的著作,作者是明朝科学家宋应星,外国学者称它为"中国17世纪的工艺百科全书"。《梦溪笔谈》是一部涉及古代中国自然科学、工艺技术及社会历史现象的综合性笔记体著作,英国科学史学家李约瑟评价其为"中国科学史上的里程碑"。

18. B 【解析】中国北斗卫星导航系统(BDS)是我国自行研制的全球卫星导航系统,是继美国全球定位系统(GPS)、俄罗斯格洛纳斯卫星导航系统(GLONASS)之后第三个成熟的卫星导航系统。

19. A 【解析】一般汽车的挡风玻璃是斜着安装的,这样做除了考虑空气动力学的原因外,还考虑到一个安全因素:如果小轿车的挡风玻璃竖着安装,那么车内的乘客就会在挡风玻璃上成一个虚像,虚像会干扰司机的视线,使司机分不清乘客和行人,可能会导致交通事故。倾斜安装后,车内乘客在挡风玻璃上所成的虚像的位置在车顶方向,司机能很清楚地区分车内乘客的虚像和路上的行人,尽可能地避免因视线干扰出现的交通事故。

20. D 【解析】我国大部分地区位于北回归线以北地区,住宅卧室朝南是为了采光。

21. B 【解析】北回归线又叫夏至线,是太阳光直射在地球上最北的界线。每年夏至日(6月22日左右)这一天这里能受到太阳光的垂直照射,然后太阳直射点向南移动。北半球北回归线以南至南回归线的区域每年太阳直射两次,获得的热量最多,形成热带。因此北回归线是热带和北温带的分界线。

22. A 【解析】塞纳河流经法国首都巴黎,故A项组合正确;流经匈牙利首都布达佩斯的是多瑙河,易北河流经捷克、波兰和德国,故B项组合错误;流经德国汉堡的是易北河,莱茵河流经瑞士、列支敦士登、奥地利、法国、德国和荷兰。故C项组合错误;流经埃及(北非)首都开罗的是尼罗河,尼日尔河是西非的主要河流,故D项组合错误。

23. A 【解析】鸡蛋表面布满了人眼看不见的小孔,这些小孔被一层胶一样的物质封住,一般的细菌不能进入,蛋内的水分也不易蒸发,起了保护鸡蛋的作用。如果用水洗,蛋壳上的胶皮被破坏而溶解在水中,蛋壳上的小孔全部暴露,细菌便可从小孔乘虚而入。

24. D 【解析】我国领土的最西端在新疆的帕米尔高原。我国领土的四端:最东端位置在黑龙江和乌苏里江的主航道中心线的相交处;最西端位置在新疆维吾尔自治区乌恰县以西的帕米尔高原;最北端位置在黑龙江省漠河以北的黑龙江主航道的中心线上;最南端位置在南沙群岛的曾母暗沙。因此本题答案为D项。

25. D 【解析】直布罗陀海峡是连接地中海和大西洋的重要门户,也是地中海的"生命线"。

26. C 【解析】这样做主要是因为,盐和冰混合后形成盐水,盐水的熔点较低,雪难以形成冰块。

27. D 【解析】原则上输血一般要求同血型。输血时若血型不合,受血者体内红细胞上的凝集原和献血者血浆中的凝集素会凝聚成团,阻碍血液的循环而引起凝聚现象。因此答案选D项。

28. A 【解析】鄱阳湖是中国第一大淡水湖。

29. B 【解析】月球实际上是绕自己的轴相对地球旋转,自转的方向为自西向东。同时月球绕着地球公转。B项描述错误。

30. D 【解析】在雷雨天气中,不宜在大树下躲避雷雨,容易遭受雷击。

31. C 【解析】蛋白质不属于碳水化合物,A选项表述错误。碳水化合物由碳、氢和氧三种元素组成,其所含的氢氧的比例为2:1,故B选项表述错误。储存和提供热能是碳水化合物的重要功能之一,C选项表述正确。碳水化合物是自然界存在最多、分布最广的有机化合物,而非无机化合物,D选项表述错误。故本题答案选C。

32. A 【解析】白炽灯通常用钨丝作为灯丝,这主要是因为钨的熔点高,达到了白热化所需的温度。

33. A 【解析】温室气体主要有二氧化碳、甲烷、臭氧、一氧化二氮、氟利昂以及水汽等。在产生温室效应的原因分析中,二氧化碳是造成温室效应的最重要的气体。

34. A 【解析】鸡肉本身是一种脂肪含量比较低的肉,而其中鸡胸肉的热量又是最少的,另外采用水煮的方式可以大大降低食物可能增加的多余的热量,适合糖尿病人食用。

35. A 【解析】霍尔木兹海峡是中东主要的石油输出海上通道,是运输石油的咽喉要道,因此被誉为西方的"海上生命线""世界油阀"。

36. D 【解析】元朝杰出天文学家郭守敬主持编定《授时历》,不属于两汉时期的天文学成就。

37. A 【解析】哥白尼是波兰天文学家,著有《天体运行论》,确立"日心说",成为近代天文学的起点。

38. C 【解析】A项,毕昇发明了活字印刷术,蔡伦改进了造纸术。B项,《神农本草经》是中医四大经典著作(其余三者为《难经》《伤寒杂病论》《黄帝内经》)之一,是现存最早的中药学著作。《黄帝内经》分《灵枢》《素问》两部分,是中国最早的医学典籍。C项,《天工开物》是明朝科学家宋应星所作,是中国古代一部综合性的科学技术著作。《天工开物》是世界上第一部关于农业和手工业生产的综合性著作。外国学者称《天工开物》为"中国17世纪的工艺百科全书"。D项,祖冲之是中国南北朝时期杰出的数学家、天文学家。祖冲之算出圆周率的真值在3.1415926和3.1415927之间。综上所述,A、B、D三项说法有误,C项说法正确,当选。

39. B 【解析】战国时期的墨翟(墨子)和他的弟子,进行了世界上第一个小孔成像实验,对光的直线传播第一次作出科学解释。

40. B 【解析】A选项天宫一号为我国的空间实验室;C选项蛟龙号是我国载人潜水器;D选项天眼是我国射电望远镜;B选项悟空号是我国暗物质观测卫星,量子科学实验卫星为墨子号。

41. A 【解析】在地球上看,太阳系八大行星中,金星是夜空中最亮的一颗。

42. C 【解析】液体是否容易沸腾与气压有很大关系,A错;液态金属一般是指在常温下呈现液态的金属物质,如汞,B错;炎热的夏天由于空气难以饱和,更难形成水蒸气,D错。当白炽灯点亮,温度升得很高的时候,钨的升华十分严重。长时间的高温使钨丝表面的钨原子升华扩散,然后一层又一层地沉积到玻壳的内表面上,使玻壳慢慢黑化,钨的蒸发也使钨丝越来越细,最后烧断。故选C。

43. D 【解析】针灸是针法和灸法的总称。针法是指在中医理论的指导下把针具(通常指毫针)按照一定的角度刺入患者体内,运用捻转与提插等针刺手法来对人体特定部位进行刺激从而达到治疗疾病的目的。灸法是以预制的灸炷或灸草在体表一定的穴位上烧灼、熏熨,利用热的刺激来预防和治疗疾病。

44. C 【解析】元朝郭守敬改进了简仪和圭表,主持全国范围的天文测量,他编成的《授时历》一书中,以365.2425日为一年,与现行公历基本相同,早于现行公历300年。

45. B 【解析】在魏晋南北朝时期,纸张质量提高,逐渐取代简牍,成为最主要的书写材料。

46. C 【解析】宣纸"始于唐代、产于泾县",因唐代泾县隶属宣州府管辖,故因产地得名宣纸。

47. D 【解析】明朝医药学家李时珍编著的《本草纲目》,分类科学严密,包含药物数目众多,文笔流畅生动,被誉为"东方医药巨典"。唐朝孙思邈所著的《千金方》被誉为"中国最早的临床百科全书"。《神农本草经》大约成书于汉代,是已知最早的中药学著作。《伤寒杂病论》是东汉末年张仲景所著的一部以论述传染病与内科杂病为主要内容的医学典籍。故选D。

48. C 【解析】2021年4月29日11时23分,搭载空间站天和核心舱的长征五号B遥二运载火箭,在我国文昌航天发射场点火升空。故本题答案为C。天宫是我国空间站的名称。天问系列是中国行星探测任务名称。天舟是指天舟系列货运飞船,主要用于对中国空间站在轨运行期间,提供补给支持。

49. B 【解析】张衡改进了浑天仪,A项正确。明朝的徐光启毕生致力于数学、天文、历法、水利等方面的研究,勤奋著述,尤精晓农学,译有《几何原本》《泰西水法》,著有《农政全书》等书。《梦溪笔谈》由北宋科学家、政治家沈括撰写,是一部涉及古代中国自然科学、工艺技术及社会历史现象的综合性笔记体著作。B项错误。东汉时期,蔡伦改进民间造纸方法,用树皮、麻头、敝布、渔网等原料造纸,人称"蔡侯纸"。C项正确。宋应星最杰出的作品《天工开物》被誉为"中国17世纪的工艺百科全书"。D项正确。故本题的正确答

案为 B。

50. C 【解析】太阳系中的八大行星,按照距离太阳由近及远的顺序,依次是水星、金星、地球、火星、木星、土星、天王星、海王星。故选 C。

51. D 【解析】一次能源是指直接取自自然界没有经过加工转换的各种能量和资源,它包括原煤、原油、天然气、油页岩、核能、太阳能、水力、风力、海洋能、地热、生物质能和海洋温差能等。由一次能源经过加工转换以后得到的能源产品,称为二次能源,例如:电力、蒸汽、煤气、汽油、柴油、液化石油气等。

52. B 【解析】世界上最早的地铁是英国伦敦的大都会地铁,于 1863 年 1 月 10 日全线通车。故本题选 B。

53. D 【解析】《大爆炸探秘》由约翰·格里宾编著;《自然的终结》的作者是比尔·麦克基本;《物理世界奇遇记》的作者是乔治·伽莫夫。《时间简史——从大爆炸到黑洞》是英国物理学家斯蒂芬·威廉·霍金创作的科普著作,论述了人类对宇宙认识和探索的历史,将现代物理学的两大理论——量子理论和广义相对论结合起来,提出了关于时间、空间、大爆炸和黑洞的具有创新性的认识,为探索完整的统一理论迈出了坚实的一步。故选 D。

54. C 【解析】黄金分割是指事物各部分间一定的数学比例关系,即将整体一分为二,较大部分与较小部分之比等于整体与较大部分之比,其比例为1: 0.618,即长段为全段的 0.618。0.618 被公认为是最具有审美意义的比例数字。

55. C 【解析】对流层气温、湿度等各要素水平分布不均匀,由于 90% 以上的水汽集中在对流层中,所以雨、雪、云、雾等一系列天气现象都发生在这一层。平流层基本上没有水汽,晴朗无云,很少发生天气变化,适于飞机航行。从中间层顶部到 800 公里高度范围为暖层(也叫热层、电离层),在暖层里,空气密度很低,太阳紫外线辐射强度很高,大部分气体分子发生电离,因此经常会出现许多有趣的天文现象,如极光、流星等。

56. B 【解析】华佗编创五禽戏中的五禽是指“虎、鹿、熊、猿、鸟”,没有蛇。故本题的正确答案为 B。

57. B 【解析】郭守敬是元朝著名的天文学家、数学家、水利工程专家。孙思邈是唐代医药学家、道士,被后人尊称为“药王”。沈括是北宋政治家、科学家。朱世杰是元代数学家、教育家。

58. B 【解析】《九章算术》是我国东汉时期编订的一部数学经典著作。

59. C 【解析】计量长短用的器具称为度,计算容积的器皿称为量,测量物体轻重的工具称为衡。

60. D 【解析】“当代毕昇”王选是计算机文字信息处理专家,计算机汉字激光照排技术创始人,当代中国印刷业革命的先行者,被称为“汉字激光照排系统之父”。

专题三 传统文化素养

单项选择题

答案速查

1 ~ 5	DBBDA	6 ~ 10	DABDB
11 ~ 15	BDDCD	16 ~ 20	CADAD
21 ~ 25	CCAAC	26 ~ 30	CCCCC
31 ~ 35	BADDD	36 ~ 40	DABCD
41 ~ 45	CABBA	46 ~ 50	CCDAA
51 ~ 55	DBACC		

1. D 【解析】“何处招魂,香草还生三户地;当年呵壁,湘流应识九歌心”这副对联说的是屈原。联中嵌入了屈原的作品《招魂》《九歌》《呵壁》(即《天问》),作者既赞美了屈原崇高的品德,又凭吊了屈原自沉汨罗江,A 项错误。“一门三父子,都是大文豪”是朱德同志在四川眉山市三苏祠的题词,这在中外文学史上都属于少见的文化现象,并引起国内外学术界的广泛关注,“三苏”研究也就成了历代文史学界研究的重要课题。B 项错误。“枫叶四弦秋,枨触天涯迁谪恨;浔阳千尺水,勾留江上别离情”是根据白居易的《琵琶行》改写的描写离散悲情的对联,C 项错误。“铁板铜琶,继东坡高唱大江东去;美芹悲黍,冀南宋莫随鸿雁南飞”是郭沫若为辛弃疾纪念祠题写的对联,D 项正确。

2. B 【解析】题干出自唐代崔国辅的《九日》,这句诗的意思是江边的枫叶已经落下,菊花正黄,老老少少登高只为望一望故乡。古代,民间在重阳时有登高的风俗,故重阳节又叫“登高节”。

3. B 【解析】冬不拉是哈萨克族民间流行的弹拨乐器;葫芦丝是云南少数民族乐器,主要流传于傣、阿昌、德昂等民族中;芦笙为西南地区苗、瑶、侗等民族的簧管乐器。泼水节是傣族的节日。酥油茶是藏族的传统食品,萨其马是满族的传统食品。

4. D 【解析】立夏是二十四节气中的第 7 个节气,夏季的第一个节气,立夏节气时间为每年公历 5 月 5 日—7 日。《礼记·月令》中有记载:“蝼蝈鸣,蚯蚓出,王瓜生,苦菜秀。”

5. A 【解析】中国古代四大美女,即西施、王昭君、貂蝉、杨玉环,四人享有“沉鱼落雁之容,闭月羞花之貌”的美誉。“云想衣裳花想容”是李白为杨贵妃所作的诗句,形容杨玉环衣饰和容貌之美,A 项正确;“羞花”讲的是杨贵妃的故事,B 项错误;生活在崇尚“以肥为美”的时代的是“羞花”杨贵妃,C 项错误;“沉鱼”对应西施,“落雁”对应王昭君,

D 项错误。故本题选 A。

6. D 【解析】太阳的直射点在南北回归线之间来回运动，当太阳直射北回归线，北半球的白昼时间达到全年最长，时间为 6 月 22 日前后，这一日被称为夏至。

7. A 【解析】神农氏是农业之神，传说他“斫木为耜，揉木为耒”，发明创造了各种用于农耕的劳动工具，并教部落的人如何耕作。民间传说中，神农氏还是“医药之祖”。

8. B 【解析】服除，意为守丧期满。

9. D 【解析】中国的四大名绣是苏绣、湘绣、粤绣和蜀绣。

10. B 【解析】古人把一昼夜分为 12 个时辰，每个时辰等于现代的两小时，子时是从夜间十一点到次日凌晨一点，丑时是从凌晨一点到凌晨三点，以此类推。B 项正确。

11. B 【解析】子时指夜半十一时至翌晨一时，又称子夜。B 项正确。辰时指七时至九时，又称食时。未时指十三时至十五时，又称日昳。亥时指二十一时至二十三时，又称人定。

12. D 【解析】2018 年 11 月 28 日，藏医药浴法被列入联合国教科文组织人类非物质文化遗产代表作名录。

13. D 【解析】夏季的节气有立夏、小满、芒种、夏至、小暑、大暑。惊蛰为春季的节气。

14. C 【解析】九品中正制，又称九品官人法，是魏晋南北朝时期主要的选官制度。

15. D 【解析】“榜首”表示第一；“问鼎”的意思是指图谋夺取政权，也指夺取某些体育运动的顶尖成绩；“夺魁”指得到冠军，即第一；“伯仲”形容才能相当，并非第一。

16. C 【解析】节气反映了地球围绕太阳运动的过程，是每年季节变更的重要标志。C 选项表述错误。

17. A 【解析】古人称自己一方的亲属朋友时，常用“家”“舍”等谦词。“家”是称比自己的辈分高或年纪大的亲属时用的谦词，例如，称呼自己的父亲为家父、家严等，称呼自己的母亲为家母、家慈；而“舍”用以谦称自己或自己的卑幼亲属，如舍弟。对于对方或对方亲属的敬称有令、尊、贤等。如称呼对方的父亲为令父、令尊。

18. D 【解析】“兼相爱，交相利”出自《墨子》。《墨子》由墨子的弟子及再传弟子记录、整理、编纂而成，其内容为墨家学派的主要观点。“朝闻道，夕死可矣”出自《论语·里仁》。“生于忧患，死于安乐”出自《孟子·告子下》。“言不信者行不果”出自《墨子·修身》。

19. A 【解析】所谓“数九”，是指从冬至当天算起，九天为一个单位，谓之“九”，过了九个“九”，刚好八十一天，即为“出九”。从“一九”数到“九九”，冬寒就变成春暖了。

20. D 【解析】屈原，战国末期楚国丹阳(今湖北秭归)人，是中国伟大的浪漫主义诗人，也是我国已知最早的著名诗人，世界文化名人。端午节是中国古老的传统节日，始于春秋战国时期，至今已有 2000 多年历史。端午民俗等传统习俗对人们的精神生活产生了持久的影响。端午节赛龙舟时，发出的阵阵鼓声是由鼓面的振动产生的，鼓声主要是通过空气传到人耳。

21. C 【解析】火把节是彝族的重要传统节日。藏族的重要传统节日有藏历年、雪顿节、望果节等；回族的重要传统节日有开斋节、古尔邦节、圣纪节等；傣族的传统节日有泼水节、关门节和开门节等。

22. C 【解析】“不效艾符趋习俗，但祈蒲酒话升平”出自唐代殷尧藩的《端午日》，描写的是端午节，与题意不符，A 项错误。“月色灯山满帝都，香车宝盖隘通衢”出自唐代李商隐的《观灯夜行》，描写的是元宵节，与题意不符，B 项错误。“江涵秋影雁初飞，与客携壶上翠微”出自唐代杜牧的《九日齐山登高》，九日指九月九日的重阳节，重阳节有登高饮菊花酒的习俗，与题意相符，C 项正确。“家家乞巧望秋月，穿尽红丝几万条”出自唐代林杰的《乞巧》，乞巧节在农历七月初七，又名七夕。与题意不符，D 项错误。故选 C。

23. A 【解析】据考古研究发现，中国最迟在春秋晚期已掌握了冶铁技术，并且是生铁铸件和块炼铁锻件同时出现。战国时期，钢铁生产达到相当高的水平，出现了以块炼铁为原料的渗碳钢制品。

24. A 【解析】成语“卧薪尝胆”出自《史记·越王勾践世家》：“越王勾践反国，乃苦身焦思，置胆于坐，坐卧即仰胆，饮食亦尝胆也。”

25. C 【解析】“和为贵”出自《论语》，是孔子的观点，也是中国历史上“有关社会和谐思想”的核心观点。A 项，老子是道家学派创始人，著有《道德经》，崇尚“无为”，主张顺其自然，合乎天理。B 项，墨子主张“兼爱”“非攻”。D 项，孟子是儒家学派的代表人物，与孔子并称“孔孟”，被称为“亚圣”。故本题选 C。

26. C 【解析】“杏林”是医学界别称。三国时期董奉隐居庐山，为人治病不收钱，但使重病愈者植杏五株，轻者一株，积年蔚然成林。

27. C 【解析】干支是天干地支的合称。干，即天干，共十位：甲、乙、丙、丁、戊、己、庚、辛、壬、癸；支，即地支，共十二位：子、丑、寅、卯、辰、巳、午、未、申、酉、戌、亥。十天干和十二地支两两相配，组成六十个基本单位，用以纪年，十和十二的最小公倍数为六十，故干支纪年每六十年一个循环。题干中“若今年为乙丑年”，则上一年应为“甲子年”。

28. C 【解析】粤绣题材广泛,其中以龙、凤、牡丹、百鸟朝凤、南国佳果(如荔枝)、孔雀、鹦鹉等传统题材为主。

29. C 【解析】广州——花城、羊城,重庆——山城、雾城。

30. C 【解析】"爆竹声中一岁除,春风送暖入屠苏",这两句诗的意思是一片爆竹声送走了旧的一年,饮着醇美的屠苏酒感受到了春天的气息。由此可知"屠苏"指的是酒。

31. B 【解析】中国古代年龄称谓中的"束发"是指男子十五岁;"及笄"是指女子十五岁。

32. A 【解析】古时儿童不束发,头发下垂,故以"垂髫"指儿童;八九岁到十三四岁的少年称为"总角";男子十五岁称为"束发";少女十三四岁称为"豆蔻"。故选A。

33. D 【解析】孺子可教出自《史记·留侯世家》,讲述的是张良对师长的尊敬使他得到稀世兵法,成为著名谋士的故事。后指年轻人有出息,可以培养、造就。

34. D 【解析】中国佛教四大名山分别是山西五台山、浙江普陀山、四川峨眉山、安徽九华山。武当山是我国著名的道教圣地。故本题选择D选项。

35. D 【解析】莫逆之交:"莫逆"即没有抵触,感情融洽;"交"是指交往、友谊,指非常要好的朋友。竹马之交:"竹马"是小孩当马骑的竹竿,指童年时代就要好的朋友。贫贱之交:指贫困时结交的知心朋友。金兰之交:像金石般坚固的交情。故本题选择D选项。

36. D 【解析】南宋的朱熹是理学发展的集大成者。他继承了北宋哲学家程颢、程颐的思想,进一步完善和发展了客观唯心主义的理学体系,后人称之为"程朱理学"。

37. A 【解析】题干所述内容出自《论语》,孔子把人性分为三等,一等是"生而知之者",属于上智;二等是"学而知之者"与"困而学之",属于中人;三等是"困而不学",属于下愚。他认为社会上绝大多数人都属于中人这个范围,对于中人的发展,教育能起重大作用,因此,孔子在实践上强调重视教育,这是其教育思想有进步意义的一面,至于他把人性分成等级,并断言有不移的上智和下愚,这是不科学的,是他人性论的一个缺点。

38. B 【解析】孟子重视道德教育,他提出的道德修养方法主要有:(1)存心寡欲。(2)尚志养气。孟子与孔子一样,也要求学生树立远大的理想。孔子称之为"杀身成仁",孟子称之为"舍生取义"。(3)反求诸己。(4)磨炼意志。孟子通过对人处于不同境遇产生的不同心态分析,阐明了磨炼意志的重要意义。他认为生活于安逸环境中的人无忧无虑,往往不明事理,这就是所谓的"生于忧患,死于安乐"。题干所述为孟子的教育思想,故选B项。

39. C 【解析】天人问题是中国传统哲学的核心问题之一,汉代哲学思想就是围绕"究天人之际"的问题展开的。汉儒董仲舒以"天"为本,运用阴阳五行说使"天"与"人"之间建立起的同类相感、相应的"天人感应"学说,是在汉代封建"大一统"中央集权统治逐步趋于稳固、社会思想文化复兴与融合的历史背景下提出并逐步发展成熟的,是汉代天人问题的代表。

40. D 【解析】孔子是春秋时期伟大的教育家,儒家学派的创始人,是我国历史上私人办学的开创者之一;据郭沫若考证,《学记》的作者为孟子的学生乐正克。

41. C 【解析】"绝圣弃智,民利百倍"出自老子的《道德经》。重义轻利是儒家思想,好利恶害是法家思想。五行学说是我国古代人民创造的一种哲学思想,有相克相生之说。

42. A 【解析】惊蛰,又名"启蛰",是二十四节气中的第三个节气,标志着仲春时节的开始。每年3月5日或6日太阳到达黄经345°时为惊蛰。从惊蛰起,春耕正式开始。广大农民以农谚为依据,从事各种农事活动。故选A。

43. B 【解析】A项中的"癸丑"、D项中的"辛亥"都属于直接使用了干支纪年。C项中的"淳熙丙申"指的是宋孝宗淳熙三年,兼用了年号和干支纪年法。B项中的"四月辛巳"指农历四月十三日,使用了干支纪日法,而非干支纪年。故选B。

44. B 【解析】①表现的是中秋节(农历八月十五)望月怀人的习俗;②表现的是重阳节(农历九月初九)登高的习俗;③表现的是端午节(农历五月初五)纪念屈原;④表现的是春节(农历正月初一)放爆竹的习俗。所以正确的排序是④③①②,故选B。

45. A 【解析】古代把一昼夜划分成十二个时段,每一个时段叫一个时辰。汉代命名为夜半、鸡鸣、平旦、日出、食时、隅中、日中、日昳、晡时、日入、黄昏、人定。又用十二地支来表示,以夜半23时至次日1时为子时,1至3时为丑时,3至5时为寅时,依次递推。

46. C 【解析】A选项,竭泽而渔来源于春秋时期的人物和事件;B选项的完璧归赵发生在春秋战国时期;C选项马革裹尸发生在东汉时期;D选项洛阳纸贵发生在晋代。

47. C 【解析】赏花灯、闹年鼓、迎厕神、猜灯谜是元宵节的传统活动。春节的习俗是守岁、贴春联、拜年等,端午节的习俗是赛龙舟、吃粽子等,中秋节的习俗是赏月、吃月饼等。

48. D 【解析】"期颐"用来代指一百岁。七十岁用"古稀"来代指,六十岁用"耳顺""花甲"来代指,九十岁用"耄耋"来代指。

49. A 【解析】“令郎”指的是对方的儿子，属于敬辞。“舍妹”，谦辞，用于对别人称自己家的妹妹；“老朽”是老年男子自谦之词；“家严”是在别人面前对自己父亲的谦称。

50. A 【解析】兄弟排行的次第，伯是老大，仲是老二，叔是老三，季是最小的。

51. D 【解析】无为是中国道家文化的核心思想，无为不是无所作为，不是无所事事，而是不做无效的工作。

52. B 【解析】夏至，是二十四节气之一。夏至这天，太阳直射地面的位置到达一年的最北端，几乎直射北回归线，此时，北半球各地的白昼时间达到全年最长。

53. A 【解析】“图穷匕见”源自荆轲刺秦王的故事，与秦始皇有关。“指鹿为马”与赵高、秦二世胡亥有关，“望梅止渴”与曹操有关，“三顾茅庐”与刘备、诸葛亮有关。

54. C 【解析】汴梁是宋朝至明朝初期对于今河南开封的称呼。北京是历史古都，有许多称谓。北京最早被称为“蓟”，后来称之为“幽州”“幽都”“南京”“燕京”等。北京成为金国首都后，改称“中都”，元朝时又改为“大都”，自明代起则有“北平”“北京”“京师”“京兆”等称谓。

55. C 【解析】尊称又叫敬称，是尊敬对方的称谓。令尊是称对方父亲的敬词。

专题四 文学素养

单项选择题

答案速查

1～5	DACAD	6～10	BBDDA
11～15	CABAB	16～20	ADCBC
21～25	DBCCD	26～30	DCCDA
31～35	BCBCA	36～40	BCDBB
41～45	BBDAA	46～50	DBCDC
51～55	DBDAC	56～60	DCCCB
61～65	CADCB	66～70	DDCCA

1. D 【解析】“真的猛士敢于直面惨淡的人生，敢于正视淋漓的鲜血”出自鲁迅的《记念刘和珍君》。故本题答案选 D。

2. A 【解析】选项 B 中《桃花扇》是清代的孔尚任所作。选项 C 中《茶馆》为话剧，不是小说。选项 D 中雨果是法国 19 世纪浪漫主义文学的杰出代表。

3. C 【解析】《狂人日记》是鲁迅创作的第一部短篇白话日记体小说，也是中国第一部现代白话文小说，A 项错误。《资治通鉴》是由北宋司马光主编的我国第一部编年体通史。我国第一部纪传体通史是《史记》，B 项错误。《十日谈》是意大利作家薄伽丘创作的短篇小说集，是欧洲文学史上第一部现实主义巨著，C 项正确。《致大海》是俄国伟大诗人、作家普希金的一首政治抒情诗，D 项错误。故本题选择 C 选项。

4. A 【解析】郭沫若的《女神》在诗歌形式上，突破了旧格套的束缚，创造了雄浑奔放的自由诗体，为“五四”以后自由诗的发展开拓了新的天地，成为中国新诗的奠基之作，强烈体现了“五四”时期狂飙突进的时代精神，及彻底地反帝反封建、热切追求自由解放和光明新生的精神。《野草》写于“五四”后期，是鲁迅唯一的一本散文诗集，反映了鲁迅彷徨、思索、坚韧战斗的心路历程。《尝试集》是中国现代文学史上第一部白话诗集，开新文学运动之风气，是胡适里程碑式的著作。《尝试集》中主要是表现个性解放、人道主义和民主自由的诗，具有反封建的时代色彩和积极意义。《红烛》是闻一多的诗集，该诗集题材广泛，内容丰富，或抒发诗人的爱国之情，或批判封建统治的黑暗，或反映劳动人民的苦难，或描绘自然的美景。

5. D 【解析】《促织》是清代作家蒲松龄的作品，出自《聊斋志异》。

6. B 【解析】先是元宵之夜，女儿英莲被拐走，然后三月十五葫芦庙失火，甄家被烧毁。

7. B 【解析】“尔曹身与名俱灭，不废江河万古流”出自杜甫《戏为六绝句》，意思是：王、杨、卢、骆四位诗人的文体是当时的风尚，某些轻薄的人写文章讥笑他们，喋喋不休。而现在这些讥笑别人的人早已湮没无闻了；但四位诗人的诗却像长江大河万古长流一样流传久远，绝不因为你们的诽谤而受到什么影响。

8. D 【解析】①出自元曲作家马致远的《天净沙·秋思》，描写秋季；②出自唐代诗人岑参的《白雪歌送武判官归京》，描写冬季；③出自唐代诗人高骈的《山亭夏日》，描写夏季；④出自唐代诗人孟浩然的《春晓》，描写春季。按春夏秋冬排序为④③①②，故选 D。

9. D 【解析】契诃夫是 19 世纪末俄国伟大的批判现实主义作家，情趣隽永、文笔犀利的幽默讽刺大师，短篇小说之王。代表作有短篇小说《变色龙》《胖子和瘦子》《凡卡》《套中人》《小公务员之死》等。《复活》是列夫·托尔斯泰的作品。

10. A 【解析】《驴皮公主》是法国诗人夏尔·佩罗的童话作品。

11. C 【解析】欧·亨利善于描写美国社会尤其是纽约百姓的生活。他的作品构思新颖，语言诙谐，结局总使人“感到在情理之中，又在意料之外”；又因描写了众多的人物，富于生活情趣，被誉为“美国生活的幽默百科全书”。

12. A 【解析】《忏悔录》是法国启蒙思想家、哲学家、教育家、文学家卢梭在其晚年写成的自传，记

载了卢梭50多年的生活经历。

13. B 【解析】王维多才多艺,他把绘画的精髓带进诗歌的天地,以灵性的语言,生花的妙笔为我们描绘出一幅幅或浪漫、或空灵、或淡远的传神之作。苏轼评价:"味摩诘之诗,诗中有画;观摩诘之画,画中有诗。"

14. A 【解析】B项,席勒是德国作家,作品有《阴谋与爱情》和《欢乐颂》等;C项,茨威格是奥地利作家,作品有《全神贯注》《伟大的悲剧》等。D项,君特·格拉斯是德国作家,作品有小说《铁皮鼓》《猫与鼠》等。

15. B 【解析】"字字看来皆是血,十年辛苦不寻常"是胡适为《脂砚斋重评石头记》写序时,在扉页中的题句。"文不甚深,言不甚俗"是蒋大器在《三国志通俗演义序》中对其的称赞,评价历史演义雅俗共赏的风格。

16. A 【解析】选项B中《我的叔叔于勒》是法国作家莫泊桑的作品。选项C中鲁迅的《社戏》是短篇小说。选项D中《史记》是由司马迁撰写的中国第一部纪传体通史。

17. D 【解析】"八斗"是南朝诗人谢灵运称颂三国诗人曹植时用的比喻。他说:"天下才有一石,曹子建(曹植)独占八斗,我得一斗,天下共分一斗。"后来人们便用"才高八斗"比喻文才高超的人。

18. C 【解析】世界三大短篇小说家是:莫泊桑、契诃夫、欧·亨利。选项A、B、D三项正确,故排除。C项,屠格涅夫是19世纪俄国批判现实主义作家,主要作品有长篇小说《罗亭》《贵族之家》《前夜》《父与子》《处女地》,中篇小说《初恋》等。他不在世界三大短篇小说家之列。故选C项。

19. B 【解析】"元曲四大家"分别是:关汉卿、马致远、郑光祖和白朴。B项,高明,元末明初戏曲家,代表作《琵琶记》。高明并不在元曲四大家之列。

20. C 【解析】《等待戈多》是荒诞派文学的代表作,其作者贝克特出生于爱尔兰,后移居法国。

21. D 【解析】蒋防的《霍小玉传》描写了霍小玉悲剧的一生,被称为中唐传奇的压卷之作。

22. B 【解析】高适是边塞诗派的代表人物;孟浩然是田园诗派的代表人物。

23. C 【解析】不朽的战争艺术是指《孙子兵法》。《太公兵法》又称《六韬》,它是中国古典军事文化遗产的重要组成部分。

24. C 【解析】莎士比亚的四大悲剧包括《哈姆雷特》《奥赛罗》《李尔王》《麦克白》。C项,《罗密欧与朱丽叶》讲述的是主人公罗密欧与朱丽叶诚挚相爱,但因两家世代为仇而受到阻挠,最终共赴黄泉的故事,是莎士比亚创作的正剧。

25. D 【解析】诗句出自李白的《黄鹤楼送孟浩然之广陵》,这里的"故人"指的是孟浩然。故本题选D。

26. D 【解析】《荷马史诗》是欧洲文学史上最早的优秀文学巨著,它反映了古希腊史前时代的生活面貌,是研究希腊早期社会的重要文献。它独特精湛的艺术特色,对后世欧洲文学和世界文学的发展具有深远的影响。

27. C 【解析】"三顾茅庐"是长篇历史小说《三国演义》中的一个经典情节。"倒拔垂杨柳""景阳冈打虎"均出自长篇小说《水浒传》。"流水葬花"是长篇小说《红楼梦》中的情节。

28. C 【解析】《悲惨世界》发表于1862年,该作品表现了人与社会的冲突,写出了社会制度对人的摧残。在作者序中,雨果写道:"只要本世纪的三个问题——贫穷使男子潦倒,饥饿使妇女堕落,黑暗使儿童羸弱——还得不到解决;只要在某些地区还可能发生社会的毒害,换句话说,同时也是从更广的意义来说,只要这世界上还有愚昧和困苦,那么,和本书同一性质的作品都不会是无益的。"

29. D 【解析】《白雪公主》是格林兄弟通过搜集、整理民间文学,编辑成的《格林童话》中的一篇。

30. A 【解析】中国现代儿童文学的奠基之作是叶圣陶创作并发表于20世纪20年代初的童话《稻草人》和稍晚几年问世的冰心的书信体儿童散文《寄小读者》。张天翼的长篇童话《大林和小林》是30年代中国儿童文学的杰作;陈伯吹的《阿丽思小姐》、贺宜的《野小鬼》也发表于30年代;而张天翼的《宝葫芦的秘密》则发表于新中国成立以后。

31. B 【解析】约翰·纽伯瑞是18世纪的英国出版商,他相当重视儿童文学,并且出版了世界上第一本儿童小说《精品袖珍小书》;《汤姆·索亚历险记》是美国著名小说家马克·吐温的代表作之一,发表于1876年;《汤姆求学记》是托马斯·休斯的第一部作品,也是他最有影响的作品,出版于1857年;《七个淘气包》是澳大利亚儿童文学作家伊则尔·特纳的成名之作,发表于1893年。

32. C 【解析】鲁滨逊是西方文学中第一个理想化的新兴资产者形象,他表现了强烈的资产阶级进取精神和启蒙意识。

33. B 【解析】纽伯瑞奖是由儿童图书馆服务协会于1922年为纪念18世纪英国出版商约翰·纽伯瑞在儿童文学发展上做出的卓越贡献所设立的奖项,它是全世界最早的儿童文学奖。

34. C 【解析】莫里哀是法国人,代表作有《无病呻吟》《伪君子》《悭吝人》等。《李尔王》的作者是莎士比亚。

35. A 【解析】国际安徒生奖是由IBBY(国际儿童

读物联盟)于1956年开始设立的国际性文学奖,每两年一次,授予儿童图书作家和插图画家,以此奖励并感谢他们写出的好书。它是世界儿童图书创作者的最高荣誉,被称为"小诺贝尔文学奖"。

36. B 【解析】《稻草人》是中国第一本为儿童而写的童话集,1922年刊登于《儿童世界》杂志。作者叶圣陶也是中国现代童话创作的拓荒者。

37. C 【解析】"希腊三贤"即苏格拉底、柏拉图、亚里士多德。他们三人在古希腊文学、艺术、哲学领域做出的非凡贡献至今影响着世界范围内的文学艺术发展方向。故本题选C。

38. D 【解析】D项,"恸哭六军俱缟素,冲冠一怒为红颜"出自清代吴伟业的《圆圆曲》,是以吴三桂、陈圆圆的离合故事为主要内容的七言诗。

39. B 【解析】A项"无边落木萧萧下,不尽长江滚滚来"出自杜甫的《登高》;B项"孤帆远影碧空尽,唯见长江天际流"出自李白的《黄鹤楼送孟浩然之广陵》;C项"晴川历历汉阳树,芳草萋萋鹦鹉洲"出自崔颢的《黄鹤楼》;D项"衰兰送客咸阳道,天若有情天亦老"出自李贺的《金铜仙人辞汉歌》。故本题答案选B。

40. B 【解析】这个典故源自古希腊传说,讲的是狄奥尼修斯国王请他的朋友达摩克利斯赴宴,命其坐在用一根马鬃悬挂的一把寒光闪闪的利剑下。这个典故意指令人处于一种危机状态,"临绝地而不衰",或者随时有危机意识,心中敲起警钟等。"达摩克利斯"是大臣的名字,本题答案为B。

41. B 【解析】注释《春秋》的书,主要有左氏、公羊、谷梁三家,因此《左传》《公羊传》《谷梁传》被称为"春秋三传"。

42. B 【解析】《昆虫记》是法国昆虫学家法布尔创作的长篇生物学著作,共十卷。该作品是一部概括昆虫的种类、特征、习性的昆虫生物学著作。

43. D 【解析】吴承恩的《西游记》是我国著名的长篇章回体神魔小说,是古典文学中辉煌的神话作品,标志着浪漫主义文学的新高峰。

44. A 【解析】"文章合为时而著,歌诗合为事而作"出自唐代白居易的《与元九书》。

45. A 【解析】《鲁滨逊漂流记》是英国作家丹尼尔·笛福的一部小说;《纳尼亚传奇》是英国文学家刘易斯于1950年所创作的;《神秘岛》是法国科幻小说家儒勒·凡尔纳的作品。

46. D 【解析】《伊索寓言》是古希腊、古罗马时代流传下来的故事,经后人汇集,统归在伊索名下的寓言集,是世界文学史上流传最广的寓言故事集之一。其中比较著名的寓言有《农夫和蛇》《狐狸和葡萄》《蚊子和狮子》《农夫和他的孩子们》等。

47. B 【解析】"双鬓多年作雪,寸心至死如丹"出自南宋诗人陆游的《感事六言》,大意是:我的头发早在多年以前就白了,但我的心却至死都是赤诚的。这两句诗表达了作者至死为国的忠诚。

48. C 【解析】《快乐王子》是英国唯美主义作家奥斯卡·王尔德最著名的童话作品;《木偶奇遇记》是意大利作家科洛迪的作品;《霍比特人》是指由彼得·杰克逊执导的三部奇幻史诗电影:《意外之旅》《史矛革之战》及《五军之战》,影片改编自J. R. R. 托尔金于1937年创作的同名奇幻作品。

49. D 【解析】《爱的教育》是意大利作家亚米契斯的作品,是一部著名的儿童文学作品,被认为是意大利人必读的十本小说之一,是世界文学史上经久不衰的名著,被各国公认为最富爱心和教育性的读物。

50. C 【解析】《堂吉诃德》塑造了一个神志不清、疯狂而可笑的,但又代表着高度的道德原则,拥有无畏精神,坚信正义,对爱情十分忠贞的人物形象。《天路历程》讲述的是基督徒历经艰难曲折、前往天堂的朝圣过程。《一千零一夜》是阿拉伯的民间故事集。《小癞子》讲述的是一个卑贱穷苦孩子的痛苦遭遇。

51. D 【解析】法国作家莫里哀在《悭吝人》中塑造的阿巴贡,俄国作家果戈理在《死魂灵》里塑造的泼留希金,英国作家莎士比亚在《威尼斯商人》中塑造的夏洛克,以及法国作家巴尔扎克在《欧也妮·葛朗台》中塑造的葛朗台,是西方文学史上最著名的四大吝啬鬼形象。《叶甫盖尼·奥涅金》是俄国诗人普希金撰写的长篇诗体小说,作品的主人公叶甫盖尼·奥涅金是俄国贵族青年。

52. B 【解析】《哈克贝利·费恩历险记》和《汤姆·索亚历险记》是马克·吐温以童年经历为题材写的两部儿童小说。《王子与贫儿》是马克·吐温以16世纪英国的社会为背景,讲述了衣衫褴褛的贫儿汤姆·康第与爱德华王子互换衣服后的传奇经历,以影射的方式批判了社会不公。《傻子国外旅行记》是马克·吐温的游记体长篇小说。《镀金时代》是马克·吐温与查尔斯·沃纳合写的长篇小说,运用现实主义的手法大胆揭露了美国南北战争以后,资本主义发展阶段的腐朽黑暗。

53. D 【解析】《爱丽丝漫游奇境记》是十九世纪英国作家刘易斯·卡洛尔创作的著名儿童文学作品。

54. A 【解析】张天翼是中国现代儿童文学的拓荒者之一,他的成名作《大林和小林》奠定了我国长篇童话创作的基础,和叶圣陶的《稻草人》共同被认为是"新文化运动以来的关于童话的两个时期的杰作"。

55. C 【解析】A项,《狂人日记》是鲁迅创作的第一

个短篇白话日记体小说，小说通过被迫害者“狂人”的形象以及“狂人”的自述式的描写，揭示了封建礼教的“吃人”本质，表现了作者对以封建礼教为主体内涵的中国封建文化的反抗。B项，《阿Q正传》是鲁迅创作的中篇小说，后收入小说集《呐喊》。该小说批判了当时中国社会的封建、保守、庸俗、腐败等社会特点，有力地揭示了旧中国人民的生活场景和其处在水深火热之中的病态。C项，《朝花夕拾》原名《旧事重提》，是鲁迅的散文集，多侧面地反映了作者鲁迅童年和青少年时期的生活，收录了《从百草园到三味书屋》《藤野先生》等。D项，《野草》是鲁迅创作的一部散文诗集，真实地记述了作者在新文化统一战线分化以后，继续战斗，却又感到孤独、寂寞，在彷徨中探索前进的思想感情。故选C。

56. D 【解析】题干中的诗句出自王士祯的《初春济南作》，描写了济南春晴、泉清和秀美的湖光山色。

57. C 【解析】“茕茕孑立，形影相吊”意为孤身一人，只有和自己的身影相互慰问。形容无依无靠，非常孤单。出自晋李密《陈情表》：“外无期功强近之亲，内无应门五尺之僮，茕茕孑立，形影相吊。”

58. C 【解析】《阿笨猫全传》的作者是冰波。

59. C 【解析】《活着》是余华的作品，《人生》的作者是路遥，《白鹿原》是陈忠实的代表作。

60. B 【解析】《宝葫芦的秘密》的作者是张天翼；《神笔马良》由我国著名儿童文学作家、理论家洪汛涛于20世纪50年代创作的童话故事；《黑猫警长》为动画作品，原作者为褚志祥。

61. C 【解析】A项出自李清照的《夏日绝句》；B项出自辛弃疾的《贺新郎》；D项出自辛弃疾的《青玉案·元夕》；C项出自苏轼的《蝶恋花·春景》。故选C。

62. A 【解析】老舍是中国现代小说家、著名作家，杰出的语言大师，新中国第一位获得“人民艺术家”称号的作家。他的代表作有《骆驼祥子》《四世同堂》《茶馆》等。

63. D 【解析】高士其是中国著名的科学家、科普作家和社会活动家，中国科普事业的先驱和奠基人。半个世纪以来，高士其在全身瘫痪的情况下，写下了数百万字的科学小品、科学童话故事和多种形式的科普文章，引导了一批又一批青少年走上了科学道路，代表作有《菌儿自传》以及脍炙人口的《人生七期》《人身三流》《细胞的不死精神》等，他被青少年亲切地称为“高士其爷爷”。

64. C 【解析】《简单的科学》是由英国的曼宁和格兰斯特洛姆夫妇编著的。它是一套专为幼儿阶段的小朋友创作的儿童科普读物。《世界上最脏最脏的科学书》是韩国的儿童科普类图画书；《神奇的校车》系列是美国最受欢迎的儿童自然科学图画书；《小小探索者百科全书》系列的作者是美国作家斯特拉德林。

65. B 【解析】20年经久不衰、全世界售出5000万册的法国国宝级童书《第一次发现》系列丛书，于2009年由接力出版社正式引进出版。该丛书自1989年在法国面世以来，已被翻译成英、德、日、希伯来等28种语言，在全球广受好评。

66. D 【解析】题干名句出自元代王实甫的《西厢记·长亭送别》。《西厢记·长亭送别》用元杂剧的形式讲述了崔莺莺十里长亭送张生进京赶考的别离场景。

67. D 【解析】醉打蒋门神出自《水浒传》。“三英战吕布”描述了刘备、关羽、张飞兄弟三人与猛将吕布的殊死战斗；“千里走单骑”则是关羽与刘备失散后，单人匹马护送刘备的两位夫人千里寻兄的故事；“大意失荆州”描述的是关羽镇守荆州时因出兵攻打曹操，被孙权乘虚而袭，导致荆州失陷的故事。

68. C 【解析】“忽如一夜春风来，千树万树梨花开”出自岑参的《白雪歌送武判官归京》，描写的是冬季雪景。

69. C 【解析】《追求》是茅盾创作的中篇小说，收录在中篇小说集《蚀》中。《家》是巴金创作的“激流三部曲”中的第一部。《平凡的世界》是路遥创作的一部全景式地展现中国当代城乡社会生活的百万字长篇小说。《朝花夕拾》原名《旧事重提》，是鲁迅的散文集。故答案选C项。

70. A 【解析】B项错误，《骆驼祥子》是长篇小说，《寒夜》的作者是巴金。C项错误，《平凡的世界》的作者是路遥。D项错误，《子夜》《林家铺子》《农村三部曲》的作者是茅盾。

专题五　艺术素养

单项选择题

答案速查

1～5	BCACB	6～10	CAAAB
11～15	BCAAB	16～20	DDACC
21～25	CDDAB	26～30	DACDB
31～35	ABCAD	36～40	BBBBB
41～45	DDCAD		

1. B 【解析】巴洛克时期是西方艺术史上的一个时代，这个时期出产的音乐作品就称为巴洛克音乐。这个时期的代表人物有：巴赫、维瓦尔第和亨德尔。其中，巴赫是“音乐之父”。

2. C 【解析】“初唐四大家”是指薛稷、褚遂良、欧阳询、虞世南。“楷书四大家”是指颜真卿、赵孟頫、

柳公权和欧阳询。因此,既是“初唐四大家”又是“楷书四大家”的是欧阳询。

3. A 【解析】《富春山居图》是元代画家黄公望的代表作。

4. C 【解析】戏班、剧团被称为“梨园”,A 项错误;京剧当中的“净”指男性角色,B 项错误;《梁山伯与祝英台》是越剧经典曲目之一,D 项错误。故本题选择 C。

5. B 【解析】法国巴黎埃菲尔铁塔、意大利比萨斜塔和中国的应县木塔共称为世界三大奇塔。

6. C 【解析】吴哥窟位于柬埔寨,是一座保存完好的石窟庙宇,以建筑宏伟与浮雕细致闻名于世,也是世界上最大的庙宇。吴哥窟是高棉古典建筑艺术的高峰。

7. A 【解析】《卖报歌》是音乐家聂耳创作于 20 世纪 30 年代的一首脍炙人口的儿童歌曲。

8. A 【解析】《洛神赋》又称《洛神赋十三行》,是王羲之第七子王献之的小楷书法代表作。字体“体势秀逸,笔致洒脱”,清朝杨宾认为其“字之秀劲圆润,行世小楷无出其右”。故本题选择 A。

9. A 【解析】题干诗句出自白居易的《琵琶行》,这句话是指琵琶弹奏出的动人的声音。

10. B 【解析】旦角是指戏曲中的女性形象,可分为青衣、花旦、刀马旦、武旦、老旦、花衫等类别。生行是扮演男性角色的一种行当,其中包括老生、小生、武生、红生、娃娃生。净行俗称花脸,又叫花面。一般都是扮演男性角色。净行可分为正净、副净、武净。末行扮演中年以上男子,多数挂须,又细分为老生、末、老外。

11. B 【解析】《阳关三叠》又名《阳关曲》《渭城曲》,是根据唐代诗人王维的七言绝句《送元二使安西》谱写的一首著名的艺术歌曲,目前所见的是一首古琴曲。

12. C 【解析】京剧四大名旦是指梅兰芳、尚小云、荀慧生、程砚秋。周信芳是中国京剧表演艺术家,京剧麒派艺术创始人。

13. A 【解析】《穆桂英挂帅》《花木兰》《朝阳沟》为豫剧的代表性曲目。

14. A 【解析】“现代主义建筑的最后大师”、1983 年普利兹克奖得主华裔建筑师贝聿铭先生于 2019 年 5 月 16 日去世。他的代表作品有:东海大学路思义教堂、香港中银大厦、北京香山饭店、日本美秀美术馆、苏州博物馆新馆、卢浮宫金字塔等。悉尼歌剧院由丹麦建筑师约恩·伍重设计。

15. B 【解析】经过长期的发展演变,中国的戏曲逐步形成了以“京剧、越剧、黄梅戏、评剧、豫剧”五大戏曲剧种为核心的中华戏曲百花苑。

16. D 【解析】《第九交响曲》是贝多芬音乐创作生涯的最高峰和总结,他通过这部作品表达了人类寻求自由的意志,并坚信人类必将获得欢乐和团结友爱。

17. D 【解析】东晋书法家王羲之撰写的《兰亭集序》,其文书法具有极高的艺术价值,被称为“天下第一行书”。

18. A 【解析】霍去病墓石雕是西汉大型石雕中的代表作。霍去病墓石雕的手法采用因材施雕的技巧,代表性的石雕有马踏匈奴、伏虎、跃马等。

19. C 【解析】秦始皇灭六国后,把小篆作为全国通用文字。

20. C 【解析】巴洛克建筑是 17、18 世纪在意大利文艺复兴建筑基础上发展起来的一种建筑和装饰风格。它的特点是外形自由,追求动态,喜好富丽的装饰和雕刻,强烈的色彩,常用穿插的曲面和椭圆形空间。意大利文艺复兴晚期著名建筑师和建筑理论家维尼奥拉设计的罗马耶稣会教堂是由手法主义向巴洛克风格过渡的代表作,也有人称之为第一座巴洛克建筑。故选 C。

21. C 【解析】题干诗句出自唐代杜甫的《丽人行》,意思是三月三日天气晴朗,长安的曲江边有许多美丽的女人来游春。作品《虢国夫人游春图》描写的就是虢国夫人和秦国夫人两姐妹三月三日游春的场面,与杜甫的《丽人行》相对应。

22. D 【解析】芦笙是苗族最具有代表性的乐器。

23. D 【解析】《宝莲灯》根据同名中国神话改编,讲述了沉香历尽艰辛拜师学艺,最终通过宝莲灯打败舅舅二郎神救出母亲的故事。图片中的人物是 1999 年的动画《宝莲灯》的人物。

24. A 【解析】东吴的曹不兴被称为“佛画之祖”。他的画被列为吴中“八绝”之一。

25. B 【解析】题中的画是北宋画家张择端的《清明上河图》,描绘的是北宋都城汴京(今河南开封)清明时节的繁荣景象。

26. D 【解析】昆曲、剪纸、京剧分别于 2001 年、2009 年、2010 年被列入人类非物质文化遗产名录。秦腔是我国西北地区最古老的戏剧之一,流行于陕西、甘肃、青海、宁夏、新疆等地。秦腔于 2006 年 5 月 20 日,经国务院批准列入第一批国家级非物质文化遗产名录。

27. A 【解析】花儿剧主要流行于宁夏回族自治区的西海固地区和银川市地区,是一种集歌、舞、剧为一体的综合性舞台戏剧。

28. C 【解析】《红高粱》于 1988 年获第三十八届西柏林国际电影节最佳故事片“金熊奖”,是我国大陆第一部获得此奖的作品。

29. D 【解析】《黄河大合唱》由光未然作词、冼星海作曲。它是冼星海创作的最重要的也是影响力最大的一部大型合唱声乐套曲。

30. B 【解析】王家大院作为中国清代民居的集大成者,由历史上灵石县四大家族之一的太原王氏后裔静升王家于清康熙、雍正、乾隆、嘉庆年间所

建,建筑规模宏大,被誉为“华夏民居第一宅”“中国民间故宫”和“山西的紫禁城”。

31. A 【解析】我国存世最早最完整的国画作品是顾恺之的《女史箴图》。故本题选择A选项。

32. B 【解析】《玄秘塔碑》是唐代裴休撰文,柳公权书写而成的一部楷书作品。此碑用笔劲健,结构严谨而疏朗,章法上行间茂密,是唐楷的代表作之一。

33. C 【解析】丰子恺是中国著名的漫画家,他的作品大多取材于儿童生活、街头景象和古诗词意,风格平淡,代表作品有《白鹅》《活着本来单纯》等。

34. A 【解析】八音是中国古代对乐器的统称,通常为金、石、丝、竹、匏、土、革、木八种不同材料所制。三弦为八音中的丝类乐器,ABCD四个选项均有三弦,故可判断A项正确。

35. D 【解析】洛可可风格的基本特点是纤弱娇媚、华丽精巧、甜腻温柔、纷繁琐细。

36. B 【解析】瘦金体是宋徽宗赵佶所创的一种字体,是书法史上极具个性的一种书体,代表作有《楷书千字文》等。

37. B 【解析】《富春山居图》以浙江富春江为背景,画面用墨淡雅,山和水的布置疏密得当,墨色浓淡干湿并用,极富于变化。前半卷现藏于浙江省博物馆,后半卷现藏于台北故宫博物院。

38. B 【解析】《呐喊》是挪威画家爱德华·蒙克于1893年创作的绘画作品。《掷铁饼者》的创作者是古希腊雕刻家米隆;《思想者》的创作者是法国雕塑家罗丹;《米洛斯的维纳斯》是古希腊雕刻家阿历山德罗斯的作品。

39. B 【解析】花旦,多为年轻活泼的小家碧玉或丫鬟;正旦,又叫青衣,多为端庄稳重的中青年妇女;彩旦是戏曲中扮演女性的丑角;刀马旦,多为女将或女元帅。

40. B 【解析】古琴是我国的一种传统弹拨乐器,又称瑶琴、玉琴、七弦琴,属于八音中的丝。《流水》是著名的古琴曲。

41. D 【解析】昆曲是我国最古老的剧种,被誉为“中国戏曲之母”。昆曲糅合了唱念做打、舞蹈及武术等,以曲词典雅、行腔婉转、表演细腻著称。2008年昆曲被纳入《人类非物质文化遗产代表作名录》。

42. D 【解析】京剧中的黑色脸谱表现人物刚烈、正直、勇猛甚至鲁莽,如“包公戏”里的包拯、“三国戏”里的张飞和“水浒戏”里的李逵。

43. C 【解析】南戏是古典地方戏的一种,南宋初年形成于浙江温州一带,用南曲演唱,也称戏文、永嘉杂剧、温州杂剧、南曲戏文。南戏是中国戏曲最早的成熟形式,直接影响明代传奇,代表作有《琵琶记》《荆钗记》《白兔记》《杀狗记》等。南戏的出现标志着我国戏剧进入成熟阶段。

44. A 【解析】约翰·塞巴斯蒂安·巴赫是巴洛克时期的德国作曲家,杰出的管风琴、小提琴、大键琴演奏家,被普遍认为是音乐史上最重要的作曲家之一,并被尊称为“西方近代音乐之父”,也是西方文化史上最重要的人物之一。

45. D 【解析】唐代是敦煌莫高窟彩塑发展的顶峰,这一时期的莫高窟彩塑不仅能表现大型佛像,更善于表现与真人等大的群像,代表作品为第45窟彩塑。

第五章　基本能力

经典真题回顾

一、单项选择题

答案速查

1～5	BBCBA	6～10	CACAD
11～15	BDABC	16～22	DCBDDCA

1. B 【解析】本题考查IP地址的定义。Internet为联网的每一台计算机或每一个网络设备都分配了唯一一个可以互相通信的地址,即IP地址。故本题选B。

2. B 【解析】本题考查Word的基本操作。题干中的功能图标表示分散对齐。

3. C 【解析】本题考查Word的基本操作。在Word操作中,页眉中不能插入分页符。

4. B 【解析】本题考查Word的基本操作。Word多文档窗口可以将一个窗口拆分为两个文档窗口,A项说法正确;Word可以同时打开多个文档进行编辑,每个文档都会有一个窗口,C项说法正确;剪切、粘贴和复制可以在多个文档间进行,D项说法正确;B项,多文档窗口操作时,文档编辑工作结束后无需全部存盘再关闭,可直接单个存储、关闭。故B项错误。

5. A 【解析】本题考查Excel的操作。在Excel中,单元格的名称是由列标和行号来表示的,列标在前,行号在后。大写英文字母是列标,“D”表示第四列;数字是行号,“5”表示第五行。

6. C 【解析】本题考查PowerPoint的基本操作。在PowerPoint中,新建一个演示文稿时,第一张幻灯片的默认版式是标题幻灯片,故本题选C。

7. A 【解析】本题考查PowerPoint的工作界面。排练计时功能可模拟演示文稿的放映过程,自动记录每张幻灯片的放映时间。设置完成后,在幻灯片浏览视图下,每张幻灯片下方将显示录制时间。

故排练计时功能可以帮助李老师在制作幻灯片时把握讲解时间。

8. C 【解析】本题考查 PowerPoint 的工作界面。在 PowerPoint 中,图表可以设置动画效果,故 C 项错误。

9. A 【解析】本题考查智力推理。由“小王比小赵年龄大,小李比弹古筝的年龄小”可以推出以下两种情况:(1)小王年龄最大,小赵比小李年龄大,小赵弹古筝;(2)小王年龄最大,小王弹古筝,小赵和小李的年龄不确定。再有“拉小提琴的年龄最大”可以推翻第二种情况,即第一种情况可以确定:小王拉小提琴,小赵弹古筝,小李拉二胡。故本题选择 A。

10. D 【解析】本题考查类比推理。三角形与几何图形的关系是包含关系,D 选项中梯形属于四边形,也是包含关系。

11. B 【解析】本题考查类比推理。题干中医生和护士是全异关系,且都属于同一行业。A 项军人和军医是包含关系;C 项校长和教师是交叉关系;D 项法警和警察是包含关系。B 项教授和助教是全异关系,且都属于同一行业。故选 B。

12. D 【解析】本题考查图形推理。题干给出的三个图形都由形状相同、大小不同的两个图形组成并且有两条边重合,故选项中只有 D 项符合。

13. A 【解析】本题考查数字推理。$50\times2-10=90$;$90\times2-10=170$;$170\times2-10=330$;$330\times2-10=650$。因此,空缺处填入的数字应为 330。

14. B 【解析】本题考查数字推理。由题干数列可知,$(2\times4)+4=12$,$(4\times12)+4=52$,$(12\times52)+4=628$,$(52\times628)+4=32660$,因此空缺处数字为 628。故选 B。

15. C 【解析】本题考查 Word 的基本操作。选中文字后,连续单击两次工具条中的“I”按钮,操作结果是文字保持原有格式。故本题选择 C 选项。

16. D 【解析】本题考查 PowerPoint 的基本操作。在幻灯片浏览视图下,在多张幻灯片中选定一张并拖动,可以实现移动此张幻灯片。

17. C 【解析】本题考查类比推理。学术著作和探险小说是全异关系,A、B、D 选项是包含关系,只有 C 选项是全异关系。

18. B 【解析】本题考查图形推理。题中图片的规律为:大图形与其包含的小图形形状一致,且三个图形都是独立完整的。故本题选择 B 选项。

19. D 【解析】本题考查文字处理软件 Word。在文字中插入图片,常用的文字环绕方式有嵌入型、四周型、紧密型、衬于文字下方、浮于文字上方等。其中衬于文字下方是指文字排列不受图片、剪贴画、图形或艺术字的影响,仍然以原来的方式排列,只是图片、剪贴画或艺术字衬在文字下方。故本题选择 D 选项。

20. D 【解析】本题考查电子表格软件 Excel。在 Excel 表格中,输入以“0”开头的数字字符串时需在表格中输入英文状态下的单引号'。

21. C 【解析】本题考查类比推理。首饰和镯子是包含关系,镯子属于首饰的一种。A 选项轮胎是汽车的一个组成部件,故 A 选项错误;B 选项石窟是起源于印度的一种佛教建筑形式,石雕是一种艺术形式,与题干逻辑关系不符;C 选项玉石和翡翠是包含关系,翡翠是玉石的一种;D 选项摆件和胸针是全异关系。故本题选择 C 选项。

22. A 【解析】本题考查图形推理。题中图片的规律为:大图形与小图形相同并且相切,故本题选择 A 选项。

二、材料分析题(参考答案)

1. (1)①急功近利的心态是导致文化浮躁的重要原因。我国正处于社会大变革中,但相较于经济领域的影响,文化的进步却较为缓慢,在当下这个以“快”为不变节奏的社会生活中,当改革的现实进程与人们的心理预期形成反差时,焦虑、浮躁的文化心态便随之出现。

②信仰危机是社会浮躁的根源,而文化浮躁,实际上也是文化精神支柱缺失的“躁动而浮”。

③改革开放以来西方文化的强势影响加剧了我国的文化震荡,这种文化落差催生了国人的浮躁心态。

(2)①有助于保持文化生活的真善美,发挥文化对社会的积极推动力量。真正的文化应该对社会生活的基本价值和秩序有所坚持,作为世代累积沉淀下来的文化习惯和文化信念,理应渗透于百姓的生活实践中,成为社会发展进步的稳定性要素。

②有助于夯实全民族的信仰根基,强化民族凝聚力。信仰危机是社会浮躁的根源,而文化浮躁,实际上也是文化精神支柱缺失的“躁动而浮”。抑制文化浮躁,强化信仰,可以让人的心灵有所皈依,强化民族的奋发自强精神。

③有助于找到民族文化的“自我”,增强民族文化自信心。改革开放以来西方文化的强势影响挫伤了我们对民族文化的自信心,甚至出现了文化的价值迷失,现在,我国综合国力大幅度提升,抑制文化浮躁有助于涵养我们的文化元气,培养民族文化自信。

④全社会共同努力抑制文化浮躁,有利于营造良好的社会氛围,激发每个人的创造力和想象力,让整个社会凝聚共识,更加从容与自信地走向未来。

2. (1)哲学的根本特征在于它是思想的一种“元”思想,“元”的意思是思想观念后面所进行的“更进一步”的反思性思想或者奠基性思想;哲学怀着“平常心”,有着“异常思”。思考的虽然是一些很平常很普通的问题,但是思考角度和方式超凡脱俗、异乎寻常。

(2)哲学的用处如下:①哲学让人见到思想的世面,让人的思想变得大气而不小气;②人类思想总是自然而然地产生出哲学问题,当思想深入到一定的层次,哲学就成为必需的。哲学使人们的思想更健全;③哲学使我们对思想观念进行“更进一步的研究”,通过这些研究可判断思想观念的意义和价值,好知道该不该相信这些思想观念;④哲学是面向思想本身的,是思想对思想自身的解释,是一切思想的思想,哲学可为一切重要观念的合理性给出证明;⑤哲学的方法使人们获得超出知识范围的智慧,这些智慧改变着、塑造着人类的整个思想风格和结构;⑥哲学往往以某种与普通思想不同的方式重新思考问题,能开拓更多的思想可能性。

3. (1)文章中画线句子的“看”不是指感官即视觉意义上的“看”,而是伽利略在通过望远镜观察木星的结果上,通过类比、想象与思考,获得的认知上的飞跃,从而用以解释自己所观察到的现象。

(2)伽利略的发现与小孩子对玩具车和卡车所作的归类之间的相同之处在于:都是由小的物体想象大的物体,通过熟悉的物体去了解不熟悉的物体。

两者之间的不同之处在于:小孩子对玩具车和卡车所作的归类与联系是小型认知飞跃,而伽利略的发现是复杂认知飞跃。

三、写作题

1.【写作思路】本道作文题目分为两则材料。第一则材料的意思是想要把荷花画好需要静坐在荷花旁欣赏,看荷花在风中、雨中的样子,看一年四季中荷的变化。长时间的观察之后,心里自然就有了完整的荷花,自己融入其中,画荷自然生动。第二则材料的意思是画竹必须心里有完整的竹子,提起笔能看到想要画的竹,快速地捕捉看到的形象,付诸实践,才能将竹子画好。综合分析两则材料,可以得出以下立意:打好基础,胸有成竹;循序渐进,静待花开;做事之前做好充分的准备;等等。

【参考范文】

打好基础,胸有成竹

画荷,把春夏秋冬四季的荷、风霜雨雪各时的荷看在眼里,记在心中,物我合一,铺开纸,自然满眼荷花;画竹,把从初生时的嫩芽到长出的竹笋,再到节叶俱全的竹子看在眼里,画成于心,提起笔,自然胸有成竹。做事也是如此,只有脚踏实地,打好了基础,做好了准备,每个环节都牢记于心,才能获得成功。

基础是根,根深才能叶茂。华罗庚曾经说过:“科学的灵感,决不是坐等可以等来的。如果说,科学上的发现有什么偶然的机遇的话,那么这种‘偶然的机遇’只能给那些学有素养的人,给那些善于独立思考的人,给那些具有锲而不舍精神的人,而不会给懒汉。”李时珍花了近三十年的功夫,以毕生精力,亲历实践,广收博采,才完成中国医药学的巨著《本草纲目》;左思花费了十多年的时间,在家门口、庭院里、厕所里都摆放着纸笔,偶尔想出一句,就马上记录下来,这才有了造成“洛阳纸贵”的《三都赋》;曹雪芹“批阅十载,增删五次”,不管自身处境如何艰难始终笔耕不辍,这才有了古代名著《红楼梦》。做好一件事,需要长期不懈的坚持,如果中途放弃,就不能夯实基础,中途出现的意外情况随时会将半途而废者击垮,只有持之以恒的人才能看到最后的美丽风景。

基础是水,水深才能载舟。庄子在《逍遥游》中曾说过“水之积也不厚,则其负大舟也无力”,“水浅”的结果就是连一个杯子都无法承载。牛顿和苹果的故事大家都知道,但在之前漫长的时光里难道只有牛顿看见苹果落地吗?当然不是。但只有牛顿发现了万有引力定律。如果他对物理一无所知,自然也就不会思考这件事背后的意义。马克思为了完成《资本论》,阅读了大量的书籍,留下了上百本读书笔记,他几乎掌握欧洲所有国家的语言,知识最大程度的积累让他发现了历史发展的密码。“杂交水稻之父”袁隆平先生一生都在农田里奋斗,做了成千上万次杂交水稻试验,对水稻的相关知识了如指掌,对每一个试验过程都了然于心,有这些作为基础,他才能在杂交水稻领域获得成功。打好基础,才能有万全的准备,才能发现知识的宝藏。

打好基础,就不会害怕试卷上以各种形式出现的难题;打好基础,就不会害怕工作上意外出现的各种情况。做好充足的准备,这些所谓的困难就会成为你前进路上的垫脚石,化为你知识的一部分。打好基础,胸有成竹,有了然于心的淡定,信手拈来的从容,自然不惧怕人生路上的任何挑战。

2.【写作思路】材料中,戏班子通过采用新颖的宣传方式让梅兰芳先生成功入驻大上海,说明新颖的创意可为生活增光添彩。因此可从创新的角度展开论述,如“求新求变”“出奇制胜”“创新求胜”等。其次,梅兰芳先生之所以能一唱走红,归根结底还是因为他有扎实的功底,能够抓住生活中的机遇。因此,考生也可从把握机遇的角度来写,“机会属于有准备的人”“珍惜机遇,迎接挑战”等。

【参考范文】

中华魂——创新

即使是唱功绝佳、誉满京华的梅兰芳先生想在上海立足,也需要在广告上做文章,也需要有创新之举。更何况普普通通的我们呢?“苟日新,日日新,又日新。”不日新者必日退,今天的中国人民要实现中华民族伟大复兴的中国梦,就需要创新

驱动和创新发展。唯有如此,中华儿女才能傲立于时代潮头!

万户曾尝试坐在木椅之上,利用自制火箭飞上天空,虽败犹荣。“东方红一号”成功发射后,历经四十个年头,我国又用“玉兔”月球车入住“广寒宫”的方式向世界宣告“嫦娥三号”任务的圆满完成,这使我国成为继苏、美之后第三个实现月面软着陆的国家。此次任务是我国航天领域迄今为止最复杂、难度最大的任务之一,但也是货真价实、名副其实的中国创造。取得这样的成功,最根本的原因就是中国航天始终坚持走自力更生、自主创新的正确道路。

“蛟龙号”潜水器创造了世界同类型潜水器最大下潜深度记录;清华大学研究团队观测到“量子反常霍尔效应”现象——被杨振宁誉为“诺贝尔奖级的发现”;清华大学、香港大学和中国科学院三方合作完成了艾滋病病毒感染黏膜疫苗临床研究,开启了预防艾滋病的“攀登珠峰之路”……

此之谓:科技创新是复兴路上的基石。

十八大以来,中国传统文化在进行着创造性转化和创新性发展。十八大创造性地提出了倡导富强、民主、文明、和谐,倡导自由、平等、公正、法治,倡导爱国、敬业、诚信、友善的社会主义核心价值观。在现如今,社会主义核心价值观已经渗透到了教材和课堂,使价值观的种子在少年儿童心中生根发芽。

豫剧宗师——常香玉,在豫剧演出中吸收河北梆子、京剧的唱腔,大胆创新,开创“常派”风格,为豫剧的繁荣做出了杰出贡献;山东省文化共享工程创新运行应用模式,在山东省基层公共文化服务领域广泛推行;大型歌舞集锦《云南映象》将云南原创乡土歌舞与民族舞重新整合,充满古朴与新意,再创神话般浓郁的云南民族风情。

此之谓:文化创新是兴国之魂。

当今的中国比历史上任何一个时期距实现中华民族伟大复兴的中国梦都要近。在改革创新的时代浪潮中,我们应成为走在时代前列的奋进者和勇立潮头的开拓者。正如习近平主席所说,创新是中华民族最鲜明的民族禀赋!

3.【写作思路】材料中老板每卖出一双鞋子就捐赠一双给贫困地区的孩子,这一善举感动了其他人,致使大家都来买他的鞋子,他的订单也越来越多。无论是材料中的老板,或是买鞋子的其他人,都是善良的化身,他们在满足自己需求的同时也在帮助别人。故考生可从“善良”“利人与利己”这些角度出发进行立意。

除此之外,材料中老板的事迹本来不为人知,但经过报社的报道众人才得知老板的善举,从而使老板的生意有所起色,可见正能量也需要社会宣传才能发挥应有的效用。作为教师,也应善于发现生活中的“美”,向学生传播社会正能量。考生也可从这一角度出发进行论述。总之,教育写作立意比较灵活,考生言之有理即可。

【参考范文】

利人与利己

中国古人说:“与人方便,就是与己方便。”这是非常朴素的道理。在浩瀚的海洋中,成群的小鱼和石斑鱼也懂得互利互助,小鱼因为跟在石斑鱼后面获得了保护,石斑鱼因为有小鱼替它刷牙,消除了身上的细菌;在夜间驾车时,将刺眼的远光灯换成柔和的近光灯,不仅为他人着想,也为自己消除了安全隐患。这些事例都在告诉我们一个道理:利己与利人并不矛盾。

布鞋品牌老板在做公益的同时,为自己赢得了发展的空间,让每一个买鞋的人都觉得自己买的并不仅仅是一双鞋,还送出了自己的一份爱心,利己的同时也在利人。生命就像是一种回声,你送出什么它就送回什么,你播种什么就收获什么,你给予什么就得到什么。只要你付出了,就会有收获。你对别人微笑,别人就会对你报以微笑;你帮助别人,别人也会帮助你。在生活中,我们要向布鞋品牌老板学习,做事既利人又利己。

智者懂得在利己的同时利人。在历史的长河中,有许多这样的事例,它们都生动诠释了利人与利己的概念。战国四君子之一的孟尝君用尽全部家财供养门客,在他危难之时,门客穷尽鸡鸣狗盗之术,帮助他脱困。汉朝开国皇帝刘邦礼贤下士,在众人的帮助下击败项羽,开创了大汉王朝数百年的基业。凡事以利人为先,方能达到人和,别人才会利己,自己才能成就人生大业。但小人利己却损人。秦桧为了私权,玩弄权术,以“莫须有”的罪名陷害岳飞,借皇帝之手拔掉了自己的眼中钉,小人只知利己损人,结果千百年来,他在岳飞的墓前,遭万人唾弃!为什么孟尝君能脱困,刘邦能开创大业,而秦桧却遭人唾弃?究其本质,区别在于他们以利己为先还是以利人为先。当今社会,凡事顾及别人,才有生存之道。在分工十分细化的社会,大家都是坐在同一条船上的人,只要任何一个环节出错,受损失的将是整船人。

除此之外,在与大自然共处时,我们人类也要做智者,在发展经济的同时保护好自然环境,实施可持续发展战略。这样才能和自然和谐共处,才能使人类得到长久发展。

利己与利人并不是对立的,它们可以统一起来,让我们学做智者,在利己的同时利人。让我们一起奔跑在绿茵场上,互利互助,携手同行,一起成长。

4.【写作思路】通过材料,我们可以得到以下立意:从中国传统文化宝库中汲取营养,增强文化自信;传承中华文化;文化传播方式需要创新;文化自信对

一个国家、一个民族的重要性;等等。考生可以从什么是文化自信,文化自信从何而来,为什么要有文化自信,如何培养文化自信等角度展开论述,论述要有深度,不可浮于表面夸夸其谈,要言之有理、言之有据,适当引用中国古典诗词能增加文章文化底蕴。

【参考范文】

以传统为基,融创新之华

《中国诗词大会》以经典诗词为切入点,从诗经楚辞、唐诗宋词到近现代诗词、毛泽东诗词,汲取中华民族生生不息、发展壮大的丰厚滋养;以春风化雨、润物无声的方式,体现了对中华优秀传统文化、革命文化和社会主义先进文化的传承弘扬。《中国诗词大会》之所以能得到广大观众的喜爱,就是因为其顺应了时代的需要,满足了人们的精神文化需要,并能够通过创新的形式让中国传统文化焕发新生命。

正如陶行知说:“处处是创造之地,天天是创造之时,人人是创造之人。”优秀的传统文化需要我们代代相传,更需要我们创造性地传承。中国是诗的国度,传统文化的诗意滋养着我们的心灵,而《中国诗词大会》唤醒了深藏在每一个国人心中的诗情,让我们在这个快节奏的当代生活中有了寻找诗和远方的憧憬,有了一段温暖而惬意的闲暇时光。它以弘扬传统文化为宗旨,在众多参差不齐的综艺节目中脱颖而出,靠的不是噱头,而是对中国传统文化的创新与传承。

传统与创新两者密切相关、相辅相成,弃传统而盲目地追求时尚与创新,或一味地固守传统而缺乏创新都是极端错误的。只有以传统为基,融创新之精华,在继承传统的基础上进行创新,才会得到令人满意的效果。

在当前国际形势下,我们面临强烈的外来文化冲击,文化传承似乎进入瓶颈,人们在传统文化与外来文化间摇摆不定,在一片混沌中不知该何去何从。但正如齐白石先生所讲:“学我者生,似我者死。”我们不能一味地继承,在继承优秀传统文化的同时,也应加以创新,这样才能有所进步。想当初,我们崇尚的是“学好数理化,走遍天下都不怕”,后来猛攻外语,再后来狂学经济学,MBA泛滥成灾。我们做事太过一窝蜂,行事飘忽不定。这是因为我们缺乏文化根基的巩固,而盲目学习外来文化。因此,我们只有在吃透自身文化的同时,吸收外国先进文化,从而在新时期建立中国的新文化,才能创造出符合当今乃至以后的中国发展的先进文化。

甘地说过:“我希望世界各地的文化之风都能尽情地吹到我的家园,但是我不能让它把我连根带走。”巩固本国文化之基,吸收外来先进文化,我们中国的文化之路才能越走越远!

过关必刷题库

专题一　信息处理能力

单项选择题

答案速查

1~5	DDADA	6~10	ADCAC
11~15	CDAAD	16~20	BCBDD
21~25	BCDDC	26~30	ABDBB
31~35	CADBB	36~40	ADBAC
41~45	DCACB	46~50	ADCDB
51~55	CDCAB	56~60	BDABB

1. D 【**解析**】计算机软件系统包括系统软件和应用软件。题干中描述的单位使用的专门办公自动软件是应用软件。

2. D 【**解析**】Word功能区中的灰色命令表示该命令当前不可用。

3. A 【**解析**】在Word中,选择“另存为”命令后,一般是把文件换名存盘。

4. D 【**解析**】在Word中,单击图片后,进入图片工具,选择“排列”命令中的“上移一层”,即可将下层的图片移至上层。

5. A 【**解析**】Ctrl + S是保存功能,Ctrl + V是粘贴功能,Ctrl + X是剪切功能,Ctrl + W是关闭功能。

6. A 【**解析**】在Word中,选择“文件”菜单下的“另存为”命令,弹出“另存为”对话框,在“保存类型”下拉列表框中可以选择要另存的文件类型。Word文档可以另存为txt文本文件、xml文档、单个文件网页、网页、dot文档模板等。

7. D 【**解析**】在Word中,文字有五种对齐方式,分别是左对齐、右对齐、居中对齐、两端对齐和分散对齐。A项表示居中对齐,B项表示分散对齐,C项表示右对齐,D项表示两端对齐。

8. C 【**解析**】当用户在编辑文本时,如果对以前所进行的操作不满意,可以单击快速访问工具栏上的“撤消”按钮或者组合键【Ctrl + Z】恢复到操作前的状态。撤消可以取消用户的失误操作,恢复原来的内容。

9. A 【**解析**】在Windows中,文件名最长可以使用255个字符,A错误。在Windows操作系统中,文件命名可以使用扩展名,也可以使用多个分隔符的扩展名,但其文件类型由最后的扩展名决定,B正确。在Windows操作系统中,文件命名不允许使用*、\、/等符号,C正确。在Windows操作系统中,一个文件夹里不能有名字相同的文件,D正确。

10. C 【**解析**】Word有插入和改写两种录入状态。

在“插入”状态下,键入的文本将插入到当前光标所在位置,光标后面的文字将按顺序后移;而在“改写”状态下,键入的文本将把光标后的文字替换掉,其余的文字位置不改变。

11. C 【解析】Word 编辑不了,显示“不允许修改,因为所选内容已被锁定”,是因为启用了保护限制编辑,关闭文档保护即可自由编辑。

12. D 【解析】四周型环绕是指文字在图片方形边界框四周环绕,图片具有浮动性,可以在文档中自由移动。本题图片中的文字环绕方式是四周型。

13. A 【解析】在 Word 中,绘制的图形、自选图形、艺术字和图表都被当作是图片对象。

14. A 【解析】Word 在打印已经编辑好的文档之前,可以在“文件”选项卡下的“打印”命令中查看整篇文档的排版效果。

15. D 【解析】在 Word 中,插入的图片有嵌入型、四周型、紧密型、穿越型、上下型、衬于文字下方和浮于文字上方等文字环绕方式,默认的环绕方式是嵌入型。衬于文字下方则是将图片作为背景显示在文字的下方,不影响文字的格式和排版。

16. B 【解析】文字下方的红色波浪线表示可能为拼写和语法错误。

17. C 【解析】Word 的“文件”选项卡下会显示的是最近使用过的 Word 文档。

18. B 【解析】在 Word 中需要绘制图形时,切换到“插入”选项卡,然后单击“插图”组中的“形状”按钮,在弹出的下拉列表中选择需要的绘图工具。

19. D 【解析】在单击“格式刷”时,只可一次复制;双击“格式刷”,则可多次复制。

20. D 【解析】在 Word 中,文本和表可以相互转化,D 项正确。

21. B 【解析】选项 B 单击“插入”→“对象”→“由文件创建”可将另一文档的内容全部添加在当前文件光标处;选项 C 是打开一个文档;选项 D 是作为超链接插入,不是内容插入,故本题选择 B 选项。

22. C 【解析】在 Word 中单击图片后,进入“图片工具”,然后单击“排列”命令下的“自动换行”按钮,在弹出的下拉列表中选择“衬与文字下方”,图片即形成水印效果。

23. D 【解析】用样式给文档各级标题排版,能使页面更加整齐和美观。

24. D 【解析】在 Word 表格的单元格中既可以输入文本,又可以输入图片和符号。

25. C 【解析】Word 文档打印时,若要打印连续的若干页,可以只给出起始页码和终止页码,之间用短横线连接。若要打印不连续的若干页,给出要打印的页码,各页码之间用半角的逗号隔开。故题目表示打印的是第 8 页至第 15 页,第 25 页和第 60 页。

26. A 【解析】在 Word 中,在“页面布局”选项卡里单击“段落”,可在下拉选项里调整行间距。

27. B 【解析】在 Excel 中,单元格区域的表示方法是由左上角单元格和右下角单元格的单元格地址,中间用英文冒号连接表示,如 A1:C5,B3:E10 等,以单元格 C5、N5、C8、N8 为顶点的单元格区域应表示为 C5:N8。

28. D 【解析】在 Excel 中,使用“Ctrl + 鼠标操作”可以选定不连续的多个单元格。使用“Shift + 鼠标操作”可以选定连续的多个单元格。在 Excel 数据表中只有一个活动单元格。

29. B 【解析】Excel 中,筛选条件之间是“和”的关系,筛选结果要同时满足所有条件。因此,利用条件“数学 >70”与“总分 >350”对考生成绩数据表进行筛选后,显示的结果是所有数学 >70 并且总分 >350 的记录。

30. B 【解析】在 Excel 中,输入公式前必须先输入“=”。

31. C 【解析】在单元格中既可以保存数据常量,也可以保存公式或函数。若单元格保存的是常量,则不管是否处于编辑状态,都显示常量本身;若保存的是公式或函数,则在编辑状态时显示公式或函数,而在非编辑(正常)状态时显示其值。

32. A 【解析】在 Excel 中,对数据源进行分类汇总之前,应先完成的操作是将数据清单进行排序。

33. D 【解析】在 Excel 中,对数据表进行排序时,在“排序”对话框中能够指定的排序关键字个数为任意个,也就是说,排序关键字的选取个数不受限制,根据实际需要而定。

34. B 【解析】“=AVERAGE(A1:B3)”表示单元格 A1、A2、A3、B1、B2、B3 单元格内数值相加后的平均值,即 C5 = (1 + 2 + 3 + 4 + 5 + 6)/6 = 3.5。

35. B 【解析】右击打开“单元格格式”对话框,选择“对齐”选项卡,选中“缩小字体填充”复选框,即可缩小单元格中的文字数据,使数据的宽度与列宽相同。

36. A 【解析】MAX 函数用于求一组数中的最大值。其中,当一组数中既有数字又有逻辑值时,逻辑值 true 代表 1,逻辑值 false 代表 0,因此最后的结果为 1,A 项正确。

37. D 【解析】用于求和的函数为 SUM,C 列表示员工的工资,8 名员工的工资在 2 ~ 9 行,则求和函数及参数为 SUM(C2:C9)。AVG(C2:C9)是指计算 C2 ~ C9 单元格内数值的算术平均值。COUNT(C2:C9)是指计算 C2 单元格到 C9 单元格中数字项的个数。MAX(C2:C9)是求 C2 到 C9 单元格中最大的数。

38. B 【解析】筛选数据就是将不符合特定条件的

行隐藏起来,这样可以更方便地查看数据。有两种筛选方式:自动筛选和高级筛选。自动筛选适用于简单条件的筛选,而高级筛选适用于复杂条件的筛选。当筛选条件被删除时,隐藏的数据便恢复显示。

39. A 【解析】分类汇总是 Excel 中最常用的功能之一,它能够快速地以某一个字段为分类项,对数据清单中的数据进行各种统计操作,如求和、平均值、最大值、最小值、乘积以及计数等。分类汇总前,需要先按分类字段对数据清单进行排序。

40. C 【解析】Excel 工作表中的列号用英文字母表示,行号用数字表示,单元格的地址就是用列号与行号表示的,故 Excel 工作表中第 5 行第 4 列的单元格地址是 D5。

41. D 【解析】创建超链接时,可以是任何对象,如文本、图形等,如果图形中有文本,可以为图形和文本分别设置超链接。

42. C 【解析】在 PowerPoint 的空白幻灯片中,可以直接插入图片、图表、文本框、页眉和页脚、艺术字、影片、声音等。若要插入字符,需要先点击文本框,然后进行相应操作。

43. A 【解析】PowerPoint 中,运用母版功能可以实现为所有幻灯片设置统一的、特有的外观风格。

44. C 【解析】打开"切换"选项卡,在该命令下可以设置切换效果、切换声音和速度、切换方式等。

45. B 【解析】只有在普通视图下才能实现在其他视图中可实现的一切编辑功能。

46. A 【解析】要使得一张幻灯片中的 4 张图片在播放时依次出现,应设置自定义动画。幻灯片切换设置的是幻灯片的切换效果;幻灯片版式是使得演示文稿中所有的幻灯片具有一致的外观。超链接可以实现幻灯片与幻灯片之间、幻灯片与其他外界文件或程序之间以及幻灯片与网络之间的跳转。故本题选 A。

47. D 【解析】图中展示的是该 PowerPoint 的幻灯片浏览视图,显示在该视图下第 2、3 张幻灯片被隐藏,并没有被删除且可以进行修改,A、B 两项错误。在幻灯片浏览视图下,隐藏的幻灯片会显示,在幻灯片放映视图中,隐藏的幻灯片将不会出现,C 项错误,D 项正确。

48. C 【解析】幻灯片浏览视图以幻灯片缩略图形式显示,可以移动和复制幻灯片,不可以编辑修改内容,A 项错误。幻灯片播放时不显示占位符,B 项错误。每张幻灯片可以使用不同的版式,D 项错误。

49. D 【解析】在 PowerPoint 各种视图中,可以同时浏览多张幻灯片,便于选择、添加、删除、移动幻灯片等操作的是幻灯片浏览视图。

50. B 【解析】在 PowerPoint 中设置幻灯片背景时,既可以为一张幻灯片设置背景,也可以同时为多张幻灯片设置同样的背景。

51. C 【解析】PowerPoint 中可以用预设动画与自定义动画两种方式为幻灯片添加动画效果,还可以对每张幻灯片中的各个对象分别设置动画效果,这些对象可以以任意顺序出现。

52. D 【解析】打印机是输出设备,可执行文件的打印工作,不能作为图片的来源。

53. C 【解析】选项 A 是动画文件;选项 B 是文本文件;选项 D 是图像文件。

54. A 【解析】Ctrl + Z 是撤销,Ctrl + C 是复制,ESC 是退出。

55. B 【解析】将校徽插入母版中,应用母版制作,方便快捷且便于后期修改。

56. B 【解析】在 Word 的编辑状态下,选择整个表格后,执行"删除行"命令,整个表格都会被删除。

57. D 【解析】选项 A 是求和函数,选项 B 是统计指定区域中满足给定条件的单元格数量的函数,选项 C 是求最小值函数,选项 D 是求平均值函数。故本题选 D。

58. A 【解析】PowerPoint 的设计模板只限定模板的类型,对于版式则不设限定。

59. B 【解析】CPU 由运算器和控制器组成,故 C 错。CPU 只能直接访问存储在内存中的数据,故 A 错。CPU 能执行算术运算和逻辑运算,故 D 错。

60. B 【解析】计算机病毒(Computer Virus)是编制或者在计算机程序中插入的破坏计算机功能或者毁坏数据,影响计算机使用,并能自我复制的一组计算机指令或者程序代码。

专题二　逻辑思维能力

单项选择题

答案速查

1 ~ 5	CDBBD	6 ~ 10	CDDAD
11 ~ 15	DDDDA	16 ~ 20	AABBC
21 ~ 25	BCBCC	26 ~ 30	AABCD

1. C 【解析】如果"我们班有的同学不会跳舞",则 A 项为真,B 项为假,D 项为真,而 C 项则不能确定其真假。

2. D 【解析】根据题干可知:赵 + 钱 = 孙 + 李,且赵 + 李 > 孙 + 钱,因此,李 > 钱;又钱 > 孙,钱 > 赵,故李 > 孙,李 > 赵,因此李的身高最高。

3. B 【解析】妈妈不喜欢女儿穿长袖配短裙,即必须是长袖配长裙、短袖配短裙。只有 B 项妹妹穿的是长袖配短裙,姐姐是短袖配长裙,所以选 B。

4. B 【解析】题干逻辑关系是:好的票房→有精彩的情节或者强大的演员阵容。题干是一个后件为选言命题的充分条件假言命题,A 项否定后件的一个选言肢,不能否定后件,是无效推理;B 项"不

一定”表达的是一种可能性,正确;C 项否定前件不能进行有效推理;D 项也不能由题干推出,排除。故答案选 B。

5. D 【解析】由题干可知选派留学人员的条件是:业务精通,并且英语流利或者法语流利。如果小洪业务精通,那么他只需法语或英语流利就能被选派,但事实上他没有被选派,那么就说明他的法语和英语都不流利。

6. C 【解析】由“甲不举红旗,也不从东面上山;举红旗的人从西面上山”推出,甲从南面上山;由“甲不举红旗,也不从东面上山;乙举着绿旗”可推出,甲举着黄旗。因此,甲举着黄旗从南面上山,丙举着红旗从西面上山,乙举着绿旗从东面上山。故选 C。

7. D 【解析】若 A 去 B 不去,则根据②可知 D 不去,根据⑤可知 C 要去,C 去 B 不去,这种情况与④矛盾,错误。若 B 去 A 不去,则根据④可知 C 也去,根据⑤可知 D 不去,根据⑥可知 E 也不去,A、E 都不去不满足③,这种情况也是错误的。所以肯定是 A、B 都去,根据②可知 D 不去,根据⑥可知 E 也不去,根据③可知 F 也去,根据④可知 C 也去。所以选中参赛的人数为 4 人。

8. D 【解析】根据题干,四个队每队都要进行三场比赛。B 队输一场则赢了两场,C 队应该赢了一场,D 队应该赢了三场。四个球队进行循环赛一共只需赛六场,故 A 队赢了 0 场,其名次为第四名。故选 D。

9. A 【解析】可以根据原命题成立,则其逆否命题同样成立来判断。如果一号上场,而且三号没有上场,那么五号与七号队员中至少要有一人上场;则逆否命题为:五号与七号没上场,三号上场则一号没有上场。

10. D 【解析】“植物不可能都是多年生的”是对“植物都是多年生的”的否定,根据逻辑规则,应当否定的是“多年生”而非“植物”,故选 D 选项。A 选项“可能都不是”与“都不是”不同,并不是一种否定,不合题意,故不选。B、C 选项没有否定“多年生的”,不合题意,故不选。

11. D 【解析】甲和丙的预测相矛盾,其中必有一真,这样,乙和丁都预测错误,也就是说辽宁队前三名不只拿了一个、辽宁队和山东队都没拿到第一名,这样可知前三名顺序是:河北、辽宁、辽宁。故选 D。

12. D 【解析】乙和丙矛盾,必有一真。甲错,可知 Y 球队不能进入决赛。丁错,可知 X 球队能进入决赛,故选 D。

13. D 【解析】该数列中,分别作差能得到 5、-1、4、3,在生成的这一新的数列中,前后相加能得到后一个数,5-1=4,-1+4=3,那么 4+3=7,需要 12+7=19,因此本题选择 D。

14. D 【解析】根据题干数列可知 2÷4=0.5;2÷2=1;3÷2=1.5;6÷3=2;0.5、1、1.5、2 等差,所以后项为 2.5×6=15。综上所述,D 项正确。

15. A 【解析】此数列为等差数列,公差为 8。故空缺处数应为 30。

16. A 【解析】由题干推出数字排列方式是:第一项×第三项,第三项×(第一项+第二项),第二项×第三项。所以 7+6+4→7×4,4×(6+7),6×4。即 7+6+4→285224

17. A 【解析】此数列为等比数列,公比为 6,故空缺处数应为 1296。

18. B 【解析】由题中数列可知,相邻两数的差为:5、7、11、13、?。即构成一个质数数列,因此,?=17,即空缺处的数字为 17+38=55。

19. B 【解析】车票——票据属于类属关系,车票是票据的一种,选项 B 中戏票是入场券的一种,是类属关系。

20. C 【解析】蝴蝶和蟋蟀都是昆虫;鹦鹉和海鸥都是鸟类。故答案选 C。

21. B 【解析】量尺是测量长度的工具,厘米是长度单位;天平是测量重量的工具,千克是重量单位。故答案选 B。

22. C 【解析】琴弦是琵琶的主要组成部分,灯管是台灯的主要组成部分。

23. B 【解析】遗忘表示失去记忆,昏迷表示失去知觉。A 项,残疾除失去肢体外也可能是失去某种感官。故答案选 B。

24. C 【解析】沧海桑田比喻世事变化很大,和时间有关;手表的功能是计时,和时间有关。分析可知第一个词的含义与第二个词的功能具有相似之处。遥不可及指非常遥远而不可到达,和距离有关;卷尺的功能是测量距离。C 项与题干逻辑关系一致,故本题选择 C。

25. C 【解析】由第一组图形可知,第三个图形是第一个图形和第二个图形的公共部分,故填入?处最恰当的应是两个图形的公共部分,即 C 选项。

26. A 【解析】观察第一套图形发现这一规律:把前一个图形中的小矩形向右平行移动一段距离后得到后一个图形。第二套第一个图形中的小矩形向右平行移动一段距离也得到第二个图形,所以可推知答案为 A。

27. A 【解析】观察题干可知,内外两图形一样,并且外部与内部有一条边相连,因此,选择 A 选项。

28. B 【解析】由第一组图形可得知,规律是在第一个图形的基础上,依次向右旋转 90°。故第二组图形的?处应为第二个图形向右旋转 90°,即 B 选项正确。

29. C 【解析】该题要求得出“只有本地人当经理,才能把企业搞好”的否命题,即否定“本地人当经理”,也可以得出“把企业搞好”。否定“本地人

当经理”,也就是不由本地人当经理。故选C。

30. D 【解析】题干中“大学生”和“志愿者”是交叉关系。ABC三项均为交叉关系,D项“医生”和“护士”是全异关系,与题干逻辑关系不一致。故选D。

专题三　阅读理解能力

材料分析题

1. (1)“二十四桥明月夜,玉人何处教吹箫”:在结构上总结第一段,意在和北地风光进行对比,并引出下文对扬州的描述。

(2)①今日的扬州依然繁华。②“唐代的风流”代表古时扬州的人文风气和山水风光,“不再”一词表明这种情境在今日的扬州已难觅踪迹。③它的消逝令人感怀和惋惜,表达了作者怅然若失的感受。(只要切合题目要求,言之成理亦可)

2. (1)媒介影响认识世界的方式,应当引导人们思考,书籍有助思考,而电视排斥思考。

(2)作者相信只要人类精神存在,文化就决不会灭亡。但同时也承认娱乐至上的环境对文化造成的伤害,如果娱乐至上倾向继续,无人想读书,无人想知道真理,文化就会灭亡,波兹曼的话就会应验。它就像一面两面镜,会映射出这种文化的两面性,既让人类享受文化也无时无刻不在提醒着人类,对于读书、对于真理的保护和对于过度消费娱乐文化的可怕性。

3. (1)人生合理的生活,便是指敬业。人生在世是要天天劳作的,根据自己的才能、境地,认定一件事情去做,并忠于这件事,实实在在把全部精力集中到这事上,圆满地劳作。这便是人生合理的生活。

(2)“事的性质,从学理上解剖起来,并没有高下”“我信得过我当木匠的做成一张好桌子,和你们当政治家的建设成一个共和国家同一价值”这两句话的意思是任何职业从价值角度看,都是平等的,劳动本身没有高低贵贱之分。“不想当元帅的士兵不是好士兵”意思是职位有高低之分,人要有更好的目标和理想,并为之奋斗。这两句话不存在矛盾。从事一项职业,必须具有敬业精神,实实在在把它做好;只要把职业做好了就可以得到更高的职位,就能获得进步,更上一层楼。

4. (1)①安置在繁密、粗壮、高大的芦苇丛中,一般不易被人发现;②“一尘不染”;③新巢附近都有一个旧巢;④非常精致,精挑细选材料编织而成,色彩有黄褐、嫩黄等,形似杯状。

(2)有科学的研究方法:①跟踪记录,获取观察的资料。作者多次观察了震旦鸦雀的巢卵、孵化和育雏,获取了第一手的真实可信的研究资料。②比较分析,甄别观察的现象。通过与“大苇莺”“鹦鹉”“啄木鸟”的比较,更好地研究震旦鸦雀的特点。③资料参照,确认观察的结果。偶遇震旦鸦雀,借助“鸟类图鉴”,确认是震旦鸦雀,显示观察的严谨。

有科学的研究态度:热爱所从事的事业,有吃苦耐劳的品质。

5. (1)①主导建立汉语拼音体系,参与制定汉语拼音方案,被称为“汉语拼音之父”;②总结文字发展规律,提出“文字三相分类法”,并把汉字的传播历史分为“学习、借用、仿造、创造”四个阶段;③发表过30多部语言学专著,300多篇论文,在国内外产生了广泛影响。

(2)我认为周有光的百年人生,丰富多彩,充满传奇。首先,他身兼“三家”——语言学家、文字学家、经济学家,并通晓多种语言。其次,他做过爱因斯坦的“陪聊”。除此之外,他在50岁左右时,改行专职研究语言学,并取得了不俗的成就。即使在百岁之后,仍精神健旺,没有停止思考,出版了多部作品。(言之有理即可)

6. (1)①首先提出苏轼传达的人生偶然的感喟。(或:苏轼诗文中总藏着要求彻底解放的出世意念)②接着分析了朱熹不喜欢苏轼的原因。③最后指出苏轼的美学理想和审美趣味对后世的影响。

(2)①苏轼是地主士大夫进取与退避矛盾心情最早的鲜明人格化身。②苏轼最早在诗文中表达那种人生空漠感和厌倦感。③苏轼发现陶渊明的美与真谛,使之备受关注,广为流传。④苏轼的美学理想和审美情趣,对后世具有重要的先驱作用。

7. (1)①展现可可西里的自然环境特点;②渲染悲伤、凝重的气氛;③烘托作者低沉压抑的情绪。

(2)示例一:本文赞颂了关爱生命的人性之美。藏族少女的含泪祈求,“我”目睹藏羚羊被猎杀的沉痛以及救助受伤藏羚羊的行为都折射出关爱生命的人性之美。

示例二:本文控诉了猎杀野生动物的罪恶行径。在偷猎者的枪口下,藏羚羊遭到残杀,美丽的可可西里变成了屠场,作者用血腥味道的风、触目惊心的藏羚羊头骨、四处奔逃的藏羚羊揭露了偷猎者滥捕滥杀的罪恶行径。(言之有理即可)

8. (1)增强说服力,进一步突出王文显剧作别有一番幽默,肯定他喜剧创作的能力和影响;引出下文对王文显任代理校长时行事风格的叙写,形成对比,以突出王文显治校的持重务实,一丝不苟。

(2)表层方面:王文显身上体现了清华的特质与精神,在清华有着重要的地位。深层方面:严谨的治学精神和包容的治校理念,是清华的灵魂。坚守学术性和包容性,清华就不会因为任何变革而改变;反之,清华将不再是“清华”。

9. (1)作者认为的“青年人的责任”指的是青年人应该认清自己在人类社会进化中的地位,决定人类的前途,创造祖国的前途。

(2)青年人应该承担自己的责任,脚踏实地,树立

正确的人生观和价值观;青年人应该努力学习,深刻了解浩如烟海的中华经典,提高自己的人文素质;青年人应该爱惜时间,懂得“一寸光阴一寸金,寸金难买寸光阴”的道理;青年人在心里明白道理的同时,还要能去实行,接好前人的接力棒。

10. (1)画线句子是指,要反驳作家因为纯粹的创作动机而产生出完美的艺术的观点。画线句子承上启下,引出作家的作品并非篇篇纯正的事实与对文学创作的复杂性的相关论述。

(2)该文章认为,作家要把“出名”“稿费”“人情”等名利追求抛之脑后,拥有纯粹的写作动机;作家要精神飞腾到忘我忘人的境界,思想白热化到要把整个的自己融化,忘记疲劳、忘记饥渴、忘记疾病,要把自己最后一滴精力都绞沥出来,来完成一件自己认为满意的艺术品,有忘我的艺术追求,为了创作而创作;作家的作品需要纯正的批评,以此约束文学的发展。

11. (1)废墟指含有历史文化信息、具有文物价值和美学内涵的建筑遗存。

(2)①文艺复兴时期:人们从废墟中引发了思古的幽情和创造的热情,养成了残缺美的欣赏习惯。②浪漫主义运动阶段:人们在废墟中寄托了缅怀田园,喜好远古,追求神奇和神秘的审美理想。③1820 年“断臂维纳斯”的发现:使人们深化了对废墟残缺美的认识。

12. (1)运用了举例论证的论证方法。通过列举爱迪生和普希金成功的事迹,有力论证了“拥有一点点自卑之心,对人生多有教益”这个观点。

(2)适当的自卑,它能使我们看清自我,对我们走向成功很有帮助。在学习中不要因为成绩差而被自卑所压倒,要化自卑为动力,积极进取,不断进步。

13. (1)让苦难不再成为屈辱的前提是:坚强面对,不屈不挠,勇于奋斗,最终战胜苦难,而让它成为你人生中真正值得汲取的财富!

(2)这句话是说当你正在受苦或没有摆脱苦难的纠缠时,如果你在诉苦,在别人听来无异于请求廉价的怜悯甚至乞讨,这个时候不能说你正在享受苦难,否则会让别人觉得你是在玩精神胜利、自我麻痹。而当你战胜苦难时,别人再听你的苦难,才觉得你意志坚强,值得敬重。因此在苦难面前,当你战胜了苦难,苦难是你的财富;当苦难战胜了你,它就是你的屈辱。

14. (1)①“独独对我这个学生特别反感”,“走来走去总要教训我两句”,网吧老板对“我”的特别态度为后文他就是和父亲共同“演戏”的战友这一情节埋下了伏笔。②“我家在城里没有亲戚,身上没了钱,我跟父亲在城里如何生活?”为后文父亲因欠费又无力偿还而遭到网吧老板逼迫和路人讥讽做了铺垫。

(2)一种观点认为以“儿子”容易接受的方式进行教育,更具认同感;让“儿子”切身感受到沉溺网络游戏的严重后果,更具说服力;让“儿子”体会到父亲的煞费苦心和爱子之深,更具震撼性。而另一种观点认为这种教育方式过于沉重,给孩子的心灵带来了消极的体验;这种教育方式单一,必须结合语言教育等其他方式;这种教育方式结果不确定,有可能诱发其他不良后果。

15. (1)首先,通过《弗罗斯特》话剧,引出不忘记、不原谅的话题。其次,将西方国家文化产业的不忘记、不原谅与中国文化产业的怯懦、不作为进行对比,并分析中国文化产业不能守护集体记忆的原因及后果。最后,补充《弗罗斯特》此类作品的时代意图,强化观点。

(2)①历史对现实和未来有重要的警示、警诫意义。②人们对待历史的态度,同样体现在对待现在和未来的态度里。③提醒人们对历史不忘记、不原谅,增强反思意识,用历史的火炬照亮现在和未来的黑暗。

16. (1)“钥匙”在文中有多种内涵,具体如下:①是自尊的保障、独立的象征;②是我行我素的自由和不必求助于人的快乐;③是自己的一种权利,也是别人对自己的信任:④是有备无患的快乐,也是左右逢源的保障:⑤是安心的投奔和无言的挽留。

(2)钥匙是作者人生历程的见证者,见证了作者的悲伤与欢喜,见证了作者爱情、亲情和友情的收获,见证了作者家庭的幸福和工作的欣慰,钥匙也是作者心灵的守护者。所以在交出钥匙的时候,作者会有小小的伤感与不舍。

17. (1)这里用到比拟的修辞方法。“狂妄的表现”,“狂妄”是贬义词,指的是人类不自量力的做法,即“征服自然”的狂言。“窃笑”,其意图是告诫人类“征服自然”的狂想是不能实现的。“这种狂妄的表现”指的是人们常常把人与自然对立起来,宣称要征服自然;人类的作品飞上了太空,打开了一个个微观世界,于是人类就沾沾自喜,以为揭开了大自然的秘密。“窃笑”的依据是:①人类打开的空间只不过是咫尺之间。②今日的科学将会被未来的科学所取代。③科学史也是犯错误的历史。

(2)根据第二、三、四段的理解,“弟兄”是指人类以外的其他生物。称之为“弟兄”,是因为所有生物都是宇宙的构成部分,生命的一种存在形式,一切生物都是平等的“弟兄”关系。我们的弟兄,是指宇宙中除了人类之外的生命。宇宙的一切,包括人类,都是宇宙生命的构成部分,人类之外的生命的种种存在形式,与我们是平等的存在,都是我们的弟兄。

18. (1)“礼”是整个中国人世界里一切习俗行为的

准则，标志着中国的特殊性。中国是文明礼仪之邦，礼仪与文明是相统一的，礼仪是文明的载体，文明是礼仪的内涵，没有了礼仪，文明也就无所依附。

(2)发展进程：因为集体生存、社会发展的需要，产生了“礼”的仪式。甲骨文的“礼”与祭祀有关，“礼”是履行敬神祈福的仪式。“礼”经夏、殷、周三代沿革，到周公的时代已经比较完善，礼仪准则数量不断增多，但根据时间、场合和对象制订的“礼”，不需要时时、处处、人人都去掌握。发展到如今，“礼”分虚实两种，已经成为整个中国人世界里一切习俗行为的准则，是文明的载体，主要体现在外交与社交领域。

存在意义：“礼”的存在符合集体生存、社会发展的需要；大到国家和社团，小到街邻和家庭，“礼”无处不在，说明了“礼”在现今外交和社交领域拥有重要地位；“礼”标志着中国的特殊性；“礼”是把价值观念、制度设计、物质载体统合在一起，并且包含了风俗习惯的文化形态；“礼仪”是中国文明的载体；文化的传承不仅依靠语言、文字，还依靠礼仪。

专题四 写作能力

写作题

1.【参考范文】

从吾心，尽吾力

你是否在夜阑时分听到自己波澜汹涌的雄心之海里最虔诚的呼喊？这些在眼眶里溢出的、眉目里涌现的梦想不正是我们要一生追逐的吗？小卜这个瑶族姑娘，也应该走上创业梦的黄金大道。

二十出头的年纪，和麦田里摇曳的谷穗一样值得期待。这个饱含未知与可能性的二十岁，是独一无二的。“劝君莫惜金缕衣，劝君惜取少年时。”年轻似乎是一张革命的王牌，给一切属于这个名词的人镀着光。孙杨十九岁成为了奥运冠军；罗拉二十岁出了书、拍了电影，一夜成为北美洲大陆的一颗明星；邓紫棋二十岁在红馆开了演唱会，成为香港诸多歌榜的榜首。“你永远不会知道二十岁的自己可以有多成功，除非你去做。”小卜这个瑶族姑娘，用她服装设计的天分能给这个创业时代带来什么火花？我们可以满怀期待。做自己想做的，听从自己内心的声音，是需要抓住机会的，所以我希望这个瑶寨里走出的第一位大学生，这个“第一人”，能在这个无畏的时代，抓住当下，追逐梦想。

就好像玫瑰香浓而艳美，它的刺尖锐而繁多。逆流而上所要顶住的压力是庞大而源源不断的。面对穷困落后的故乡，面对令人心动的就业机会，小卜心中的梦想看起来似乎扎根也并没有那么深。是的，逐梦之路未卜，或荆棘或泥泞，它并非安逸闲适，也可能满足不了多数人的期望，但这是一份坚挺的深入骨髓的驱动力。蜗牛向葡萄藤上爬，大雁向南飞，一股内心中滚烫炙热的力量会驱动你无悔的奔跑，嵌在肉里的沙粒也能助你登高。马云曾说：“你不是怕行动，你只是怕走了一条错的路。”薄伽丘，这个出身富贵的富家少爷，面对家财万贯，他无动于衷，于是后人将他的《十日谈》与但丁的《神曲》并称为“人曲”。他生在无悔的文艺复兴，惊天撼地的他在那样万千阻力中完成了自己的梦。做好自己，做想做的自己，是勇者的选择。

“莫等闲，白了少年头，空悲切”。报恩固然重要万分，但错过了合适的年纪、合适的时代，所有的回报都只能如浮云掠过。安逸的生活充满吸引力，就如一张舒适的躺椅，但梦想令人向往，它是一张送你至浪尖的滑板。年轻的我们乘风破浪，在波涛起伏中带着成就与荣光再回故乡，也不算迟。

年轻的我们未来又远又长，从吾心，尽吾力，到达了梦想这座灯塔，才能更好地划向远方。就让我们带着梦想，无畏一跃，搏击长空。

2.【参考范文】

处可为之世，做有为之人

我们身处一个伟大的时代，这个时代在中国共产党团结带领人民进行的伟大斗争中孕育发展而出。我们心中有阳光，脚下有力量，应该为这个时代做出自己的贡献。但是，身处可为之世就一定能成为有为之人吗？在可为与有为之间，我们还需要怎样的努力？

从可为到有为，我们需要理想和信念。

理想是我们前进的目标，为我们指明方向；信念坚定我们的内心，帮助我们始终保持航向，不因沿途的纷扰而迷路。李大钊是中国最早的马克思主义传播者，是中国共产党的主要创始人之一。在中国共产党成立之后的革命运动中，他是党的重要领导者。他开创的伟大事业和留下的思想遗产永远不可磨灭，他播撒的革命种子已经在中国大地上生根、开花、结果。李大钊同志光辉的一生，正是因为其具有共产主义的理想和信念，在苦难与死亡来临时，才能毫不畏惧，坦然面对。可见，理想信念之于伟人的重要。我们每一个人都应该拥有自己的理想和信念，以复兴伟大的中华民族为己任，奋勇精进，处可为之世，做有为之人。

从可为到有为，我们需要奉献精神。

要建设伟大的祖国，复兴中华民族，我们青年人应该学习老一辈革命家，踏实苦干，奉献自我，把个人的命运和国家民族的命运结合在一起。时代楷模南仁东，在23年时间里，从壮年走到暮年，把一个朴素的想法变成了国之重器，成就了中国领先世界的项目。“虽然南老师没有能等到它产出科学成果的那一天、没有能等到他应得的荣誉、奖励，但我想他离去的时候心里一定非常清楚，他

毕生的事业已经成功了。”如果南仁东没有献身祖国科学的奉献精神,没有为祖国科学研究奉献一切的伟大情操,我们怎么会拥有洞彻宇宙的天眼?拥有奉献精神,才能处可为之世,做有为之人。

从可为到有为,我们需要创新实践。

前人为我们踩出了小路,我们要开拓进取,把小路拓宽为阳光大路;我们更要创新实践,走出前人没有走过的新路。2004 年,中国正式开展月球探测工程;2007 年 10 月 24 日,“嫦娥一号”成功发射升空;2020 年 11 月 24 日,中国发射探月工程嫦娥五号探测器;2020 年 12 月 17 日,嫦娥五号返回器携带月球样品,在预定区域安全着陆。我们之所以能一次次从无到有,从落后到赶超,正是因为不断实践,不断创新。只有不断的创新实践,才能让我们处可为之世,做有为之人。

3.【参考范文】

活到老学到老

师旷和晋平公的对话,突出了“人的一生都需要学习”的主题。从少年、壮年到老年,虽然每个阶段学习的效果不同,但是学习是始终不能放弃的事业。这是每个向上者的需要。作为一名合格的教师,终身学习无疑是教师自身素质提高的必要保证,更是能胜任教学任务的前提条件。

陶行知先生在《教师自动进修》中指出:“有些人一做了教师,便专门教人,而忘记自己也是一个永久不会毕业的学生。因此很容易停止长进,甚至于未老先衰。只有好学,才是终身进步之保险,也是常青不老之保证。”现在提倡教师应“终身学习”,要经常性地“充电”,不断提升自己的素质。

华罗庚生于江苏,父亲以开杂货铺为生。他从小爱动脑筋,初中毕业后,曾入上海中华职业学校就读,但因家境不好,拿不出学费而中途退学,在父亲的杂货店里当店员,故一生只有初中文凭。失学以后他开始顽强自学,每天学习 10 个小时以上,由于刻苦努力,终于在数学上初露锋芒,引起清华大学数学系主任熊庆来先生的高度重视,经过他的推荐,于 1931 年任清华大学数学系助理,负责管理图书、公文、打字等。从 1931 年起,华罗庚在清华大学边工作边学习,用一年半时间学完了数学系全部课程。他自学了英、法、德文,在国外杂志上也发表了自己的论文。华罗庚的勤奋好学感动了美国著名数学家维纳,维纳推荐他去剑桥学习深造,后来成为世界著名的数学家。

从幼年、少年、青年、中年直至老年,学习将伴随人的整个生活历程并影响人一生的发展。古人说:“书山有路勤为径,学海无涯苦作舟。”没有止境地学习,是每一个向上者所必要的。人要想不断地进步,就得活到老学到老,在学习上不能有厌烦之心。自人类诞生之日起,学习就成为整个人类及每一个个体的一项基本活动,之所以提出“终身学习”的观点,是因为人类几千年积累下来的知识文化,只用几十年是学不完的,故先贤庄子曾说:“吾生也有涯,而知也无涯。”何况现代社会的知识寿命大为缩短,个人用十几年所学习的知识,会很快过时。如果再不学习更新,马上就进入所谓的“知识半衰期”。

“生有涯,知无涯。活到老,学到老。”在这个竞争激烈的社会中,我们不仅要学习实践知识,还要不断充实理论知识。因为知识也在日新月异,旧的知识会追不上这个社会快速前进的车轮。如果你不努力去学习,就会被社会淘汰,特别是作为一名教师。人们常说:“要想给学生一杯水,自己不仅要有一桶水,更要成为源头活水。”教师要学为人先,与时俱进,生命不息,学习不止,成为适应时代要求的学习型教师。

4.【参考范文】

爱

一生中,父母会将孩子的手交出去两次,第二次是交给伴侣托付终身,而第一次,则是交给老师托付成长。每一个孩子都是祖国的宝藏,是父母的珍宝,祖国爱孩子,父母也爱孩子。作为被托付的一名老师,我们也应该爱孩子。只有在被爱中成长,才能学会去爱。

记得我在某小学实习的时候有这样一个学生,也许是因为成绩差,也许是自卑,每次看到他,他不是在学习,就是在去学习的路上。他很少与人接触,经常孤身一人。由于他将大部分时间用在了学习上,所以和同学们的关系并不好,同学们都不爱找他玩,这也导致他把更多的精力放在了学习上。当时的班主任感叹说:“他就像一颗石头,总是孤零零的。”

但是一个人怎么能不与别人交流呢?我试图让他融入集体中。刚开始,我只是偶尔地找他聊一些家常话,关心一下他的学习情况。渐渐地,我开始让他与周围的人进行交流:“你能不能帮我把作业发下去?”“你能帮我叫一下 × × 吗,告诉他我有事找他。”“帮老师把这个作业抄到黑板上好不好?”“ × × 这道题不会,老师现在有点忙,你去帮我讲一下好吗?”

我坚信:没有用爱打动不了的学生,如果不是,那只是因为你的爱还不够。我用爱去接触他,用爱去与他交流,用爱带着他与同学玩乐,用爱去帮助他掌握正确的学习方法。渐渐地,他似乎有哪里不一样了,但又似乎没变。

时间过得很快,我的实习期结束,就要离开了。我以为,我教学生涯中的第一次尝试要失败了。我在教室里向同学们告别,并告诉他们要加油。他看着我,似要说什么,最终也没说,只一直望着我走出教室。

我有些失望,回头对他做了个再见的手势,走

了。其实我是有点伤心的，感觉自己的付出没有得到回报，但仔细一想，也许是我做得还不够。

回学校后，整理行李的时候，突然从书本里掉出来一封信，是他给我的，信里只有简单的一行字：老师，你为我做的我都明白，我会努力的，谢谢！一瞬间，觉得心里暖暖的。"也谢谢你，让老师知道了'爱'的力量。"我轻轻地说。

自那以后，我知道了，"爱"是一名老师必须具备的，只有你用心去爱学生，才能与学生真正地走到一起，走向未来。

5.【参考范文】

守护本心

"抢红包"似乎已经成为重要的社交手段以及潮流，不管是同事交流，还是亲朋相聚，动动手指，点点红包，就能让气氛热烈起来。但是，在这潮流之中，我宁愿骄傲着落伍，守护本心。

总有那么一些人守护着心灵的净土。诸葛亮坚守着"非淡泊无以明志，非宁静无以致远"的人生信条；陶渊明证明了"不为五斗米折腰"的傲然正气；林清玄保持着"身如浮木，心有沉香"的深沉之心。而现在，时代在飞速进步，人心却日渐浮躁，将传统的交际转移到虚拟的网络世界，而红包，变成了简单的氛围道具，在抢与被抢的过程中，丢失了其背后的深厚传统内涵。

红包满天，趋之若鹜者与日俱增，似乎不发红包便是不近人情，不解世道。可是这样真的有用吗？逢年过节本就因手机娱乐而相距甚远的亲情，再一次被这火热的"红包革命"推向更远的角落，愈演愈烈的网络亲情似乎已经便捷到足不出户便可维系保持，可是，当你划开屏幕接收那一份份鲜红的数据时，是否有小时候双手接过长辈红包时的那种欣喜若狂？是否有在枕下藏了一夜，第二天迫不及待拆开红包的那份小心珍藏？

某公司日前发布了一项研究报告，表明人们的平均注意力时间由 20 秒降低到 10 秒，而这只花了 50 年，新兴事物带来了巨大的便利，同时也给予人们很大的伤害，新的文化未必都是好的，过于追求新鲜事物，会让自己处于危险之中。而传统文化，与之相比更显出了优越之处。经过几千年的沉淀与凝聚，传统文化已经成为一个民族取之不尽，用之不竭的伟大精神动力。

酒中陈酿最为甘醇，文化也如此。信息爆炸的时代，人们追求更快更迅捷，却全然不顾那些本应该慢下来的事物，如果说中国的发展是建设一座大楼，那传统就是地基，没有坚实的地基，楼房建得越高就越危险。所以，放下手机，放下抢红包的手指，好好品味我们的传统，去发现他们的朴实和高贵。

网络世界毕竟是虚拟的，真实可感的现实世界才是最动人的。暮春之落英，暖夏之素莲，深秋之红叶，严冬之飞雪，天天蜷缩在狭小居室中"抢红包"的你，多久没有身处自然之中感受四季的变换，多久没有站在日光之下倾听清风的细语了？为了手机上几分几毛的单调数字，那么多人竟然放弃了无穷无尽的自然之美，若是心系自然的古人知道了，也会唏嘘不已吧。

因此，别让红包"抢"走你欣赏自然的眼睛。"抢红包"只是这个信息时代的一段剪影。这个时代里，有太多东西混淆人们的视听，扰乱人们的心绪，只有珍惜时光，坚守本心，心向自然，才能留住真情，留住自我，留住红包内涵里传统的福韵。

6.【参考范文】

求同相和，共淬文明之光

费孝通说："美美与共，天下大同。"相同的声音产生共同的回响，志同道合的人求得共同的发展。求同相和，共淬文明之光，在智能化、信息化的新时代，有着更为深广的意义。

《战国策》有言："物以类聚，人以群分。"人们以相同的价值观走在一起，追寻共同的目标，谋求共同的发展。上世纪 20 年代初，夏丏尊、朱光潜、朱自清、丰子恺等一大批散文名流，齐聚浙江，育人教书，意兴山水，于湖光山色中，谈风颂雅，寄真性情。他们因文学风格相近，情趣相投、志同道合，张扬艺术、倡导美育，形成了一个内涵丰富、特征鲜明的作家群体——"白马湖派"。

无独有偶，60 年代北京东城的芳嘉园四合院成了北京文艺圈人士的聚集地。比如画家黄苗子和郁风，比如创作《大闹天宫》的张光宇。在特殊的年代，"反右"之后，文艺圈的政治空气异常紧张，然而正是这种"物以类聚，人以群分"的激活，让这些人在艺术上都各有成就，并形成了一种特有的文艺氛围。

古往今来，"同"与"和"一直都是人类历史长河淬炼的文明之光。尤其在智能化、信息化的新时代，"和"有其重要的环绕和塑造作用。求同相和，命运与共，是遵循人类命运共同体的价值要求。

新冠肺炎疫情爆发以来，中华儿女上下一心，全力应对，吹响"齐心协力，命运与共"的冲锋号。中国致力于自身防疫的同时，也为维护全球和地区公共卫生安全做出了重大贡献。"山川异域，风月同天""岂曰无衣，与子同袍"，这样的求同相和，不正体现在中国为支援同为疫情所患的国家和国际组织所提供的捐款和医疗物资上吗？这样暖心的文字，不正是构建人类命运共同体的正能量吗？这样的求同存和，不正是人类历史长河淬炼的文明之光薪火相传吗？

然而，不论是车马很慢的从前时代还是大数据的互联时代，我们都需警惕：同声相求是满足了我们的喜好、坚定了我们的价值观，还是窄化了我

们的个人视角？和气相求是使人变得纯粹简单，还是思想更加狭隘？

譬如文学创作，向时代的不同声音汲取营养，固然能产生具有社会影响的作品，但优秀的作家一定不会陷入人云亦云的藩篱，而是在追寻“美美与共”的同时亦要“各美其美”，保持个体的独立思考，警惕泛化式的写作，由此才能为社会带来新声音，并由此产生新的回响。倘若每个作家的创作都是为了统一全社会的生活理念和人生感悟，那未免是一种谵妄。

7.【参考范文】

弯路乃捷径之母

也许我们不必太过苛责有着“捷径情结”的人们，因为这或许是人类的本性吧。比如数学课上，常见老师启发学生：“有没有更简便的方法？”生活中人们喜欢“抄近路”，就连伟大的列宁同志为了赶到山顶看日出，也选了一条很危险的“捷径”上山——当然主要是为了锻炼意志。很少有人单纯地“为走弯路”而走弯路，不抄近路的人或是想锻炼身体或是想欣赏风景，或是怕生命安全受到威胁。

我也不想嘲笑那些绕了弯路的游客，关于“捷径情结”让人绕弯路的笑话，听得已经太多了。如果我是这群游客中的一员，我会很阿Q地说：“绕了弯路又怎样？至少我已经知道有一条山路是不能走的！”捷径从何而来？经验。经验从何而来？弯路。套用网络上的话来说：弯路乃成功之母。

当大多数猿猴还在藤条上荡秋千的时候，有那么几只试着用后肢站立起来行走。它们摔倒过无数次，满身伤痕换来一阵嘲笑，可谓走了无数“弯路”。正因如此，千万年之后，我才有可能坐在这里用手写下这篇作文。

当大多数欧洲商人都千里迢迢从好望角绕到亚洲去做生意时，坚信“地球是圆的”的哥伦布也有了“捷径情结”，想横渡大西洋去亚洲。在嘲笑与白眼中起航的他，在大海上历经艰险，也算是走了不少“弯路”。虽说“捷径”没找到，倒也有“意外收获”——发现新大陆。

前不久看“环宇探索”，一位科学家介绍人类如何去遥远的星球旅行。单靠常规方法是无济于事的，只能通过“捷径”——弯曲的时空。无数科学家正为找寻并实现这条“捷径”而努力。这其中也会有许多的“弯路”等待着他们。但我坚信他们，不，是人类的梦想，终将实现。

“捷径”与“弯路”并不对立。“捷径情结”是一把双刃剑。在一段时间内，它会让你走弯路，走死胡同，撞得头破血流，还要受嘲弄和白眼，但在这无数“弯路”中，你可以慢慢积累经验，最终找到属于自己的捷径。

在人类的历史上，“捷径情结”也导致了无数次“走弯路”，有时甚至造成难以估量的损失。但每找到一条“捷径”，人类文明便前进一步。不怕“捷径情结”，也不怕为了寻找捷径而走“弯路”。只怕一辈子老老实实，安分守己，跟在别人后面走，永远也找不到捷径，永远也难有大作为。

8.【参考范文】

腹有雅量气自华

我喜欢门外的那条河。

它平和静谧地流过时光，将所有的杂质一一沉淀，白云苍狗之间，仍清澈见底。偶有桀骜不驯的一次，人们为它加固堤坝后，它就继续温顺地滋润农田。

河流有如此雅量，那些被《咬文嚼字》指出错误的作家们又何尝不是如此呢？雅量，是一种直视错误的大气魄，是一种虚心聆听的大胸襟。有雅量的人，可通往精神的罗马，可到达花开的彼岸，亦可安然走过黑夜里的山路。

直视错误，腹有雅量，气自芳华！

金銮大殿上，群臣惶恐，惧怕天威。她读完骆宾王将她骂得狗血喷头的《讨武檄文》后，莞尔一笑，大赞此人才华。臣子们面面相觑，她却责备宰相不能早日发现这一人才。

这是何等的雅量啊！面对批评和指责，作为天子的她不仅不恼，反而欣然接受。她敢于直视自己的错误，如玫瑰般铿锵的她从不为自己歌功颂德，而为自己留下了一块无字碑。她深知，无字，方能不朽；无言，方能万言！

雅量，让一代女皇，托起日月当空！

滚滚长江东逝水，是非成败转头空。而雅量，却如同那幽谷芝兰，香飘千年，至今仍在。

坚净斋里，他挥毫泼墨，一横长城长，一竖字铿锵。

“诗思清深诗语隽，文衡史鉴尽菁华。”启功先生就是这样一位大师。他有着博大精深、无所不容的学问，也有着隽秀洒脱、卓尔不群的书法。可即使如此，他仍常常虚心向人请教，每当别人指出他的不足时，他便欣然如一个得到礼物的孩童。

这便是雅量。对待不足敢于直视，胸怀如天地广。

雅量，让一代大家山高水长！

雅量让铁凝与莫言真挚感谢为他们挑错的人，让他们的作品更上一层楼。于人如此，于国家，未尝不是如此。

遥想百余年前，鸦片战争的炮火攻破了我“天朝上国”的美梦，我泱泱大国就这样跪倒在了《南京条约》之下。但是面对闭关锁国的错误，我们敢于直视，敢于面对。

于是，有这样一群人站了出来，他们以年华为桨，涉万里河疆。自此，辛亥革命的旗帜飘扬在祖

国的大江南北，井冈山的杜鹃开出血与火的颜色，南海边的渔村也地覆天翻，北京奥运火炬点亮中华……

雅量，让一个民族屹立东方！

而我当代青年，更要直视错误，虚心改正，不计过往，意气风发，铿锵前行，因为——腹有雅量气自华！

9.【参考范文】

距离产生美

“凌晨四点起来，发现海棠花未眠。”川端康成这样写道，而海棠本来便是日夜开放，为何凌晨四点起来便可以感受到它产生的别样的美感呢？

那便是因为白天里海棠花彻底融入了我们的生活；我们埋着头，或学习、或工作，那近在咫尺的美却悄然溜远。而当我们退一步，保留那与海棠花的距离，便会如川端康成一般领略到不一样的美丽。

距离为何产生美呢？大概是由于距离让人可以宏观地把握事物，更重要的是距离带来了未知的神秘，引发了人们的美好幻想。

在美国登月之前，中国早已流传着嫦娥奔月等关于月亮的美丽传说。然而，当宇航员带回来几块冰冷的石头，发回几幅月球“满目疮痍”的图片时，童话、传说便不复存在了。从此，人们说起月亮，脑海中只会浮现一个荒凉的大球，而不再有玉兔、广寒宫与吴刚了。

远观月亮，人们产生了美好的遐想；近观月球，人们得到的却只有几块冰冷的石头。这便是距离的奇妙作用吧。

那么在我们的生活中又如何退出来去体会被忽略的美呢？

人是不可能突然集体移民月球，在月球远望家园，然后去感受什么不同的美丽的。此处距离便是心灵的距离。在物欲横流的社会，人们的心灵总被功名利禄紧紧裹住，以致无法体会身边的美。所以我们要与功利保持距离。

当我们不再为考试的分数而学习时，我们会发现书本中的知识是如此有趣；当我们放慢上班、上学的脚步时，我们会发现街边苍翠的大树多么富有活力。

生活中处处皆诗意。人们缺乏的便是适宜的距离。

“君子之交淡如水”，隔着距离，让人宏观地理解对方；隔着距离，才看不到那些可忽略不计的瑕疵，让人彼此交往更融洽。正如席慕蓉所说：友谊像花香，还是淡一点才好，越淡才会越持久，越淡才会越使人留恋。适当的距离，两只刺猬也可以相互温暖对方又不伤害彼此。适当的距离里，人们的友谊像酒一般，若有似无的酒香，愈加香醇。理性之美产生于适当的距离。

是从什么时候起，我们眼中再无“疏影横斜水清浅，暗香浮动月黄昏”的朦胧之美？一味地探究，有时也不一定是好事，探究月球，只还了我们一个满目疮痍的世俗。那些近在咫尺的美我们已同样观赏不到，可是，只要我们退后一步，保留一点距离，我们便能像川端康成一般感受“凌晨四点起来，发现海棠花未眠”的别样美丽。一如荷花，没有花的那些娇艳与魅态，但它有清新、绿意之美，远远地站在那池塘边，看那随风鼓动的荷叶，伴着莲的清香，意境何其美哉。

当我们的心灵得以解放，保持与外物的距离，我们会发现：天空，是给了我翱翔的渴望的天空；大地，是承载着万物的大地；海洋，是孕育了最初的生命的海洋。

让我们退一步，保持适宜的距离，身边的美好就会纷纷呈现。

10.【参考范文】

厚积方能薄发

我们常常听到父母教训我们说，不要在无用的事情上浪费功夫，但何为“有用”何为“无用”呢？百岁老人周有光先生本业是个经济学家，业余时间对语言文字感兴趣，不惑之年，半路出家，成为新中国的汉语拼音方案的制定者之一，他被称为“汉语拼音之父”，并成了世界级的语言大师。

合抱之木，生于毫末；九尺之台，起于垒土；千里之行，始于足下。

因为有了整个冬天的积蓄，所以才会有春日的万紫千红；因为有了无数次飞翔经验的积淀，所以才有了雄鹰的直上九天。

就如郑板桥画竹。郑板桥画竹之前，当然早已对所要画的成竹在胸，可画起来时却并不急于求成。他先用细致的笔法或勾或点或圈，把那远山、山间的白云，把那近水、水中的绿草，都细心地画出来。这时虽然无竹，可那竹早已在点点滴滴的色彩之中了。那高远的情怀、挺拔的英姿，也早已呼之欲出。这时候，他才不紧不慢地把竹补上。于是，一幅浑然天成的劲竹图就出来了。正是因为有了之前那么多的铺垫和渲染，才使得竹的出现顺理成章。倘若缺少了那些山水的蓄势，竹的精魂也就不会那么传神地表现出来了。

作画如此，做人又何尝不是如此呢？

苏洵曾在书斋埋头苦读数载，等积累了丰富的学识和见闻之后才走出书斋，那时他已年逾不惑，但是正因为有了十多年的积累，他才得到文坛领袖欧阳修的垂青，得以一鸣惊人，成为北宋文坛上的新星。

厚积方能薄发。厚积，并不是一味地沉寂；沉寂，为的是一飞冲天。而想一飞冲天，必须先拥有最强健的体魄，最柔软的羽毛，最坚定的意志。

王国维曾道古今成大事者必经的三个阶段："昨夜西风凋碧树，独上高楼，望尽天涯路。""衣带渐宽终不悔，为伊消得人憔悴。""众里寻他千百度，蓦然回首，那人却在，灯火阑珊处。"正是有了那"独上高楼"的痴迷，"衣带渐宽终不悔"的执着，"千百度""寻他"的厚积，才觅得"灯火阑珊处"的"那人"，"蓦然回首"的一刻才显得那么动人。

厚积方能薄发。有了"千呼万唤始出来，犹抱琵琶半遮面"的"积"，才有了琵琶女精妙绝伦的"发"；有了初唐王杨卢骆"导夫先路"的"积"，才使得大唐王朝诗歌双子星座的"发"成为可能；有了改革开放三十年历史发展的"积"，才使得今天向小康社会大步迈进的"发"成为现实。

厚积方能薄发，薄发源自厚积！

11.【参考范文】

我心自有云白山青

叔本华说过："从青年人的角度看，生活是一曲欢快的协奏曲；从老年人的角度看，生活是一汪寂静的死水。"角度不同，心态不同，我们所看到的也不同。

窗子是一个画框，从窗子望出去，就可以看见一幅图画，这图画是虚幻的现实。内心云白山青的人在喧闹中看到的也是寂寞的美好，内心乌云密布的人在文雅中看到的也是低俗的趣味。要从画框中望这个世界，首先要收拾好自己的心态，用冷酷的哲思与美好的遐想，还这幅画本来的美好。

近代著名学者金岳霖先生，一生钟情于林徽因，但他的爱坦坦荡荡，朋友与当事人都知道，他不学心碎浪子远走他乡，也不学乡里霸王强拆鸳鸯，而是在林徽因身旁默默守望，这一守便是一生。旁人可能看到的是金岳霖一生的孤单寂寞，是林徽因的不识才子，其实从金岳霖的眼中去望，没有比这更加美好的了，他抵住了诱惑，稳稳站在属于自己的角落，这才让美得以持久。守住自己的本心，你从窗子里望见的图画，一定被涂上了最美丽的色彩。

去望这个现实，这是生活的本质。你我都去望，生活这幅画面却截然不同，你我望孤独，望见的是满目的黑色；而村上春树望孤独，它只是我们熟悉的朋友。也许村上春树洞悉了人生，他并不将孤独视作洪水猛兽，而是用一种玩味的笔调给我们望见的黑色涂上了美丽的颜色，村上春树的眼中，生活不可变，只有心态可变，图画不可变，只有看画人的心情可变。那何不调整自己的心态，走出人生最为瑰丽的舞步呢？

在这个千姿百态的浮世绘中，在错乱复杂的名利场里，我们容易在无端狂热中迷失方向，在无畏竞争中迷失自己，其实人生如梦，年华似雪，梦醒了雪停了我们将一无所有，我们看到的窗子外的图画，不是眼中所见而是心中所悟的。只有守住我们的本心，用澄澈的心去看现实的画卷，才能感悟生活的美好色彩，踏破这冷酷梦境，走出这无涯雪场，回到正确的道路上。

任世事无端变幻，我心自有云白山青。守住内心，弘一法师方能发出"华枝春满，天心月圆"的感悟，三毛能在丈夫死后仍拥抱寂寞。菜根谭有言"世人动曰'尘世苦海'，殊不知世间花迎鸟笑，世亦不尘，海亦不苦，彼自苦其自心尔"。让我们用积极的心态面对这个现实，用心灵的画笔遮住现实中不完美的画面。

我心自有云白山青。

12.【参考范文】

适应之法贵如金

古往今来，适者生存，不适者淘汰。世间万物只有与它所处的环境相适应，才能立足于世。面对不同的环境，我们只有改变自身才能更好地生存，才能成为栋梁之材。

有人说："面对人生的选择，要接受不能改变的。"这"接受"的潜台词即为适应。胡杨，因为适应了最恶劣、最残酷的环境，才能以铁铮铮的风骨于茫茫荒漠中昂扬挺立，它"生千年不死，死千年不倒，倒千年不烂"的生命历程彰显着强大的适应能力。而对我们来说，变幻莫测的人生旅途中，更需要"适应"之法保驾护航。

当无数痛苦扑面而来，身处艰难困苦中时，要懂得适应这令人心痛的悲惨环境。人生如橘，有甜也有酸，有大也有小。当不幸降临，当厄运无法改变时，应以最好的姿态去适应它。霍金，一个轮椅上的伟人，向我们揭示了黑洞的奥秘。当记者采访他时，他说："我还有手指可以动，还有脑袋能思考，还有爱我的亲人和朋友。"他说得那么坦然，仿佛他的生活平静得像一湖清水，从未起波澜。为什么他能从容地面对所处的环境呢？是适应，他已经适应了轮椅上的生活。病魔的降临既然无可避免，为何不"兵来将挡，水来土掩"，尽自己所能去适应呢？是的，"适应"之法就如同天边的一抹红霞，令身处悲痛深渊的人重新看到人生的美丽，再一次踏上追寻梦想之路。

当失败的结果相伴相随，身处一片迷雾中时，要懂得适应这短暂的悲伤。成功与失败，往往无可预料，当失败的阴影如影随形时，不要用焦虑的怒火燃烧它，以最平静的心去适应它吧，相信成功总在失败之后到来。张杰，一个超高人气的流行歌手，在失败的沼泽中挣扎了好长一段时间。当他发现没有一点创作灵感，无法写出自己想要的音乐时，他沮丧了，他封闭了自己。是身边的人劝导他去适应自己的生活，并从中取得灵感，他相信了，也尝试了，终于从沼泽中逃脱出来，再次站在镁光灯下。是的，学会适应失败，在

阴影中保有自我,令张杰摆脱自暴自弃,重新出发。输了,败了,适应这些事情吧,它会令你重整旗鼓重新出发。

当流言蜚语袭来时,以最纯粹的心去适应,在“适应”这把大伞的保护下坚守自我。奥巴马,一个黑人总统,他适应着充满污秽质疑声的环境,用勤恳的工作态度与智慧在政治领域中大展拳脚;《钢铁是怎样炼成的》的主人公保尔,一个平凡穷人,他适应着充满冷嘲热讽声的环境,用顽强的毅力和隐忍过着独特的充实生活。生活于言论社会,我们更应该学会适应那由或真切或虚假的声音充斥的环境,做好真实的自己。

适应之法贵如金,当无法改变你生活的环境时,就淡然处之,适应它吧,于清清河流中悠然自乐,于茫茫蓝天中做一朵宁静的白云。

13.【参考范文】

自身的觉悟胜过金钱换来的专注

某职业学校教师为督促学生学习,课后发红包奖励上课认真和学习优秀的同学,此举一出,贪玩的学生纷纷改邪归正,师生关系得到改善。可此教师发红包的行为,展现了一种教师讨好学生的媚态,虽然促进了学生学习,却有些背离教育本意。

有些人可能认为这是奖学金的一种变式、演化版。可这样泛滥的金钱诱导真的是奖学金的一种演化吗?有人说这是一种创新,是奖学金模式的细化,引导奖励机制的一种革新。这样以利益为饵的行为真的配得上创新的高帽吗?

现存的奖学金制度是一种奖励机制,是在发现一个人的优秀作为与良好表现后对其努力的一种肯定。这种奖励肯定初创造,鼓励再创造,并弘扬正确的价值观。但反观这个上课红包,它更多的是以金钱为诱饵诱导学生完成老师所肯定的事情。前者是一个人开疆拓土,达到巅峰后立下丰碑,受人肯定;而后者是先立下丰碑,再用各种方式鞭挞驱策人们前行。可以说这样的行为非但不是进步,反而是一种可怕的野蛮倒退。

此种所谓的创新模式,失去了诱饵后,一切便回归原样,坏的仍旧坏,错的仍旧错,没有一丝一毫的改善。教育是教之育之,而非驱之驭之。知识用以学而非以记,正如学导以义而非以利。

其实该老师的行为的确寓意颇深。课堂上的知识,学则有红包,不学则无。在职业学校,课上学的每一个知识都可能化为未来的技能,在社会中获得十倍百倍的收益。老师的行为让学生知道学习有钱赚。可是他没能更深入地让他们明白,除去了他发的红包,他们学习仍能赚钱,只是赚的是看不见、感受不到的未来的钱。若教师能有所改进,引导他们发现上课学习得到的不只是微信红包,还有未来的工作与舒适,这或许不失为一个尝试。毕竟学生发自内心的觉悟更胜于金钱所换来的专注。而这也正是教育的意义所在,教之育之,引之于正道,授之以渔术。

教育不是改变一个人,而是引导一个人由内到外发生升华。像焦老师那样,当前的教育可以有千奇百怪的新招,来引起学生的专注,但没有触及本质的引导,都只是徒劳。千金散尽已然不会还复来。

14.【参考范文】

规 则

没有规矩不成方圆。偌大的世界若没有规则,何来和平与发展?何谈安居与乐业?何谈健康与快乐?“规则”好比是方向盘,方向盘虽然限制了车轮,却保证了车轮正确的前进方向,规则对我们也是如此。但有时候,如果方向盘转向了错误的方向,我们也可以通过正确的方法纠正。规则并不是我们生活中的掣肘,而是帮助我们创造美好生活的辅助。

面对正确的规则我们应该坚决捍卫,让规则成为我们健康生活的保障。

拜伦曾说:“如果人人都只为自己的生活去生活,那么这个世界将会冷却下来;如果一个人只纠缠于自己的私欲,那么世界就只会凝结成冰,充斥着冷漠,哪里会有未来呢?”是啊,生活中人们不光要扼杀自己的私心,还要尊重规则。我国自古以来都是一个崇尚法制的国家,依法治国基本方略的提出,使纷纷扰扰的社会变得井然有序。这难道不足以证明规则是给予我们一个赖以生活,维护自己权利的法宝吗?

有一则寓言讲述了这样一个故事:有一位骑师,训练了一匹十分温顺的好马。他想,给这样的好马加上缰绳是多余的,于是有一天骑马外出,就解掉了缰绳。马儿在原野上自由自在地奔跑,跑得越来越快。骑师无法控制,也不能重新给马儿拴上缰绳,最后竟被摔下了马背。马也冲下了幽深的山谷,摔得粉身碎骨。这则寓言告诉我们有时候规则是对我们的保护而不是限制。在现实的学习生活中,学生都渴望得到自由,希望无拘无束地生活、学习,而不是被学校、老师重重包围,禁锢在一隅之地。但是大家想一想,如果我们只要自由,不要规则,我们会不会最终像这匹好马一样,落得一个凄惨的下场。

和许多行为习惯一样,规则意识的培养不是一朝一夕的事,教师在教学过程中要保持一定的耐心,在各种生活情境中让学生了解规则,明确自己的行为。现今由于很多学校都实行住宿制,学校几乎成了学生的第二个家,因此有些学生便不顾室友感受在寝室养宠物,他们也许是不知道学校的规则,也许是无视学校的规则。这时候作为一名教师应该给予学生正确的引导,让学生明

白规则的重要性,以及他的行为会为学校、其他同学带来的影响。

当然,如果有的规则成为生活的掣肘,我们也可以适当改变,让我们的生活更加精彩。爱迪生有一次将一个形状很不规则的灯泡交给一位平日里非常恃才自傲的研究人员,请他准确地算出灯泡的容积。那人随手接过灯泡轻飘飘地说:"太简单了。"两个小时过后,爱迪生来问他答案,只见他桌子上到处是公式,但算了半天却还没有一个结果。爱迪生就拿起一杯水倒满灯泡,然后将灯泡里的水倒入量杯中,灯泡的容积就被轻而易举地显示了出来……这个事例中,爱迪生打破了规则,放弃了公式计算,另辟蹊径求出了这个问题的答案。

规则固然是重要的,但有时候我们也要根据实际情况适当改变规则。

15.【参考范文】

弘扬爱国精神

在中华民族的史册上,爱国主义是光辉灿烂的篇章,也是中国人民心中永垂不朽的精神。

说起爱国,我们要从小事做起,不能没有基础的妄想干大事,否则,将会在爱国的起跑线上输掉。我们应该在过马路时,多献一点爱心,扶一下身旁的老人;在公交车上,多站一会儿,将自己的座位让给身边的老幼病残孕;在别人遇到困难时,伸出援助之手,帮助她解决问题……只要我们从身边的小事做起,先学会尊老爱幼、关心他人,就可以在爱国的起跑线上迈出第一步。

有谁知道屈原投江殉国的故事?有谁知道苏武持节牧羊的过程?有谁知道黄遵宪的光耀事迹?但有一点是可知的,那就是爱国主义精神。正是因为他们对自己的祖国爱得深沉,把祖国的尊严,祖国的利益系于一身,忠诚爱国,以天下为己任。

爱国主义是中华儿女几千年凝结,积淀起来的对祖国最纯洁,最高尚,最神圣的感情,是中华民族精神的核心内容。这种民族精神,是中华民族不竭的精神动力和传统美德,是推动我国社会前进的巨大力量,是各族人民共同的精神支柱,是激励全国人民团结奋斗的光辉旗帜。

爱国主义具有鲜明的时代特征:

在民族危难的时刻,爱国主义表现为坚贞不屈的民族气节,坚守国土,血战到底的英雄气概。千百年来,一代代爱国者,舍生取义,为祖国捐躯,为民族殉节,他们是中华民族的脊梁。

在社会主义建设时期,爱国主义更多的不是表现为赴汤蹈火,壮怀激烈,而是表现为奉公守法,敬业爱岗;表现为维护祖国统一,反对祖国分裂;表现为各族人民互相团结,为构建社会主义和谐社会,实现中华民族的伟大复兴而贡献智慧和力量。

不要认为学生是祖国的花朵,只享受祖国的阳光雨露;他们同时还是祖国的成员,国家兴亡,匹夫有责。我们要时刻把"以热爱祖国为荣,以危害祖国为耻"牢记心上,学会做人,学会学习,学会生存。面对关乎祖国利益的事情,要发挥主人翁精神,坚决捍卫祖国尊严,维护国家利益,勇于和破坏国家统一,损害民族团结,危害社会主义事业的行为做斗争。在日常生活中,我们要从身边的小事做起,努力做一名合格的公民;升国旗时大声唱国歌,对国旗行注目礼;对国家文化遗产,自觉承担保护责任。

我们每一个中华儿女都有责任,有义务弘扬和培育民族精神,共同谱写民族精神的新篇章。

16.【参考范文】

成功在于尝试

英国的小男孩梅森患有自闭症,不想不愿也无法忍受别人给其理发。梅森的父母找了许多理发师,可没有人愿意尝试一次。就在梅森的父母为此苦恼的时候,威廉姆斯决定试一试。结果,经过几个月的努力,威廉姆斯成功了。这说明一个真理:成功在于尝试。

美国32岁女子杰西卡·考克斯出生时就没有双臂。在我们一般人看来,杰西卡的一生该是很悲惨的了。可事实是,杰西卡用双脚去尝试着在键盘上打字,成功了;尝试着弹钢琴,成功了。这该是很不简单了。更奇的是,她还学会了用双脚驾车,用双脚开飞机,这也缘于她的敢于尝试。她说:"我用了3年学习驾驶飞机,飞行过3种不同飞机,飞行时间超过80小时,现在我是一名合格的飞行员。"尝试不是一蹴而就,而是反复试验。反复试验,意味着我们需要具有足够的耐心,意味着我们需要不断总结一次次失败的教训。只有如此,我们才能在尝试中最后取得成功。英国的威廉姆斯是这样,美国的杰西卡也是这样。在我们中国,这样的例子也不少。

我们都知道司马光主编了《资治通鉴》,这部史学巨著,从周威烈王二十三年(公元前403年)写起,到五代后周世宗显德六年(公元959年)征淮南停笔,涵盖16朝1362年的历史。五代后周世宗显德六年之后的历史呢?就是算到清朝结束,也还有900多年呢。按说,凭一个人的力量用《资治通鉴》的体例去写这900多年的历史,似乎是不可能完成的工作。但有一个人,敢于尝试,硬是穷十年之功,七易其稿,用文言文完成了400余万字的《资治通鉴续纪》,他就是浙江省诸暨市的吴海京。想一想,如果吴海京瞻前顾后,患得患失,前怕狼,后怕虎,不敢尝试,那么,还会有《资治通鉴续纪》这部鸿篇巨制吗?不会的。

如果那样,我国自战国至清末2000年的历史也就难以贯通。屠呦呦,因发现青蒿素治疗疟疾的新疗法获诺贝尔生理学或医学奖。为了提取对疟原虫的抑制率达到10%的青蒿素,她和她的团队试验了191次。也就是说,尝试了191次。191次,意味着什么?意味着团队成员钟玉容肺部发现肿块,切除了部分气管和肺叶;意味着科学家崔淑莲甚至因此很早就去世了;意味着屠呦呦也曾一度患上中毒性肝炎。但这些都没有让他们放弃尝试。也正因为这样,屠呦呦们才获得了空前的成功。

无数事实说明,成功在于尝试,尝试需要耐心,需要恒心。我们处在一个改革开放的新时代,时代要求我们要敢于大胆尝试。尝试可能失败,但不尝试一定不会成功。反复尝试,肯定能够成功。既然如此,请让我们解放思想,放开手脚,在一切可能的领域去尝试,从而让我们的国家社会发展得更快更好!

第二模块 全真模拟试卷

国家教师资格考试《综合素质》(幼儿园)全真模拟试卷(一)

一、单项选择题

答案速查

1~5	ADADB	6~10	DCDBD
11~15	BCBDD	16~20	BCBDC
21~25	CDDBB	26~29	CBAD

1. A 【解析】题干中刘老师的做法是错误的,作为教师不能因为体操表演而剥夺儿童的午睡及游戏时间,这种做法违背了儿童身心发展的特点,不利于儿童身体健康。

2. D 【解析】新课程提倡的教师观要求教师在对待与其他教育者的关系上应当注重合作、互助。两位老师为了竞争而暗暗较劲,毫无交流,违背了教师间的合作理念。

3. A 【解析】教师要尊重幼儿,信任幼儿,尊重幼儿的隐私,要保护幼儿的自尊心。题干中教师的行为没有尊重、信任幼儿,侵犯了幼儿的人身自由权,故该老师的做法是错误的。

4. D 【解析】儿童身心发展的顺序性指的是根据儿童身心发展的特征适时地开展教育教学活动。题干中某幼儿园把小学一年级语文、数学知识作为主要教学内容的做法有悖于儿童身心发展的顺序性。

5. B 【解析】《中华人民共和国宪法》第三十四条规定,中华人民共和国年满十八周岁的公民,不分民族、种族、性别、职业、家庭出身、宗教信仰、教育程度、财产状况、居住期限,都有选举权和被选举权;但是依照法律被剥夺政治权利的人除外。根据我国《未成年人保护法》规定,未成年人是指未满十八周岁的公民,青少年儿童属于未成年人,所以没有选举权。

6. D 【解析】《学生伤害事故处理办法》第十四条规定,因学校教师或者其他工作人员与其职务无关的个人行为,或者因学生、教师及其他个人故意实施的违法犯罪行为,造成学生人身损害的,由致害人依法承担相应的责任。

7. C 【解析】《中华人民共和国教育法》第四十三条规定,受教育者享有"参加教育教学计划安排的各种活动,使用教育教学设施、设备、图书资料"的权利。题干中老师将小明赶出课堂的行为剥夺了小明的这一权利。

8. D 【解析】《中华人民共和国义务教育法》第十二条规定,适龄儿童、少年免试入学。地方各级人民政府应当保障适龄儿童、少年在户籍所在地学校就近入学。

9. B 【解析】根据《中华人民共和国教育法》第五十条规定,未成年人的父母或者其他监护人应当为其未成年子女或者其他被监护人受教育提供必要条件。未成年人的父母或者其他监护人应当配合学校及其他教育机构,对其未成年子女或者其他被监护人进行教育。学校、教师可以对学生家长提供家庭教育指导。

10. D 【解析】《儿童权利公约》第三十一条规定,缔约国确认儿童有权享有休息和闲暇,从事与儿童年龄相宜的游戏和娱乐活动,以及自由参加文化生活艺术活动。缔约国应尊重并促进儿童充分参加文化和艺术生活的权利,并应鼓励提供从事文化、艺术、娱乐和休闲活动的适当和均等的机会。

11. B 【解析】《中华人民共和国未成年人保护法》第二十八条规定,学校应当保障未成年学生受教育的权利,不得违反国家规定开除、变相开除未成年学生。题干中学校因为梁某欺凌同学,扰乱课堂纪律便将其开除,违反了上述规定,故做法是不合法的。

12. C 【解析】财产所有权,是指所有人依法对其财产享有占有、使用、收益、处分的权利。幼儿年龄虽小,但任何人不得随意剥夺、侵犯其权利。题干中崔老师以违反纪律为由向幼儿收取"违纪金",侵犯了幼儿的财产权,故做法不合法。

13. B 【解析】教师在处理与同事和领导者的关系时,要做到:(1)提升自身素质;(2)尊重他人,以诚相待;(3)尊重领导,服从安排。"绝对服从"不符合教师行为规范。

14. D 【解析】A项没有考虑学生的感受,处理方式不合适;B、C两项违背了廉洁从教的职业道德规范;D项不仅遵循了廉洁从教的职业道德规范,而且处理方式合理有效。

15. D 【解析】个体身心发展的顺序性是指人的身心发展是一个由低级到高级、由简单到复杂、由量变到质变的连续不断的发展过程。例如,身体的发展遵循着从上到下、从躯体中心向外围、从粗大动作到精细动作的顺序发展,心理的发展总是由机械记忆到意义记忆,由具体思维到抽象思维。

16. B 【解析】关爱学生要求教师做到关心爱护全体学生,尊重学生人格,平等公正对待学生。不讽刺、挖苦、歧视学生,不体罚或变相体罚学生。题干中李老师的做法是对学生的讽刺、挖苦和歧视,没有做到尊重学生,违背了关爱学生的教师职业道德规范。

17. C 【解析】六经论五行者,始见于《尚书·洪范》:"五行,一曰水、二曰火、三曰木、四曰金、五曰土。"

18. B 【解析】孔雀舞是我国傣族民间舞中最负盛名的传统表演性舞蹈。土家族比较流行的一种舞蹈是摆手舞。藏族有"果谐""堆谐"等民间自娱性舞蹈。蒙古族的舞蹈有"安代舞""盅碗舞"等。故选择B项。

19. D 【解析】"溪云初起日沉阁,山雨欲来风满楼"出自唐代诗人许浑的《咸阳城东楼》。

20. C 【解析】在京剧脸谱中,红脸代表忠诚和勇敢,如关羽;蓝脸代表刚强、骁勇,如窦尔敦;黑脸代表正直、无私、刚正不阿,如包拯;白脸代表阴险、狡诈、飞扬、严肃,如曹操;绿色脸谱代表顽强、暴躁,如程咬金;黄脸代表骁勇、凶猛,如典韦;金色、银色脸谱代表各种神怪形象。

21. C 【解析】《游击队之歌》是一首进行曲风格的群众歌曲,是中国著名作曲家贺绿汀于1937年所作。

22. D 【解析】"不锈钢"一词不仅仅是单纯指一种不锈钢,而是表示一百多种工业不锈钢,所开发的每种不锈钢都在其特定的应用领域具有良好的性能。它们除了铁外,还含有铬和镍。不锈钢的耐蚀性随含碳量的增加而降低,因此,大多数不锈钢的含碳量均较低,最大不超过1.2%。

23. D 【解析】公元前266年,秦昭王任用范雎为相,并积极推行范雎的"远交近攻"策略。即联络距离远的国家,进攻邻近的国家。这是战国时秦国采用的一种外交策略,秦国用它达到了统一六国、建立统一王朝的目的。

24. B 【解析】古语中的"桃李年华"指的是20岁左右的女性。女子30岁称为半老徐娘,男子30岁称而立。

25. B 【解析】冬至吃饺子是为了纪念"医圣"张仲景冬至舍药。

26. C 【解析】Word中可多次进行格式复制的操作步骤是左双击格式刷按钮。

27. B 【解析】在PowerPoint中,若想将幻灯片放映的换页效果设为"垂直百叶窗",可先选择"切换"选项卡,选中幻灯片后,在"切换到此幻灯片"命令中选择"百叶窗",然后在"效果选项"中选择"垂直"。故本题选择B选项。

28. A 【解析】有的雷阵雨是大暴雨,有的大暴雨是雷阵雨,二者是交叉关系,且二者都是雨的一种,流星雨不属于雨。观赏花和食用花,二者是交叉关系,且二者都是花的一种,交际花不属于花,与题干逻辑关系一致,故选A。

29. D 【解析】从第三项开始,每一项等于前两项相乘加2,括号中的数$8\times26+2=210$,故本题选D。

二、材料分析题(参考答案)

30. 刘老师的教育行为体现了"育人为本"的儿童观。

(1)"育人为本"的儿童观强调幼儿是独特的人。每个幼儿身心发展的速度都各不相同,身心素质的组合特征也不同。每个幼儿都有其优势领域和劣势领域,教师应当将幼儿看成独特的个体,因材施教,促进幼儿的全面发展。材料中当孩子们提出改变游戏规则,刘老师并没有制止或是批评儿童,而是同意儿童的提议,改变了游戏的规则。这体现了刘老师尊重儿童的人格,平等对待儿童,注重培养儿童的求知欲和学习的积极性,发展儿童发散的思维能力和动作协调能力。

(2)"育人为本"的儿童观强调幼儿是发展中的人,要用发展的观点认识幼儿。幼儿不同于成人,正处于发展之中,他们有自己独特的认知方式、成长特点,有巨大的发展潜能和被塑造与自我塑造的潜力。材料中当刘老师改变游戏规则后,更能吸引儿童的注意力,儿童做了很多平时没有做过的动作,发展了儿童的反应能力、想象力和创造力,使得儿童智力得以进一步提高。轻松的教学活动为儿童带来欢乐的同时,使其感受美的存在,满足了儿童全面发展的需要。

综上所述,刘老师很好地践行了"育人为本"的儿童观,其教学行为值得我们借鉴和学习。

31. 李老师的做法是正确的,践行了教师职业道德规范的要求。

(1)教师职业道德规范要求老师做到关爱学生。材料中,李老师发现丹丹右脚有6个脚趾时向丹丹道歉,并尊重她不脱袜子的意愿,保护了学生

的自尊心,做到了关爱学生。

(2)教师职业道德规范要求老师做到教书育人。材料中,李老师就乐乐不善言辞的问题细心地去解决,引导乐乐与小伙伴交流,最终使乐乐的言语能力得到发展,性格也变得开朗,很好地践行了教书育人的要求。

(3)教师职业道德规范要求老师做到为人师表。材料中,李老师发现乐乐存在的问题后,及时与其父母进行有效沟通,共同帮助乐乐解决不善言辞、性格孤僻的问题,符合为人师表的要求。

总之,材料中李老师的行为保护了丹丹的自尊心,培养了乐乐良好的人格,使两人都得到了健康成长,这种行为值得赞扬和学习。

32. (1)①运用拟人手法,生动地写出了山楂挤满枝头的美好景象,"挤来嚷去""一个挨着一个",写出了山楂树果实的稠密和作者的喜悦。②运用通感手法,用听觉中的笑声表现视觉中山楂的色彩、形态,生动地描写出山楂的鲜艳和稠密,流露出作者的喜悦之情。③通过想象,写笑声"从枝叶间飞出""落在地上,飞向空中"等,描写了一幅生机勃勃的美好场景。④运用"挤""挨""笑""飞"等词语,生动地写出山楂树果实累累、色彩鲜艳的美景,表达了作者的喜悦之情。

(2)李嫂虽然离去,但给作者留下了宝贵的精神财富;孕妇将要诞生婴儿,让作者感受到生命的延续;李嫂和孕妇都像十月的山楂一样,结出了"属于自己的果实"。

三、写作题

33.【参考范文】

让爱心在教学中处处闪光

——当一名人民教师,我准备好了

"爱心"是教育工作中不可缺少的情操,也是老师工作的主旋律。当一名人民教师,我准备在实际的教育教学过程中,发扬教育民主,把自己的爱洒在每个学生的心间,通过爱的教育促进学生的成长和发展。

当一名人民教师,我准备做到不计报酬、无私奉献。在课堂上,老师对每一个学生要谆谆告诫,诲人不倦;在平时的生活中,老师要率先垂范,言传身教;在课外,老师要做学生的朋友,心心相印,开诚布公。要做好这些工作,老师就必须深入到学生群体中去,跟每个学生谈心,与他们做知心朋友,了解他们的优点、缺点、爱好和困难等等,对他们在课堂上和平时生活中的点滴进步进行表扬,使他们树立自信心,促进学生的全面发展。

当一名人民教师,我准备做到为人师表。因为学生模仿老师的意识相当强烈,如果老师能够在学生面前树立一个美好的形象,学生们也会因模仿老师自然而然地养成良好的习惯。例如,当老师发现教室的地上有生活垃圾时,老师要主动捡起来;当遇到有人摔倒在地时,应上前把他扶起来;当某学生遇到生活上的困难时,老师要给予一定的帮助,等等。用老师美好的形象去感化学生,培养他们爱劳动、讲卫生、争做好人好事的习惯。

当一名人民教师,我准备用自己的爱去温暖学生的心灵。教育事业是一曲爱心赞歌,教师就要像雕琢璞玉一样细心,耐心对待自己的学生。学生年龄尚小,老师作为学生思想上重要的启蒙人,要用爱心去关心他们、帮助他们,让他们逐渐去掉思想上的"尘垢",成为一块名副其实的美玉。对于调皮的学生,教师不能只是简单地斥责与批评,应采取个别谈心和细心观察的办法,寻找他们身上的"闪光点",以此作为转化他们的"起点",使这些学生产生一种自我控制、自我约束的驱动力,从而鞭策自己进步,接受教育,团结同学。对于自卑的学生,教师要"动之以情,晓之以理",提高孩子的信心,用真心的关怀去温暖他,用完全的信任去感化他,使他告别自卑的昨天,坚定地走向美好的明天。

"爱"是消除师生之间情感障碍的保证;"爱"是培养老师与学生的感情,使师生成为"知心朋友"的桥梁;"爱"是转变后进学生,使他们良好发展的灵丹妙药;"爱"是学生成长、进步、发展的关键。老师必须将自己的爱心和耐心,化作无声的细雨,用精神的甘露去洗涤学生精神上的尘埃。

让我们用无私的爱托起教育的明天,当一名人民教师,我已经扬帆待发。

国家教师资格考试《综合素质》(幼儿园)全真模拟试卷(二)

一、单项选择题

答案速查

1~5	CDCAC	6~10	CDACB
11~15	DDCDC	16~20	DCBCC
21~25	BCBAA	26~29	ACBD

1. C 【解析】教师要尊重幼儿,要保护幼儿的自尊心。幼儿的自尊心比较脆弱,教师不应该当着别人的面,揭幼儿的短处。题干中王老师没有当众批评红红,而是把她叫到办公室进行引导,体现了对学生的尊重,保护了幼儿的自尊心。

2. D 【解析】现代教师教学行为要求教师在对待师生关系上,强调尊重、赞赏。教师应努力做到:不

体罚学生,不辱骂学生,不大声训斥学生,不冷落学生,不羞辱、嘲笑学生,不随意当众批评学生。题干中幼儿开小差是常有的事,作为教师,需要拥有一颗宽容的心,可以善意提醒,通过眼神或动作来引导孩子。

3. C 【解析】现代教师教学行为要求教师在对待与其他教育者的关系上,强调合作。教师必须处理好与家长的关系,加强与家长的联系与合作,共同促进学生的健康成长。当老师与家长间发生误会时,要耐心解释,对于自己的错误要勇于承认。

4. A 【解析】教学反思是教师成长的途径,教学反思是指教师以自己的教学活动过程为思考对象,对自己所做出的某种教学行为、决策以及由此所产生的结果进行审视和分析的活动。本题中影老师在实施新的教学设计之后对自己的提问属于教学反思。故本题选 A。

5. C 【解析】《中华人民共和国宪法》第八十条规定,中华人民共和国主席根据全国人民代表大会的决定和全国人民代表大会常务委员会的决定,公布法律,任免国务院总理、副总理、国务委员、各部部长、各委员会主任、审计长、秘书长,授予国家的勋章和荣誉称号,发布特赦令,宣布进入紧急状态,宣布战争状态,发布动员令。其他三项均为国务院的职权。

6. C 【解析】《中华人民共和国教育法》第八十条规定,任何组织或者个人在国家教育考试中有下列行为之一,有违法所得的,由公安机关没收违法所得,并处违法所得一倍以上五倍以下罚款;情节严重的,处五日以上十五日以下拘留;构成犯罪的,依法追究刑事责任;属于国家机关工作人员的,还应当依法给予处分:(1)组织作弊的;(2)通过提供考试作弊器材等方式为作弊提供帮助或者便利的;(3)代替他人参加考试的;(4)在考试结束前泄露、传播考试试题或者答案的;(5)其他扰乱考试秩序的行为。

7. D 【解析】根据《学生伤害事故处理办法》第二十七条规定,因学校教师或者其他工作人员在履行职务中的故意或者重大过失造成的学生伤害事故,学校予以赔偿后,可以向有关责任人员追偿。

8. A 【解析】《中华人民共和国教师法》第三十七条规定,教师有下列情形之一的,由所在学校、其他教育机构或者教育行政部门给予行政处分或者解聘:(1)故意不完成教育教学任务给教育教学工作造成损失的;(2)体罚学生,经教育不改的;(3)品行不良、侮辱学生,影响恶劣的。

9. C 【解析】《幼儿园工作规程》第二十二条规定,幼儿园应当培养幼儿良好的大小便习惯,不得限制幼儿便溺的次数、时间等。

10. B 【解析】班主任没有确凿证据,仅通过全班选举就认定小明是小偷,侵犯了小明的名誉权。

11. D 【解析】《中华人民共和国未成年人保护法》第八十三条规定,各级人民政府应当保障未成年人受教育的权利,并采取措施保障留守未成年人、困境未成年人、残疾未成年人接受义务教育。

12. D 【解析】《中华人民共和国教师法》第十四条规定,受到剥夺政治权利或者故意犯罪受到有期徒刑以上刑事处罚的,不能取得教师资格;已经取得教师资格的,丧失教师资格。

13. C 【解析】关爱学生是师德的灵魂。没有爱,就没有教育。关爱学生,就是要求教师有热爱学生、诲人不倦的情感和爱心。题干中老师的行为是关爱学生的体现,是恰当的,能让学生感受班级温暖。故本题选 C。

14. D 【解析】为人师表要求教师严于律己,以身作则。语言规范,举止文明。题干中张老师“爆粗口”的行为不符合为人师表的要求,教师应当进行反思与改正。C 项中的“尽力避免”这一说法不合理,教师作为学生的表率,必须改变自己,不说脏话,为学生树立良好的榜样。

15. C 【解析】2008 年修订的《中小学教师职业道德规范》中关于“教书育人”方面所规定的具体职业行为要求是:遵循教育规律,实施素质教育。循循善诱,诲人不倦,因材施教。培养学生良好品行,激发学生创新精神,促进学生全面发展。不以分数作为评价学生的唯一标准。故题干所述是 2008 年修订的《中小学教师职业道德规范》中的“教书育人”的要求。

16. D 【解析】教师在处理与家长的关系时,要做到“尊重为先”。教师应尊重家长,树立家长的威信,增强家庭教育的力量,家校合力一起做好教育工作,而不是放弃、嘲笑,或者把教育的责任全部推给家长。

17. C 【解析】图 A 名为《碧落碑》,为小篆;图 B 名为《大篆范本》,为朱复戡的作品,字体为大篆;图 C 为柳公权的《神策军碑》,为楷体;图 D 名为《琅华馆贴》,为行草。故答案选 C。

18. B 【解析】“四书”是封建社会科举取士的初级标准书。它所指的是《大学》《中庸》《论语》《孟子》。

19. C 【解析】“一寸光阴一寸金”中的测量用具是日晷,用晷指示日影的长度来代表时间长短。

20. C 【解析】“谁言寸草心,报得三春晖”出自孟郊《游子吟》。故选 C。

21. B 【解析】①项错误,唐代诗人崔颢在《黄鹤楼》一诗中写道“芳草萋萋鹦鹉洲”;祢衡是东汉末年名士,曾作《鹦鹉赋》,死后葬于鹦鹉洲,因此结合“祢衡”和“崔颢”可推断其对应的名楼为黄鹤楼。②项错误,唐代诗人王之涣在《登鹳雀楼》一诗中写道“黄河入海流”“欲穷千里目”,因此由

“千里目”和“黄河入海”可联想到鹳雀楼。③项正确，洞庭湖古称“云梦”，有神仙洞府之意，岳阳楼紧邻洞庭湖，因此由“云梦”和“仙人”可知为岳阳楼。④项正确，唐代诗人王勃在《滕王阁序》中写道“落霞与孤鹜齐飞，秋水共长天一色”，因此由“水天一色”可知为滕王阁。

22. C 【解析】根据题干材料中的关键词“无产阶级”，结合史实分析选项可知，《共产党宣言》的发表标志着马克思主义的诞生，为世界无产阶级指明了斗争方向，成为无产阶级斗争的思想武器，故选 C。

23. B 【解析】《离婚》是老舍的代表作之一，书中描写了北京旧时政府机关里一群小职员们的悲欢离合的生活。《子夜》是茅盾的长篇小说，《寒夜》是巴金的长篇小说，《老实人》是沈从文的小说集。

24. A 【解析】八七会议是 1927 年 8 月 7 日在汉口召开的会议。西安事变是张学良、杨虎城将军于 1936 年 12 月 12 日发动“兵谏”，在西安拘捕蒋介石的事件。“九一八事变”发生在 1931 年 9 月 18 日。红军长征发生在 1934 年 10 月到 1936 年 10 月。

25. A 【解析】苏州古典园林至今保存完好并开放的有，始建于宋代的沧浪亭、网师园，元代的狮子林，明代的拙政园、艺圃、留园，清代的耦园、怡园、曲园、听枫园等。豫园位于上海市老城厢的东北部，是江南古典园林。

26. A 【解析】插入的背景音乐要求应为音频格式，wav 为音频格式，B、C、D 选项为图片格式。因此本题选择 A 选项。

27. C 【解析】打印机是计算机的输出设备之一，用于将计算机处理结果打印在相关介质上。

28. B 【解析】“破釜沉舟”讲的是项羽的故事，“精忠报国”讲的是岳飞的故事，“乐不思蜀”讲的是刘禅的故事，“卧薪尝胆”讲的是勾践的故事，“纸上谈兵”讲的是赵括的故事。

29. D 【解析】每个图形由两个部分构成，且为一直一曲，前一个图形的内部为下一个图形的外部，由此选择 D。

二、材料分析题（参考答案）

30. “我”的教学行为很好地践行了“育人为本”的儿童观。

(1)“育人为本”的儿童观强调学生是发展中的人。学生具有巨大的发展潜能，学生是处于发展过程中的人，教师要用发展的眼光看待学生。材料中，“我”并没有因为阳阳的调皮捣蛋就放弃他，而是花了两周时间去观察，发现阳阳身上的优点——爱阅读，让阳阳在班级交流阅读心得，从而树立了阳阳的自信心。

(2)“育人为本”的儿童观强调学生是独特的人。每个学生都有自身的独特性，学生与成人之间具有巨大的差异，教师要针对每个学生的不同特点进行因材施教，才能够产生更好的教学效果。材料中“我”根据阳阳酷爱阅读的优点，让他在班级交流读书心得，体现了“我”把阳阳同学看作是独特的人的理念，说明“我”以人为本，面向全体学生，没有因为阳阳是“小霸王”而放弃他，相反，通过耐心的观察和帮助，使他取得了很大的进步。

(3)“育人为本”的儿童观强调幼儿是学习的主体，是具有能动性的教育对象。学生是学习的主体，作为教师要调动学生学习的积极性和主动性。材料中，“我”通过请他交流读书心得，激发起阳阳学习的兴趣，他认真查资料，反复练习，给同学讲解心得，都体现了“我”把阳阳看作是学习主体的理念。

因此，作为教师，在面对像阳阳这样调皮的孩子时，要结合“育人为本”的儿童观，积极地促进幼儿的全面发展。

31. 张老师的做法是恰当的，践行了教师职业道德规范的要求。

(1)教师职业道德规范要求教师要做到爱岗敬业。材料中，张老师不断学习，制订方案，每周开展主题活动，全身心地投入到工作当中，践行了爱岗敬业的职业道德。

(2)教师职业道德规范要求教师要做到关爱学生。材料中，张老师用自己的耐心、爱心和责任心对待幼儿，为了幼儿有快乐和精彩的童年而设计各种活动，创造性地解决教师与幼儿的关系，体现了关爱学生的职业道德。

(3)教师职业道德规范要求教师要做到教书育人。材料中，张老师在处理幼儿问题的过程中，循循善诱，用更灵活的方式帮助幼儿获得品德的提升，体现了教师教书育人的职业道德。

幼儿教师所秉持的职业道德规范会极大地影响儿童的发展，因此在实际的教育教学过程中，全心全意地投入工作，保持耐心，关爱所有幼儿，才能更好地促进幼儿的全面发展。

32. (1)中国的文人常常胸怀天下而时运不济，在苦闷之时，将自己的远大志向寄予对梅花高贵品格的赞颂之中，写出许多千古传诵的篇章。正是文人的生花妙笔，赋予了梅淡泊迷人又孤高桀骜的个性，并使其广为传播，在中国文化中备受青睐。

(2)观点：人生一世与世上其他生灵的一生就其过程来讲，并无二致。人生就与梅花一样，都会经历各种苦难，在磨难中成长。世界上的众多生灵没有选择生存环境的权利，有的是国色天香，魏紫姚黄，让人羡慕，但也有的如梅花一样，生存于恶劣的环境中，“难以招人眼目”。人的一生同样如此，得高官厚禄者少，平平淡淡者多，但我们

不能一味怨天尤人，应当怀有一颗平常心，做力所能及的事，知足常乐。即使面对生活逆境，也应当如梅花一样勇于面对、勇于承受，永远不失生活的信念。（从其他角度作答，只要切合题目要求，言之成理亦可）

三、写作题

33.【参考范文】

四管齐下，克服职业倦怠

当前中小学教师中间普遍存在着职业倦怠现象，严重影响着教师的个人意义感和教育教学工作。究其原因，职业倦怠主要是由于动机的缺失造成的。而造成教师动机的缺失又有很多具体原因，如付出与回报不成正比使他们感到失望，对自主和尊重的强烈需求长期得不到满足而使他们失去信心与热情，工作环境中的人文关怀的缺乏也会使他们的热情消退，等等。我认为针对职业倦怠应从下面四个方面着手。

（1）薪酬激励

亚当·斯密首先提出薪酬对教师倦怠的影响，这在现实中也是合乎道理的。人们普遍认为，对代理人最传统最直接的激励方式是激励性报酬。教师既有其专业性的一面，同时也有其与常人共同的人性。激励性的报酬安排表现在两个方面：一是教师作为一个职业在所有职业收入中所占的地位的高低位次；二是教师工资增长机制和激励机制，即建立在从教年限和国家政策基础上的增长和绩效上的激励。做好第一个方面可以吸引优秀人才从事教育事业，是对在职教师继续从教的激励；做好第二个方面则可以鼓励教师更加尽心工作，提升专业素质从而提高教学质量。

（2）晋升制度

晋升是对教师工作与能力的认可，本身就是激励性质的。专业组织中流行的“非升即走”惯例，越来越影响到聘任制下的教师管理。制定建立在教龄和绩效基础上的晋升制度，一方面是对教师表示认可，鼓励其继续努力；另一方面也起到挽留教师的作用。教龄与经验是教师的宝贵财富，学校应当对之提供相应回馈，经验丰富的老教师理应受到更多的鼓励与尊敬。

（3）授权与问责

学校应当建立完整的授权与问责机制，以激发教师的自主性与积极性。思想上和行为上的独立性以及自制是人的基本需要。人们拒绝在外部压力下做事，尤其是在规则、规章、秩序和最后期限的压力下工作，因为这些外部压力干扰了他们的自制需要。人在拥有较大自主权时会更加自信、自尊，对自己的表现也就有更高的要求。通过鼓励个体自主决策，计划自己的行动路线，并且对自己的结果负责，可以增进他们的自主与自我决定需要。问责是对授权效果的监督检查，以激励教师，调动积极性、发挥创造性，尽最大的努力实现目标。

（4）人文关怀

人们总是脱离开人性而只就教师的职业特点强调教师是楷模、人类灵魂的工程师。他们的付出被认为是理所当然的，对教师为人师表提出过高的要求，使教师常常感到疲惫不堪。教师也有被满足的需要，而这却常被忽视。教师是一个情感高投入的职业，情感的高投入及高收益会带来极大的幸福感，但别人往往只看到教师幸福及充实的一面，并不了解教师工作的另一面，即情感高支出的同时，其折磨及挫伤也可能更大。长期以来的专业特性已经融入教师的人格特质，使他们极其看重其投入的情感价值以及被人尊重。就学校范围来看，学校领导对教师的关怀可以有效地激励教师的工作热情。对教师的人文关怀体现在方方面面：善于倾听；对教师工作的表扬与支持；多与教师交流；关心教师的家庭生活；重视对教师的培训；等等。这些都可以照亮教师心灵的天空，可以让教师感受到尊重，建立起领导与教师之间的信任感。

我们不应拿圣人的标准来要求教师，教师也有自己的需求以及缺点，需要得到社会和学校的关注与帮助。当他们遭遇到职业生涯发展的瓶颈、产生职业倦怠时，外界的援助无疑是雪中送炭，重新给他们点燃热情之火，助他们顺利走出困境。

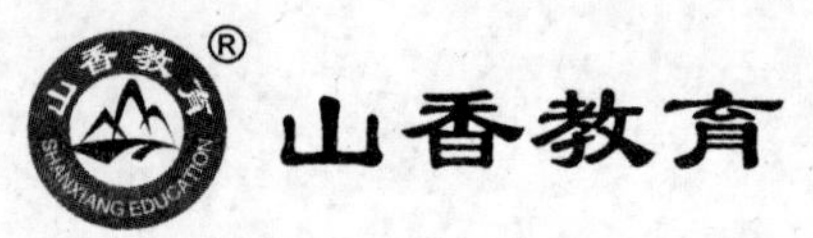

国家教师资格考试

高分题库

山香教师资格考试命题研究中心 主编

幼儿园·综合素质

关注公众号，点击“笔试练习”领取历年真题及预测卷20套！

图书在版编目(CIP)数据

高分题库. 综合素质. 幼儿园 / 山香教师资格考试命题研究中心主编. --北京：首都师范大学出版社，2017.4(2022.4重印)

国家教师资格考试

ISBN 978-7-5656-3405-5

Ⅰ. ①高… Ⅱ. ①山… Ⅲ. ①教师素质-幼教人员-资格考试-习题集 Ⅳ. ①G451.1-44

中国版本图书馆CIP数据核字(2017)第061491号

国家教师资格考试高分题库

ZONGHE SUZHI YOUERYUAN

综合素质·幼儿园

山香教师资格考试命题研究中心 主编

策划编辑 张文强

责任编辑 曹亮亮 王慕飞 封面设计 山香教育

首都师范大学出版社出版发行

地 址 北京市西三环北路105号

邮 编 100048

电 话 010-68418523(总编室) 010-68982468(发行部)

网 址 http://cnupn.cnu.edu.cn

印 刷 河南黎阳印务有限公司

经 销 全国新华书店

版 次 2017年4月第1版

印 次 2022年4月第13次印刷

开 本 787mm×1092mm 1/16

印 张 15.5

字 数 410千

定 价 42.00元

前　言

一、考情说明

中小学教师资格考试是由国家建立考试标准，省级教育行政部门组织的全国统一考试，包括笔试和面试两部分。笔试主要考查申请人从事教师职业所应具备的教育理念、职业道德、法律法规知识、科学文化素养、阅读理解、语言表达、逻辑推理和信息处理等基本能力；教育教学、学生指导和班级管理的基本知识；拟任教学科领域的基本知识，活动设计实施评价的知识和方法，运用所学知识分析和解决教育教学实际问题的能力。笔试一般在每年 3 月和 11 月各举行一次，笔试单科成绩有效期为 2 年。笔试科目均合格的考生，可参加教师资格考试面试。下表为各学段的笔试科目及面试相关情况。

<table>
<tr><th colspan="3" rowspan="2">类别</th><th colspan="3">笔试科目</th><th rowspan="2">面试</th></tr>
<tr><th>科目一</th><th>科目二</th><th>科目三</th></tr>
<tr><td colspan="3">幼儿园</td><td>综合素质</td><td>保教知识与能力</td><td rowspan="2">——</td><td rowspan="5">教育教学实践能力</td></tr>
<tr><td colspan="3">小学</td><td>综合素质</td><td>教育教学知识与能力</td></tr>
<tr><td rowspan="5">中学</td><td colspan="2">初级中学</td><td rowspan="5">综合素质</td><td rowspan="5">教育知识与能力</td><td rowspan="3">学科知识与教学能力</td></tr>
<tr><td colspan="2">高级中学</td></tr>
<tr><td rowspan="2">中职</td><td>文化课教师</td></tr>
<tr><td>专业课教师</td><td rowspan="2">（试点省自行组织）</td><td rowspan="2">（试点省自行组织）</td></tr>
<tr><td colspan="2">中职实习指导教师</td></tr>
<tr><td colspan="7">注 1. 初级中学的《学科知识与教学能力》科目分为：语文、数学、英语、物理、化学、生物、道德与法治、历史、地理、音乐、体育与健康、美术、信息技术、历史与社会、科学等 15 个学科。
注 2. 普通高级中学的《学科知识与教学能力》科目分为：语文、数学、英语、物理、化学、生物、思想政治、历史、地理、音乐、体育与健康、美术、信息技术、通用技术等 14 个学科。</td></tr>
</table>

二、图书特点

为了让考生有针对性地备考，使复习有方向有条理，作为国内研究开发教师资格考试辅导教材的专业机构，山香教育在调研历年教师资格考试真题的基础上，结合考试标准和考试大纲，策划出版了本套题库，致力于帮助广大考生实现教师之梦。

本套题库具有如下特点：

第一，精选真题，契合考纲。

本套题库选择真题时注重其是否契合《中小学教师资格考试·综合素质（幼儿园）笔试大纲》。精选真题按照职业理念、教育法律法规、教师职业道德、文化素养和基本能力五个部分划分归类，又具体分出各个专题，使考生能够根据专题的知识点、重点进行强化训练，以达到提升应试能力的目的。

第二，题量丰富，解析详尽。

本套题库试题丰富，题型全面，且所有试题都附有详细的答案和解析，思路清晰，要点明确，考生可通过做题达到巩固知识、熟悉题型、强化记忆的效果。

三、图书使用说明

1. 本套题库在“核心知识提要”部分对重要知识与考点挖空，并在“参考答案及解析”册增设“核心知识提要”部分答案，考生可在默写后对照答案查漏补缺，有针对性地巩固薄弱点。

2. 本套题库的“经典真题回顾”部分选用 2017—2022 年的经典真题，覆盖范围广，知识点全面，有助于考生了解教师资格考试命题趋势，发现自身不足，及时进行复习。

3. 本套题库在每一章各部分及专题名右下方增设“答案页码”图标➢答案见 P1，为考生提供便利，考生可在完成试题后快速找到“参考答案及解析”册对应页码处，查阅试题答案解析。

本套题库难免存在一些不足之处，衷心希望各位读者朋友批评指正，同时希望这套题库能为考生顺利通过教师资格考试提供帮助。

编　者

目　录

2019(下)——2022(上)真题考点分布表

第一模块　过关必刷题库

第二模块　全真模拟试卷

参考答案及解析单独成册

2019(下)——2022(上)真题考点分布表

模块	考点	2022 年	2021 年		2020 年	2019 年
		上半年	下半年	上半年	下半年	下半年
职业理念	教育观	——	素质教育的内涵	素质教育的内涵	素质教育的内涵;素质教育的目标	学前教育观的树立;素质教育的内涵
	儿童观	“育人为本”的儿童观	“育人为本”的儿童观在保教实践中的应用	“育人为本”的儿童观;“育人为本”的儿童观在保教实践中的应用	“育人为本”的儿童观;“育人为本”的儿童观在保教实践中的应用	“育人为本”的儿童观;“育人为本”的儿童观在保教实践中的应用
	教师观	新课程倡导的教师观	新课程倡导的教师观;教师专业发展的阶段	——	教师专业发展的途径	——
教育法律法规	教育法律法规概述	宪法;儿童权利公约;未成年人保护法;教师法;教育法;幼儿园工作规程	宪法;教育法;教师法;义务教育法;未成年人保护法;学生伤害事故处理办法;幼儿园工作规程	宪法;教育法;教师法;学生伤害事故处理办法;幼儿园工作规程	宪法;教育法;未成年人保护法;儿童权利公约	宪法;教育法;未成年人保护法;幼儿园工作规程
	幼儿权利保护	——	——	——	幼儿的身体权	幼儿的人格尊严权与著作权
教师职业道德	教师职业道德规范	《中小学教师职业道德规范》(2008 年)	《中小学教师职业道德规范》(2008 年)	《中小学教师职业道德规范》(2008 年)	《中小学教师职业道德规范》(2008 年)	《中小学教师职业道德规范》(2008 年)
	教师的职业行为	——	——	教师职业行为规范在保教实践中的应用	——	幼儿教师的职业特点;教师职业行为规范在保教实践中的应用
文化素养	历史素养	——	中国近代史	中国古代史;中国近代史	中国古代史;中国近代史	中国现代史
	科学素养	安全常识;生物常识;地理常识	中国古代科技成就;物理常识;地理常识;生物常识	西方现代科技成就	物理常识;生物常识	中国古代医学成就;中国近现代科技成就;物理常识;地理常识;安全常识
	传统文化素养	天文历法	天文历法	历史典故与人物;古代特殊称谓;古代传统玩具	——	名胜与文化遗产
	文学素养	中国文学;中国儿童文学作品	——	外国文学;中国儿童文学作品	中国文学;外国儿童文学作品	中国文学
	艺术素养	——	绘画;戏曲;电影	绘画	——	——
基本能力	信息处理能力	文字处理软件 Word;电子表格软件 Excel	文字处理软件 Word;演示文稿软件 PowerPoint	文字处理软件 Word;电子表格软件 Excel	计算机基础知识;文字处理软件 Word	文字处理软件 Word;演示文稿软件 PowerPoint
	逻辑思维能力	类比推理;图形推理	类比推理;图形推理	类比推理;数字推理	类比推理;数字推理	类比推理;图形推理
	阅读理解能力	《论老实话》	《表象与本质》	《抑制文化浮躁》	《教育:改变是唯一不变的事》	《思想的功夫》
	写作能力	冷漠旁观终损己,互助和谐共休戚	以传统为基,融创新之华	打好基础,胸有成竹	看重自我,不妄自菲薄	利人与利己

第一模块　过关必刷题库

第一章　职业理念

核心知识提要

➢答案见 P1

- 职业理念
  - 教育观
    - 教育观概述
    - 素质教育 ★★★
      - 素质教育的目标
      - 素质教育的内涵
        - 素质教育是①______的教育
        - 素质教育是促进学生全面发展的教育
        - 素质教育是促进学生个性发展的教育
        - 素质教育是以培养②______为重点的教育
      - 素质教育的特点
      - 实施素质教育的基本要求
    - 幼儿教育
      - 幼儿教育的重要性和意义★
      - 幼儿教育的特点★
    - 幼儿素质教育
      - 幼儿素质教育的特点★
      - 幼儿素质教育的实施途径和方法
      - 幼儿素质教育在实施过程中存在的问题
    - 学前教育观的树立 ★★
      - 热爱儿童
      - 尊重儿童
      - ③
      - 寓教育于活动之中
      - 教育要儿童化
      - 多种教育形式相结合
      - ④______
      - 争取家庭配合

- 职业理念
  - 儿童观
    - “人的全面发展”的教育思想
      - 马克思关于人的全面发展学说
      - 我国全面发展教育的基本构成
    - “育人为本”的儿童观 ★★★
      - 幼儿是⑤______，要用发展的观点认识幼儿
      - 幼儿是独特的人
      - 幼儿是学习的主体，是⑥______教育对象
      - 幼儿是权利的主体
    - “育人为本”的儿童观在保教实践中的应用 ★★
      - 以幼儿的全面发展为本，用全面的眼光看待幼儿
      - ⑦______对待幼儿
      - 给幼儿⑧______，因材施教，促进幼儿的个性发展
      - 设计丰富多样的保教活动
      - 树立⑨______的意识
  - 教师观
    - 教师的概念
    - 新课程倡导的教师观 ★★★
      - 现代教师角色的转变
        - 从教师与学生的关系看，教师是⑩______
        - 从教学与研究的关系看，教师是⑪______
        - 从教学与课程的关系看，教师是⑫______
        - 从学校与社区的关系看，教师是⑬______
      - 现代教师教学行为的转变
        - 在对待师生关系上，强调⑭______
        - 在对待教学关系上，强调⑮______
        - 在对待自我上，强调⑯______
        - 在对待与其他教育者的关系上，强调⑰______
    - 教师专业发展
      - 教师专业发展的概念★
      - 教师专业发展的内容★★
      - 教师的专业素养(教师职业专业化的条件)★★
      - 教师专业发展的途径
      - 教师专业发展的阶段★★
    - 终身学习 ★★
      - 终身学习的意识
      - 终身学习的必要性
      - 教师终身学习的可行性
      - 教师终身学习在教学中的作用

经典真题回顾

答案见 P1

一、单项选择题(每小题 2 分,共 29 小题。参考时限 45 分钟)

1. 在中班绘画活动中,李老师将自己画好的“小汽车”贴在墙上,要求孩子们照着画。李老师在看了小明的画后,严厉地说:“小汽车怎么可能有翅膀?去前面看我画的,照着画!”关于李老师的做法,下列说法不恰当的是(　　)

A. 忽视了对幼儿天性的保护　　B. 忽视了对幼儿权利的尊重
C. 忽视了对幼儿的正确引导　　D. 忽视了对幼儿特长的培养

2. 自由活动时,幼儿三五成群地在沙坑里玩耍,只有杰杰孤零零地站在旁边,一动不动。对此,老师恰当的做法是(　　)

A. 询问杰杰不与大家玩耍的原因　　B. 只关注其他孩子,不理会杰杰
C. 告诉杰杰可以自己一个人玩　　D. 要求杰杰过去与大家一起玩

3. 在孙老师组织的“我为班级做件事”讨论中,晨晨说:“我收垃圾。”秦晋立刻说:“妈妈说如果不好好学习,长大以后就去收垃圾。”孙老师接着说:“环卫工,很辛苦地收垃圾,让我们生活在干净的环境里,收垃圾也是一件很有意义的事情。”从教育观的角度分析,下列说法正确的是(　　)

A. 教师要引导幼儿正确认知　　B. 教师要关注幼儿的特长
C. 教师要引导幼儿生涯规划　　D. 教师要关注幼儿的差异

4. 吃橘子时,岚岚说:“老师,你给我剥皮。”王老师大声说:“咱们来帮小橘子脱衣服吧,看谁做得又快又好。”小朋友们争着说:“好,我来!”大家争相动起手来。岚岚在模仿中学会了剥橘子皮。王老师的行为体现在善于(　　)

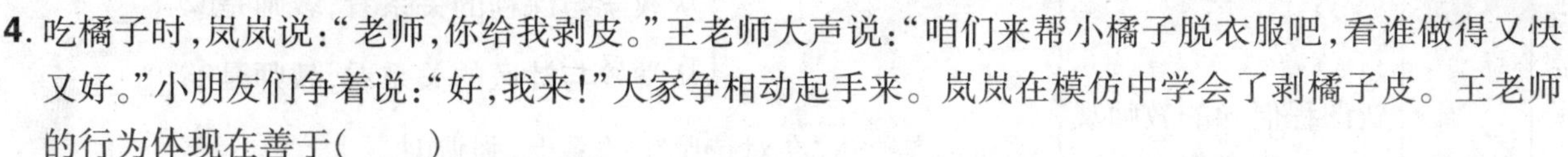

A. 综合组织各领域教学内容　　B. 创设与教育相适应的物质环境
C. 维护每一个幼儿的人格与权利　　D. 培养幼儿的初步生活自理及适应能力

5. 中(1)班的男孩如厕时常常有意将小便洒在便池外,甚至是小朋友身上。据此,王老师在便池合适的位置上画了几朵花,要求幼儿小便时比比看谁能瞄准花朵,给花浇水。此后,男孩小便再也不乱洒了。王老师的教育方法体现的幼儿教育特点是(　　)

A. 游戏性　　B. 综合性　　C. 整体性　　D. 浅显性

6. 幼儿在游戏时总是喜欢争抢玩具。对此,胡老师不合适的做法是(　　)

A. 组织幼儿讨论玩具使用规则　　B. 让幼儿说明争抢玩具的理由
C. 表扬幼儿的分享及合作行为　　D. 让争抢玩具的幼儿站到墙角

7. 刚进园时,小朋友们试图用旋转的方法打开水龙头,不出水就大声叫蒋老师。这时蒋老师没有急于出手帮助,而是鼓励他们自己去试。很快小朋友们发现,提起开关,水就流出来了,按下去,水就关上了。小朋友们高兴地不得了。这体现了蒋老师注重(　　)

A. 教师的主体作用　　B. 游戏的促进作用
C. 幼儿的亲身体验　　D. 环境的积极影响

8. 为帮助幼儿掌握正确的洗手顺序和方法,王老师自编儿歌“清清水哗啦啦,卷卷袖子洗手啦,先洗小手心,再搓小手背,个个手指都洗到,人人夸我讲卫生”,引导幼儿边唱边练。下列说法与王老师的做法无关的是(　　)

A. 注重幼儿知识积累　　B. 注重幼儿气质养成
C. 注重幼儿情境体验　　D. 注重幼儿习惯培养

9. 某幼儿园为打造以艺术为特色的园本课程,决定将 70% 的课程安排为音乐、美术、舞蹈等内容。该幼儿园的做法(　　)

A. 正确,有利于凸显幼儿园特色　　B. 不正确,不利于幼儿知识学习
C. 正确,有利于培养幼儿艺术特长　　D. 不正确,不利于促进幼儿全面发展

10. 中(1)班有一个现象:一个孩子向杨老师“告状”,其他孩子就会一个接一个地“告状”,孩子们都跟着嚷嚷,班上乱成了一锅粥。杨老师最恰当的处理方式是(　　)

A. 不理会所有“告状”的孩子　　B. 先让孩子们安静下来,再处理问题
C. 批评所有“告状”的孩子　　D. 选取部分孩子的“告状”予以解决

11. 吃午饭时,孩子们吵吵嚷嚷,不能好好吃饭,李老师说:“咦,教室里怎么飞来这么多小蜜蜂,嗡嗡的好吵呀,快把他们请出去,别打扰我们吃饭。”孩子们听后便安静地吃饭了。李老师的语言具有(　　)

A. 教学性　　B. 趣味性　　C. 鼓励性　　D. 示范性

12. 有家长对孩子说:“我们与别人交同样多的钱,分水果时不要拿小的。”针对这种现象,胡老师讲“孔融让梨”的故事,教育儿童。胡老师的做法(　　)

A. 错误,违背了一致性原则　　B. 错误,违背了公平性原则
C. 正确,遵循了公平性原则　　D. 正确,遵循了适时性原则

13. 每次老师提问,小虎总爱抢着回答,但基本上都答错。老师应该(　　)

A. 引导小虎仔细思考　　B. 安排小虎多做作业
C. 批评小虎思考不认真　　D. 对小虎举手置之不理

14. 新入职的王老师工作中一遇到棘手问题就去请教李老师。这一次,李老师提出建议后,笑容可掬地说:“你这是想走捷径啊,哪有那么容易的事。慢慢摸索吧,时间长了就知道了。我们都是这么过来的。”该情境中体现的教师发展途径不包括(　　)

A. 自主与协作的结合　　B. 借鉴与探索的结合
C. 学习与反思的结合　　D. 理想与现实的结合

15. 妈妈到幼儿园接斌斌时,发现斌斌的手背被小朋友抓破了,就马上向园长投诉当班的丁老师。为此,丁老师的心里很不舒服,第二天一到教室就训斥了斌斌。丁老师的行为(　　)

A. 合理,教师可以表达自己的真实情感　　B. 不合理,教师应完全接受家长的意见
C. 合理,教师不可能对每一个孩子监管到位　　D. 不合理,教师应具备较强的情绪调适能力

16. 焦老师积极参与各种教师培训活动,返园后主动与同事们交流学习的心得体会,并将其运用于保教实践中。关于焦老师的做法,下列说法不正确的是(　　)

A. 体现了终身学习的自觉性　　B. 有利于幼师的共同发展
C. 推动了幼儿园的园本教研　　D. 有利于增进家园合作

17. 绘画活动中,小班幼儿欢欢总是把色彩涂到轮廓外面,下午李老师当着欢欢的面对家长说:“欢欢很不认真,总是画错。”李老师的做法(　　)

A. 错误,忽视了幼儿动作发展　　B. 错误,不能讽刺、挖苦幼儿
C. 正确,提高了幼儿的绘画能力　　D. 正确,应该严格要求幼儿

18. 骨干教师闵老师在年终的同行测评中得分不高，很郁闷，活动中幼儿出一点差错他就大发雷霆。闵老师应该(　　)

A. 严格待生，专注教学　　B. 保持个性，坚持自我

C. 注重反省，调适自我　　D. 迎合同事，搞好关系

19. 中班的小林喜欢表现自己，组织能力比较强，王老师每次在开展表演游戏时总让小林扮演主角。王老师的做法违背的素质教育要求是(　　)

A. 促进学生全面发展　　B. 面向全体学生

C. 促进学生个性发展　　D. 培养创新精神

20. 下列对实施素质教育的理解，不正确的是(　　)

A. 更加重视学生的全面发展　　B. 针对基础教育提出

C. 更加重视德育工作　　D. 针对提高国民素质提出

21. 小班幼儿点点初入园时，不愿意午睡，连自己的小床都不愿意靠近。对此，王老师正确的做法是(　　)

A. 通知家长，领回训练　　B. 统一要求，不能特殊

C. 批评点点，坚持常规　　D. 降低要求，个别对待

22. 教学活动中，洋洋趁老师不注意溜出教室。当邓老师试图伸手抓住他时，他故意让老师追自己，就像在玩追逐游戏。对此，邓老师应该(　　)

A. 让家长领洋洋回家教育　　B. 让洋洋在户外自由活动

C. 牵着洋洋的手回到教室　　D. 关闭教室的门不让洋洋进入

23. 户外活动时，萌萌不小心摔倒了，摔倒后她有些情绪，不愿意立刻起来。刘老师的说法正确的是(　　)

A. “怎么这么不小心！”　　B. “没关系吧，需要帮助吗？”

C. “来，我扶你起来。”　　D. “赶紧起来，勇敢点！”

24. 午餐后，幼儿正在看动画片，突然欣欣哭了起来，原来是玲玲拽了她。张老师刚想问明原因，玲玲不满地说：“她故意挡住我看电视。”从教师指导者作用的角度来看，张老师恰当的做法应是(　　)

A. 帮助幼儿解决问题　　B. 公平对待每个幼儿

C. 倾听幼儿内心想法　　D. 关注幼儿个体差异

25. 超超是大(2)班里少数不会跳绳的孩子，户外活动时，梅老师对超超说：“今天老师看到你用尽全力在跳，相信你还可以做得更好！”这表明梅老师(　　)

A. 未能把握教育的契机　　B. 善于创设学习环境

C. 未能提供针对性指导　　D. 善于改进教学策略

26. 午餐时幼儿辰辰翘着椅子坐，坐在椅子上摇来摇去，东倒西歪。对此，王老师恰当的说法是(　　)

A. “辰辰不准玩椅子！”　　B. “辰辰，你有多动症吗？”

C. “辰辰，请坐好！椅子会坏的！”　　D. “辰辰，请坐好！你会摔跤的！”

27. 在幼儿园任教多年的窦老师有意识地自我规划，以谋求最大程度的自我发展，关注学生整体发展，积累了比较科学的个人实践知识，窦老师所处的教师专业发展阶段是(　　)

A. 生存关注阶段　　B. 虚拟关注阶段

C. 任务关注阶段　　D. 自我更新关注阶段

28. 一所幼儿园基于“数字化育人”的办学理念，建立起“过程性数据”与“关键事件”相结合的幼儿发展评价信息系统，用以跟踪幼儿个体的成长过程。该做法体现的幼儿发展特点是(　　)

A. 顺序性　　B. 独特性

C. 自主性　　D. 创造性

29. “拼图”游戏时，王老师见东东反复地拿起这块放下那块，不知该拿出哪块，急得满脸通红、满头大汗。对此，王老师恰当的说法是(　　)

A. “不要着急，我们再试试吧。”　　B. “你看看，晓红是怎么拼的。”

C. “试试红色正方形的拼板吧。”　　D. “仔细看一下颜色和形状。”

二、材料分析题(每小题 14 分，参考时限 10 分钟。共 6 小题)阅读材料，并回答问题。

1. 材料：

中班馨馨的左手臂先天发育不良，协调能力和运动能力都低于其他幼儿，馨馨很喜欢唱歌跳舞，但每当要登台表演她都会默默地退出。

幼儿园一年一度的艺术节就要开幕了，王老师特意编排动作与队形都相对简单的舞蹈“蓝精灵”鼓励馨馨加入。排练中，连续几个八拍跳下来，馨馨有些手忙脚乱，王老师放慢速度，并降低动作要求，可馨馨动作仍然不到位。馨馨有些焦急，王老师对馨馨说：“不要急，你已经跳得很好了，老师陪你慢慢跳。”馨馨点点头，跳得更认真了。可几个孩子却抱怨着：“老师，馨馨总是撞到我。”“老师，馨馨跳得太慢了。”旁边的李老师也说：“直接安排馨馨参加大合唱不是更简单吗？”王老师摇摇头说：“馨馨比任何孩子都更在乎跳舞，我一定要帮她做到。”王老师随后对孩子们说：“你们知道吗？蓝精灵正因为善良、勇敢，又相互关心，最终打败格格巫。我们要像蓝精灵一样互帮互助，才能跳好舞蹈。”

艺术节如期举行，馨馨和孩子们在舞台上欢快地舞动。

问题：请结合材料，从教育观的角度，评析王老师的教育行为。

2. 材料：

托班幼儿吃饭时普遍存在以下情况：不肯张嘴或不肯咀嚼吞咽。为了解决这个问题，张老师想了很多办法。一天中午吃饭时，张老师端了一碗饭菜，边示范边夸张地说：“我是大老虎，嘴巴张得大，牙齿咬得快，一会儿饭菜吃光光！”鼓励幼儿和老师一样做大老虎，在进餐巡视时，张老师一会儿对吃得快的宝宝说：“嗯，原来这里有一只大老虎，我喜欢你！”一会儿又走到另外一个宝宝身边说：“这只老虎吃得真香呀！”有时还在“大老虎”身上贴个贴纸……慢慢地，幼儿爱吃饭了，也会吃饭了，把饭含在嘴里的现象明显减少了。

张老师还发现,每次吃饭璐璐习惯用手擦嘴巴,所以吃完饭后,她的衣袖总是沾有很多菜汁,一天吃鸡腿,张老师特意在璐璐的桌子上放了一条干净的小毛巾,让璐璐记得将沾满油腻的小手在毛巾上擦一擦,所以那天璐璐的衣袖很干净。从那以后,每到吃饭时张老师总会给璐璐准备一条毛巾,璐璐养成了随时用毛巾擦拭嘴和手的习惯,衣袖总是干干净净的。

问题:请结合材料,从教育观的角度,评析张老师的教育行为。

3.材料:

周一长假结束后,楠楠一进教室,就马上走到自然角去探望小金鱼和蝌蚪。

"小金鱼没有了!"楠楠大叫起来。

邓老师很吃惊地走过去看,以前游来游去的小金鱼不见了,只剩下两个小鱼头躺在缸底的水草下,几只蝌蚪竟然正在啃鱼头。

蝌蚪吃金鱼的事立刻引起了孩子们的注意。早餐结束后,邓老师决定利用这次机会,组织孩子们讨论小金鱼的死因。

孩子们分小组进行了热烈讨论,他们列出了几种可能的原因:

(1)天气闷热致死。因为放假期间,天气一直有些闷热。

(2)水污染致死。因为涵涵曾经将肥皂泡吹到鱼缸里。大家觉得水污染可能会导致金鱼死亡。

(3)金鱼吃得太饱,胀死了。因为小杰家的金鱼就是这样死的。

(4)金鱼是饿死的。因为放假期间没人给金鱼喂食,它们就饿死了。

邓老师继续组织幼儿讨论怎样的喂养方式是正确的。大家纷纷发表意见。

随后,邓老师指导孩子们把金鱼的尸体从鱼缸里捞出来。有的孩子还提出要把金鱼埋葬到草丛里,邓老师答应了,给孩子们借来铲子,孩子们很认真地把他们心爱的金鱼埋好。

问题:请结合材料,从儿童观的角度,评析邓老师的教育行为。

4.材料:

下面是某幼儿园小班张老师的教学片段:

(张老师的铃鼓响起来了,孩子们回到座位上)

师:我们都是机器人。

幼:一不许动,二不许笑,三不许露出大门牙。

师:小朋友们,我们先来看看电视上播放的是什么?

(老师按下播放键,电视里出现了新华书店的宣传片)

师:小朋友们去过这个地方吗?

幼:去过。

师:这是什么地方呀?

幼:新华书店。

师:你们真棒,你们看新华书店里有许多许多的书,是不是?这些书都是分门别类放在一起的,咱们一起来看看有哪些种类呢?

(老师指着"教育类"这块牌子问幼儿是哪个区,大多数孩子都不识字,都没有反应)

师:你们可能不认识这些字,那我们让咱们班的"识字大王"江江来帮帮我们,你们说好不好?

幼:好!

(江江站起来念出字后,老师放弃了与孩子一起探索书的种类,自己看着电视屏幕一类接着一类给孩子认真讲解,教孩子认字,孩子们在下面念着,听着)

问题:请结合材料,从儿童观的角度,评析张老师的教育行为。

5.材料:

夏日的雨后,大(1)班幼儿来到户外准备做操,发现地上爬了几只蜗牛,都纷纷蹲下来看。音乐声响起,幼儿小心翼翼地站在操场上做操,互相提醒别踩着蜗牛了,做完操后,有的幼儿提议要救救蜗牛,还有的幼儿提出要捉几只蜗牛到班里养着。

"蜗牛有嘴吗?""有脚没有?""喜欢吃什么?""它能走曲线吗?""是公的?还是母的?"幼儿提出了很多问题。李老师也表现出很感兴趣的样子和幼儿一起讨论。李老师说:"宝贝们真棒!提出了这么多有趣的问题!不过,老师也不知道答案,但是老师很愿意和大家一起学习,我们想想,怎么可以获得答案呢?""看书!""问爸爸妈妈!"……小朋友纷纷回答。李老师高兴地说:"好,我们分头行动。"于是,李老师用瓶子装着蜗牛带到班里,养蜗牛的行动开始了。

之后的一段时间里,李老师找来关于蜗牛的科普视频和孩子们一起观看,同孩子们一道观察、

记录蜗牛的生活,并一起围绕蜗牛"吃什么?""怎么睡觉?"等问题查阅资料、分享资料……以"蜗牛"为主题的系列活动陆续在班里开展起来。

问题:请结合材料,从教师观的角度,评析李老师的教育行为。

6. 材料:

晨间锻炼时,李老师为孩子们准备了球、轮胎、跳绳、滑板车等器械,还安排了六条平衡木,三条矮而宽、三条高而窄,让孩子们自主选择不同的器械练习。李老师又提供了很多辅助材料,孩子们可以自己搬运一件"家具",经过"小桥"(平衡木)回到"河"对面的"新家"。

几分钟后,鹏鹏开始在矮平衡木上慢跑,轩轩看到了,叫道:"看我的。"说完在矮平衡木上做跳跃动作,没站稳,差点摔下来,他们的行为引来了周围小朋友的喝彩。李老师见状大声说:"小心点,快下来!"他们只好下来了。鹏鹏和轩轩把高平衡木放在矮平衡木上,摇摇晃晃地在架起的平衡木上走来走去,李老师看到后,跑过去把他们从平衡木上抱下来,并担心地说:"这样很容易摔跤的!"

晶晶站在最右边的平衡木上,把小枕头放在头顶上,小心翼翼地走过平衡木,喊着:"老师,看我!"李老师赶忙跑过去陪着她一起走。

操场边有五个孩子不停地东张西望,每次快要轮到他们时,他们马上又排到队后面,但老师一直都没有发现。

问题:请结合材料,从教师观的角度,评析李老师的教育行为。

过关必刷题库

专题一　教育观

答案见 P5

一、单项选择题(每小题 2 分,共 23 小题。参考时限 35 分钟)

1. 课堂上杨老师对某个问题的解释有错误,幼儿指出后,杨老师不但没有批评,反而表扬该生善于思考,具有质疑精神。下列说法中不恰当的是(　　)

A. 杨老师注重培养幼儿的反思能力　　B. 杨老师注重培养幼儿的自我评价能力

C. 杨老师注重培养幼儿的创新能力　　D. 杨老师注重培养幼儿的求异思维能力

2. 小丽喜欢跳舞,庄老师常常鼓励她多练习、多表现,力争将来做一名优秀的舞蹈家;小刚经常在课堂中注意力不集中,喜欢运动,庄老师就鼓励他将来做一名运动员。对庄老师的做法,下列评价中不正确的是(　　)

A. 善于因材施教　　B. 注重幼儿的全面性

C. 善于激发幼儿的自信　　D. 注重幼儿的差异性

3. 铭铭的语言表达能力很强,曲老师很喜欢他,于是每次都让他在合唱活动中站在舞台中间。曲老师的做法违背了(　　)的教育理念。

A. 促进学生个性发展　　B. 促进全体学生发展

C. 促进学生全面发展　　D. 促进学生自主发展

4. 在电视剧《虎妈猫爸》中,"虎妈"为女儿制定了一个文化、体育、艺术全面发展的学习计划,报了很多兴趣班,而"猫爸"则秉承快乐教育的原则反对给女儿报那么多兴趣班。结合素质教育的理念,下列说法正确的是(　　)

A. "虎妈"注重全面发展,有利于孩子的成长和发展

B. "猫爸"尊重孩子的主体地位,有利于孩子的成长和发展

C. "猫爸"过于溺爱,不利于孩子的成长和发展

D. "虎妈"注重教育的多元化,有利于孩子的成长和发展

5. 美术考试中,王老师让同学们画自己喜欢的交通工具,大部分学生都画了日常生活中常见的交通工具,只有小刚画了一个见所未见的奇形怪状的交通工具。王老师认为小刚没有按照他的要求完成考试任务,因此批评了小刚并让他重新画,并承诺按照小刚新画的作品给他成绩,王老师的做法(　　)

A. 正确,说明王老师能够用高标准严格要求学生

B. 正确,王老师重新给了小刚一次改正的机会

C. 错误,王老师不应该给小刚两次考试的机会,对其他学生不公平

D. 错误,王老师没有尊重小刚的创新精神

6. 幼儿园中班的孙老师给幼儿讲完《木偶奇遇记》的故事,问幼儿:"你们觉得匹诺曹之后还会遇到什么事情呢?"鼓励每一位幼儿都能畅所欲言。这说明孙老师(　　)

A. 注重培养幼儿的创新精神　　B. 注重幼儿的全面发展

C. 注重幼儿的个性发展　　D. 注重幼儿的健康发展

7. 某幼儿园分班布置画展。刘老师精心准备部分"好的幼儿作品"展出,李老师则将每个孩子的作品展出,两位老师的做法中(　　)

A. 刘老师对,应支持优秀儿童的绘画表现

B. 李老师对,应支持每个儿童的绘画表现

C. 刘老师对,班级画展需要体现最高水平

D. 李老师对,班级画展需要平衡家长关系

8. 在确定小组长时，马老师指定在班级中有点儿孤僻、不合群的王蕊同学做小组长，并让她和班级其他同学多多交流。一段时间后，王蕊同学和其他同学有了更多的交流，人也开朗了很多。马老师的行为(　　)

A. 恰当，教师应该关注每一个学生的发展　　B. 恰当，每个人必须参加班级管理活动

C. 不恰当，教师应该给学生更多的私人空间　　D. 不恰当，教师应该尊重学生个性

9. 手工课上，大家都在做圣诞树，突然一个幼儿大声说："莉莉的圣诞树太丑了，都长歪了！"全班幼儿都大笑起来。莉莉眼里满含泪花。这时老师正确的做法应是(　　)

A. 大声训斥，让大家保持安静

B. 坐视不理，让幼儿自行解决

C. 来到莉莉身边，把她的圣诞树摆正

D. 告诉幼儿"莉莉的圣诞树正被大风吹着，所以是歪的"

10. 陈老师在上课时，经常问学生："大家想一想，还有其他答案吗？有没有不同的解决方法？"这表明陈老师重视(　　)

A. 促进学生全面发展

B. 促进学生个性发展

C. 面向全体学生

D. 注重培养学生的创新精神和发散思维

11. 王老师带领幼儿用剪刀剪一个苹果，并用红色的蜡笔涂色。阳阳却用紫色的蜡笔给苹果涂色，对此王老师的做法正确的是(　　)

A. 替阳阳涂一个红色的苹果　　B. 批评阳阳涂的颜色不对

C. 耐心询问阳阳涂紫色的想法　　D. 惩罚阳阳再剪一个，要涂上红色

12. 秦老师常说："先学做人，后学做事，社会需要的是身体健康、和谐发展的建设者和接班人，而不是只会死读书的人。"这表明秦老师具有(　　)

A. 素质教育的理念　　B. 因材施教的意识

C. 开拓创新的理念　　D. 自主发展的意识

13. 在教学研讨会上，作为教研组组长的周老师多次强调："作为老师，我们要寻找、研究一种适合儿童的教育，而不是挑选适合教育的儿童。"周老师的这一观点体现了(　　)

A. 素质教育以提高国民素质为根本宗旨

B. 素质教育是面向全体学生的教育

C. 素质教育是促进学生全面发展的教育

D. 素质教育是促进学生个性发展的教育

14. 平时纪律比较差的图图在这次手工课上表现得特别出色，不仅很好地完成了手工课上老师的要求，还帮助了其他的小朋友。胡老师表扬道："每种色彩，都应该盛开。"胡老师的做法(　　)

A. 正确，关注了幼儿的个性发展　　B. 错误，忽视了幼儿的品行发展

C. 正确，关注了幼儿的动作发展　　D. 错误，忽视了幼儿的身心健康

15. 幼儿园小班的李老师总是在幼儿的户外活动时间来教授幼儿诗词，李老师的做法(　　)

A. 正确，有利于幼儿的身心健康发展　　B. 正确，有利于幼儿智力的提高

C. 错误，不利于幼儿德、智、体、美、劳全面发展　　D. 错误，不利于幼儿个性的发展

16. 素质教育的重点是(　　)

A. 提高国民素质　　B. 全面发展

C. 培养创新精神和实践能力　　D. 主动发展

17. 4 岁的马马在画本上画了一个散发绿色光芒的太阳，老师却给出了颜色不当重画的要求。老师的做法(　　)

A. 正确，应该及时纠正学生的错误　　B. 错误，扼杀了学生的创造力

C. 正确，适当的惩罚才会让学生长记性　　D. 错误，老师应该信任学生

18. 于老师对班级幼儿评优制度进行了改革，增设了"文明之星""歌唱之星""舞蹈之星""进步之星"等多项荣誉称号。于老师的做法(　　)

A. 不合理，不利于端正幼儿的学习态度

B. 不合理，不利于促进幼儿的学习发展

C. 合理，有利于强化幼儿之间的竞争

D. 合理，有利于促进幼儿的个性发展

19. 下列表述不符合素质教育内涵的是(　　)

A. 素质教育强调促进学生全面发展　　B. 素质教育以培养创新精神和实践能力为重点

C. 素质教育的主要任务是智育　　D. 素质教育是面向全体学生的教育

20. 下列关于素质教育与全面发展教育的说法正确的是(　　)

A. 全面发展教育包含素质教育　　B. 全面发展教育是素质教育的目标

C. 全面发展教育即要求学生平均发展　　D. 素质教育的目的即先做人后成才

21. 现代幼儿教育中，教育者主要以"广、博、浅"为准则，对幼儿进行全面发展的教育，这体现了(　　)的特点。

A. 发展性　　B. 综合性　　C. 启蒙性　　D. 价值性

22. 素质教育是让学生拥有"一般学识"而不是成为某一领域的"小专家"或某一行业的"小行家"，这主要说明(　　)

A. 素质教育是面向全体学生的教育　　B. 素质教育是促进学生发展的教育

C. 素质教育是着眼于基础的教育　　D. 素质教育是弘扬独立性的教育

23. 某幼儿园在新生入学后，做了一项学生兴趣爱好调查，了解学生的兴趣爱好，并依据学校教学计划，组建舞蹈、绘画、声乐等兴趣小组。其主要目的是(　　)

A. 凸显教学风格　　B. 因材施教，促进学生个性发展

C. 深化课堂教学　　D. 培养竞赛人才

二、材料分析题(每小题 14 分，参考时限 10 分钟。共 5 小题)阅读材料，并回答问题。

1. 材料：

李老师是一名美术老师，他常常说："美术课堂不仅要教会幼儿画画，还应该培养幼儿更多的能力。"有一次，在和幼儿聊天时，李老师听说幼儿家里都有不少闲置的废旧衣物，弃之可惜，留之占地。于是，李老师组织了"变旧为新"创意大赛，号召大家收集家里无用的旧衣物，将其进行改造。这一活动吸引了很多幼儿和家长参与，有的幼儿将旧衣服改成符合时尚潮流又具有独特魅力的新

衣服；有的幼儿将旧衣物裁剪成布条、布块，制作成灯笼、小布娃娃等等布艺饰品……幼儿们给旧衣物赋予了新的功能和价值，制作出缤纷多彩的作品。

在教学中，李老师经常运用绘图技术进行视觉教学，听音乐作画、古诗词意境配画等，他还带幼儿去郊外写生。每年市里举办美术展览，他都带幼儿去参观，引导幼儿仔细观察，用心体会。

问题：请结合材料，从教育观的角度，评析李老师的教育行为。

2. 材料：

"老师，汽车为什么都是4个轮子？"明明举着他的小汽车问。

"4个轮子才能稳当嘛。"老师一边制作图片，一边随口说道。

"那，三轮车为什么是3个轮子呢？"

"……有3个轮子也就稳当了……"老师有些不耐烦，正在画背景图。

"那，自行车怎么只有两个轮子？"

老师放下手中的活，有些吃惊又有些尴尬地看着明明，想："平时淘气、好动的明明，今天怎么这么多问题？"老师的脑子里像有个小火花跳跃了一下："当然，这只是实际生活中的几个小小的疑问而已，但正因为是实际的、生活中的，不是比教育学上的更鲜明，更活泼嘛！"

老师知道怎么做了，说："好孩子。"老师把明明拉到怀里，"来，老师给你讲！"

老师就用最浅显的话，认认真真地给明明讲着。令老师高兴的是，这次明明竟然一动也不动，昂着脑袋，老老实实地听着老师的话，既不乱讲话，也不做小动作了；调皮、好动、不爱学习的明明，现在多么像一个认真学习的好孩子啊！

问题：请结合材料，从教育观的角度，评析老师的教育行为。

3. 材料：

东东有一双需要系鞋带的鞋子，他非常喜欢，但是他自己不会系。午睡起床时，他怎么也系不好鞋带，又着急又难过。华老师安慰他："别着急！老师教你，你一定能学会的。"华老师边讲解，边示范，教了好几遍，但是东东还是没学会。华老师知道这是因为东东性子急，观察不仔细。为了让东东掌握好系鞋带的步骤，华老师自编儿歌，将系鞋带的动作进行分解：第一步把鞋带的两个头拉

得一样齐，边做动作边念儿歌："两个线儿一样长，两个线头儿交个叉，后面线头儿往下钻。"第二步打活结时又念："一个圆，两个圆，换一换，钻一钻，一只蝴蝶飞起来。"这种具体形象的方法，让东东很快地学会了系鞋带，怕东东忘记，华老师还将这些步骤用图画出来。

问题：请结合材料，从教育观的角度，评析华老师的教育行为。

4. 材料：

下面是刘老师在园里工作会上的交流发言。

我班上有一个让各个老师都很头疼的小男孩，叫小安。他经常在课堂上做小动作，有时还会说上几句"俏皮话"，引得全班孩子哄堂大笑；他经常对其他孩子动手动脚，搞得班里鸡飞狗跳……

但经过观察，我发现小安虽然调皮捣蛋，但他特别喜欢绘画，我就经常和他交流绘画心得，鼓励他参加幼儿园的绘画比赛。有一天，小安在我的耳边轻轻地说："我是一个坏孩子，我不听话，老师也经常批评我，小朋友们也不喜欢和我玩。"听了小安的话，我心里一紧，小安由于不断收到否定的评价，对自己失去了信心，于是就破罐破摔。

找到症结后，我便对症下药。一次，在做手工活动时，我指着小安的作品说："你看你做得多好，如果能把它涂上点颜色是不是就更好看？"只见他一笔一笔画得可认真了，等他把作品交上来时，我当着全班小朋友的面表扬了他。渐渐地小安自信多了，学习也更加积极主动，还赢得了幼儿园绘画比赛二等奖。

问题：请结合材料，从教育观的角度，评析刘老师的教育行为。

5. 材料：

于老师决定在班上组织一次全员参与的特长展示活动，学生们陆续在报名表上写上自己的"拿手好戏"：手工、泥塑、弹琴、绘画……于老师发现，除了小伟，其他学生都报了项目。小伟刚从外地转来，很少和周围的同学交流，也很少参加集体活动，在班上也没有什么朋友。于老师把小伟找来，鼓励他报名参加特长展示活动，小伟却自卑地说自己没有什么特长。于老师启发他说："不管是什么，只要是拿手的，就可以展示出来！"小伟想了很久，急得快哭了，怯怯地问："老师，我会讲故事，讲

故事算是特长吗?”于老师当即拍板:“行! 就这个了。”展示活动当天,于老师郑重地请小伟表演。在大家好奇的目光中,小伟讲了一个《小飞侠》的故事,大家听得津津有味,都情不自禁地鼓起掌来。从那以后,小伟开朗多了,也爱表达了,也交了最好的朋友。于老师还注意发挥他肯吃苦、爱劳动的优点,推荐他做班里的“小小卫生员”,他的表达能力、组织能力得到了锻炼。

问题:请结合材料,从教育观的角度,评析于老师的教育行为。

专题二 儿童观

➢答案见 P7

一、单项选择题(每小题 2 分,共 25 小题。参考时限 40 分钟)

1. 陈老师在教学时引用了一句“桃李满天下”,有幼儿产生了疑问:“为什么没有苹果呢?”陈老师下列处理方式恰当的是(　　)

A. 不予理睬继续上课　　B. 批评该生上课分心

C. 布置学生课外探究　　D. 解释说作者弄错了

2. 王老师在教授《月儿弯弯》时,其中有句话是“月儿弯弯挂蓝天”。小聪就有疑问,月亮都是晚上出来的,怎么天空不是黑色的而是蓝色的,王老师不知道怎么回答便训斥小聪在课堂上问与教学无关的问题,从此小聪不再喜欢在课堂上发言。关于王老师的做法,表述正确的是(　　)

A. 王老师的做法合理,因为这样才能维持好课堂秩序

B. 王老师的做法欠妥,不应该对学生做任何限制

C. 王老师的做法合理,因为教师必须在课堂中树立威信

D. 王老师的做法欠妥,扼杀了学生的创造性思维

3. 幼儿园正在排练元旦节目,中班小朋友准备表演舞蹈《快乐的节奏》,小朋友们说康康总是跳错动作,于是赵老师就把康康“开除”出了舞蹈队。赵老师的做法(　　)

A. 合理,保证了节目的质量　　B. 不合理,是不尊重幼儿的表现

C. 合理,发扬了教育民主　　D. 不合理,不利于幼儿的身体发展

4. 手工课上,淘淘总是折不好青蛙,急得满头大汗,而且还有些小情绪,不愿意再折了。刘老师的做法正确的是(　　)

A. “来,我帮你折吧。”　　B. “怎么这么笨,连青蛙也折不好。”

C. “没关系的,需要帮忙吗?”　　D. “这样对折不就好了嘛?”

5. 李岩将来想当一名科学家,他的老师却说:“你现在学算术都那么吃力,以后物理、化学肯定也学不好,一定不能把成为一名科学家作为人生目标。”数学老师的说法(　　)

A. 忽视了幼儿的主体性　　B. 忽视了幼儿的发展性

C. 忽视了幼儿的创造性　　D. 忽视了幼儿的差异性

6. 音乐课上,乐乐大声地指出张老师歌词唱错了。张老师生气地说:“乐乐,你真厉害,以后就由你来上课吧!”关于张老师的行为,下列说法正确的是(　　)

A. 维护了教师的权威　　B. 保证了教学任务的顺利进行

C. 有效地控制了课堂的无关行为　　D. 伤害了学生的自尊

7. 一位美术老师在上课时要求学生以水果为题材进行创作,在学生画的过程中,老师发现小明把苹果画成了方形。面对这一情况,老师的做法最合理的是(　　)

A. 提醒同学们注意,苹果应该是圆形的,不要画成方形

B. 直接指出是小明画错了,帮他修改过来

C. 欣赏方形苹果的标新立异,提倡大家都画方形的苹果

D. 询问小明:“你把苹果画成方形很有创意,能给大家解释一下你的想法吗?”

8. 王老师上课时发现班里有两个小朋友在相互打着玩,下列处理方式中,恰当的是(　　)

A. 立刻制止,并当众批评　　B. 不予理睬,继续上课

C. 当着全班学生的面,把两位同学叫出去批评　　D. 眼神示意两人,将其注意力引到课堂上

9. 赵老师说:“不是每个儿童都聪明,某一方面能力暂时落后不代表永远落后。”下列说法不正确的是(　　)

A. 赵老师重视儿童发展的阶段性　　B. 赵老师重视儿童发展的差异性

C. 赵老师重视儿童发展的不平衡性　　D. 赵老师重视儿童发展的顺序性

10. “十个手指各有长短”说明了幼儿发展过程中存在(　　)

A. 顺序性　　B. 阶段性　　C. 互补性　　D. 差异性

11. 小浩总是在课堂上发出怪声,扮鬼脸,老师多次提醒后不但不感到羞愧,反而自鸣得意。此时教师最为适宜的处理方式是(　　)

A. 不予理睬,继续上课　　B. 当众批评

C. 反复提醒　　D. 眼神示意

12. 小班的圆圆刚入园不会自己吃饭,一到吃饭时间就想出去做其他事情。对此,朱老师正确的做法应该是(　　)

A. 降低对圆圆的要求,个别对待　　B. 通知圆圆的家长,让家长训练

C. 批评圆圆,坚持常规　　D. 喂圆圆吃饭

13. 特级教师宁鸿彬在教学中遵循“三个允许”的原则:允许犯错,允许改错,允许提出不同意见。之所以这样做是因为(　　)

A. 学生是独特的人　　B. 学生是发展中的人

C. 学生是具有独立意义的人　　D. 学生是具有主观能动性的人

14. 小班幼儿学习认识圆形、方形、三角形,中班幼儿学习认识长方形、梯形、椭圆形,大班幼儿学习认

识球体、正方体，这一课程安排体现的幼儿身心发展规律是(　　)

A. 不平衡性　B. 个体差异性　C. 阶段性　D. 方向性

15. 凡凡对科学活动很感兴趣，长大后想当科学家。吴老师知道后说："你在科学课上的表现不好，反应太慢，不太适合当科学家。"吴老师的做法(　　)

A. 正确，结合幼儿的实际情况给出建议，有助于幼儿的发展

B. 正确，有助于帮助幼儿树立正确的目标

C. 不正确，没有看到幼儿的发展潜能

D. 不正确，应该委婉地提意见

16. 下列选项中有利于发挥幼儿主动性的是(　　)

A. 让幼儿自主选择科学课内容　B. 绘画活动中让幼儿观察后独立绘画

C. 让幼儿独立进行科学研究、实验　D. 让幼儿独自回家

17. 圆圆经常把鞋子穿反，郑老师很不耐烦，把他叫到前面，当作负面教材严厉批评，教育其他幼儿要分清左右。郑老师的做法(　　)

A. 伤害了幼儿的自尊心　B. 抓住了教育时机

C. 在一日生活中渗透教育　D. 是教育机智的表现

18. 兵兵不爱说话，常常一个人坐在教室里发呆，老师恰当的做法是(　　)

A. 批评兵兵不合群　B. 告诉家长兵兵患了孤独症

C. 了解情况，分析原因　D. 教育兵兵要和小朋友多交流

19. 康康在幼儿园的时候就对天文感兴趣，幼儿园的王老师也认为康康有学习天文的潜能，便与家长沟通，让他们支持康康的兴趣。后来，康康对天文的兴趣一直没有减弱，大学毕业后也从事了天文工作。这表明王老师(　　)

A. 维护了幼儿学习的权利　B. 尊重了幼儿的自由意志

C. 重视幼儿的全面发展　D. 看到了幼儿的发展潜能

20. 张老师在评价李鹏时说道："虽然还存在诸多不足，但只要继续努力，就一定能取得更大的进步。"该评价最能体现出张老师的儿童观是(　　)

A. 幼儿是发展中的人

B. 幼儿是具有独立意义的人

C. 幼儿是独特的人

D. 幼儿是教育活动的对象和自我教育的主体

21. 中班老师组织幼儿到建构区搭建积木，活动结束后，老师为了让幼儿尽快收拾好积木，最贴切的语言是(　　)

A. "你们把这些积木放回原处，快一点。"

B. "请你们用最短的时间把这些积木收拾好。"

C. "为了环境的整洁，请你们一定把积木摆整齐。"

D. "请把积木放回原处，我们要回教室玩游戏了。"

22. "在你的教鞭下有瓦特、冷眼里有牛顿、讥笑中有爱迪生。"这说明学生是(　　)

A. 具有独立人格的人　B. 主动学习的人

C. 愿意接受教育的人　D. 具有发展潜力的人

23. 张老师上课时，小明总爱举手，但答题时经常出错；小强不爱举手，但老师点名提问却总能答对。该老师的下列做法中，最合适的是(　　)

A. 批评小明总出错，表扬小强爱思考　B. 表扬小明爱举手，批评小强不发言

C. 批评小明总出错，批评小强不发言　D. 启发小明勤思考，鼓励小强多举手

24. 冰冰画了一幅画，画上有绿色的太阳和黑色的草地。对此，老师合理的回应方式是(　　)

A. 批评冰冰画得不合常理　B. 耐心了解冰冰的想法

C. 不予置评，顺其自然　D. 耐心帮助冰冰重新填色

25. 下列选项中属于正确的儿童观的是(　　)

①幼儿是发展中的人　②教师要发挥主体作用，开发新课程　③幼儿是自我发展的主体　④幼儿的发展应当具有个性化　⑤教师是学生发展的帮助者而不是决定者　⑥教师要不断自我完善才能树立正确的学生观

A. ①③④　B. ①②③　C. ③④⑤　D. ①⑤⑥

二、材料分析题(每小题 14 分，参考时限 10 分钟。共 7 小题)阅读材料，并回答问题。

1. 材料：

大班的幼儿对小动物产生了浓厚的兴趣，于是王老师打算在教室里组建一个饲养角。他首先询问幼儿，你们希望养什么动物，有的幼儿说长颈鹿，有的说老虎，有的说养小丑鱼和小乌龟。王老师把幼儿提到的动物名称写下来，并引导他们想一想，每种动物要吃的食物，它们的生活习性，居住的场所。孩子们一时也回答不出来，王老师便建议大家回去问一下家人，和他们一起翻阅图书，上网查询、搜集相关资料。然后王老师和幼儿一起把收集的资料以主题的形式展示出来，并讨论教室里到底适合饲养哪些动物。幼儿纷纷发表了意见，得出的结论是，在教室里不可能饲养长颈鹿、老虎等，最适合饲养金鱼、小乌龟，最后大家一起制定了饲养计划，每个小朋友轮流喂养小动物，并填写观察记录表。

问题：请结合材料，从儿童观的角度，评析王老师的教育行为。

2. 材料：

在一次户外活动中，吴老师正在引导幼儿仔细观察花的颜色和形状，突然有一位小朋友喊了起来："蝴蝶、有蝴蝶。"其他小朋友听到喊声都跑过去争着看蝴蝶，这时吴老师也跟了过去说："蝴蝶最喜欢花，我们看看蝴蝶都飞到了哪些颜色的花上？哪些形状的花上玩耍？喜欢和哪些花交朋友？"听吴老师这么说，幼儿们都积极观察，争先恐后地说着蝴蝶喜欢哪朵花，这朵花是什么颜色，什

么形状。连平时不爱说话的旭旭也说了蝴蝶喜欢牵牛花。

问题：请结合材料，从儿童观的角度，评析吴老师的教育行为。

3. 材料：

晓星经常欺负小朋友，班上的小朋友都不愿意跟他交朋友。

在一次户外活动中，其他小朋友都三五成群地玩着，只有晓星一个人站在角落里，马老师悄悄地走过去，蹲下身来，对他说："咱俩一起玩吧。""为什么？"晓星生硬地问道。马老师俯在晓星耳边说："因为我喜欢你啊！"

他们两人玩起了游戏，游戏中，马老师问："想让大家一起玩吗？那就大声招呼大家来吧！"因为有老师的参与，小朋友们很快围拢过来。这一次，晓星和小朋友们一起玩得很开心。过后，马老师仔细观察晓星的行为，了解他与同伴相处的困难所在：其实晓星想和小朋友们一起玩，就是不知道怎么和他人相处，欺负小朋友只是想引起老师和小朋友们的注意而已。

马老师组织开展以"交朋友"为主题的活动，在活动中教给晓星正确的交往方法，并鼓励小组长主动与晓星交往，在老师和全班幼儿的帮助下，晓星渐渐地不欺负小朋友了，并且有了自己的好朋友。

问题：请结合材料，从儿童观的角度，评析马老师的教育行为。

4. 材料：

今天的午点是香蕉，拿到香蕉后，王浩马上双手握住香蕉，眯着眼，"啪"地向吴老师开了一"枪"，小朋友们都笑了起来。吴老师没有生气，而是问小朋友们："王浩觉得他的香蕉像一把手枪，你们的香蕉像什么呢？"小朋友们低头看着手里的香蕉，纷纷说："像小船"、"像弯弯的月亮"、"像香肠"……

吃香蕉的时候，吴老师问："香蕉吃到嘴里是什么感觉啊？"小朋友们抢着说："香蕉很甜"、"吃在嘴里很软"、"香蕉有点黏牙"、"和橘子不一样，没有核"……

吃完香蕉吴老师又问："大家说说看，香蕉皮像什么啊？"小朋友们看着桌上的香蕉皮，高兴地说："像降落伞"、"像一朵花"、"像一只大章鱼"……

以往，教师会要求小朋友们把香蕉皮直接丢到垃圾桶里，可是今天，吴老师却要小朋友们把香蕉皮留到了桌子上，并给小朋友们提供了绳子、透明胶、剪刀等工具，兴趣盎然地带大家加工起香蕉皮来。

问题：请结合材料，从儿童观的角度，评析吴老师的教育行为。

5. 材料：

幼儿园本学期开设了托班。这个班的孩子年龄偏小，平均年龄不满三岁。钟老师主动承担了这个托班的保教工作。入园时，托班孩子都会哭闹不止："我要找妈妈！""我要回家！""不在这里！"……钟老师一会抱着这个，一会哄着那个，一天下来，累得几乎直不起腰。但是，不管钟老师用什么方法，总有几个孩子会一直哭个不停。有时钟老师也会心情烦躁，甚至还跟个别孩子发脾气，但是她发现发脾气非但解决不了问题，反而会使孩子哭闹得更凶。

问题：请结合材料，从儿童观的角度，评析钟老师的教育行为。

6. 材料：

班里转来了一位女同学。她走进教室的时候，小朋友们先是惊讶得面面相觑，而后捂住嘴埋下头嗤嗤地笑了起来。因为那女孩只有几绺稀疏的头发。女孩惨白着脸，像只受惊的小鹿手足无措地找到自己的座位。接下来的几天，一些同学把这个"丑"女孩当作了笑谈的资料。老师看在眼里，记在心上。老师通过主动与女孩接触，发现这个女孩不仅心地善良，而且手特别巧，女孩是因为生过一场大病才变成这样的，她的父亲也离家出走了。后来，老师通过手工比赛，使同学们发现了她高超的折纸技巧；通过主题班会，帮助同学们理解了什么是真正的关怀的价值。渐渐地，同学们都喜欢上了这个"丑"女孩，而且发现女孩原来有一双很大很美的眼睛。女孩的脸上从此有了快乐、自

信的笑容。

问题：请结合材料，从儿童观的角度，评析老师的教育行为。

7. 材料：

在儿童节前夕，曙光幼儿园受到其他学校的邀请，准备排练节目。华华是曙光幼儿园中班的幼儿，由于爱好跳舞，向老师申请了参加《我们的祖国是花园》的舞蹈表演。但由于华华害羞，在训练的过程中放不开，经常跳错，不是跟不上其他小朋友的节拍，就是动作不到位，负责训练的教师，总是当场严厉指责华华跳得不对，并斥责说："怎么有你这么笨的孩子呢，不会跳还报名干什么呢？"最后华华申请退出了舞蹈表演，并告诉家长说不会跳舞也不喜欢跳舞了。

问题：请结合材料，从儿童观的角度，评析老师的做法。

专题三　教师观

➢答案见 P10

一、单项选择题（每小题 2 分，共 20 小题。参考时限 30 分钟）

1. 围绕"多变的风"这一主题，幼儿园教师设计了课程目录树，整合了科学、艺术、语言、社会、健康等多个领域的活动。教师在这一过程中的角色是（　　）

A. 教育教学的研究者和反思者　　B. 幼儿发展的促进者和激励者

C. 课程的建设者和开发者　　D. 教育教学的组织者和管理者

2. 黄老师经常带学生到学校池塘观察荷叶和荷花，为学生讲解莲藕的生长过程并引导学生将有关荷叶、荷花的知识编成小册子，这体现了黄老师是（　　）

A. 课程的开发者和建设者　　B. 学生学习的促进者

C. 教育教学的研究者　　D. 社区型开放的教师

3. 在教学活动中，经常出现儿童随声附和老师提出的"是不是？""好不好？""对不对？"回答"是""好""对"，这种现象说明老师没有做好（　　）

A. 幼儿的引导者　　B. 课程的建设者

C. 教学的研究者　　D. 幼儿的合作者

4. 近一段时间，班上流行大操大办过生日的风气，孩子过生日家长们纷纷比阔。在主题班会上，班主任孙老师对这种情况进行了批评，要求大家厉行节俭。孙老师的做法体现了教师是（　　）

A. 文化知识的传播者　　B. 高尚情操的塑造者

C. 社会风气的改造者　　D. 学生品行的引导者

5. 老师组织集体游戏时，发现佳佳专注地看着地上的小蚂蚁，老师走过对佳佳说："先跟大家一起玩吧，游戏后再观察，然后把看到的告诉老师和小朋友，好吗？"该教师的做法（　　）

A. 保护了幼儿自主探索的兴趣　　B. 保护了幼儿自主游戏的活动目标

C. 忽视了幼儿仔细观察的需求　　D. 培养了幼儿的动手能力

6. 邱老师经常梳理教学工作中遇到的问题，并运用教育学、心理学的知识分析问题的成因，寻找解决策略。邱老师在这一过程中扮演的主要角色是（　　）

A. 教育教学的研究者　　B. 行为规范的示范者

C. 心理健康的维护者　　D. 学生学习的组织者

7. 乐乐是幼儿园大班的孩子，有一次他在课堂上突然大叫，其他小朋友也跟着起哄。下列教师的处理方式中，最恰当的一项是（　　）

A. 让乐乐站在讲台边　　B. 不予理睬，继续课堂教学

C. 直接批评乐乐　　D. 用表情和眼神以示提醒

8. 一位幼儿教师时常感到家长难以应对，经常因误解与学生家长发生口角。该教师有待提高的能力是（　　）

A. 教学能力　　B. 组织能力　　C. 沟通能力　　D. 评价能力

9. 青年教师王老师想要提高教学水平，主动向特级教师李老师学习，经常跟班听课，王老师上课时，使用的教学设计、教学方法，甚至教学语言都与李老师相仿，但教学效果就是不佳，下列分析不恰当的是（　　）

A. 王老师只注重了模仿，忽视了对自己的教学反思

B. 王老师不重视班级学情，忽视了学生个体差异性

C. 王老师一味模仿李老师，未形成自己的教学风格

D. 王老师不重视专业学习，专业知识与技能不扎实

10. 孙老师针对课堂气氛沉闷、学生表现不积极的现象，进行认真分析，寻找解决问题的途径与方法，并在后面的教学中予以实施，取得了良好效果。这说明孙老师具备（　　）

A. 设计教育教学活动的能力　　B. 教学组织管理能力

C. 课程开发与建设能力　　D. 自我反思与教育教学研究能力

11. 马老师发现学校的废旧纸盒、废旧轮胎在角落里无人问津，经过校长的同意后，在班级里进行了一节"变废为宝"的活动课程。马老师的行为体现了教师是（　　）

A. 课程的开发者和建设者　　B. 学生学习的促进者

C. 教育教学的研究者　　D. 社区型开放的教师

12. 刘老师发现班里的一面玻璃被打碎了，询问学生，没人回答玻璃是被谁打碎的。假如你是刘老师，下列做法恰当的是（　　）

A. 在班里大声呵斥："敢做不敢当，简直太懦弱。"

B. 鼓励班上的学生勇于举报，对提供线索的学生给予奖励

C. 开展一次“知错能改”的主题班会，鼓励打碎玻璃的同学认错

D. 认为只要玻璃没伤到学生就好，这事不再深究

13. 张老师在设计保育教育活动时，会充分考虑幼儿的个别差异，根据不同发展水平的幼儿有不同的需要，选择相应的教学材料和教学方式。根据福勒和布朗的理论，张老师处在(　　)

A. 关注生存阶段　B. 关注情境阶段　C. 关注幼儿阶段　D. 关注成长阶段

14. 王老师上班后，最担心的问题是“小朋友喜欢我吗”“同事们如何看我”“领导是否觉得我干得不错”等。根据福勒和布朗的理论，王老师处在(　　)

A. 关注生存阶段　B. 关注情境阶段　C. 关注幼儿阶段　D. 关注成长阶段

15. 张老师在幼儿园开始关心如何教好每一堂课，关心诸如班级的大小、时间的压力和备课材料是否充分等与教学情境有关的问题。根据福勒和布朗的理论，张老师处在(　　)

A. 关注生存阶段　B. 关注情境阶段

C. 关注幼儿阶段　D. 关注成长阶段

16. 李老师参加工作后，一直在不断地学习，不管多忙，都会不断提升自己的知识储备量。这表明李老师具备(　　)

A. 设计教育教学活动的能力　B. 环境创设与利用能力

C. 课程的开发与建设能力　D. 终身学习的能力

17. 某幼儿园经常组织老师相互观摩教学活动，针对活动过程展开研讨，提出完善的活动建议。这种做法体现的教师专业发展途径是(　　)

A. 入职培训　B. 在职培训

C. 同伴互助　D. 自我教育

18. 新课改的出现，促使我们对教师在教育、教学中的角色扮演进行重新审视，下列最符合新课改对教师角色扮演提出的新要求的是(　　)

A. 学生的管理者　B. 学生的知心者

C. 学生学习的知识传授者　D. 学生学习的促进者

19. 教师帮助学生制定适当的学习目标，提供学习方法的指导，并为学生创造良好的教学环境。这体现的教师角色是(　　)

A. 研究者　B. 反思者　C. 管理者　D. 促进者

20. 郝老师花费大量时间来备课，上课也很严谨，致力于上好每一堂课，这说明郝老师正处于(　　)

A. 关注发展阶段　B. 关注学生阶段

C. 关注情境阶段　D. 关注生存阶段

二、材料分析题(每小题 14 分，参考时限 10 分钟。共 3 小题)阅读材料，并回答问题。

1. 材料：

幼儿园八点正常上课，大班的陈老师八点五分才来到班上。这时，放放走进来，陈老师大声说：“放放，你为什么又迟到？把手放下站好。”忽然，陈老师听到有人嘀咕：“自己也迟到……”强强正在向旁边的孩子使眼色，脸上露出不服气的神情。陈老师心头一惊，正要发作的火一下子熄灭了。陈老师陷入了深思：平时，一些看起来很细小、很微不足道的事情，由于没有重视，结果潜移默化地影响着孩子的行为。课上，小班长用拍桌子的方式要其他孩子安静下来。这不就是教师的行为在孩子身上的再现吗？陈老师突然感到，在孩子面前，教师的一举一动都要谨慎。数十双眼睛好像数十面明亮的镜子，照得教师毫发毕现，不容你有丝毫的懈怠。

问题：请结合材料，从教师观的角度，评析陈老师的反思。

2. 材料：

陈老师发现小浩同学有许多不好的习惯，陈老师心想，像小浩这样的同学缺少的不是批评而是肯定和鼓励。一次，陈老师找他谈话说：“你有缺点，但是你也有不少优点，可能你自己还没发现。这样吧，我限你在两天内找到自己的一些长处，不然我可要批评你了。”第三天，小浩很不好意思地找到陈老师，满脸通红地说：“我心肠好，力气大。长大可以成为一名军人。”陈老师听了说：“这就是了不起的长处，心肠好，乐于助人，到哪里都需要这种人。你力气大，想当兵，保卫家园，是很光荣的事。不过当兵同样需要知识，需要有真才实学。”听了老师的话，小浩高兴极了，脸上露出了微笑。

问题：请结合材料，从教师观的角度，评析陈老师的教育行为。

3. 材料：

几个幼儿正趴在树下兴致勃勃地观察着什么，曾老师看到他们满身是灰的样子，生气地走过来说：“你们在干什么？”

“听蚂蚁唱歌呢。”明明头也不抬地回答道。

“胡说，蚂蚁怎么可能会唱歌呢？”曾老师的声音提高了八度。

严厉的斥责让幼儿猛地从“槐安国”里清醒过来。于是一个个小脑袋耷拉下来，等候老师发落。只有山山还不服气，小声嘟囔说：“您又不蹲下来，怎么知道蚂蚁不会唱歌？”

问题：请结合材料，从教师观的角度，评析曾老师的教育行为。

第二章　教育法律法规

核心知识提要

答案见 P13

- 教育法律法规
  - 教育法律法规概述
    - 教育法概述
      - 教育法的概念与功能
      - 教育法的基本原则
      - 教育法的渊源
    - 《中华人民共和国宪法》(节选)★★
    - 教育基本法——《①______》★★
    - 教育单行法
      - 《中华人民共和国教师法》★★
      - 《中华人民共和国义务教育法》★
      - 《中华人民共和国未成年人保护法》★★
    - 与教育有关的法律法规
      - 《②______》★★
      - 《中华人民共和国民法典》关于侵权责任的规定(节选)★
      - 《③______》★★
      - 《儿童权利公约》(节选)★
      - 《中国教育现代化 2035》(节选)★
  - 教师的权利与义务
    - 教师的权利★★
      - 教师权利的内涵
      - 教师权利的内容
      - 教师权利的保护
    - 教师的义务★
      - 教师义务的内涵
      - 教师义务的内容
  - 幼儿权利保护
    - 幼儿的基本法律权利★★
      - ④______
      - 财产权
      - ⑤______
    - 侵犯幼儿权利的主要表现
      - 侵犯幼儿的人格权
      - 侵犯幼儿的财产权
      - 侵犯幼儿的受教育权

经典真题回顾

答案见 P13

单项选择题(每小题 2 分,共 38 小题。参考时限 55 分钟)

1.《中华人民共和国宪法》规定,中华人民共和国人民检察院是(　　)

A. 国家的法律监督机关　B. 国家的法律监察机关　C. 国家的法律检察机关　D. 国家的法律检查机关

2. 下列选项中,不属于宪法规定的公民基本权利是(　　)

A. 人身自由权　B. 信仰自由权　C. 通信自由权　D. 教育自由权

3. 依据我国宪法规定,我国国民经济的主导力量是(　　)

A. 集体所有制经济　B. 非公有制经济　C. 互联网经济　D. 国有经济

4. 某公办幼儿园园长在招生工作中徇私舞弊,但尚未构成犯罪。依照《中华人民共和国教育法》的相关规定,对于该园长(　　)

A. 应依法给予行政处分　B. 应依法给予行政处罚　C. 应依法追究民事责任　D. 可免于追究法律责任

5. 梁某受聘在某政府机关举办的幼儿园中从事专职食品安全管理工作,根据《中华人民共和国教育法》的规定,对于梁某的管理应当实行(　　)

A. 国家公务员制度　B. 教育雇员制度　C. 教育职员制度　D. 教育公务员制度

6. 为解决新建小区幼儿入园难的问题,某房地产开发公司在所建小区引入了一家由某教育发展集团独资创办的幼儿园。根据《中华人民共和国教育法》的规定,有权确定该幼儿园管理体制的是(　　)

A. 当地人民政府　B. 当地教育行政部门　C. 该教育集团　D. 该房产开发公司

7. 依据《中华人民共和国教育法》的相关规定,中华人民共和国公民不分民族、种族、性别、职业、财产状况、宗教信仰等,依法享有(　　)

A. 平等的受教育机会　B. 平等的受教育条件　C. 免试入学的机会　D. 就近入学的机会

8. 幼儿教师李某猥亵儿童被人民法院判处有期徒刑一年,缓刑一年。李某(　　)

A. 将终身不能从事教师职业　B. 五年内不得从事教师职业　C. 缓刑期内可继续从事教师职业　D. 可在私立幼儿园从事教师职业

9. 某幼儿园教师钱某实名举报了园长的违法乱纪行为,园长知晓后,找来社会人员殴打钱某,导致钱某重伤,对园长的行为应依法(　　)

A. 给予行政处罚　B. 追究刑事责任　C. 给予其行政处分　D. 追究其治安责任

10. 亮亮是驻某地武警部队现役军人的子女,根据《中华人民共和国义务教育法》的规定,对亮亮的义务教育负有保障义务的是(　　)

A. 中央人民政府教育行政部门　B. 省级人民政府教育行政部门　C. 市级人民政府教育行政部门　D. 县级人民政府教育行政部门

11. 某公立幼儿园为增加收入，与某培训机构围绕幼小衔接联合举办了一系列线上线下相结合的辅导活动，解决了经费难题。幼儿园的做法(　　)

A. 落实了幼小衔接的政策要求　　B. 探索出了开放办园的新途径

C. 违反了《幼儿园工作规程》的相关规定　　D. 违反了《中华人民共和国未成年人保护法》

12. 根据联合国《儿童权利公约》，政府各部门和机构在制定相关政策和落实措施时应首先考虑(　　)

A. 儿童最大利益　　B. 儿童优先

C. 儿童不受任何歧视　　D. 尊重儿童的原则

13. 某幼儿园组织幼儿进行军训活动。该幼儿园的做法(　　)

A. 正确，有利于强化幼儿纪律教育　　B. 正确，有利于增强幼儿的责任感

C. 不正确，阻碍幼儿学习成绩的提升　　D. 不正确，未遵循幼儿身心发展的规律

14. 幼儿园放学后，大班幼儿晨晨在父亲的陪同下留在园内玩耍，不慎摔伤。在此过程中，幼儿园的行为并无不当，对此，承担事故责任的主体应是(　　)

A. 晨晨　　B. 幼儿园

C. 幼儿园及晨晨监护人　　D. 晨晨监护人

15. 教师成某带领小班幼儿户外活动，东东在玩滑梯时突然从滑梯上跳下摔伤。事后调取监控录像发现，事发时成某背对着幼儿活动区域。对东东所受伤害应承担赔偿责任的主体是(　　)

A. 成某　　B. 幼儿园

C. 东东　　D. 东东的监护人

16. 爸爸把自己抽的电子烟给小学生兵兵吸了一口，兵兵呛得直咳，妈妈责怪爸爸，爸爸说电子烟对身体没有危害。对此，下列说法正确的是(　　)

A. 电子烟不是烟，未成年人吸也没有问题　　B. 任何人不得唆使未成年人吸烟(含电子烟)

C. 未成年人偶尔吸口烟(含电子烟)没关系　　D. 学生上了初中以后才可以吸烟(含电子烟)

17. 幼儿园户外活动时，妞妞与丁丁撞到了一起，丁丁摔倒并擦伤了手指。对于丁丁所受的伤，应承担赔偿责任的是(　　)

A. 幼儿园　　B. 妞妞的监护人

C. 妞妞与丁丁的班主任老师　　D. 妞妞的监护人和丁丁的监护人

18. 幼儿园放学时，萌萌的父亲临时有事，便委托同事王某到园接萌萌。张老师在与萌萌的父亲通话确认后，同意王某将萌萌接走。张老师的做法(　　)

A. 正确，家长的同事可以代替接送　　B. 正确，教师应该核对接送人的身份

C. 不正确，应该征得萌萌的同意　　D. 不正确，幼儿只能由其监护人接送

19. 何老师发现班里的幼儿萌萌感冒了。于是，在课间休息期间，喂萌萌服下了儿童感冒药。何老师的做法(　　)

A. 合法，教师可以喂食非处方药

B. 合法，有利于防止疾病传播扩散

C. 不合法，幼儿用药应先征得监护人同意

D. 不合法，幼儿园应在医师的指导下用药

20. 某幼儿园在上学期为大班开设了小学一年级语文、数学课程。该幼儿园的做法(　　)

A. 正确，幼儿园有权安排教学活动　　B. 不正确，这些内容应设在大班下学期

C. 正确，有利于实现幼小衔接　　D. 不正确，不利于幼儿的身心发展

21. 某幼儿园要求幼儿必须到医院接受体检，合格后方可入园。该幼儿园的做法(　　)

A. 有利于全面了解幼儿健康状况　　B. 有利于选拔优秀幼儿入园

C. 侵犯了幼儿的受教育权　　D. 侵犯了幼儿的个人隐私

22. 联合国通过的《儿童权利公约》所指的“儿童”是(　　)

A. 18 岁以下的任何人　　B. 16 岁以下的任何人

C. 10 岁以下的任何人　　D. 6 岁以下的任何人

23. 某幼儿园为提升教师专业水平，从所有教师工资中扣除 100 元用于订阅专业刊物。该幼儿园的做法(　　)

A. 合法，幼儿园有权管理和使用本单位经费　　B. 合法，幼儿园有按照章程自主管理的权利

C. 不合法，侵犯了教师获取工资报酬的权利　　D. 不合法，侵犯了教师从事科学研究的自由

24. 幼儿圆圆有一头漂亮的长发，经常在上课时玩头发，不按照教师刘某的要求进行活动，多次劝说无效后，刘某恼羞成怒地剪掉了圆圆的头发。刘某的行为(　　)

A. 侵犯了圆圆的名誉权　　B. 侵犯了圆圆的健康权

C. 侵犯了圆圆的身体权　　D. 侵犯了圆圆的肖像权

25. 兰兰擅长绘画，小小年纪已多次获奖，幼儿园在没有征得兰兰和她家长同意的情况下，将兰兰在幼儿园课堂上创作的画拿给出版社出版。该幼儿园的做法(　　)

A. 合法，幼儿园有权处理幼儿课堂画作　　B. 合法，任何人不得干涉幼儿园的决定

C. 不合法，幼儿园侵犯了兰兰的财产权　　D. 不合法，幼儿园侵犯了兰兰的著作权

26. 依据《中华人民共和国宪法》规定，下列说法不正确的是(　　)

A. 国家发展学前教育　　B. 国家发展义务教育

C. 国家发展中等教育　　D. 国家发展高等教育

27. 我国实行教师职务制度。我国教师职务制度的具体方法由(　　)

A. 国务院规定　　B. 教育部规定

C. 省级教育行政部门规定　　D. 县级教育行政部门规定

28. 刚从师范大学毕业的小王取得了教师资格证书，到幼儿园报到后才知道还有试用期。小王认为自己已经获得了教师资格证书，又毕业于师范大学，不应该再有试用期。对于该幼儿园的做法，下列说法正确的是(　　)

A. 师范大学毕业生经过了教育教学实习，入职后不需要试用期

B. 教师资格证考试包括对教师技能的考查，入职后不需要试用期

C. 取得教师资格的人员首次任教时，应当有试用期

D. 无论什么身份，从事教师职业都需要有试用期

29. 公办幼儿园教师黄某曾有轻微体罚幼儿的行为，园长对其进行了批评教育。没过多久，黄某再次体罚幼儿。对于黄某，可由所在教育行政部门依法给予(　　)

A. 行政处罚　　B. 行政处分　　C. 撤销教师资格　　D. 刑事处罚

30. 依据相关法律和行政法规，下列情形应当予以行政处罚的是（　　）
A. 出版未经依法审定的教科书的
B. 学校分设重点班和非重点班的
C. 向学校非法收取或者摊派费用的
D. 改变或者变相改变公办学校性质的

31. 依据《中华人民共和国宪法》，下列表述不正确的是（　　）
A. 县级以上的地方各级人民政府设立审计机关
B. 地方各级人民政府是地方各级国家权力机关
C. 地方各级人民政府对本级人民代表大会负责并报告工作
D. 全国地方各级人民政府都是国务院统一领导下的国家行政机关

32. 依据联合国《儿童权利公约》，对儿童的养育和发展负有首要责任的是（　　）
A. 学校和教师
B. 父母或其他监护人
C. 社会或企业
D. 国家和当地人民政府

33. 小孙是个流浪儿童，相关部门一直没有找到小孙的父母或者其他监护人。对于小孙的监护问题，下列说法正确的是（　　）
A. 应当由民政部门对小孙进行长期监护
B. 应当由教育部门对小孙进行长期监护
C. 应当由福利机构对小孙进行长期监护
D. 应当由公安机关对小孙进行长期监护

34. 教师张某在某民办幼儿园上班，因工作严重失误，被幼儿园解聘。张某不服，她可以采取的救济途径是（　　）
A. 提出申诉和依法诉讼
B. 劳动仲裁和行政复议
C. 依法检举和行政复议
D. 诉讼赔偿和行政管制

35. 依据《中华人民共和国教育法》，相关社会公共文化体育设施等场所应当对教师、学生实行优待。下列场所不属于按规定优待开放的是（　　）
A. 图书馆　　B. 博物馆　　C. 电影院　　D. 文化馆

36. 幼儿园放学了，小米的父母没有时间去接她，就让读小学六年级的哥哥放学后去接她。小米父母的做法（　　）
A. 正确，哥哥可代替父母接送小米
B. 正确，幼儿可以由直系亲属接送
C. 不正确，父母应该亲自接送小米
D. 不正确，幼儿应该由成年人接送

37. 良好的社会环境有利于促进未成年人的健康成长，下列选项中属于社会保护的是（　　）
A. 学生王某在学校突发疾病，学校及时通知家长并积极救护王某
B. 解除羁押、服刑期满的未成年人的复学、升学、就业不受歧视
C. 父母或者其他监护人不得使接受义务教育的未成年人辍学
D. 任何组织或者个人不得披露未成年人的个人隐私

38. 某学校年终对全体教师进行考核。根据《中华人民共和国教师法》的规定，下列说法正确的是（　　）
A. 考核包括教师的师德师风、业务水平、育人业绩和管理水平
B. 考核结果是教师受聘任教、晋升工资、实施奖惩的唯一依据
C. 考核应当充分听取教师本人、其他教师以及学生家长的意见
D. 上级教育行政部门可以对该校教师考核工作进行指导与监督

过关必刷题库

专题一　教育法律法规概述

➤答案见 P15

单项选择题（每小题 2 分，共 140 小题。参考时限 210 分钟）

1. 小王的手表丢失，怀疑是同班同学小蔡所为，老师便要搜查小蔡的衣服口袋。老师的行为（　　）
A. 合法，维护了小王的财产权
B. 违法，侵犯小蔡的人身自由
C. 违法，侵犯小蔡的荣誉权
D. 合法，是帮助小王找回手表的有效方式

2.《中华人民共和国宪法》规定，中华人民共和国（　　）是最高国家权力机关的执行机关。
A. 全国人民代表大会
B. 中央人民政府
C. 中央军事委员会
D. 全国人民代表大会常务委员会

3. 一切国家机关和武装力量、各政党和各社会团体、各企业事业组织都必须遵守（　　）
A. 宪法和法律
B. 宪法和法规
C. 法律和法规
D. 政策和法规

4. 依据《中华人民共和国宪法》的规定，行使宪法解释权的是（　　）
A. 最高人民法院
B. 全国人民代表大会常务委员会
C. 最高人民检察院
D. 中国人民政治协商会议

5. 中华人民共和国的国家机构实行（　　）的原则。
A. 单一制
B. 议会制
C. 民主集中制
D. 领导负责制

6. 下列关于宪法的说法，不正确的是（　　）
A. 宪法是国家所有法律的总和
B. 宪法的变动必然引起普通法律做出相应的修改
C. 宪法具有最高法律效力
D. 宪法是国家的根本大法

7. 根据《中华人民共和国教育法》的规定，担任学校及其他教育机构的校长或者主要行政负责人的必要条件不包括（　　）
A. 具有中华人民共和国国籍
B. 具有出国留学经历
C. 具备国家规定任职条件
D. 在中国境内定居

8.《中华人民共和国教育法》规定，明知校舍或者教育教学设施有危险，而不采取措施，造成人员伤亡或者重大财产损失的，对直接负责的主管人员和其他直接责任人员，依法追究（　　）
A. 民事责任
B. 刑事责任
C. 一般责任
D. 行政责任

9. 下列关于受教育者的权利，说法不正确的是（　　）
A. 使用学校图书馆查阅资料
B. 按照国家有关规定获得奖学金、贷学金、助学金
C. 在学业成绩和品行上获得公正评价
D. 对学校给予的处分不服可向有关部门提出行政复议

10. 夏某常年负责校舍和教育教学设施的安全问题。某日，夏某发现一间教室的教育设施存在漏电危

险,但是他却没有采取任何措施,之后设施漏电造成人员伤亡,并给学校造成了重大的财产损失。对此,下列说法正确的是(　　)

A. 学校应考虑夏某工作年限长,可以不予追究　　B. 应依法追究夏某的刑事责任

C. 应依法给予行政处分　　D. 夏某只需承担民事责任

11. 某公立幼儿园符合办学条件,具备法人条件。该园取得法人资格应始于(　　)

A. 审批次日　　B. 批准次日　　C. 登记注册之日　　D. 登记注册次日

12. 刘某酒后闯入幼儿园寻衅滋事,破坏了幼儿园的设施。依据《中华人民共和国教育法》的规定,对于刘某(　　)

A. 应由幼儿园给予教育行政处罚　　B. 应由公安机关给予治安管理处罚

C. 应由乡人民政府给予治安管理处罚　　D. 应由教育行政部门给予行政拘留

13. 根据《中华人民共和国教育法》的相关规定,某地拟建立一所新的幼儿园,下列不属于该幼儿园设立必备的条件的是(　　)

A. 有组织机构和章程　　B. 有充足的生源

C. 有合格的教师　　D. 有稳定的经费来源

14. 在某市举办旅游节期间,某幼儿园园长决定利用该校地处市中心的优势,将学校操场改为临时停车场,并为此停止了旅游节期间的所有体育课。该园长应对其行为(　　)

A. 承担行政责任　　B. 承担民事责任

C. 承担刑事责任　　D. 不需要承担法律责任

15. 某幼儿园给幼儿订购校服,园长从中拿回扣,但尚未构成犯罪。依照《中华人民共和国教育法》的规定,应没收园长的违法所得,并(　　)

A. 给予行政处分　　B. 给予强制措施　　C. 给予刑事处罚　　D. 给予治安处罚

16. 根据我国《教育法》的规定,学校及其他教育机构在不影响正常教育教学活动的前提下,应当积极参加当地的(　　)

A. 商业性活动　　B. 招投标活动　　C. 社会公益活动　　D. 有偿支教活动

17. 王老师大学毕业后自愿到新疆基层地区从事教育工作,根据《中华人民共和国教师法》规定,应该依法对王老师(　　)

A. 进行奖励　　B. 给予表彰　　C. 予以补贴　　D. 提高薪资

18. 教师江某违反学校管理条例,被校长在全校教师会议上点名批评。会后江某召集社会人员,在校长下班的路上将其打成重伤,情节严重,可依法对江某追究(　　)

A. 违宪责任　　B. 刑事责任

C. 行政责任　　D. 一般责任

19. 王老师是某学校的英语老师,她故意不完成教育教学任务,给教育教学工作造成了损失。根据《中华人民共和国教师法》的规定,王老师的行为应由所在学校(　　)

A. 给予记过处分　　B. 给予警告

C. 给予罚款及通报批评　　D. 给予行政处分或者解聘

20. 王某担任某县教师期间通过了硕士研究生入学考试,学校以王某的服务期未满、学校教师不足为由不予批准王某脱产学习,王某欲以剥夺其参加进修权利为由提出申诉,受理申诉的机构应当是(　　)

A. 当地县教育局　　B. 当地县人民政府

C. 当地市教育局　　D. 省教育厅

21. 华华今年师范专业毕业,如愿成为一名教师。根据《中华人民共和国教师法》的规定,教师是履行教育教学职责的专业人员,承担(　　)

A. 教学任务,培养能通过毕业考试的合格毕业生的使命

B. 教育教学工作,培养未来社会的建设者和接班人的使命

C. 教书育人,培养社会主义事业建设者和接班人、提高全人类素质的使命

D. 教书育人,培养社会主义事业建设者和接班人、提高民族素质的使命

22. 李老师和朋友在回家的路上遇到几名强行向路人卖花的儿童,李老师趁机询问这些儿童的信息,被朋友劝阻,并让她不要多管闲事。李老师回答:"这些都是应该上学的适龄儿童,我一定要管,因为我是教师!"李老师的言行表明她(　　)

A. 僭越了教师的权限　　B. 不虚心听取他人意见

C. 具有较强的人际沟通能力　　D. 自觉履行教师的义务

23. 教师王某因酒驾发生交通事故,被判有期徒刑 2 年。下列说法中,正确的是(　　)

A. 王某丧失教师资格,刑满释放后可重新考取教师资格证

B. 王某丧失教师资格,刑满释放后,不能重新取得教师资格

C. 王某保留教师资格,刑满释放后,需要重新进行资格认定

D. 王某保留教师资格,刑满释放后,不能留在原学校执教

24. 蒋老师在教育教学、科学研究等多方面取得优异成绩,对国家的教育事业有重大贡献,被授予"全国优秀教育工作者"的荣誉称号。根据《中华人民共和国教师法》的规定,对有突出贡献、重大贡献的教师应予以表彰和奖励的机构不包括(　　)

A. 国务院　　B. 地方各级人民政府

C. 地方各级人民政府的教育行政部门　　D. 全国人民代表大会常务委员会

25. 小张今年师范教育毕业,参加了教师资格考试,并取得了教师资格证书。依据《中华人民共和国教师法》规定,取得教师资格的人员首次任教时,应当有(　　)

A. 实习期　　B. 试用期

C. 见习期　　D. 试工期

26. 某县政府因财政困难常拖欠该县教师工资,经讨论决定,将全县教师待发工资的一半用于修建饭店,以该饭店的利润偿还教师工资及补助教师生活。该县政府的做法(　　)

A. 正确,出于补助教师生活的长远打算

B. 正确,为了公共建设,可暂时挪用教师工资

C. 不正确,直接责任人员应承担相应的行政责任

D. 不正确,但挪用款项及时归还的,可不予追究相关人员的责任

27. 根据《中华人民共和国教师法》的规定,外籍教师的聘任办法由(　　)规定。

A. 学校自行　　B. 当地人民政府

C. 国务院教育行政部门　　D. 全国人民代表大会

28. 某学校为提高生源质量,自行组织入学考试,实行跨区域招生,该学校的做法(　　)

A. 合法,学校有招收学生的权利　　B. 合法,学校有自主办学的权利

C. 不合法,违反了尊重学生人格的规定　　D. 不合法,违反了免试就近入学的规定

29. 学生李某经常违反学校的规定，上课不认真听讲，与同学嬉戏打闹。对于李某，学校可采取的教育方式是（　　）

A. 收容教养　　B. 强制劝退
C. 批评教育　　D. 开除学籍

30. 某学校建校50周年时制作了一批纪念品，要求学生购买。依据我国《义务教育法》的规定，应该由县教育局对学校做出的处罚是（　　）

A. 责令退还所收费用　　B. 责令限期改正
C. 给予通报批评，没收违法所得　　D. 给予通报批评，责令限期改正

31. 江某的女儿玲玲已经六岁了，因身体状况无法按时入学，江某向当地乡镇人民政府提出申请延缓入学一年，当地乡镇人民政府应当（　　）

A. 拒绝，玲玲已经六周岁，必须立刻接受义务教育
B. 拒绝，必须延缓两年入学
C. 批准，可以延缓到七周岁入学
D. 批准，但必须多缴纳一年学费

32. 小玲已满6周岁，但小玲的父母认为她无法融入班集体，不适合学校教育，于是就让她在家学习。这种做法（　　）

A. 正确，有利于因材施教
B. 正确，有利于开展"一对一"教育，培养拔尖生
C. 错误，其父母未按法律规定保障子女入学接受义务教育
D. 错误，应由专业人员评估小玲是否适合学校教育，并由专业人员为其进行家教

33. 对未完成义务教育的未成年犯和被采取强制性教育措施的未成年人应当进行义务教育，所需经费由（　　）予以保障。

A. 人民政府　　B. 未成年人本人
C. 未成年人父母　　D. 未成年人所在的学校

34. 根据《中华人民共和国义务教育法》的规定，教育教学工作应当符合教育规律和（　　），面向全体学生，教书育人。

A. 学生的全面发展需要　　B. 学生的个性发展需要
C. 学生身心发展特点　　D. 学生的最近发展区

35. 某学校为了发展自己的双语教学特色，让其所聘用的外教人员在境外收集了教材，并在学校里使用。根据《中华人民共和国义务教育法》的规定，该学校的做法（　　）

A. 合法，有利于促进学生的第二语言发展　　B. 合法，能够让学校更有特色，增强竞争力
C. 不合法，学校不得使用未经审定的教材　　D. 不合法，文化不同，不能直接采用

36. 班主任陈老师因为某学生不遵守课堂纪律强令该学生家长到学校陪读，由于学生家长工作忙，不能来学校陪读，陈老师就把该学生赶出了校门，并对学生说："你家长不来陪读，你就不准来学校上课。"陈老师的做法（　　）

A. 树立了教师的权威　　B. 违反了《中华人民共和国义务教育法》
C. 强化了班级管理　　D. 忽略了学生的感受

37. 李浩在一次放学回家过程中发生了交通事故，需要休学一个学期进行治疗，李浩的父母提出了休学申请，此申请需要（　　）批准。

A. 省级人民政府教育行政部门
B. 学校行政管理部门或学生管理部门
C. 乡镇人民政府或者县级人民政府教育行政部门
D. 班主任老师或年级组长

38. 已满6岁的小强轻度听力损失，他的父母曾多次送他到镇里的多所小学就读，但校方总是以各种理由拒绝接收。于是小强就一直留在家中，迟迟未去上学。根据《中华人民共和国义务教育法》规定，小强应该（　　）

A. 在特殊学校（如聋校）就读　　B. 留在家里不去上学
C. 在镇里的小学随班就读　　D. 在小学开设的特殊班就读

39. 某学校违规向学生每人收取晚自习补课费1000元，共计50万元，部分家长向教育局举报。下列说法正确的是（　　）

A. 学校可以适当收取晚自习补课费
B. 学生家长自愿缴纳晚自习补课费，不应当举报
C. 教育局应当责令学校退还所收费用
D. 教育局应当将学校所收费用全部没收

40. 小杨的妈妈是一名商人，经常有一些生意上的应酬活动，她总让6岁的小杨也随她一起参与应酬活动，出入娱乐场所，并称这是为了培养小杨的社交能力。小杨妈妈的行为（　　）

A. 符合法律规定的家庭保护　　B. 为小杨成长打好社交基础
C. 侵犯了小杨的人身自由权　　D. 没有正确履行监护人职责

41. 学生唐某上课时感觉饿了，于是在课堂上吃起了零食。刘老师发现后，中断了自己的正常教学，并当着全班同学的面辱骂唐某，并要求他去操场上跑圈。刘老师的做法（　　）

A. 是正确的，唐某这种学生就该被这么教育
B. 是正确的，杀一儆百，能帮助孩子们更好成长
C. 是不正确的，违反了《中华人民共和国未成年人保护法》
D. 是不正确的，违反了《中华人民共和国教育法》

42. 5岁的花花因为父母意外过世，无人照料，经常在各个路口乞讨，根据《中华人民共和国未成年人保护法》，应由（　　）对其承担临时监护责任。

A. 教育行政部门　　B. 儿童福利院
C. 社区居民委员会　　D. 民政部门

43. 未成年人的保护问题，不仅仅是教育活动领域中的问题，同时也是社会生活领域中的问题。《中华人民共和国未成年人保护法》中所指的未成年人是指（　　）

A. 未满12周岁的公民　　B. 未满14周岁的公民
C. 未满16周岁的公民　　D. 未满18周岁的公民

44. 明明的父母协议离婚，但关于明明的抚养权一直争执不下。依据《中华人民共和国未成年人保护法》，离婚双方因抚养未成年子女问题发生争执，达不成协议时，应当按照（　　）的原则依法处理。

A. 有利于女方　　B. 最有利于未成年子女
C. 听取有表达意愿能力未成年人的意见　　D. 有利于男方

45. 小杨的父母为了使小杨两兄妹顺利完成学业，决定去外省务工，而小杨两兄妹则继续留在老家读书。关于小杨父母对小杨两兄妹的安置，下列做法正确的是(　　)

A. 让他们独自生活，嘱咐邻居多给予关照　　B. 让就读高中的堂哥堂姐帮忙照顾

C. 安排他们住校并请班主任平时多监督　　D. 让他们搬去外婆家并让外婆代为照顾

46. 寒假里的一天，某市科技馆迎来了一群特殊的小客人。来自该市的70名农村学生在大学生志愿者的带领下，走进城里的科技馆参加科普课堂活动，感受科技魅力。根据《中华人民共和国未成年人保护法》的规定，这是对未成年人的(　　)

A. 社会保护　　B. 学校保护

C. 司法保护　　D. 家庭保护

47. 5岁的小丽与同班好友长期保持书信往来，对此，下列说法正确的是(　　)

A. 小丽的老师可以以教育为由，拆看小丽的信件

B. 小丽的父母作为监护人，在特殊情况下，可以拆看小丽的信件

C. 小丽是限制行为能力人，必须获得父母的允许，才能与他人进行书信沟通

D. 任何善意的人都可以拆看小丽的信件

48. 根据《中华人民共和国未成年人保护法》的规定，学校、幼儿园的教职员工应当尊重未成年人(　　)，不得对未成年人实施体罚、变相体罚的行为。

A. 个人志愿　　B. 人格尊严

C. 人身自由　　D. 合法权益

49. 国有企业员工张某离婚之后，经常在家酗酒，打骂孩子，对于张某的行为，下列表述中正确的是(　　)

A. 可由张某所在单位给予劝诫、制止　　B. 可由张某所在单位给予处分

C. 可由居民委员会予以劝诫、制止　　D. 可由当地人民政府进行行政调解

50. 学生赵某和张某将手机带入课堂被老师发现，老师便将赵某和张某的手机统一管理。老师的做法(　　)

A. 错误，教师没有没收学生手机的权利

B. 错误，侵犯了学生的财产权

C. 正确，遵守了《中华人民共和国未成年人保护法》的规定

D. 正确，待学期结束后可归还

51. 对上课纪律性差的幼儿，幼儿园应当(　　)

A. 交给家长教育　　B. 根据情况开除

C. 停课教育　　D. 耐心教育、帮助，不得歧视

52. 根据《中华人民共和国未成年人保护法》规定，幼儿园应当做好保育、教育工作，促进幼儿在体质、(　　)等方面的发展。

A. 品德、纪律　　B. 品德、美育　　C. 智力、品德　　D. 智力、美育

53. 某培训机构对即将升入小学的大班幼儿进行拼音和算术等方面的教育，该培训机构的做法(　　)

A. 正确，有利于大班幼儿顺利进入小学　　B. 正确，符合幼儿身心发展规律

C. 错误，不得对学龄前幼儿进行小学课程教育　　D. 错误，应由幼儿园负责教授拼音、算术等课程

54. 幼儿园大(2)班的美美收到了同班同学阳阳的一个爱心小卡片，美美的妈妈看到后，不经美美的同意，便把卡片撕毁了。美美妈妈的行为(　　)

A. 帮助美美减少了干扰学习的因素　　B. 违反了我国《未成年人保护法》的规定

C. 有利于美美的人际交往　　D. 有利于美美学习

55. 某网络直播平台为5岁的小虎提供直播账号供其进行网络直播，并从中抽取一定的费用。下列说法正确的是(　　)

A. 小虎可以通过直播赚取费用

B. 网络直播平台不能从中抽取费用

C. 该网络直播平台违反了相关规定，可对其进行处罚

D. 该网络直播平台违反了相关规定，可给予其处分

56. 小明的爸爸经常让6岁的小明去商店帮他买烟，商店的老板也经常将烟卖给小明。商店老板的做法(　　)

A. 错误，商店老板应让小明出示身份证件，再卖给他香烟

B. 错误，商店老板不能向未成年人出售香烟

C. 正确，小明付了买香烟的钱

D. 正确，商店老板不能拒绝小明的要求

57. 康康爸爸因不履行监护职责被撤销其对康康的监护权，根据《中华人民共和国未成年人保护法》的规定，下列说法正确的是(　　)

A. 康康爸爸应继续承担抚养费　　B. 康康爸爸不用再继续承担抚养费

C. 康康爸爸可指定他人代为监护　　D. 康康爸爸不能再见康康

58. 龙龙在放学回家途中，因为闯红灯，被汽车撞倒在地，导致右腿骨折。对于龙龙所受伤害，下列选项正确的是(　　)

A. 学校没有过错，无须承担赔偿责任　　B. 学校没有过错，但要承担赔偿责任

C. 学校有过错，应当承担赔偿责任　　D. 学校有过错，但可免除赔偿责任

59. 下列学生伤害事故中，学校已履行了相关责任，行为并无不当，无法律责任的是(　　)

A. 学生在学校就餐后食物中毒

B. 教师罚捣乱的同学跑操场10圈，致使学生中暑晕倒

C. 台风来袭导致两名学生受伤

D. 校医院乱用药导致学生感冒加重

60. 某幼儿园让崔老师组织中(1)班小朋友到剧院观看儿童剧，在观看过程中笑笑要去厕所，但因为剧院灯光设置特别暗，在上下台阶时不小心摔倒，致使腿部骨折。对于笑笑所受的伤害应依法承担法律责任的是(　　)

A. 剧院　　B. 崔老师

C. 幼儿园和剧院　　D. 崔老师和剧院

61. 小吴在参加幼儿园开展的义务植树活动中不慎摔倒，导致脚踝受伤，小吴治疗脚伤产生的费用应当由(　　)来承担。

A. 小吴　　B. 小吴的学校　　C. 小吴的家长　　D. 小吴的班主任

62. 因学校的校舍、场地、其他公共设施，以及学校提供给学生使用的学具、教育教学和生活设施、设备不符合国家规定的标准，或者有明显不安全因素而造成学生安全事故的，由(　　)承担相应的

责任。

A. 教育局　B. 学校　C. 设备经销商家　D. 采购员

63. 小李在体育课上跑步时突然昏倒，致使胸部受伤，经检查小李有先天性心脏病，班主任知道，但体育老师不知情。小李父母要求学校支付小李在医院的住院费，这种请求（　　）

A. 不合理，家长并未告知体育老师小李的情况

B. 合理，事故发生在学校且小李的班主任知晓小李的病情

C. 只要在学校受伤，学校就应支付住院费用，所以该请求合理

D. 体育老师虽然不知情，但是小李在体育课上摔倒受伤，所以体育老师应负责，让学校支付不合理

64. 跳跳在上课的时候不认真听讲，并且一直扰乱课堂秩序，吴老师便让跳跳在教室外罚站，结果导致跳跳中暑晕倒，手臂骨折。对跳跳所受的伤害应承担赔偿责任的是（　　）

A. 吴老师　B. 幼儿园

C. 跳跳的家长　D. 跳跳的家长和幼儿园

65. 小明偷偷带了芒果并与小红分享，班主任看到后明知小红对芒果过敏，却未及时制止（小明不知道小红对芒果过敏）。小红食用后因严重过敏入院，小红的家长要求赔偿相关费用。下列选项中，应承担主要赔偿责任的是（　　）

A. 小明　B. 班主任

C. 该幼儿园园长　D. 幼儿园

66. 某幼儿园学生在上体育课时，篮球架突然倒塌，导致 1 名学生受伤，经鉴定为轻微伤。学校处理该事故后，还应当书面报告（　　）

A. 县人民政府　B. 省教育行政部门

C. 市人民政府　D. 县教育行政部门

67. 下列关于学生伤害事故责任的说法正确的是（　　）

A. 小顾放学后在学校玩耍受伤，学校应当承担赔偿责任

B. 小何在学校受伤，经调解与学校达成赔偿协议，学校不得反悔

C. 小赵在学校组织的运动会中受伤，学校不承担赔偿责任

D. 小王不听劝阻，在走廊打闹，撞伤其他同学，其父母应当承担赔偿责任

68. 体育课上，体育老师让学生自行踢球，自己则在操场旁边玩手机。踢球过程中，学生孙刚和吴军为抢球发生争吵、扭打。孙刚被重重地打倒在地，造成手臂受伤，旁边的同学赶紧向体育老师汇报，体育老师将孙刚送往医院。学校则立即通知孙刚父母，医院经检查后确认孙刚需要手术治疗。依据相关法律规定，在这起事故中关于承担责任的说法不正确的是（　　）

A. 由孙刚的监护人负责赔偿

B. 由吴军的监护人负责赔偿

C. 学校应进行相应赔偿

D. 学校承担经济赔偿后，可向体育老师进行部分追偿

69. 幼儿园放学后，亮亮和聪聪在校外草坪上玩耍，在追逐打闹中，亮亮将聪聪推倒摔伤。对于聪聪所受伤害，应承担赔偿责任的是（　　）

A. 幼儿园　B. 亮亮

C. 亮亮的父母　D. 聪聪的父母

70. 某民办幼儿园小朋友在学校玩秋千时，不小心从秋千上摔下来。关于该事故（　　）

A. 幼儿园无过错，不承担法律责任　B. 幼儿园无过错，但应负赔偿责任

C. 幼儿园有过错，承担相应法律责任　D. 应由秋千提供商承担责任

71. 根据《中华人民共和国民法典》规定，无民事行为能力人、限制民事行为能力人造成他人损害，监护人将监护职责委托给他人的，且受托人有过错，（　　）应当承担侵权责任。

A. 受托人　B. 监护人

C. 行为人　D. 监护人和受托人

72.《中华人民共和国民法典》规定，帮助、教唆他人实施侵权行为的，应当（　　）

A. 承担主要责任　B. 承担次要责任

C. 承担连带责任　D. 无须承担责任

73. 暑假期间，幼儿王某和李某相约在学校玩耍。在玩耍过程中，王某不慎将李某撞倒在地上，导致李某小腿骨折。对于李某所受伤害，应当承担主要赔偿责任的是（　　）

A. 王某　B. 李某的监护人

C. 王某的监护人　D. 学校

74. 在幼儿园开展的户外活动中，小明和小刚一起玩游戏，突然小明推了小刚一下，致使小刚摔倒受伤。事后园长调取监控发现带班老师当时在和班级其他老师聊天。根据《中华人民共和国民法典》的规定，对于小刚所受伤害应当承担赔偿责任的是（　　）

A. 幼儿园　B. 小明的监护人

C. 小刚的监护人　D. 小明的监护人和幼儿园

75. 某幼儿园在教学计划中大量增加了小学一年级的课程内容，该幼儿园的做法（　　）

A. 正确，有利于幼儿园和小学的衔接　B. 错误，背离了幼儿教育的基本目标

C. 正确，有利于提高儿童认知发展水平　D. 错误，只能适量增加小学教育的内容

76. 为婴幼儿选择玩具和游戏材料，正确的描述是（　　）

A. 婴幼儿的玩具应该高档化

B. 废旧材料不适合作为婴幼儿的玩具和游戏材料

C. 给婴儿选择的玩具越小越好

D. 应根据婴儿年龄特点选择玩具

77. 某幼儿园大班日常的课程为：拼音课、数学课、英语课、科学课等。该幼儿园的做法（　　）

A. 正确，实行了科学的幼小衔接课程　B. 正确，有助于幼儿提前适应小学课程

C. 错误，可以学拼音，但是不能学英语　D. 错误，幼儿园不得提前教授小学课程

78.《幼儿园工作规程》规定，幼儿每日户外体育活动的时间不得少于（　　）

A. 0.5 小时　B. 1 小时　C. 1.5 小时　D. 2 小时

79. 当教师发现幼儿遭受或疑似遭受家庭暴力的情况时，正确的做法是（　　）

A. 依法向公安机关报案　B. 与家长进行沟通交流

C. 向园领导汇报　D. 向幼儿的其他监护人反应

80. 依据《幼儿园工作规程》规定，下列不属于入园照顾对象的是（　　）

A. 孤儿　B. 烈士子女

C. 独生子　D. 家中无人照顾的残疾人子女

81. 根据《幼儿园工作规程》规定，幼儿入园前禁止(　　)

A. 幼儿入园健康检查　　B. 幼儿学习能力考试或智力测查

C. 向家长了解家庭教养方式　　D. 向家长了解幼儿的性格和爱好

82. 幼儿园应当建立幼儿健康档案，幼儿体检的时间间隔是(　　)

A. 每两个月一次　　B. 每季度一次

C. 每半年一次　　D. 每年一次

83. 某幼儿园重新修葺了幼儿活动室，园长建议将电源插座安装在离地 1.2m 高的位置，该园长的建议(　　)

A. 正确，这符合《托儿所、幼儿园建筑设计规范》要求

B. 正确，这有利于班级各类电器的使用

C. 不正确，电源插座安装高度应该在离地面不低于 1.8m 处

D. 不正确，电源插座安装高度应该在离地面不低于 1.5m 处

84. 幼儿园应当成立家长委员会，家长委员会的主要任务不包括(　　)

A. 对幼儿园重要决策和事关幼儿切身利益的事项提出意见和建议

B. 帮助家长了解幼儿园工作计划和要求，协助幼儿园开展家庭教育指导和交流

C. 发挥家长的专业和资源优势，支持幼儿园保育教育工作

D. 定期召开家长会议，并接待家长来访和咨询

85. 寄宿制幼儿园的户外活动时间不得少于(　　)，高寒、高温地区可酌情增减。

A. 1 小时　　B. 2.5 小时　　C. 2 小时　　D. 3 小时

86. 《幼儿园工作规程》指出，幼儿园是对 3 周岁以上学龄前幼儿实施(　　)的机构。

A. 保育和教育　　B. 教育和游戏　　C. 教育和养育　　D. 学习和活动

87. 《幼儿园工作规程》指出，幼儿园的品德教育应当以(　　)和培养良好行为习惯为主，注重潜移默化的影响，并贯穿于幼儿生活以及各项活动之中。

A. 生活教育　　B. 情感教育

C. 社会教育　　D. 安全教育

88. 从幼儿园的环境到一日生活，各个环节的安全隐患无处不在，在孩子离园的时候同样不能放松警惕。下列做法错误的是(　　)

A. 必须确认接孩子的家长身份

B. 控制好家长接孩子的时间，让自己有足够的精力去接待每位家长

C. 必须确保所有幼儿和家长都已安全离开后再离开

D. 如果孩子的父母忙，可以将孩子交给别人，无须与孩子父母取得联系

89. 幼儿园保育员必须具备(　　)毕业以上学历，并受过幼儿保育职业培训。

A. 初中　　B. 高中　　C. 大专　　D. 本科

90. 下列关于《幼儿园工作规程》说法错误的是(　　)

A. 幼儿园是对 3 周岁以上学龄前幼儿实施保育和教育的机构

B. 幼儿膳食费应实行民主管理制度，保证全部用于幼儿膳食，并每月向家长公布账目

C. 幼儿入园前必须进行体检，合格者方可入园

D. 在幼儿园吃晚餐的幼儿人数较少，故晚餐可以不留样

91. 午休起床后平平小脸通红，刘老师给平平量了体温后，发现有些低烧，就让平平吃了上周带的退烧药。刘老师的做法(　　)

A. 不合理，应该买新的药　　B. 不合理，应该征求监护人的同意

C. 合理，是平平家长带来的药，没有问题　　D. 不合理，应在医师的指导下用药

92. 幼儿园应当制定合理的幼儿一日生活作息制度，正餐间隔时间为(　　)

A. 2 小时　　B. 4.5 小时　　C. 3 小时　　D. 3.5～4 小时

93. 小班的彤彤经常尿裤子，彭老师想要帮助彤彤改掉尿裤子的习惯，便规定了每天的如厕时间和次数。彭老师的做法(　　)

A. 正确，帮助彤彤改掉不良习惯　　B. 正确，减轻了自己的工作量

C. 不正确，不得限制幼儿便溺的次数和时间　　D. 不正确，不利于彤彤的自主发展

94. 某幼儿园以提高幼儿的特长发展为由开展特长班，并向家长收取费用。该幼儿园的做法(　　)

A. 合理，促进了幼儿的特长发展

B. 合理，有利于促进家园合作

C. 不合理，没有关注到幼儿的全面发展

D. 不合理，幼儿园不能以培养幼儿技能为由向家长另外收取费用

95. 依据《幼儿园工作规程》规定，下列哪项不是幼儿园教师的主要职责(　　)

A. 制订和执行教育工作计划，合理安排幼儿一日生活

B. 负责与社区的联系和合作

C. 创设良好的教育环境，合理组织教育内容

D. 与家长保持经常联系

96. 某市直幼儿园从不向家长公示幼儿食谱，因为园长认为，只要膳食营养均衡，公示与否并无意义。该幼儿园的做法(　　)

A. 正确，不公开食谱是幼儿园的权利

B. 正确，只要饮食合理即可，不必拘泥于形式

C. 不正确，违反了《中华人民共和国教育法》的规定

D. 不正确，违反了《幼儿园工作规程》的规定

97. 幼儿园教职工必须具有安全意识，掌握基本急救常识和防范、避险、逃生、自救的基本方法，在紧急情况下应当优先保护(　　)

A. 幼儿园的财产安全　　B. 幼儿的人身安全

C. 教师的人身安全　　D. 幼儿的财产安全

98. 联合国通过的《儿童权利公约》的宗旨是(　　)

A. 最大限度地保护儿童权益　　B. 维护儿童的社会地位

C. 促进儿童全面发展　　D. 确保儿童的生存发展

99. 《儿童权利公约》所确定的保护儿童的基本原则不包括(　　)

A. 无歧视原则　　B. 尊重儿童发展原则

C. 儿童最大利益原则　　D. 尊重儿童观点的原则

100. 《儿童权利公约》中提到的儿童的基本权利不包括(　　)

A. 生存权　　B. 发展权　　C. 受保护权　　D. 游戏权

101. 下列哪项不是《中国教育现代化2035》提出的推进现代化的基本理念(　　)
A. 更加注重以德为先　　B. 更加注重个性发展
C. 更加注重面向人人　　D. 更加注重因材施教

102. 下列选项中关于《中国教育现代化2035》提出的实施路径,正确的是(　　)
A. 细化目标,全面推进　　B. 分步规划,分区推进
C. 精准施策,统筹推进　　D. 服务先行,系统推进

103. 根据《儿童权利公约》和我国《宪法》等法律法规的规定可知,学生享有的最基本的权利是(　　)
A. 生存权　　B. 受教育权
C. 受尊重权　　D. 发展和安全权

104. 下列选项中,不属于我国《宪法》所规定的公民自由的是(　　)
A. 出版自由　　B. 纳税自由
C. 宗教信仰自由　　D. 科学研究自由

105.《中华人民共和国教育法》规定,教育活动必须符合国家和社会公共利益,这体现的教育基本原则是(　　)
A. 思想性原则　　B. 公共性原则
C. 普及性原则　　D. 强制性原则

106. 我国《教育法》规定的学生申诉范围不包括(　　)
A. 对学校处分不服的　　B. 对家长进行辱骂的
C. 认为学校侵犯其人身权利的　　D. 认为学校强迫其购买非教学物品的

107. 我国的教育基本法和根本法是(　　)
A.《中华人民共和国教育法》　　B.《中华人民共和国义务教育法》
C.《中华人民共和国民办教育促进法》　　D.《中华人民共和国教师法》

108. 根据我国《教育法》的规定,下列不属于学校及其他教育机构可行使的权利是(　　)
A. 拒绝任何组织和个人对教育教学活动的非法干涉
B. 招收学生或者其他受教育者
C. 维护受教育者、教师及其他职工的合法权益
D. 组织实施教育教学活动

109. 根据《中华人民共和国教育法》的规定,教师参与学校民主管理和监督的主要形式是(　　)
A. 校务委员会　　B. 教师工会
C. 教师协会　　D. 教职工代表大会

110. 2021年修订的《中华人民共和国教育法》中明确规定,我国教育的性质和方针是(　　)
A. 教育必须为社会主义现代化建设服务、为社会生活服务
B. 教育必须为社会主义现代化建设服务、为人民服务
C. 教育必须为社会主义物质文明建设服务、为精神文明建设服务
D. 教育必须为社会主义建设服务、为人的发展服务

111. 教育活动必须符合国家和社会公共利益。任何组织和个人不得利用(　　)进行妨碍国家教育制度的活动。
A. 宗教　　B. 文化　　C. 集会　　D. 网络

112. 根据《中华人民共和国教育法》的规定,任何组织或个人在国家教育考试中组织作弊,情节严重的,处(　　)拘留。
A. 三日以上十日以下　　B. 五日以上十五日以下
C. 七日以上二十日以下　　D. 十日以上三十日以下

113. 规定了我国学生申诉制度的法律文件是(　　)
A.《中华人民共和国教育法》　　B.《中华人民共和国教师法》
C.《中华人民共和国义务教育法》　　D.《中华人民共和国未成年人保护法》

114. 我国教育经费来源的渠道主要是(　　)
A. 城乡教育费附加　　B. 社会集资、捐资
C. 国家财政拨款　　D. 教育专项资金

115. 学校违反国家规定收取费用的,由县级人民政府教育行政部门(　　)所收费用。
A. 责令退还　　B. 双倍退还　　C. 没收　　D. 追缴

116. 张老师在教学之余,将自己在教育教学中的成功经验总结升华,撰写成论文并成功发表。张老师行使了我国《教师法》赋予教师的(　　)
A. 教育教学权　　B. 科学研究权
C. 民主管理权　　D. 培训进修权

117. 某学校因财政紧缺,对非正式在编教师的暑假和寒假工资不予发放,该校的做法(　　)
A. 不正确,违反了《中华人民共和国教师法》
B. 不正确,违反了《中华人民共和国义务教育法》
C. 正确,学校参考公司,上班工作有酬劳,寒暑假不上班,自然没有酬劳
D. 正确,因为没有正式编制,所以没有寒暑假工资

118. 下列说法正确的是(　　)
A. 大学本科毕业的刘某不得申请高级中学教师资格
B. 被剥夺政治权利的徐某不得申请初级中学教师资格
C. 非师范学校不得承担培养和培训中小学教师资格的任务
D. 省级教育行政部门不得认定普通高等学校教师资格

119. 当前,能减少学生伤害事故给学校造成的压力(负担),同时能较好解决学生伤害事故损害赔偿或补偿责任的合法且有效的途径是(　　)
A. 学校加强安全教育,学生学会自护自救本领
B. 学校参加责任保险,学生参加意外伤害保险
C. 学校发动师生捐款,设立学生伤害赔(补)偿基金
D. 学校与学生家长签订"学生(子女)安全责任协议"

120. 根据《学生伤害事故处理办法》的规定,学校对未成年学生(　　)
A. 不承担监护责任　　B. 不承担安全教育责任
C. 不承担保护责任　　D. 不承担自救教育责任

121. 下列不属于教育单行法律的是(　　)
A.《中华人民共和国义务教育法》　　B.《中华人民共和国教师法》
C.《中华人民共和国教育法》　　D.《中华人民共和国职业教育法》

122. 某校违反国家规定招生，下列说法不正确的是(　　)

A. 由教育部门责令退还所有费用，但不得退回所招学生

B. 对学校进行警告，可以处违法所得五倍以下罚款

C. 情节严重的，责令停止相关招生资格一年以上及三年以下

D. 对直接负责的主管人员和其他直接负责人员，依法给予处分

123. 根据《中华人民共和国教育法》，下列说法不正确的是(　　)

A. 汉语言文字为学校及其他教育机构的基本教学语言文字

B. 少数民族学生为主的学校及其他教育机构，有推广使用普通话的责任和义务，应严格使用普通话进行教学

C. 学校及其他教育机构进行教学，应当推广使用全国通用的普通话和规范字

D. 少数民族学生为主的学校及其他教育机构，可以使用本民族或者当地民族通用的语言文字进行教学

124. 下列不属于受教育者权利的是(　　)

A. 努力学习，完成规定的学习任务　　B. 使用教育教学设施、设备、图书资料

C. 在学业成绩和品行上获得公正评价　　D. 对学校给予的处分不服向有关部门提出申诉

125.《中华人民共和国教育法》明确规定，学校的教学及其他行政管理，由(　　)负责。

A. 校长　　B. 上一级教育主管部门

C. 班主任　　D. 教职工代表大会

126. 权利和义务是相辅相成的，受教育者在享有权利的同时也要履行义务，下列不属于受教育者应当履行的义务的是(　　)

A. 遵守法律、法规　　B. 遵守所在学校或者其他教育机构的管理制度

C. 努力学习，完成规定的学习任务　　D. 孝敬师长，完成教师安排的所有任务

127.《中华人民共和国教育法》规定，国务院和地方各级人民政府领导和管理教育工作的原则是(　　)

A. 集中管理、分工负责　　B. 分类管理、分工负责

C. 授权管理、分工负责　　D. 分级管理、分工负责

128. 考生在国家教育考试中，有(　　)的行为的时候，组织考试的教育考试机构可以取消其相关考试资格或者考试成绩，情节严重者由教育行政部门责令其一年以上以及三年以下停止参加相关国家教育考试。

A. 让他人代替自己参加考试　　B. 报名之后不参加考试

C. 考试中组织作弊　　D. 考试前把手机关机

129. 甲省是教育大省，关于甲省今年对明年的教育经费的预算及决算，甲省人民政府应当向(　　)报告

A. 甲省人民代表大会及其常务委员会　　B. 甲省人民代表大会或者其常务委员会

C. 全国人民代表大会及其常务委员会　　D. 全国人民代表大会或者其常务委员会

130. 根据《中华人民共和国教育法》的规定，学校在正常运营、教学过程中，如果出现违规、违法行为，相关责任人应当承担一定的法律责任。下列处罚合理的是(　　)

A. 在学校结伙斗殴的，由公安机关给予治安管理处罚

B. 危害学生安全构成犯罪的，依法承担民事责任

C. 挪用学校公款用于满足私欲的，一律追究刑事责任

D. 扰乱学校正常教学秩序的，依法承担民事责任

131. 针对民办幼儿园乱收费的现象，教育行政部门对其进行管理的依据是(　　)

A.《中华人民共和国教育法》　　B.《中华人民共和国教师法》

C.《中华人民共和国未成年人保护法》　　D.《中华人民共和国义务教育法》

132. 幼儿园可以在不影响正常教育教学的前提下开展以下工作，不包括(　　)

A. 勤工俭学　　B. 兴办校办产业

C. 社会服务　　D. 推销绘本

133. 幼儿小明活泼好动、调皮捣蛋，在幼儿园进行室外滑滑梯活动时，经常推、打其他幼儿，老师考虑到其他幼儿的安全，每次室外活动时，都把小明留在室内不让他参与活动，根据《中华人民共和国教育法》，教师侵犯了小明的(　　)

A. 参与活动并使用教育资源的权利　　B. 财产权

C. 申诉权　　D. 公正评价权

134. 教师的平均工资水平应(　　)当地国家公务员的平均工资水平，并逐步提高。

A. 低于　　B. 等于

C. 低于或等于　　D. 不低于或高于

135. 甲幼儿园园长打断刘老师正常的上课进程，让其去迎接临时到访的上级领导，该校长的做法侵犯了刘老师的(　　)

A. 管理学生权　　B. 科学研究权

C. 教育教学权　　D. 获取报酬权

136. 王老师依法检举某县拖欠教师工资的问题后，他被威胁调到偏远地区，不准参加晋升和评优，该县的相关人员对依法检举的王老师进行打击报复，情节较严重，应被给予(　　)

A. 纪律处分　　B. 行政处分　　C. 经济处罚　　D. 警告处分

137. 林业是某幼儿园的聘用老师，该学校因为其不是正式编制内的教师而不给他购买医疗保险，该学校的做法侵犯了林业的(　　)

A. 科学研究权　　B. 获得报酬权

C. 进修培训权　　D. 民主管理权

138. 根据《中华人民共和国教师法》的规定，教师受聘任教、晋升工资、实施奖惩的依据是(　　)

A. 教师考核结果　　B. 教师业务水平

C. 教师工作态度　　D. 教师教学能力

139. 教师赵某常常对上课捣乱的学生采取绕操场跑 10 圈的惩罚，学校曾多次警告，赵老师仍不以为然，认为自己是为了学生好，仍进行长跑惩罚。根据相关法律规定，学校对赵老师可以(　　)

A. 进行停课处置　　B. 进行行政处罚

C. 进行罚款处罚　　D. 进行行政处分或解聘

140. 根据《中华人民共和国教师法》的规定，考核教师的机构主体是(　　)

A. 教师所在地的教育行政部门　　B. 教师所在地的政府机关

C. 教育机构　　D. 教师所工作和服务的学校

专题二　教师的权利与义务

➢答案见 P25

单项选择题(每小题 2 分,共 20 小题。参考时限 30 分钟)

1. 暑假时,学校以朱老师不在工作岗位为由,拒绝为朱老师的职称评定提供相应材料。朱老师向当地教育局提出申诉,教育局驳回了其申诉。朱老师可向(　　)提出行政复议。

A. 当地法院　　B. 当地人民政府
C. 当地公安局　　D. 当地教育局

2. 某县要修水电站,县政府下发文件要求每个公职人员都要参加电站集资。某民办幼儿园领导按照文件要求,在领工资之前,从每位教职工的工资中分别扣除了文件规定上交的集资款。对此,下列说法错误的是(　　)

A. 侵犯了教职工的隐私权
B. 侵犯了教职工的获取劳动报酬权
C. 违反了国家要求的不得对幼儿园和教师乱摊派的规定
D. 侵犯了教职工的个人财产自主权

3. 华老师向教育局提出了关于学校的改进意见,被校长打击报复,华老师可对此提出(　　)

A. 教育行政申诉　　B. 教育行政复议
C. 教育行政诉讼　　D. 申请仲裁

4. 寒假期间,某幼儿园要求所有代课教师加班两周,对于不加班的教师予以扣发工资处理。学校的做法(　　)

A. 正确,学校有权给教师布置工作任务　　B. 正确,学校可以合理使用教师的时间
C. 不正确,学校侵犯了教师自由发展权　　D. 不正确,学校侵犯了教师获取报酬待遇权

5. 马老师申请参加园里开展的教师交流大会,园长以其是硕士学历,没必要参加为由拒绝了马老师的申请。该园的做法侵犯了马老师的(　　)

A. 教育教学权　　B. 学术研究权
C. 进修培训权　　D. 指导评价权

6. 教师应当有意识地对学生进行爱国主义、民族团结教育、法制教育及科学技术教育等。具体体现了教师义务中的(　　)

A. 遵纪守法义务　　B. 教育教学义务
C. 保护学生义务　　D. 全面教育义务

7. 幼儿教师黄某认为自己的学历和能力都已达标,拒绝参加教育行政部门利用假期组织的教师培训活动。黄某的做法(　　)

A. 正确,教师可以放弃个人权利　　B. 不正确,教师不能放弃培训的权利
C. 正确,教师享有专业自主权利　　D. 不正确,提升业务水平是教师义务

8. 下列行为属于侵犯教师权利的是(　　)

A. 蒋老师因为体罚学生遭到学校行政处罚　　B. 幼儿园组织教师进行经验交流会
C. 幼儿园扣除教师部分工资用于修建教师宿舍　　D. 周老师对学校提出管理意见,校长给予奖励

9. 教师李某对学校作出的处理决定不服,便提出申诉,教育行政部门应当在收到申诉书的次日起(　　)内进行处理。

A. 60 天　　B. 15 天　　C. 30 天　　D. 7 天

10. 陈老师根据本班学生的实际情况进行课堂教学改革,但校领导担心家长会反对,同事们对他的计划也很不支持。陈老师应该(　　)

A. 坚持改革,这是教师的权利　　B. 坚持改革,这是教师的义务
C. 放弃改革,这纯属没事找事　　D. 放弃改革,这违背教学常识

11. 某教师积极参加学校工会活动,并对学校的改革发展建言献策。该教师行使的权利是(　　)

A. 教育教学权　　B. 控告检举权
C. 民主管理权　　D. 培训进修权

12. 某地教育行政部门在暑假组织如何激发学生学习动机的培训,要求该地所有青年教师必须参加,该教育行政部门的做法(　　)

A. 错误,占用教师休息时间　　B. 错误,应由所在学校决定
C. 正确,教师应终身学习　　D. 正确,教师应该无私奉献

13. 以下各项中,不属于教师应当履行的义务的是(　　)

A. 履行教师聘约　　B. 带领学生开展有益的社会活动
C. 批评和抵制有害于学生健康成长的现象　　D. 提供必需的图书、资料

14. 某校规定教师不得外出参加脱产学习,这实际上侵犯了教师的(　　)

A. 受教育权　　B. 进修培训权
C. 参与权　　D. 发展权

15. 李老师在完成教学工作后经常参加各种学术交流活动,并发表相关的学术论文,但校长以参加这些活动会分心为由对李老师进行了批评教育,校长这样做侵犯了李老师的(　　)

A. 教育教学权　　B. 学术研究权
C. 教学评价权　　D. 参与教学管理权

16. 李老师向校领导反映学校考评考核制度中存在的问题,有的同事却说李老师不自量力。其实李老师是在(　　)

A. 履行教师职责　　B. 履行教师义务
C. 行使公民权利　　D. 行使教师权利

17. 教师小赵通过了研究生入学考试,而其所在学校校领导拒绝了小赵就读的申请。下列做法正确的是(　　)

A. 向该乡教育局申诉　　B. 向该县教育局申诉
C. 向该县政府申诉　　D. 向教育部申诉

18. 教师李某由于在校外兼职,经常旷工,严重影响了学校教学工作。依据《中华人民共和国教师法》,学校应对李某给予(　　)

A. 解聘　　B. 警告　　C. 罚款　　D. 训诫

19. 某老师因为工作能力不足,不能承担起教学工作,调到了后勤岗,后来因不服从工作安排,学校将他辞退,该老师认为辞退是不合法的,则该老师可以通过(　　)途径获得救济。

A. 教育行政复议　　B. 教育申诉
C. 民间请愿　　D. 申请劳动仲裁

20. 王老师是一位对学生教育有独到见解的老师，前段时间由于教学理念的分歧与校长产生了争执，后来校长一怒之下罚他停课一周进行反思。校长的这种行为侵犯了王老师的(　　)

A. 教育教学权　　B. 专业发展权

C. 参与管理权　　D. 人身自由权

专题三　幼儿权利的法律保护

➢答案见 P26

单项选择题(每小题 2 分，共 19 小题。参考时限 30 分钟)

1. 皮皮活泼好动，经常在上课时扰乱课堂纪律。于是，徐老师在上课期间将皮皮关在卫生间里，徐老师的做法(　　)

A. 不合法，侵犯了皮皮的受教育权　　B. 不合法，侵犯了幼儿的名誉权

C. 合法，教师有管理教学权　　D. 合法，教师有教育幼儿的权利

2. 小红的父母以小红是女孩为由，不愿意供她继续读书，强行让她辍学回家。小红的父母侵犯了小红的(　　)

A. 名誉权　　B. 受教育权

C. 人格尊严　　D. 隐私权

3. 丁丁偶然得知同学丽丽在家经常尿床，便在同学中广泛传播。丁丁的做法侵犯了丽丽的(　　)

A. 隐私权　　B. 肖像权　　C. 荣誉权　　D. 财产权

4. 小亮在课堂上没有回答出王老师的提问，王老师生气地说："刚讲的还不会，笨得像头猪！"王老师的做法(　　)

A. 正确，有利于激发学生的学习动机　　B. 正确，教师有批评教育学生的权利

C. 错误，侵犯了学生的名誉权　　D. 错误，侵犯了学生的个人隐私

5. 学生李某没有完成作业，老师打手心以示惩戒，侵犯了学生的(　　)

A. 受教育权　　B. 健康权　　C. 隐私权　　D. 财产权

6. 某天，陈老师在上课时因个别幼儿不遵守课堂纪律而对班上幼儿进行责骂和拖拽，在拖拽过程中造成朵朵全身多处擦伤。根据相关法律，陈老师的这一行为侵犯了幼儿的(　　)

A. 财产权　　B. 平等权　　C. 隐私权　　D. 健康权

7. 某幼儿园中班老师陈某带头给该班幼儿小强起绰号，并且经常以此绰号叫他，同学们也都竞相模仿。陈某的做法侵犯了幼儿的(　　)

A. 肖像权　　B. 名誉权　　C. 财产权　　D. 荣誉权

8. 磊磊经常流鼻涕，弄得全身上下都是脏的。齐老师嫌弃磊磊，不让他参加班级里的集体活动，只给磊磊玩他自己从家带过来的玩具。齐老师的做法(　　)

A. 正确，减轻了教师的工作负担　　B. 正确，有利于磊磊养成好习惯

C. 不正确，应该让磊磊一起参加活动　　D. 不正确，侵犯了磊磊的名誉权

9. 小强在校园内踢球时不小心撞碎了宣传栏的玻璃，黄老师当众对其进行粗暴的言语辱骂。黄老师的做法主要侵犯了小强的(　　)

A. 受教育权　　B. 人格尊严　　C. 健康权　　D. 人身自由

10. 班主任将小明的画送去参赛，获得了一等奖，奖金应该归(　　)所得。

A. 小明　　B. 班主任　　C. 小明父母　　D. 幼儿园

11. 汤老师在班级黑板上贴了一个"坏学生"榜。上课喜欢捣乱、不听话的幼儿都榜上有名，汤老师的做法(　　)

A. 不合理，没有认真备课上课　　B. 不合理，没有尊重幼儿人格

C. 合理，有助于维护教师权威　　D. 合理，体现了对幼儿的严格要求

12. 幼儿园在招生时，未经璐璐家长同意，便自作主张将璐璐的视频放在了某招生网站上，该园的做法侵犯了璐璐的(　　)

A. 财产权　　B. 肖像权　　C. 隐私权　　D. 健康权

13. 某幼儿园学生每天上学时都要在校门口接受"搜身"检查，园长回应称是为了检查是否有幼儿带着零食或者小玩具进入校园，这种做法(　　)

A. 错误，侵犯了幼儿的隐私权　　B. 错误，侵犯了幼儿的人身自由

C. 正确，能够使校园环境保持整洁　　D. 错误，侵犯了幼儿的财产权

14. 幼儿李某在学校不允许携带手机到学校的情况下，私自携带手机到校。班主任张老师没收其手机后拒不归还，并勒令其写出书面检查。张老师的行为侵犯了学生的(　　)

A. 财产权　　B. 人身自由　　C. 人格尊严　　D. 荣誉权

15. 在教学过程中，经常会碰到调皮捣蛋的学生扰乱课堂纪律，下列教师的做法中，没有侵犯幼儿合法权益的是(　　)

A. 小明扰乱课堂纪律，教师让他在外面站一节课

B. 小麦上课打扰其他同学，老师眼神提醒

C. 小王没有按时完成老师布置的任务，老师让他回家完成了再来上学

D. 小李上课经常说话，老师让他绕操场跑 2 圈

16. 教师不得因为各种理由随意对学生进行搜查，不得关学生禁闭，这是因为学生具有(　　)权利。

A. 身心健康　　B. 人身自由

C. 人格尊严　　D. 受教育

17. 在教育教学实践中，有的教师出于各种目的，隐匿、销毁、私拆学生的私人信件，侵犯了学生的(　　)

A. 个人隐私权　　B. 个人财产权

C. 人身自由权　　D. 人格尊严权

18. (　　)是人最基本、最原始的权利，具有神圣性与不可转让性，也是人享有其他各项权利的前提。

A. 生命权　　B. 健康权

C. 人身自由权　　D. 人格尊严权

19. 每当学生小明在课堂上捣乱时，王老师就把他关进体育器材室，直到放学后才放他出来。王老师的行为侵犯了小明的(　　)

A. 荣誉权　　B. 隐私权

C. 名誉权　　D. 人身自由权

第三章　教师职业道德

核心知识提要

➢答案见 P27

- 教师职业道德
  - 教师职业道德概述
    - 教师职业道德的概念★
    - 教师职业道德的主要范畴
  - 教师职业道德规范
    - 《中小学教师职业道德规范》(2008 年)★★★
      - 爱国守法
      - ①______
      - ②______
      - 教书育人
      - ③______
      - 终身学习
    - 《中小学教师职业道德规范》(1997 年)★
      - 依法执教
      - 爱岗敬业
      - 热爱学生
      - 严谨治学
      - ④______
      - 尊重家长
      - ⑤______
      - 为人师表
  - 教师的职业行为
    - 幼儿教师的职业特点★★
      - 劳动对象的主动性和⑥______
      - 劳动任务的⑦______和细致性
      - ⑧______的创造性和复杂性
      - 劳动手段的主体性和示范性
      - 劳动周期的⑨______和间接性
      - 教师劳动方式的个体性和⑩______
    - 教师职业行为规范
      - 教师职业行为规范的主要内容
      - 教师职业行为规范的基本要求★★
    - 教师职业行为规范在保教实践中的应用
      - 教师职业行为规范在⑪______中的运用★★
      - 教师职业行为规范在保教活动中的践行要求★

经典真题回顾

➢答案见 P27

一、单项选择题(每小题 2 分,共 19 小题。参考时限 30 分钟)

1. 果果的妈妈给王老师送去一袋家乡特产,请王老师多关照果果。王老师婉言谢绝,并表示照顾好每一个孩子是自己的责任。下列说法与对王老师的做法的评价不符的是(　　)

A. 大厦之成,非一木之材也;大海之阔,非一流之归也

B. 谁云交际之常,廉耻实伤;倘非不义之财,此物何来

C. 心不动于微利之诱,目不眩于五色之惑

D. 一丝一粒,我之名节

2. 孙老师正在给小朋友们讲《爱妈妈》的故事。乐乐坐不住了,偷偷地扯了一下身边丽丽的头发,丽丽疼得大叫。孙老师立即大声呵斥乐乐,并把乐乐一个人安排到角落。孙老师在教育过程中违背了(　　)

A. 幼儿的自主性　　B. 教师的权威性

C. 师幼的合作性　　D. 教育的平等性

3. 每次教学活动前,吴老师都会组织小朋友们做"请你跟我这样做"的游戏,每次动作都一样,小朋友们感觉有些乏味。这天吴老师又做这个游戏,她热情地说:"请你跟我这样做。"小英突然冒出一声:"不想跟你这样做。"全班孩子哄堂大笑。对此,吴老师恰当的做法是(　　)

A. 停止游戏,直接进入教学环节

B. 停止游戏,批评该小朋友扰乱秩序

C. 继续游戏,对小朋友不理睬

D. 继续游戏,根据小朋友兴趣调整动作

4. 李老师要面向全区骨干教师上一节示范课,有老师建议他选择班级中比较乖巧的孩子参加,但是李老师安排了全班小朋友参加。这表明李老师认识到(　　)

A. 幼儿发展是能动的　　B. 幼儿发展是平衡的

C. 幼儿发展是平等的　　D. 幼儿发展是持续的

5. 小班的豆豆在厕所里不慎弄得裤子、鞋子上都是粪便,张老师一遍遍地给他清洗,最后洗得干干净净。第二天,家长把一张 100 元购物卡放在了张老师的口袋里,张老师婉拒了。下列说法与对张老师的做法评价不符的是(　　)

A."祸患常积于忽微,而智勇多困于所溺。"

B."不要人夸好颜色,只留清气满乾坤。"

C."明者因时而变,知者随事而制。"

D."善禁者,先禁其身而后人。"

6. 中班幼儿正在做手工,佳佳尿裤子了。刘老师发现后,对嘲笑佳佳的幼儿说:"佳佳可能是做手工太认真,忘记上厕所了,以后我们要学习她认真做事的态度。当然,我们在认真做事时记得上厕所,那就更好了。"刘老师的做法(　　)

A. 有利于保护幼儿的自尊心　　B. 有利于提高幼儿的操作能力

C. 有利于增强幼儿的秩序感　　D. 有利于培养幼儿的时间观念

7. 中(2)班要举行画展,孩子们纷纷带来了个人作品。赵老师当众挑选"好的作品",并将"不好的作品"丢在了废纸篓里。赵老师的做法(　　)

A. 不正确,伤害了部分孩子的自尊　　B. 不正确,打击了全体孩子的积极性
C. 正确,能激励孩子们创造好的作品　　D. 正确,能提升班级画展的整体水平

8. "六一"儿童节到了,幼儿园老师给孩子分剩的礼物应该(　　)

A. 卖掉,当作班级经费　　B. 上交给幼儿园统一处理
C. 带回家　　D. 分给同事

9. 面对捣乱的幼儿,个别老师采取体罚的办法,叶老师没有这样做,而是耐心地与幼儿交流,帮助他们改正缺点。这说明叶老师能够做到(　　)

A. 依法执教　　B. 团结协作
C. 尊重同事　　D. 终身学习

10. 新时代的教师不应只是会燃尽自己的"蜡烛",更要成为"长明灯";不应只是"一桶水",更要成为"源头活水"。这说明教师需要终身学习,究其原因,下列说法不正确的是(　　)

A. 教师劳动具有专业性　　B. 教师劳动具有创造性
C. 教师劳动具有复杂性　　D. 教师劳动具有重复性

11. 王老师在给孩子们讲故事时,讲到"大象用鼻子把狼卷起来"时,用手做出"卷"的动作;说到"大象把狼扔到河里去",又用手做出"扔"的动作。孩子们学着老师做出相应的动作,脸上露出会意的笑容。这体现出教师劳动的(　　)特点。

A. 复杂性　　B. 示范性　　C. 长期性　　D. 创造性

12. 一天,陈老师正在组织孩子们踢球,方方总是抢到球后抱着跑。陈老师看到后就让他站到一边,并对带班老师说:"以后都别让他踢球了!"陈老师的做法(　　)

A. 正确,维护了整个活动的良好秩序　　B. 正确,保护了其他孩子的人身安全
C. 不正确,破坏了同事间的团结协作　　D. 不正确,打击了方方的参与积极性

13. 幼儿园派夏老师外出学习。回来后,园长要求她给全园老师开一次讲座,分享她的学习体会。夏老师应该(　　)

A. 只与园长分享学习体会　　B. 婉拒分享学习体会的要求
C. 积极主动与全园老师分享　　D. 挑选不重要的内容与全园老师分享

14. 王老师发现,孩子们进入大班后,变得太吵闹了,有时老师喊破了嗓子,孩子们才安静下来。下列王老师的解决方法中不恰当的是(　　)

A. 引导幼儿逐渐学会自我约束　　B. 对吵闹的幼儿进行说服教育
C. 让家长接吵闹孩子回家安抚　　D. 引导幼儿参与感兴趣的活动

15. 许多老师发现,不少孩子在家过了一个双休日之后再回到幼儿园,一些良好的行为习惯就退步了。例如,不认真吃饭、乱扔东西,活动时喜欢说话。对此老师正确的做法是(　　)

A. 召开家长会,点名要求做得不好的家长向做得好的家长学习
B. 密切联系家长,并要求家长完全按照老师的要求去做
C. 发挥自己学有专攻的优势,为家长提供指导
D. 不过于干涉家庭教育,做好园内教育工作

16. 活动开始后,冬冬突然躲到柜子后面,张老师让他出来,可他就是不动。张老师生气地说:"赶紧出来! 不出来就让大灰狼把你带走!"冬冬赶忙出来了。这表明张老师(　　)

A. 没有体现教师的教学权威　　B. 没有尊重幼儿的独特心理
C. 没有损害幼儿的人格尊严　　D. 没有关注幼儿的权利保护

17. 小豆五岁了,但说话发音还是不太清楚。陈老师平时除了鼓励之外,还专门查了很多相关资料并制定矫正方案。通过老师在日常生活中的指导,以及儿歌、绕口令的练习,小豆有了较大的进步。下列选项与该案例中所体现的教师职业道德要求相符合的是(　　)

A. "学而不思则罔,思而不学则殆"　　B. "道而弗牵,强而弗抑,开而弗达"
C. "其身正,不令而行,其身不正,虽令不从"　　D. "圣贤施教,各因其材,小以小成,大以大成"

18. 第二天一早李老师就要交职称材料了,他发现还缺少2份听课材料,但是他已经没有时间听课了。李老师正确的做法是(　　)

A. 请同事帮忙提供听课材料　　B. 参考同事的教案改写听课材料
C. 根据自己的教案编写听课材料　　D. 直接放弃本次职称评定机会

19. 午睡起床时,小班的李老师发现小朋友常将两只鞋子穿反,就编了首儿歌:"一双小鞋子,套上小脚丫。背对背,脸背脸,就像刚刚吵过架。咦——怎么了?"小朋友听完儿歌纷纷检查了自己的鞋子,"哦,小鞋子穿反了!"下列选项与该案例所体现的教师职业道德要求相符的是(　　)

A. "不闻不若闻之,闻之不若见之。"
B. "耳濡目染,不学以能。"
C. "不愤不启,不悱不发。"
D. "动人以言者,其感不深;动人以行者,其应必速。"

二、材料分析题(每小题14分,参考时限10分钟。共5小题)阅读材料,并回答问题。

1. 材料:

婉婉一岁多的时候生过一场大病,身体发育比同龄幼儿晚。上幼儿园后,身体还是比较瘦弱,语言表达不太清晰。一次,陈老师教孩子们唱儿歌"两只老虎"。陈老师发现大部分孩子都会唱了,就叫孩子们到教室中间一个一个表演。陈老师给唱得好的孩子奖励一朵小红花。轮到婉婉了,她刚唱了一句,就不记得歌词,还跑调了。陈老师对婉婉说:"你怎么总是比别人差!"接着在婉婉额头上贴了一朵绿色的小花。小朋友们都不屑地看着婉婉,婉婉羞愧极了。

回到家里,婉婉大哭了一场。第二天,婉婉说什么也不愿意再去幼儿园了。婉婉的妈妈非常生气,找到陈老师理论:"亏你还是老师,怎么这样对待小孩子?"陈老师回应道:"你家婉婉就是比别人差,不信,你去问其他老师。"婉婉的妈妈气得说不出话,只好找园长投诉。园长在弄清楚情况后,严肃地批评了陈老师,要求她当着全班幼儿的面给婉婉道歉。

问题:请结合材料,从教师职业道德的角度,评析陈老师的教育行为。

2. 材料：

周老师是一名乡村幼儿园教师，她所带班级孩子的父母大部分在外打工，周老师经常在班上组织“娃娃家”游戏。在游戏中，周老师扮演“妈妈”的角色，搂搂这个，亲亲那个，“宝贝”们在“妈妈”的怀里幸福地撒着娇。

妮妮常常把小手弄得脏脏的，还喜欢吮吸手指，导致她经常拉肚子。一天，周老师看到妮妮没有洗手就拿点心吃，就把她带到水池旁，一边教她洗手一边说：“脏脏的小手有许多细菌，不洗手就拿东西吃，会生病的。以后我们天天把小手洗得干干净净，做个健康的小宝宝，好吗？”妮妮使劲地点点头，不好意思地笑了。

周老师还发现妮妮非常喜欢看图书。由于妮妮的父母在外地打工，她跟爷爷奶奶生活在一起，可是爷爷奶奶识字不多，没法陪她一起阅读，周老师就经常给她讲故事、念儿歌。周老师打电话给妮妮的妈妈说：“妮妮是个可爱的孩子，就是不太喜欢说话，建议你们经常打电话给她，让她感受到你们的爱。”周老师还经常利用微信与妮妮的妈妈沟通、交流。

周老师觉得自己对幼儿的心理特点了解不够，有些问题不能妥善处理，于是主动参加培训学习。

问题：请结合材料，从教师职业道德的角度，评析周老师的教育行为。

3. 材料：

性格文静的馨馨午睡时总是睡不着。为了解决这个问题，黄老师耐心地告诉她天天午睡的好处。黄老师还联系馨馨家长，借助馨馨家长的配合，让馨馨在家里早睡早起，以帮助她养成良好的午睡习惯，可总是收效不大。经观察，黄老师发现馨馨不好运动，到午睡时仍然精神饱满、不觉疲劳。于是，黄老师调整策略。首先，增加馨馨的运动量，如户外运动后引导她跑几圈，跑完后发个金牌；让她和运动量大的小朋友一起游戏、玩耍。其次，舒缓馨馨的情绪，午睡时不催她，还在耳边轻轻地说：“没关系，如果睡不着就闭上眼睛躺一会儿吧！”等她睡着后，枕头下藏一个小红花，等她醒来，给她一个惊喜……慢慢地，馨馨每天都能睡得很香了！

问题：请结合材料，从教师职业道德的角度，评析黄老师的教育行为。

4. 材料：

小(2)班有一个叫涛涛的孩子，因为全家人的宠爱，自己的东西从不让别人碰，还很任性。

一天，幼儿园开展区域游戏活动，涛涛想去搭积木，可是建构区里已经挤了很多孩子，涛涛不管那么多，拼命往里挤，边挤边推正在搭积木的幼儿，嘴里还嚷嚷：“你们让开，让我先玩。”看见没有人让给自己，他一屁股坐在地上大哭起来。这个过程被李老师看在眼里。李老师走过去将涛涛扶起来，说：“涛涛，你继续哭下去的话，那么多好玩的玩具你都玩不到了，不如我们先去别的地方玩，等一会再回来搭积木。”涛涛止住了哭声，点了点头，跟着李老师走到另一个活动区玩起了拼图游戏，一会就拼出了小花来。涛涛开心地笑了。李老师趁机说：“我们能不能邀请其他小朋友一起来拼出更有趣的图案呢？”涛涛点点头，高兴地跑去找小朋友。

之后，李老师有意引导涛涛和小朋友一起游戏，慢慢地，涛涛不再只顾自己的感受，也能与同伴分享玩具。

问题：请结合材料，从教师职业道德的角度，评析李老师的教育行为。

5. 材料：

开学初，中(2)班来了一位叫瑞瑞的插班生，班主任刘老师通过一个月的观察发现，瑞瑞不愿意与小朋友交往，经常咬人、打人，还发现瑞瑞在言语交流和表达等方面明显低于同龄幼儿的发展水平。

刘老师决定与家长进行沟通，通过沟通了解到，瑞瑞长期与奶奶在一起生活，爸爸妈妈都不在身边。接下来的一段时间，刘老师对瑞瑞的行为进行了仔细的观察和记录，还多次去瑞瑞家进行家访，了解瑞瑞在家的具体情况。针对瑞瑞的情况，刘老师专程到儿童医院向专业人士进行了咨询。回来后，刘老师把咨询的情况与远在外地的瑞瑞妈妈进行了沟通，建议瑞瑞妈妈及早带孩子去专业机构进行科学的发展测评。同时，刘老师在班级的各项活动中有意识地引导其他小朋友和瑞瑞交朋友，做游戏。

通过测评，发现瑞瑞真的存在发展迟缓问题。专业人士为瑞瑞拟定了矫治方案，在刘老师和家长的共同配合下，这一方案得以实施。

问题：请结合材料，从教师职业道德的角度，评析刘老师的教育行为。

过关必刷题库

专题一　教师职业道德规范

➤答案见 P30

一、单项选择题(每小题 2 分,共 67 小题。参考时限 100 分钟)

1. 王老师的亲戚开办了一家美术兴趣班,希望王老师推荐自己班上的孩子参加兴趣班,或者提供班上幼儿的联系方式。面对这种情况,王老师应该( )
A. 坚决拒绝亲戚的请求,并说明自己的理由
B. 提供学生的联系方式,不时推荐幼儿参加兴趣班
C. 仅提供幼儿的联系方式,不推荐幼儿参加兴趣班
D. 推荐幼儿参加兴趣班,促进幼儿全面发展

2. 小勇的家长为了让孩子能在幼儿园得到老师更好的照顾,就想方设法给带班老师送去贵重礼品。带班老师收下礼品并对小勇关爱有加,带班老师的做法体现其( )
A. 关心幼儿　B. 严慈相济
C. 礼尚往来的良好品德　D. 利用职权谋私

3. 下列教师的行为中没有违反职业道德的是( )
A. 幼儿园陈老师想让幼小衔接更顺利,便教授幼儿小学数学的内容
B. 罗老师在家长会上给家长们推荐了一本有关亲子关系的书籍
C. 马老师将学生家长的信息有偿提供给某学前智能开发中心
D. 杨老师在活动课上让幼儿自由活动,自己在一旁自顾自地玩手机

4. 某学校邀请专家来做教育理念辅导报告,夏老师拒绝参加,他说:“学那些理论没有用,把自己的课上好才是教师的看家本领。”夏老师的说法( )
A. 错误,教师应该不断提高理论素养
B. 错误,教师应该把自我提升作为首要目标
C. 正确,能把课上好就是优秀的教师
D. 正确,教育理念报告对教学实践没有任何帮助

5. 绘画活动中,廖老师对绘画能力强的嘟嘟关爱有加,对调皮捣蛋的齐齐则不理睬,廖老师的行为违反了师德规范要求中的( )
A. 关爱学生　B. 爱岗敬业　C. 为人师表　D. 终身学习

6. 李老师和幼儿家长产生矛盾,被家长辱骂和投诉,但李老师还是努力做好本职工作。这体现了其具备( )的职业道德。
A. 爱岗敬业　B. 教书育人
C. 关爱学生　D. 终身学习

7. 刘老师经常与校内外同行交流教学心得,并且在职攻读教育学硕士,在学术刊物上发表多篇论文。刘老师的行为符合( )
A. 遵循教育规律,实施素质教育的要求　B. 严于律己,以身作则的要求
C. 拓宽知识视野,更新知识结构的要求　D. 知荣明耻,谦虚谨慎的要求

8. 刘老师家庭负担重,老人要看病,孩子要读书,于是用假名在培训机构上课,挣钱补贴生活。这种行为( )
A. 不可以,可能影响正常的教育教学活动
B. 可以,刘老师可以在业余时间做任何事
C. 可以,培训机构聘任刘老师做老师,不是利用职务之便谋取私利
D. 不可以,刘老师的这种行为违反了教师职业道德

9. 下列教师的行为符合教师职业道德相关要求的是( )
A. 小明早上迟到,老师罚其在教室外半蹲一小时
B. 教室发生火灾时老师不顾幼儿自己先跑
C. 教师收下晓红家长的礼物并承诺会好好照顾晓红
D. 某老师平等对待幼儿家长,认真听取意见和建议

10. 殷老师特别喜欢学习,不仅上班的时候积极听老教师的课,而且在业余时间自修研究生课程,还潜心研究教学法。她虽然年轻,但是已经连续三年当选教学能手了。这体现了殷老师( )
A. 关爱学生　B. 专注自身学习,将来能考研究生
C. 有终身学习的理念　D. 志存高远,乐于奉献

11. 贾老师在逛商场时偶遇班上一位幼儿和其家长,便一同挑选衣服,付款时,这位家长坚持把贾老师的 500 元钱一起付了,对此,贾老师的正确做法是( )
A. 勉强接受并回送价值相当的礼物　B. 数额不大,不必在意,但下不为例
C. 表示感谢并注意格外关照她的孩子　D. 表示感谢并坚持把钱还给家长

12. 王老师每月都会给自己制订阅读计划,并严格执行。这体现了王老师注重( )
A. 团结协作　B. 教学创新　C. 终身学习　D. 循循善诱

13. 留守儿童小华身上有一些不良行为习惯,带班老师应( )
A. 关心爱护小华,加强对他的行为养成教育　B. 宽容理解小华,降低对他的要求并顺其自然
C. 严厉责罚小华,令其尽快改掉不良行为习惯　D. 联系家长,责令其督促小华改掉不良习惯

14. 郑老师在班级里提出了一项规定,课堂上回答问题最多的小朋友可以免除班级卫生任务。郑老师的做法( )
A. 不利于幼儿品德养成　B. 不利于幼儿均衡发展
C. 有利于班级管理　D. 有利于激发幼儿的学习兴趣

15. 姚老师总是随地乱扔垃圾,小朋友们看到后互相模仿,在教室里也乱扔垃圾。对于这种现象,姚老师最好的做法是( )
A. 说服教育,告诉幼儿乱扔垃圾不对
B. 指责学生,不应该乱扔垃圾
C. 指派班级里爱捣乱的学生进行打扫
D. 教育幼儿不随地乱扔垃圾,自己必须做到不乱扔垃圾

16. 小虎在课堂上喜欢与周围的小朋友讲话,就算其他小朋友不理睬他,他也能一个人说个不停,李老师为了不影响其他人学习,让小虎把桌椅搬到教室角落一个人坐。下列选项中对该班主任的行为

评价正确的是(　　)

A. 激励幼儿学习的积极性　　B. 没有发挥幼儿主体性

C. 没有尊重幼儿人格　　D. 维护了教师权威

17. 户外活动后,小朋友都拿着杯子站在饮水机前排队接水。林老师走过来直接接了一杯水喝了起来,一边喝还一边说:"渴死了。"林老师的行为明显有悖于(　　)的教师职业道德规范。

A. 为人师表　　B. 爱岗敬业　　C. 教书育人　　D. 关爱学生

18. 某幼儿园班主任黄老师从教5年,每当有新老师入职,黄老师都会把自己的教案直接提供给他们,要求他们严格按照自己的教学设计开展教学,黄老师的做法(　　)

A. 不利于新教师成长　　B. 不利于自身的专业发展

C. 有利于教学质量提升　　D. 有利于与同事搞好关系

19. 方铭是老师眼里的"问题生"。班主任王老师经常与他的家长联系,每次方铭的家长态度都很诚恳,希望得到王老师的帮助,但王老师总是训斥方铭家长没有教育好孩子。王老师的这一做法违背了教师职业道德规范中的(　　)要求。

A. 为人师表　　B. 关爱学生　　C. 终身学习　　D. 爱岗敬业

20. 新入职的赵老师利用课余时间,系统地学习教育学和心理学的相关知识,探索教育教学规律,提高教育教学水平。这说明赵老师具有(　　)的意识。

A. 爱岗敬业　　B. 廉洁从教　　C. 为人师表　　D. 严谨治学

21. 幼儿李某在课堂上擅自离开座位,被老师打了二十下手心。该老师的做法(　　)

A. 正确,有利于维护课堂教学秩序　　B. 正确,这是教师惩戒学生的权利

C. 错误,对学生的惩罚应当适度　　D. 错误,不能对幼儿实施体罚或变相体罚

22. 这学期乐乐没有参加刘老师亲戚办的校外补习班,刘老师便经常找乐乐的茬。上周还把他调到教室角落里坐,乐乐感觉刘老师不如以前那样喜欢自己了。这表明刘老师没有做到(　　)

A. 公平待生　　B. 言行一致

C. 严慈相济　　D. 以身立教

23. 小白老师是幼儿园里刚来的一位新老师,今年刚从大学毕业。在工作中,她会虚心向同事请教,遇到问题时,会寻求幼儿专家的帮助。对于学生提出的问题,她也从不胡编乱造,信口开河。这说明小白老师可以做到(　　)

A. 团结协作　　B. 因材施教　　C. 严谨治学　　D. 关爱学生

24. 孙老师认为爱国主义教育应从幼儿开始,她经常在班级里开展"我会唱国歌""我爱祖国妈妈""五星红旗"等主题活动,这表明孙老师在教学中能够做到(　　)

A. 爱岗敬业　　B. 终身学习　　C. 爱国守法　　D. 关爱幼儿

25. 涂鸦活动中,贝贝笔下的卢老师奇丑无比,有同伴讥笑贝贝,卢老师笑着对有些不高兴的贝贝说:"贝贝,你把我的头发画得卷卷的,挺好看的。"卢老师的行为体现了(　　)

A. 公正待生　　B. 正面激励　　C. 严于律己　　D. 严慈相济

26. 班主任卢老师发现,最近班级里的小朋友特别喜欢昆虫,于是特地开展了一节"认识昆虫"的活动。卢老师的做法体现了(　　)

A. 爱岗敬业　　B. 为人师表　　C. 教书育人　　D. 终身学习

27. 下列选项中,不违背教师职业道德规范的是(　　)

A. 刘老师收了学生家长赠送的礼品　　B. 李老师每天都给学生布置过量的练习题

C. 王老师经常让学生家长开车送其回家　　D. 宋老师收到了不少学生制作的贺卡

28. 王老师因为乐乐不会自己穿鞋子,就让家长把乐乐带回家,教乐乐学会穿鞋子后再来幼儿园,王老师的行为违背了(　　)的教师职业道德。

A. 爱岗敬业　　B. 为人师表

C. 教书育人　　D. 终身学习

29. 范老师常常在言辞间讽刺、挖苦,以此教育不听话的学生。范老师的行为(　　)

A. 正确,这是范老师认真负责的表现

B. 正确,范老师是为了学生好

C. 不正确,讽刺、挖苦学生的效果不好,可以选择让学生站着上课等措施

D. 不正确,这种行为违反了教师职业道德

30. 在一次班干部竞选中,家长给陈老师送礼,请求照顾一下自己的孩子,陈老师予以拒绝。陈老师的这种做法体现了(　　)

A. 廉洁从教　　B. 因材施教

C. 关爱学生　　D. 严慈相济

31. 刘校长派刚评上高级职称的谢老师去参加骨干教师培训,谢老师说:"谢谢领导,我已经评完高级职称了,参加培训的意义不大,就让年轻人去吧。"关于此事,下列说法中正确的是(　　)

A. 谢老师具有团队协作意识　　B. 谢老师具有专业发展意识

C. 谢老师缺乏终身学习的意识　　D. 谢老师缺乏课程建设的意识

32. 学校实施青年教师成长"导师制",作为导师的李老师手把手地对青年教师进行"传""帮""带"。这体现了李老师(　　)

A. 廉洁从教,勤恳敬业　　B. 因材施教,乐于奉献

C. 团结协作,甘为人梯　　D. 治学严谨,勇于创新

33. 幼儿园大班的乔老师发现班里很多孩子都带了电子手表,便以学校规定学生不能带电子产品入园为由,将电子手表全部没收并拒绝归还。乔老师的做法违背了(　　)

A. 关爱学生　　B. 爱国守法

C. 教书育人　　D. 终身学习

34. 王老师一个学期以来,对母亲是副县长且不需要帮助的小萍家访次数达10次以上,而对其他幼儿的家访却只有一两次。王老师的做法(　　)

A. 正确,符合因材施教的教育要求　　B. 正确,符合主动联系家长的要求

C. 错误,有违严慈相济的要求　　D. 错误,有违平等待生的要求

35. 某校李老师对于教材内容不主动去领会和吃透,反而经常从网上下载相关资料直接作为自己的教案,或者照抄其他老师的教案。上课的时候态度敷衍,教学方法单一,引起了学生的诸多不满。李老师这些行为主要违反的教师职业道德要求是(　　)

A. 廉洁从教　　B. 爱岗敬业

C. 以人为本　　D. 关爱学生

36. 某幼儿园放学接孩子时，朵朵妈妈迟到了半小时才来接，却发现朵朵不见了。经调查发现，原来班级里的沈老师等不到孩子的家长，便把孩子交给了同路的学生家长。下列说法正确的是(　　)
A. 教师为家长考虑，符合爱岗敬业的职业道德
B. 幼儿最终安全到家即可，不用大惊小怪
C. 家长不配合老师工作，应该给予教训
D. 教师不负责任，违背了爱岗敬业的职业道德

37. 陶行知一生对教育倾注了极大的理想和热情。他忍受了物质生活的贫乏，以“爱满天下”“捧着一颗心来，不带半根草去”的精神，为贫苦人民和儿童的教育献出了毕生的心血，被毛泽东称为“伟大的人民教育家”。下列说法正确的是(　　)
A. 陶行知是教师的表率，体现了爱岗敬业　　B. 陶行知是值得学习的，体现了关爱学生
C. 陶行知的行为体现了为人师表　　D. 陶行知善于运用多种形式教学

38. 张老师在幼儿园对小朋友态度亲和，耐心细致，她的工作获得了领导和家长的一致好评，小朋友也喜欢她，可是一回到家里，张老师就只想安静休息，不让家人开电视，稍不如意就会和家人吵架，常常弄得心力交瘁。下列说法正确的是(　　)
A. 张老师缺乏心理调适能力　　B. 张老师的家人缺乏体谅之心
C. 张老师的情绪反应很正常　　D. 张老师善于转移负面情绪

39. 教师在上课之前，对于教材上的一个字、一句话、一个例子、一个小实验、一句课堂指令的解释都要仔细斟酌、反复推敲，力求把每节课都上成精炼的课、准确的课、精彩的课。这反映了教师(　　)的精神。
A. 寻弊索瑕和严格要求　　B. 努力学习和不断创新
C. 实事求是和摆正位置　　D. 严谨治学和精益求精

40. 梦晨同学今天心情不好，上课老走神，班主任当着全班同学说：“你爸妈真会取名字，难怪生下来就不行，每天都做白日梦。”该班主任的做法主要违背了教师职业道德规范中的(　　)
A. 爱岗敬业　　B. 关爱学生
C. 教书育人　　D. 为人师表

41. 有位学生将几片纸屑随意扔在走廊上，王老师路过顺手捡起并扔进垃圾桶，该学生满脸羞愧。王老师的行为体现的职业道德是(　　)
A. 热爱学生　　B. 爱岗敬业
C. 为人师表　　D. 廉洁奉公

42. 贝贝是班级里的“富二代”，经常把高级昂贵的玩具带到学校，还常常向别的小朋友炫耀。作为贝贝的老师，你会(　　)
A. 批评贝贝，经常将玩具带到学校是不对的　　B. 把贝贝的家长叫到幼儿园，让家长处理
C. 与贝贝谈心，让他认识到炫富的坏处　　D. 不必理会，这是贝贝自己的事

43. 张老师在市舞蹈大赛中获得一等奖，在家长们的强烈要求下，她利用休息时间给部分学生培训舞蹈，并收取一定费用。这实际上违背了(　　)
A. 爱国敬业的职业道德　　B. 依法执教的职业道德
C. 严谨治学的职业道德　　D. 廉洁从教的职业道德

44. 黄老师到上海参加了教学技能培训活动，回来后教研组的其他老师想分享他的培训资料，遭到黄老师的拒绝。这种做法表明黄老师(　　)。
A. 不能严谨治学　　B. 不能以身作则
C. 不能团结协作　　D. 不能爱岗敬业

45. 学校派骨干教师赵老师外出参加培训。赵老师说：“我经常做讲座哪里还需要接受培训，还是让刚参加工作的年轻人去吧！”这说明赵老师(　　)
A. 缺乏课程建设的意识　　B. 缺乏终身学习的意识
C. 具有专业发展的意识　　D. 具有团队协作意识

46. 在学校教育中，教师处理教育活动各种关系的行为准则是(　　)
A. 教师职业标准　　B. 教师专业标准
C. 教师职业道德　　D. 教师教育原则

47. 于老师在课堂上被学生的一个问题难住。课后，她遍查资料，还专门请教了专家，最终详细地回复了学生。下列选项与该案例所体现的教师职业道德要求相符的是(　　)
A.“言必信，行必果”
B.“知不足，然后能自反也；知困，然后能自强也。”
C.“故君子之教喻也，道而弗牵，强而弗抑，开而弗达。”
D.“君子知至学之难易，而知其美恶，然后能博喻，能博喻然后能为师。”

48.《中小学教师职业道德规范》对教师职业的基本要求是(　　)
A. 爱岗敬业　　B. 爱国守法　　C. 教书育人　　D. 关爱学生

49. 习近平总书记曾这样描述自己心中的好老师：“当老师，就要心无旁骛，甘守三尺讲台。”这主要是告诫教师要践行教师职业道德规范中的(　　)要求。
A. 教书育人　　B. 爱岗敬业　　C. 爱国守法　　D. 终身学习

50. 下列教师行为中违背了关爱学生的职业道德规范的是(　　)
A. 罗某经常以身体不适为由不到校上课
B. 王某在课堂上只向互动积极的学生提问
C. 周某与学生谈心了解学生的思想动态
D. 李某在课堂上发表与课程无关的言论

51. 苏联的一位教育学家曾说过：“漂亮的孩子人人都爱，爱不漂亮的孩子才是教师真正的爱。”这句话体现了教师职业道德中的(　　)
A. 爱国守法　　B. 教书育人　　C. 终身学习　　D. 关爱学生

52. 黄老师在组织教学活动过程中，注重培养学生正确的审美观和健康向上的人格。这是黄老师遵守(　　)职业道德规范的表现。
A. 教书育人　　B. 为人师表　　C. 团结协作　　D. 宽严相济

53. 很多教师在一定程度上将自己的劳动喻为“良心活”，这说明教师职业道德具有(　　)
A. 严格性　　B. 自觉性　　C. 示范性　　D. 深远性

54.“师也者，教之以事而喻诸德者也”，这体现了教师职业道德要求具有(　　)
A. 超前性　　B. 全局性　　C. 导向性　　D. 双重性

55. 小海的家长给刘老师送来贵重礼品，拜托刘老师在日常生活与教学中多多关注小海，刘老师收下了礼品并承诺会额外关注小海。刘老师的做法（　　）

A. 体现了礼尚往来的良好品德　　B. 体现了关爱学生的教育情怀

C. 反映了他利用职权谋取私利　　D. 反映了他忽视学生主体意愿

56. 一位教师说："我因为热爱自己的教师职业，把自己的收入也拿来助学，没钱时我就出力。"该教师践行的职业道德规范是（　　）

A. 爱国守法　　B. 爱岗敬业　　C. 热爱学术　　D. 教书育人

57. 最美教师张丽莉在失控的汽车冲向学生时，一把推开好几个学生，自己却被车轮碾压，造成双腿高位截肢。这最能体现《中小学教师职业道德规范》中的（　　）

A. 爱岗敬业　　B. 关爱学生　　C. 教书育人　　D. 为人师表

58. 优生总是表现优秀，成绩好，能让老师少操心。因此，一些老师不自觉地偏爱班级里的优生。这其实违背了教师职业道德规范中的（　　）

A. 关爱学生　　B. 教书育人

C. 为人师表　　D. 终身学习

59. 在汶川特大地震中，大批教师为保护学生的生命安全做出了重大贡献，甚至付出了巨大的牺牲。这说明这些教师遵循了（　　）的师德规范。

A. 甘于平凡　　B. 敬业乐教　　C. 关爱学生　　D. 积极进取

60. 在教育教学活动中，教师对学生的不良行为视而不见、不问不管。这种行为违反的是现行中小学教师职业道德规范中的（　　）

A. 关爱学生　　B. 爱岗敬业　　C. 教书育人　　D. 为人师表

61. 唐代韩愈提出"以身立教"，才能"其身亡而其教存"。这在教师职业道德中是指（　　）

A. 学而不厌，诲人不倦　　B. 关爱学生，因材施教

C. 以身作则，为人师表　　D. 爱岗敬业，终身学习

62. 为人师表是师德规范的重要内容，著名教育家叶圣陶也曾说："教育工作者的全部工作就是为人师表。"下列选项中，与"为人师表"的内涵一致的是（　　）

A. "学为人师，行为世范"　　B. "凡学之道，严师为难"

C. "德无常师，主善为师"　　D. "仰之弥高，钻之弥坚"

63. 四十多岁的王老师又一次拒绝了学校要他参加培训的安排，并说："我都快退休了，还学什么！"这表明王老师缺乏（　　）

A. 终身学习的理念　　B. 热爱学生的情怀

C. 诲人不倦的品格　　D. 严谨治学的精神

64. 以前人们说："要给学生一杯水，教师要有一桶水。"但现在人们又说："要给学生一杯水，教师要有一眼泉。"这要求教师严格遵守教师职业道德规范中的（　　）

A. 关爱学生　　B. 终身学习　　C. 依法执教　　D. 爱岗敬业

65. 马老师从教20多年，教学经验十分丰富，平时积极参加教师培训，创新教学方法，以不断提高自己的职业素养和教学水平。马老师的行为体现的教师职业道德是（　　）

A. 严谨治学　　B. 关爱学生　　C. 终身学习　　D. 为人师表

66. 下列情形中，违反依法执教要求的是（　　）

A. 甲教育局要求辖区内所有的学生在播放国歌和升国旗时都要行注目礼

B. 乙学校要求本校所有的学生在上课期间都穿着校服

C. 教师丙在教师节期间收取学生家长赠送的购物卡

D. 教师丁在课堂上教授学生识别低俗、诈骗网站的方法

67. 教师职业道德规范中，能判断教师行为是非善恶的最根本的道德标准是（　　）

A. 廉洁从教　　B. 遵守公德　　C. 依法执教　　D. 为人师表

二、材料分析题（每小题14分，参考时限10分钟。共6小题）阅读材料，并回答问题。

1. 材料：

一天上午，晓轩突然在教室里大叫起来："陈老师，我新买的钢笔不见了。"这时，很多同学把怀疑的目光转向小明，有的想要打开他的书包检查，小明一边说"我没拿"，一边推开同学们的手。我大概知道是怎么回事了，因为班上同学丢的几件东西都是在小明那里找到的，我安慰一下晓轩，然后让大家安静下来，说："晓轩的钢笔肯定会找回来的，现在大家先安心上课。"中午，小明悄悄来到办公室，递给我一支钢笔，我问他："这是晓轩的钢笔吗？"他点头。我又问他："你为什么要拿他的钢笔呢？"他说："这支钢笔很漂亮。"我说："东西再漂亮也是别人的，没有经过别人的同意，不能拿别人的东西，你知道吗？"小明惭愧地点点头。经过调查我发现，小明平时去亲朋好友家里，想要什么东西都可以随便拿，久而久之，养成了"顺手牵羊"的坏毛病。就此，我多次跟小明的父母沟通，要求家长不要溺爱孩子，帮助孩子意识到，不是自己的东西不能随便拿。我还在班上组织班会活动，让大家熟练掌握向别人借东西的礼貌用语。经过不断的努力，小明终于改掉了乱拿别人东西的不良习惯。

问题：请结合材料，从教师职业道德的角度，评析陈老师的教育行为。

2. 材料：

中（1）班区域活动时间，厨房的"小厨师"正在用橡皮泥做蛋糕、包饺子，突然有一个"小厨师"来找方老师告状，说星星抢了许多小朋友的橡皮泥，还故意把它们乱七八糟地混在一起。方老师看到后问星星："你自己也有橡皮泥，为什么又要拿别人的呢？"星星说："我想做个粽子，可没有棕色橡皮泥呀。"方老师说："你拿了别人的橡皮泥，别人就没法玩了！"星星认识到了自己的错误，不好意思地低下头说："我是想用调颜料的方法，用不同颜色的橡皮泥调出棕色的橡皮泥。"方老师鼓励说："这主意很好啊，有创意，你可以试试问问旁边的小朋友愿不愿意把橡皮泥借给你，然后再做粽

子呢?”得到老师的鼓励后,星星询问了旁边小朋友的意见,得到肯定答复后,兴致勃勃地做完了粽子,并把粽子与小朋友们分享。

问题:请结合材料,从教师职业道德的角度,评析方老师的教育行为。

3. 材料:

体育课上,老师教小朋友们玩“老鹰抓小鸡”的游戏,王老师当老鹰,刘老师当鸡妈妈,小朋友们当小鸡,明明在游戏开始的时候,就一直乱跑,不遵守游戏规则,还拽其他小朋友的衣服,影响了游戏的进行,于是王老师一把将明明扯到了旁边,罚他站在墙角,今天的午饭也不能吃,并且大声地对其他小朋友说:“明明老是捣乱,我们今天都不要理他了。”

问题:请结合材料,从教师职业道德的角度,评析王老师的教育行为。

4. 材料:

学校组织秋游,关老师带领学生到动物园参观。大家参观猴山时发现老猴子抢小猴子的东西吃,于是纷纷议论:“它怎么不爱护小猴子呢”“老猴子怎么抢小猴子的东西吃呢”“猴子又不是人”“人有时候也会抢东西吃”……听着同学们的议论,关老师若有所思。

返校后,关老师组织全班同学进行讨论,同学们踊跃发言:“老猴子抢小猴子的东西吃就是不对。”“《动物世界》里面说,这是动物的生存竞争,属于动物的本能,无所谓好坏。”“动物间可以这样,我们人可不能这样。”“对!动物之间可以抢东西吃,但人不能,因为人类社会是讲文明的。”

关老师赞同道:“我们要尊老爱幼。”小松站起来追问道:“有的人捕杀猴子,卖到酒店去,他们这样做,对吗?”关老师回答:“他们这样做是不对的,爱护动物是我们每一个人的责任,我们不能仅停留在保护动物的口号上,而应思考如何与动物和谐相处,做一个负责任、有爱心的人。”

问题:请结合材料,从教师职业道德的角度,评析关老师的教育行为。

5. 材料:

活动开始了,蔡老师请幼儿轻轻地搬椅子到老师身旁来。这时,有的幼儿抱着椅子,有的幼儿推着椅子,有的幼儿拖着椅子往老师身边挤,活动室一片混乱。看到这幅情景,蔡老师轻轻地走到一位推着椅子的幼儿跟前,抱起他的椅子,说:“哎呀,小椅子,对不起,你的腿很疼,是吗?我帮你揉揉。”蔡老师充满关爱的神情和言语引起了幼儿的注意,活动室一下子静了下来。“老师,我不推椅子了。”“老师,我会抱起椅子的。”推着椅子和拖着椅子的幼儿小心翼翼地抱起椅子走到老师身边,轻轻地将椅子放下。蔡老师做出询问小椅子的样子,说:“现在椅子很高兴,它说谢谢大家爱护它。”

问题:请结合材料,从教师职业道德的角度,评析蔡老师的教育行为。

6. 材料:

郭老师是某幼儿园公认人缘最好的老师,班上有几名外来务工人员的子女,她每天照顾未能及时接走的幼儿,从无怨言,还经常给他们买学习用品。她工作特别认真,每次活动前都花大量时间精心准备,参加市、区各种比赛屡屡获奖。她充满爱心,总是耐心、细心地对待每一个孩子。孩子们都亲切地称她为“天使老师”。

问题:请结合材料,从教师职业道德规范的角度,评析郭老师的教育教学行为。

专题二　教师的职业行为

➤答案见 P35

单项选择题(每小题 2 分,共 25 小题。参考时限 40 分钟)

1. 下列符合教师与家长交往的道德规范的是(　　)
A. 当学生犯错误情节严重时,教师可以责备家长管教无方
B. 当对学生进行重大处分时,教师应事先与家长充分沟通
C. 在不违反法律的情况下,教师可以要求家长为其办一些私事
D. 对家庭经济困难的学生,教师应当尽可能地避免家访

2. 方老师和家长联系紧密,从专业的角度要求家长完全按老师说的方法教育孩子。每当幼儿犯错,就把家长请到学校,共谋对策。方老师的做法(　　)
A. 不可取,不应把家长当作教师的"助教"
B. 不可取,不应把教育的责任推卸给家长
C. 值得提倡,共同教育幼儿可以增强教育的效果
D. 值得肯定,发挥了"闻道在先,学有专攻"的优势

3. 当一位新入职的老师向经验丰富的林老师借教案上课时,林老师拒绝道:"我的教案不一定适合你,不过,这个周末我们可以一起来探讨。"这表明林老师(　　)
A. 缺乏良性竞争的能力　　B. 善于保护自己的隐私
C. 注意帮助同事的方法　　D. 缺乏团结协作精神

4. 苏老师发现,承担本班教学任务的林老师有让幼儿罚站的行为。面对这种情况,苏老师应该(　　)
A. 严厉批评林老师,责令其立即改正
B. 耐心与林老师交流,探讨更好的学生管理办法
C. 学习借鉴林老师的做法,提升自己的课堂管理能力
D. 尊重林老师的主动权,不干预林老师的这种课堂管理行为

5. 大班的李凡经常在上课的时候捣乱,注意力差,还总是影响其他小朋友。班主任召开家长会时说:"我们班有几个像李凡这样的孩子,不好好学习,他们今后的发展很令人担忧啊!"这位班主任的做法(　　)
A. 不恰当,应私下提醒家长做好心理准备
B. 不恰当,应综合评价之后再与家长沟通
C. 恰当,能帮助家长正确预期孩子的发展
D. 恰当,能帮助李凡等学生准确定位自己

6. 在户外活动中,贝贝每次玩"跳房子"的游戏时都停不稳,小朋友们都笑话他。李老师说:"贝贝虽然没停稳,但他勇敢地进行了尝试。"李老师的行为(　　)
A. 不正确,不利于贝贝自主发展
B. 不正确,因为贝贝没有完成任务
C. 正确,对贝贝进行正面鼓励
D. 正确,没有嘲笑贝贝

7. 皮皮在幼儿园咬伤了同学,皮皮爸爸来幼儿园接皮皮时,班主任陶老师当着众人的面说:"这是皮皮第二次咬伤同学了,你到底会不会教育孩子呀!"陶老师的语言(　　)
A. 合理,符合师德要求,无可厚非
B. 合理,教育幼儿是家长的责任
C. 不合理,生活能力的培养应由老师负责
D. 不合理,王老师应该注意与家长沟通的方式

8. 邹老师是新入职的老师,平时在生活中对幼儿无微不至,课前认真备课,教学中积极开展丰富的教学活动。但是一次户外活动时,跳跳不小心摔倒,磕破了膝盖,邹老师处理过后还是留下了伤疤。第二天,跳跳的父母来幼儿园大闹一场,让邹老师很丢脸。邹老师回到教室后,便对班里的孩子说:"平时好好跟你们说注意安全,非不听,你们都没长耳朵吗?"邹老师的行为(　　)
A. 不合理,教师应该接受家长的意见
B. 不合理,邹老师缺乏心理调适能力
C. 合理,邹老师善于转移自己的负面情绪
D. 合理,邹老师在表达自己的真实感受

9. 军军在吃饭的时候总是将蔬菜扔在地上,只吃自己喜欢的米饭和肉,韩老师看到后,严厉批评了军军,使军军改掉了不吃蔬菜的习惯。韩老师的做法(　　)
A. 不合理,没有做到严慈相济
B. 不合理,不应该强迫军军吃蔬菜
C. 合理,帮助军军改掉了坏习惯
D. 合理,教师可以教育学生

10. 万老师脾气急躁,有一次打了小夏同学一巴掌,小夏的母亲第二天来学校找万老师,如果你是万老师,你会(　　)
A. 告诉小夏母亲自己打小夏的理由
B. 不理会,因为自己情绪控制不好可能会与她吵起来
C. 在小夏面前告诉其家长小夏如何不好好学习
D. 特别注意控制自己的情绪,向小夏及其母亲道歉

11. 幼儿园教师既要承担保育的工作,又要承担教育教学的任务;既要负责儿童的学习,又要负责儿童的生活。这体现了幼儿园教师劳动的(　　)
A. 主体性　　B. 全面性　　C. 创造性　　D. 主动性

12. 教师要处理好与学生家长的关系,以下方式不正确的是(　　)
A. 主动加强联系,谋求共同立场
B. 尊重并且迁就,待人公正平等
C. 征求意见建议,谋求支持配合
D. 教育学生尊重家长,提高父母威信

13. 段老师一直在关爱学生、严谨从教、待人和善等方面严格要求自己,但有时却穿着拖鞋上课,经常不修边幅。对段老师职业修养最恰当的评价是(　　)
A. 值得肯定,师德修养重在内在品质,与仪表修饰无关

B. 有待改善，师德修养是内在品质与仪表修饰的结合
C. 无可非议，仪表随意是个性的表现
D. 无关紧要，上好课才是最重要的

14. 刚参加完培训的张老师自费将培训资料复印给同事，并将自己的心得与同事分享。下列说法正确的是(　　)
A. 张老师富有循循善诱的品德
B. 张老师富有团结协作的精神
C. 张老师注重业务能力的提高
D. 张老师重视专业素养的提升

15. 方老师工作勤奋，为人直爽，教学能力也极强，但经常和同事发生矛盾冲突，甚至和有的教师已经发展到了互不理睬的地步。方老师应该(　　)
A. 不予理睬，只需关注教学质量　　B. 反思自我，加强与同事的沟通
C. 无需改变，继续保持独特个性　　D. 避免冲突，减少与同事的来往

16. 现如今很多家庭都是由老人照顾孩子，而父母忙于工作，导致老人对孩子过分溺爱，孩子对父母的教诲听不进去，甚至对父母充满敌意。为此教师应该(　　)
A. 批评家长不会教育
B. 督促家长，让家长成为自己的“助教”
C. 不耽误家长工作，不用配合教学
D. 尊重家长，树立家长的威信，一起做好教育工作

17. 国庆节前夕，幼儿园组织教师参加市里的政治宣传活动，但徐老师认为自己不是党员，没有必要参加。徐老师的做法违背了(　　)
A. 教师教学行为规范　　B. 教师思想行为规范
C. 教师人际行为规范　　D. 教师仪表行为规范

18. 王老师与同事之间相互尊重、相互理解、相互学习、相互帮助……在解决学生学习和纪律问题时，王老师很重视其他教师的意见。这种做法(　　)
A. 正确，有利于处理好师生关系
B. 错误，王老师这样做缺乏主见
C. 正确，是一种良好的师师互动关系
D. 错误，教师间缺乏竞争意识，不利于教师专业发展

19. 钱老师和孙老师都准备参加市里举办的优秀教师评选大赛，钱老师是首次参加，于是向经验丰富的孙老师请教，孙老师借口说自己家里忙拒绝了帮忙。孙老师的做法表明她(　　)
A. 具有帮助同事自我创新的意识　　B. 缺乏尊重别人的品质
C. 具有促进同事自主发展的意识　　D. 缺乏与同事互助合作的精神

20. 张老师在上课前喜欢在教室巡视一遍，看到垃圾就捡起来，看到黑板没擦干净就自己动手擦。久而久之，班上的卫生状况也变好了，这体现了教师劳动的(　　)
A. 示范性　　B. 连续性
C. 长久性　　D. 创造性

21. 热爱、尊重学生，严格耐心地教育学生；精心备课、认真上课；语言准确、形象生动；总结经验，注重教学反思。这些属于教师的(　　)
A. 思想行为规范　　B. 教学行为规范
C. 人际行为规范　　D. 仪表行为规范

22. 夏老师工作很努力，教学能力强，业余时间经常自学教育教学理论和专业知识，但他对教学能力差的同事不屑一顾，致使一些老师不愿意搭理他。夏老师应该(　　)
A. 置之不理，继续提高自己的教学水平
B. 反思自己，想办法改善与同事的关系
C. 团结同事，降低自身专业发展的要求
D. 减少往来，避免与同事发生正面冲突

23. 某校实施了“师徒制”，经验丰富的吴老师对新入职的蒋老师进行帮助时，要做到(　　)
A. 尊重同事，等蒋老师请教时才进行指导
B. 主动指导，和蒋老师商讨并确定教学方案
C. 推门听课，发现不妥之处及时在课堂上纠正
D. 充分信任，让蒋老师独自探索并积累教学经验

24. 放学时，小张把小蕊的新裙子弄脏了，小蕊哭着回了家，当晚班主任便接到小蕊妈妈的电话，要求老师必须处理好此事。下列处理方法中最适当的是(　　)
A. 直接跟家长解释清楚，请家长谅解
B. 找小张了解情况，引导其主动向小蕊道歉
C. 找来双方家长，向家长说明情况，希望双方能互相理解
D. 找来小张家长，让家长知道孩子的表现，回家对孩子进行教育

25. 陈老师发现班上的李同学头发过长，不符合学校的男学生仪表规范，他多次要求李同学进行修剪，但李同学依然我行我素，之后陈老师找李同学的家长沟通时，发现其父亲也是留长发的，于是直接当众指责李同学的家长，称其“上梁不正下梁歪”。陈老师的做法(　　)
A. 不恰当，没有尊重家长的人格
B. 不恰当，不应干涉学生个人行为
C. 恰当，体现教师的严格要求
D. 恰当，符合学校的管理规定

第四章　文化素养

核心知识提要

- 文化素养
  - 历史素养
    - 中国古代史★★
      - 原始社会
      - 奴隶社会
      - 封建社会
    - 中国近代史★
      - 旧民主主义革命时期
      - 新民主主义革命时期
    - 中国现代史★
      - 社会主义过渡时期
      - 社会主义现代化建设曲折前进
    - 世界历史★★
      - 世界古代史
        - 古埃及文明
        - 古印度文明
        - 古巴比伦文明
        - 古希腊与古罗马
      - 世界近代史
        - 文艺复兴
        - 地理大发现
        - 启蒙运动
        - 近代资本主义国家的发展
          - 英国、美国、法国、俄国
          - 德意志帝国、日本、意大利
        - 科学社会主义的诞生
        - 第一次世界大战
      - 世界现代史
        - 俄国十月革命
        - 凡尔赛——华盛顿体系
        - 第二次世界大战、雅尔塔体系
        - 联合国建立、马歇尔计划、美苏冷战、世界多极化发展趋势、经济全球化
  - 科学素养
    - 中国古代科技成就★★
      - 四大发明
      - 天文历法成就
      - 数学物理成就
      - 农业、手工业成就
      - 医学成就
      - 地理学成就
    - 中国近现代科技成就★
      - 国防建设成就
      - 航空航天成就
      - 生物学和医学成就
      - 信息技术成就
      - 航海科考成就
      - 其他成就

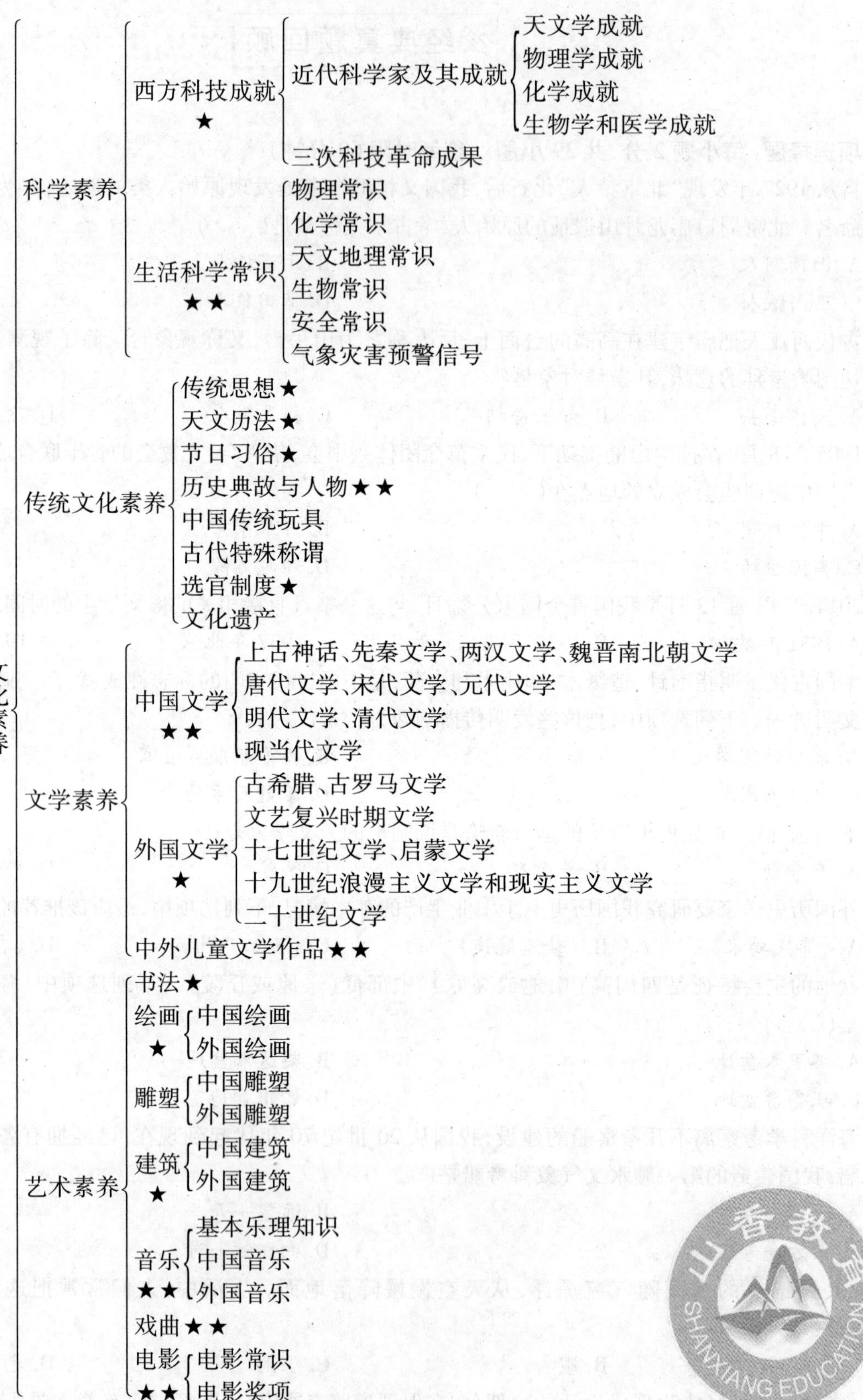

- 文化素养
  - 科学素养
    - 西方科技成就★
      - 近代科学家及其成就
        - 天文学成就
        - 物理学成就
        - 化学成就
        - 生物学和医学成就
      - 三次科技革命成果
    - 生活科学常识★★
      - 物理常识
      - 化学常识
      - 天文地理常识
      - 生物常识
      - 安全常识
      - 气象灾害预警信号
  - 传统文化素养
    - 传统思想★
    - 天文历法★
    - 节日习俗★
    - 历史典故与人物★★
    - 中国传统玩具
    - 古代特殊称谓
    - 选官制度★
    - 文化遗产
  - 文学素养
    - 中国文学★★
      - 上古神话、先秦文学、两汉文学、魏晋南北朝文学
      - 唐代文学、宋代文学、元代文学
      - 明代文学、清代文学
      - 现当代文学
    - 外国文学★
      - 古希腊、古罗马文学
      - 文艺复兴时期文学
      - 十七世纪文学、启蒙文学
      - 十九世纪浪漫主义文学和现实主义文学
      - 二十世纪文学
    - 中外儿童文学作品★★
  - 艺术素养
    - 书法★
    - 绘画★
      - 中国绘画
      - 外国绘画
    - 雕塑
      - 中国雕塑
      - 外国雕塑
    - 建筑★
      - 中国建筑
      - 外国建筑
    - 音乐★★
      - 基本乐理知识
      - 中国音乐
      - 外国音乐
    - 戏曲★★
    - 电影★★
      - 电影常识
      - 电影奖项

经典真题回顾

答案见 P37

单项选择题(每小题 2 分,共 39 小题。参考时限 60 分钟)

1. 自从 1927 年发现"北京猿人"化石后,我国又相继在多处发现原始人类的遗迹,并为这些原始人类命名。北京周口店龙骨山遗址的原始人,考古学上称其是(　　)
A. 山顶洞人　B. 元谋猿人
C. 巫山猿人　D. 蓝田猿人

2. 古代西亚人把庙宇建在高高的台面上,后人称之为山岳台,又称观象台。除了观测星象外,还有表达图腾崇拜的意味,其崇拜对象是(　　)
A. 天体山岳　B. 帝王将相　C. 祖辈先人　D. 飞禽走兽

3. 1905 年 8 月,在孙中山的推动下,民主革命团体兴中会、华兴会、光复会的骨干联合成立了中国同盟会。中国同盟会成立的地点在(　　)
A. 中国广州　B. 日本东京
C. 美国纽约　D. 印尼万隆

4. 2014 年 12 月 13 日是我国首个国家公祭日,与这一祭日直接相关的惨案发生的时间地点是(　　)
A. 1931 年沈阳　B. 1937 年南京　C. 1937 年北京　D. 1938 年武汉

5. 中国古代发明指南针、造纸术、印刷术和火药,是中国古代文明的标志性成就,深刻影响中国和世界文明进程。下列选项中,把这些发明传播到西方的是(　　)
A. 来华的留学生　B. 西方船舶冒险家
C. 阿拉伯商人　D. 派赴西方使者

6. 下列选项中,首先提出行星的运行轨道是椭圆形的天文学家是(　　)
A. 开普勒　B. 哥白尼　C. 第谷　D. 牛顿

7. 外国历史学家要研究我国历史上手工业生产的基本情况,下列选项中,最应该推荐的书是(　　)
A.《齐民要术》　B.《梦溪笔谈》　C.《天工开物》　D.《农政全书》

8. 盆地的主要特征是四周高(山地或高原)、中部低(平原或丘陵)。下列选项中,海拔最高的盆地是(　　)
A. 塔里木盆地　B. 柴达木盆地
C. 吐鲁番盆地　D. 四川盆地

9. 海洋科学考察离不开考察船的建设,我国从 20 世纪 70 年代起到现在,已经拥有各种类型的科考船,我国建造的第一艘水文气象科考船是(　　)
A. 大洋一号　B. 远望一号
C. 东方一号　D. 向阳红一号

10. 大量细小的水滴随气流漂浮,从天空慢慢降落地面。生活中,人们常常把这种自然现象称作(　　)
A. 雾　B. 霾　C. 小雨　D. 毛毛雨

11. 交通标志已经成为现代生活的一部分,在保证道路交通安全、顺畅方面有着重要作用,分为主标志和辅助标志两大类,主标志包括禁令标志、警告标志、指路标志、指示标志等。下列选项中,表示"禁止驶人"的标志是(　　)
A. 　B. 　C. 　D. 

12. 下面的对联所描述的历史人物是(　　)
"两表酬三顾,一对足千秋。"
A. 辛弃疾　B. 诸葛亮　C. 李白　D. 陶潜

13. 年号是中国历代帝王用以纪年的名称,起源于汉代,为皇帝当政的时代标志。下列选项中,年号与帝王对应错误的是(　　)
A. 贞观—李世民　B. 开元—李隆基
C. 洪武—朱元璋　D. 永乐—朱翊钧

14. 中国古代儿童玩具千姿百态,蕴含着深厚的文化底蕴和灿烂的民族智慧之光。下列选项中,不属于中国古代儿童玩具的是(　　)
A. 七巧板　B. 九连环　C. 魔方　D. 陀螺

15. 中国古代蒙学教育基本目标是培养儿童认字,发展书写能力,养成良好的日常生活习惯,具备基本的道德伦理规范,掌握一些中国基本文化常识及日常生活常识。下列选项中,不属于中国蒙学教材的是(　　)
A.《千字文》　B.《百家姓》　C.《急就章》　D.《山海经》

16. 通常认为《庄子》为战国中期庄子及其后学所著,在哲学、文学上都有较高价值,唐代以后,人们尊称这是(　　)
A.《南华真经》　B.《无量寿经》　C.《道德经》　D.《华严经》

17. 我国是丝绸发源地,自古以来纺织业就很发达,纺织品种类繁多,用途各异,其中彩色丝绸用提花方式制成。代表着古代纺织最高水平的精美织物是(　　)
A. 绣　B. 锦　C. 绢　D. 纱

18. "小人国""大人国"的故事富于想象,出自 18 世纪英国作家斯威夫特的一部小说。这部小说是(　　)
A.《海的女儿》　B.《格列佛游记》
C.《鲁滨逊漂流记》　D.《汤姆·索亚历险记》

19. 下列作品中,不属于高尔基自传体"三部曲"的是(　　)
A.《童年》　B.《在人间》　C.《母亲》　D.《我的大学》

20. 一位作家在创作和翻译儿童作品方面卓有成就,编过儿童文学杂志,有一项儿童文学奖就以其命名,这位作家是(　　)
A. 严文井　B. 陈伯吹　C. 张天翼　D. 叶圣陶

21. 电影可分为纪录片、科教片、故事片、美术片四大类,下列选项中,主要运用绘画或其他造型艺术来表现生活的是(　　)
A. 纪录片　B. 科教片　C. 故事片　D. 美术片

22. “梁山伯与祝英台”是我国著名的民间传说，多种地方剧中都表现过相关的题材。何占豪、陈钢的小提琴协奏曲《梁祝》的创作，所依据的地方剧种是(　　)

A. 粤剧　B. 豫剧　C. 川剧　D. 越剧

23. 杜甫《饮中八仙歌》诗句“脱帽露顶王公前，挥毫落纸如云烟”所描写的书法家是(　　)

A. 张旭　B. 怀素　C. 颜真卿　D. 柳公权

24. 下列音乐术语中表示“两个乐音之间的音高差距”的是(　　)

A. 音域　B. 音程　C. 音调　D. 音阶

25. 下列乐器中，不属于中国传统乐器的是(　　)

A. 横笛　B. 风笛　C. 箫　D. 埙

26. “三皇五帝”是中国古代文明形成过程中几大发展阶段中的代表人物，孙中山诗句：“中华开国五千年，神州轩辕自古传。”中的该人物是指(　　)

A. 黄帝　B. 炎帝　C. 尧　D. 禹

27. 1927年，毛泽东领导武装起义后，率领部队到井冈山地区创建了革命根据地，将武装斗争的重心从城市转移到农村，迈出了中国革命的关键一步。这次起义是(　　)

A. 南昌起义　B. 秋收起义　C. 广州起义　D. 百色起义

28. 古代中国历来重视农业，关于农业的书籍很多，下列著作与作者对应不正确的是(　　)

A.《氾胜之书》——王祯　B.《齐民要术》——贾思勰

C.《四民月令》——崔寔　D.《农政全书》——徐光启

29. 很多运动项目常常是遵循科学原理而设计的，下面是一幅撑竿跳高图，撑竿跳高应用的主要科学原理是(　　)

A. 重力的原理　B. 浮力的原理

C. 弹力的原理　D. 磁力的原理

30. 下列山脉中，从北到南纵贯南美洲大陆，有“南美洲脊梁”之称的是(　　)

A. 安第斯山脉　B. 落基山脉

C. 布鲁克斯山脉　D. 海岸山脉

31. 罕见病是一种患病率极低的疾病，但由于种类很多，而且我国人口基数庞大，因此罕见病患者并不罕见。下列选项中，俗称为“瓷娃娃”的罕见病是(　　)

A. 脆骨病　B. 白化病　C. 血友病　D. 戈谢病

32. 我国的农谚说：“处暑鱼速长，管理要加强，饵料要增加，疾病早预防。”处暑节气所在的季节是(　　)

A. 春　B. 夏　C. 秋　D. 冬

33. 十四世纪中叶起，欧洲新兴的资产阶级以复兴古希腊、罗马文化为标榜，提倡人文主义，这一思想运动被称为“文艺复兴”。文艺复兴时期产生了许多思想、科学、文学、艺术的巨人，下列属于文艺复兴时期的意大利艺术家是(　　)

A. 委拉斯开兹　B. 米开朗基罗　C. 鲁本斯　D. 伦勃朗

34. 京剧《贵妃醉酒》是梅派经典剧目之一，源于一部古代戏曲。该戏曲是(　　)

A.《桃花扇》　B.《长生殿》　C.《牡丹亭》　D.《南柯梦》

35. 迪士尼是美国动画片的艺术先驱，一生共获26项奥斯卡金像奖。其作品想象力丰富，动画造型与音乐结合完美，他摄制的作品中，为世界第一部长篇动画的是(　　)

A.《威利号汽船》　B.《木偶奇遇记》

C.《三只小猪》　D.《白雪公主和七个小矮人》

36. 安全标志是表达特定信息的标志，由图形符号、安全色、几何图形或文字构成，用于公共场所、工业企业、建筑工地和其他有必要提醒人们注意安全的场所，指导人们采取合理行为。下列安全标志中，表示“禁止攀登”的是(　　)

A.　B.　C.　D.

37. 罕见病是一类患病率极低的疾病，但由于种类很多，而且我国人口基数庞大，因此罕见病患者并不罕见。下列选项中，俗称为“月亮孩子”的罕见病是(　　)

A. 白化病　B. 戈谢病　C. 血友病　D. 脆骨症

38. 阿尔卑斯山脉是欧洲最高大的山脉，其主干向东延伸为喀尔巴阡山脉，向东南延伸为迪纳拉山脉，向南延伸为亚平宁山脉，向西南延伸为比利牛斯山脉。下列选项中，境内没有阿尔卑斯山脉及其支脉的国家是(　　)

A. 法国　B. 意大利　C. 瑞士　D. 挪威

39. “小满”是二十四节气之一，这时，江南大麦进入黄熟期，油菜籽成熟，蚕开始结茧，古时有“小满动三车”的习俗。下列选项中，不属于“三车”的是(　　)

A. 纺车　B. 滑车　C. 油车　D. 水车

过关必刷题库

专题一　历史素养

➤答案见 P39

单项选择题(每小题2分，共55小题。参考时限85分钟)

1. 中国共产党第一次独立自主地运用马克思列宁主义基本原理解决自己的路线、方针政策的会议是(　　)

A. 中共“一大”　B. 文家市会议

C. 遵义会议　D. 中共“七大”

2. 文成公主入藏和亲嫁于松赞干布，这一历史事件发生的朝代是(　　)
A. 唐朝　B. 汉朝　C. 宋朝　D. 晋朝

3. "唐朝被中国和西方许多历史学家称为最辉煌的朝代。对外国人来说，……唐朝比其他任何时期都更加开放。"下列事件不能说明唐朝对外开放的是(　　)
A. 遣唐使来华　B. 玄奘西游　C. 鉴真东渡　D. 郑和下西洋

4. (　　)素有"十三朝古都，八代陪都"之称，是我国建都时间最长，建都朝代较多的千年古都。
A. 开封　B. 杭州　C. 西安　D. 洛阳

5. 1839年6月，清朝政府委任钦差大臣(　　)在广东虎门海滩集中销毁收缴鸦片，此事后来成为英国发动第一次鸦片战争的借口。
A. 戚继光　B. 林则徐　C. 左宗棠　D. 李鸿章

6. (　　)打响了武装反抗国民党反动派的第一枪。
A. 南昌起义　B. 五四运动　C. 辛亥革命　D. 新文化运动

7. 汉朝时"丝绸之路"的起点是(　　)
A. 敦煌　B. 张掖　C. 咸阳　D. 长安

8. 长征是工农红军进行的伟大的战略转移，这里的转移是指(　　)
A. 党的工作重心发生转移　B. 中国革命的性质发生变化
C. 革命中心地区发生转移　D. 中国革命任务发生变化

9. 近代史是中国人民的屈辱史，清政府与列强签订了一系列不平等条约，其中首次允许外国人在中国通商口岸开设工厂的是(　　)
A.《南京条约》　B.《天津条约》　C.《马关条约》　D.《辛丑条约》

10. 毛泽东的诗中写道："虎踞龙盘今胜昔，天翻地覆慨而慷。""天翻地覆"是指中国人民解放军(　　)
A. 解放南京　B. 挺进大别山
C. 转战陕北　D. 解放长江以北地区

11. 全国性抗战开始后，中国军队的第一次重大胜利是(　　)
A. 台儿庄战役　B. 淞沪会战　C. 平型关战役　D. 豫湘桂战役

12. 毛泽东在(　　)中提出了"须知政权是由枪杆子中取得的"的著名论断。
A. 八七会议　B. 瓦窑堡会议　C. 遵义会议　D. 洛川会议

13. 历史学家们认为，17世纪后期科学革命的胜利为启蒙运动提供了先决条件。据此判断，启蒙运动在科学思想方面最重要的先驱者是(　　)
A. 达尔文　B. 牛顿　C. 拉瓦锡　D. 法拉第

14. 1945年秋，国共两党重庆谈判的主要成果是(　　)
A. 通过了《共同纲领》　B. 制定了《中国土地法大纲》
C. 通过了《和平建国纲领》　D. 签署了《双十协定》

15. 新中国成立以来，中国共产党历史上具有深远意义的伟大转折是(　　)
A. 遵义会议　B. 中共八大
C. 中共十一届三中全会　D. 中共十五大

16. 为三国鼎立局面的形成奠定基础的关键性战役是(　　)
A. 巨鹿之战　B. 官渡之战　C. 赤壁之战　D. 昆阳之战

17. 1936年12月12日，张学良和杨虎城为劝谏蒋介石改变"攘外必先安内"的既定国策，达成一致抗日的目的，发动"兵谏"。这次历史事件是(　　)
A. 皖南事变　B. 辛酉政变　C. 卢沟桥事变　D. 西安事变

18. 拿破仑认为，他一生战争胜利的光荣，被滑铁卢一战抹去了，但有一件功绩是永垂不朽的。这里的"功绩"指的是(　　)
A. 抵御外国的侵略　B. 颁行《拿破仑法典》
C. 建立法兰西帝国　D. 征服众多欧洲国家

19. 2019年是人类登月50周年，50年前完成这一任务的宇宙飞船是(　　)
A. 水星号　B. 双子星座号　C. 联盟号　D. 阿波罗11号

20. "尽道隋亡为此河，至今千里赖通波。若无水殿龙舟事，共禹论功不较多。"诗中的"河"是指(　　)
A. 黄河　B. 隋朝大运河　C. 淮河　D. 渭河

21. 以下中国历史上著名历史事件按发生先后顺序排序，完全正确的是(　　)
A. 安史之乱—八王之乱—玄武门之变—土木堡之变
B. 诸葛亮七擒孟获—陈汤平定匈奴—郑成功收复台湾—郑和下西洋
C. 牧野之战—长平之战—赤壁之战—淝水之战
D. 黄巾起义—陈胜吴广起义—太平天国运动—李自成起义

22. 下列是与第二次世界大战有关的历史事件，按事件发生的先后顺序排列，正确的是(　　)
①诺曼底登陆②德国进攻波兰③慕尼黑阴谋④日本偷袭珍珠港
A. ②①③④　B. ③④②①　C. ②③④①　D. ③②④①

23. 两河流域是古代巴比伦王国的发源地。其中"两河"是指(　　)
A. 幼发拉底河和底格里斯河　B. 印度河和恒河
C. 白尼罗河和青尼罗河　D. 长江和黄河

24. 圆明园始建于康熙四十六年，由圆明园、长春园、绮春园三园组成，为西洋兼中式皇家风格园林。火烧圆明园发生于(　　)时期。
A. 第一次鸦片战争　B. 第二次鸦片战争
C. 甲午战争　D. 八国联军侵华

25. 著名学者余秋雨在《千年一叹》中说道：古埃及的文明是被"封存"的。下列选项属于古埃及文明成果的是(　　)
A. 创立佛教　B. 象形文字　C.《汉谟拉比法典》　D.《罗摩衍那》

26. 凯旋门是欧洲人纪念战争胜利的建筑。巴黎凯旋门上的《马赛曲》浮雕所反映的历史事件是(　　)
A. 普法战争　B. 法国大革命　C. 拿破仑战争　D. 1848年欧洲革命

27. 中国社会进入社会主义初级阶段的标志是(　　)
A. 中华人民共和国成立　B. 土地改革完成
C. 三大改造完成　D. 全国大陆解放

28. 下列与楚汉相争无关的是(　　)

A. 中国象棋棋盘上的楚河汉界　　B. 民乐琵琶曲《十面埋伏》
C. 传统京剧《霸王别姬》　　D. 成语"风声鹤唳""草木皆兵"

29. 1919 年爆发的五四运动,是中国近代史上一个划时代的事件。下列关于五四运动的表述,正确的是(　　)

A. 直接导火线是第一次世界大战的爆发
B. 具备了旧民主主义革命的一些基本特点
C. 青年学生在五四运动中发挥了决定性的作用
D. 为中国共产党成立作了思想上和干部上的准备

30. 下列说法中正确的是(　　)

A."战国七雄"分别是齐、秦、赵、魏、楚、郑、燕
B. 与北宋对峙的西夏政权由鲜卑族创建
C. 汉阳兵工厂是洋务运动时期张之洞主持创办的军工制造企业
D. 被陈毅元帅称为"用小车推出来的胜利"指的是辽沈战役

31."二战"结束后,在亚洲和欧洲分别对主要战犯进行了审判,亚洲审判史称"东京审判",欧洲审判被称为(　　)

A."伦敦审判"　　B."柏林审判"
C."纽伦堡审判"　　D."波茨坦审判"

32. 确立以毛泽东为代表的马克思主义正确路线在中国共产党内领导地位的会议是(　　)

A. 瑞金会议　　B. 遵义会议　　C. 井冈山会议　　D. 西柏坡会议

33. 下列中国历史上的变法与其内容对应不正确的是(　　)

A. 商鞅变法—推行县制　　B. 王安石变法—颁行保甲法
C. 张居正改革—推行青苗法　　D. 戊戌变法—开办京师大学堂

34. 第二次世界大战后,美国实行了一项援助欧洲的计划,促进了西欧的联合和经济的恢复,并为北约和欧共体的建立奠定了基础。该计划的名称是(　　)

A. 曼哈顿计划　　B. 马歇尔计划
C. 阿波罗计划　　D. 第四点计划

35. 三省六部制初创于隋朝,完善于唐朝。其中的礼部主管朝廷中的礼仪、祭祀、宴餐、(　　)

A. 科举　　B. 人事　　C. 俸禄　　D. 建筑

36. 下列说法错误的是(　　)

A. 中国人民解放军诞生于 1927 年八一南昌起义
B. 井冈山革命根据地的建立标志着人民军队建设的开端
C. 第一面军旗是以红色为底,以镰刀斧头和一颗白色五角星为图案组成的
D. 中国人民解放军是我国最主要的武装力量

37. 中国是人类发源地之一,是世界上发现早期人类化石和遗物最多的国家。中国境内已知最早的人类是(　　)

A. 北京人　　B. 元谋人　　C. 半坡人　　D. 河姆渡人

38. 德国历史上长期处于城邦分治的封建割据状态,直至 1871 年才统一。下列人物中,领导德意志经过三次王朝战争实现统一的是(　　)

A. 拿破仑　　B. 俾斯麦　　C. 黑格尔　　D. 希特勒

39. 具有"殷、青铜冶炼、甲骨文"这些典型特征的朝代是(　　)

A. 夏　　B. 商　　C. 西周　　D. 东汉

40. 无产阶级建立政权的第一次伟大尝试是(　　)

A. 英国宪章运动　　B. 十月革命
C. 法国里昂丝织工人起义　　D. 巴黎公社

41. 早在 1921 年,我国便开始对仰韶文化遗迹进行考察,由此诞生了我国现代考古学。仰韶文化是(　　)中游地区一种重要的新石器时代彩陶文化。

A. 长江　　B. 黄河　　C. 松花江　　D. 湄公河

42. 三星堆遗址群位于(　　)

A. 湖南　　B. 四川　　C. 湖北　　D. 云南

43."冷战"正式开始的标志是(　　)

A. 杜鲁门主义的出台　　B. 马歇尔计划的提出
C."北约"的成立　　D."华约"的成立

44."罢黜百家,独尊儒术"这一历史事件对后世产生了深远的影响,该事件发生的朝代是(　　)

A. 秦　　B. 汉　　C. 隋　　D. 唐

45. 第一个航行到印度的西方人是(　　)

A. 达尔文　　B. 达·伽马　　C. 麦哲伦　　D. 马可·波罗

46. 扑克牌中,红桃 K 上面的人物是(　　)

A. 大卫王　　B. 亚历山大大帝　　C. 查理大帝　　D. 恺撒大帝

47. 我国将(　　)确立为中国人民抗日战争胜利纪念日。

A. 8 月 15 日　　B. 9 月 3 日　　C. 9 月 2 日　　D. 12 月 13 日

48. 在中国历史上,资产阶级新文化开始打破封建文化独占文化阵地的局面的起点是(　　)

A. 维新运动　　B. 洋务运动　　C. 辛亥革命　　D. 五四运动

49. 公车上书是爱国志士联名上书,反对签订丧权辱国的(　　)的历史事件。

A.《南京条约》　　B.《北京条约》　　C.《马关条约》　　D.《辛丑条约》

50. 中国近代史上第一个较为系统地介绍西方资产阶级社会政治学说的思想家是(　　)

A. 康有为　　B. 谭嗣同　　C. 严复　　D. 魏源

51. 党在过渡时期总路线的主要内容被概括为"一化三改",其中"一化"是指逐步实现国家的社会主义(　　)

A. 现代化　　B. 工业化　　C. 军事化　　D. 信息化

52. 随着佛教在中国的发展,人们对佛经译文的质量要求日益提高。有一位僧人有感于中国经律残缺,西行求法,前后十四年游历三十余国,带回大量梵本佛经并进行翻译,又将其旅行见闻撰成《佛国记》。这位僧人是(　　)

A. 法显　　B. 玄奘　　C. 朱士行　　D. 竺法护

53. 中国是丝绸的故乡。下列传说人物中，首创种桑养蚕之法、抽丝织绢之术，被后世奉为“先蚕圣母”的是(　　)

A. 黄帝　　B. 神农　　C. 女娲　　D. 嫘祖

54. 1972 年，考古学家在发掘一座汉墓时发现一具女尸，不仅千年不腐，而且各部位和内脏器官的外形相当完整，各组织细微结构保存较好，为世所罕见。该墓葬的名称是(　　)

A. 满城汉墓　　B. 狮子山汉墓

C. 西汉南越王墓　　D. 马王堆汉墓

55. 17 世纪西方对东方进行商业垄断贸易和殖民扩张中，一些国家纷纷建立“东印度公司”，其中英国的“东印度公司”最为人熟知。下列国家中，也建立“东印度公司”的是(　　)

A. 德国　　B. 荷兰　　C. 西班牙　　D. 葡萄牙

专题二　科学素养

➢答案见 P42

单项选择题(每小题 2 分，共 60 小题。参考时限 90 分钟)

1. 以下关于四大发明，表述正确的是(　　)

A. 西汉蔡伦改进造纸术　　B. 唐朝火器有火箭、突火枪

C. 隋唐时期就有活字印刷　　D. 北宋将指南针用于航海事业

2. 被誉为“气体化学之父”的化学家是(　　)

A. 普利斯特里　　B. 舍勒　　C. 卡文迪许　　D. 哈伯

3. 第一架天文望远镜是由(　　)发明的，这位科学家用望远镜发现了木星的卫星。后来用这位科学家的名字命名了此卫星。

A. 开普勒　　B. 哥白尼　　C. 伽利略　　D. 达・芬奇

4. 杂交水稻被国际上称为中国“第五大发明”和世界“第二次绿色革命”的原因是(　　)

A. 有助于解决世界饥饿问题　　B. 使大米变得更加美味

C. 使全球掀起种植水稻的热潮　　D. 水稻产值高

5. 我国水能资源分布不均，水能资源最集中的地区是(　　)

A. 东北地区　　B. 东南地区　　C. 西南地区　　D. 东部沿海地区

6. 樟脑丸是常见的生活用品，放在衣橱中的樟脑丸时间长了体积会缩小，这是物理中的什么现象(　　)

A. 液化　　B. 升华　　C. 凝华　　D. 蒸发

7. 亚洲与非洲的分界线是(　　)

A. 乌拉尔山脉　　B. 高加索山脉

C. 苏伊士运河　　D. 巴拿马运河

8. 学校发生火灾时，下列做法错误的是(　　)

A. 第一时间组织学生疏散转移　　B. 组织学生转移时要防止造成踩踏事故

C. 指导学生用湿毛巾捂住口鼻　　D. 让学生通过电梯迅速逃生

9. 下列导电导热性最好的金属是(　　)

A. 铜　　B. 铝　　C. 银　　D. 铅

10. 中国的极地事业已经走过 30 多个年头。下列属于我国北极科学考察站的是(　　)

A. 长城站　　B. 泰山站　　C. 黄河站　　D. 中山站

11. 世界上迄今为止年代最久、唯一留存、仍在一直使用、以无坝引水为特征的我国最古老的水利工程是(　　)

A. 郑国渠　　B. 都江堰　　C. 通济渠　　D. 白渠

12. 酒中含有酒精，饮酒过多或经常饮酒，会造成酒精中毒，使身体受损。饮酒对人体的(　　)器官最为有害。

A. 肝脏　　B. 肾脏　　C. 心脏　　D. 肺

13. 中国首次载人航天获得圆满成功的飞船是(　　)

A. “风云一号”　　B. “嫦娥一号”　　C. “神舟四号”　　D. “神舟五号”

14. 《伤寒杂病论》的主要成就在于(　　)

A. 奠定了中医治疗学的基础　　B. 奠定了中医病理学的基础

C. 确立了中医传统的诊断方法　　D. 初步建立了中医的专业分科

15. 如果想要研究明朝医学成就，应查阅的重要文献资料是(　　)

A. 《神农本草经》　　B. 《伤寒杂病论》　　C. 《千金方》　　D. 《本草纲目》

16. 国家重大科技基础设施建设项目——“中国天眼”500 米口径球面射电望远镜工程(简称 FAST)的发起者和奠基人是(　　)

A. 黄旭华　　B. 潘建伟　　C. 黄大年　　D. 南仁东

17. 中国古代记载物理学知识，其中包括杠杆原理和浮力理论、声学和光学知识的著作是(　　)

A. 《营造法式》　　B. 《天工开物》　　C. 《墨经》　　D. 《梦溪笔谈》

18. 继美国的 GPS、俄罗斯的格洛纳斯之后，我国也有了自己的导航卫星，这是世界上第三个成熟的卫星导航系统，我国的卫星导航系统名称是(　　)

A. 天宫　　B. 北斗　　C. 嫦娥　　D. 神舟

19. 多数汽车的前窗都是倾斜的，最主要是为了(　　)

A. 避免因反光而影响驾驶员视线　　B. 减少空气阻力

C. 结构合理，视野开阔，承受冲击力强　　D. 便于雨水流走

20. 我国的住宅卧室通常朝向南面，主要依据是(　　)

A. 住宅设计者的习惯　　B. 使用方便

C. 美观　　D. 更好地采光

21. 下列关于“北回归线”的说法中，不对的是(　　)

A. 是太阳光直射在地球上最北的界线　　B. 候鸟迁徙返回的分界线

C. 又称夏至线　　D. 是热带和北温带的分界线

22. 许多国家的著名城市都是沿河而建的，下列组合正确的是(　　)

A. 法国—巴黎—塞纳河　　B. 匈牙利—布达佩斯—易北河

C. 德国—汉堡—莱茵河　　D. 埃及—开罗—尼日尔河

23. 鸡蛋一般不能洗了之后存放是因为(　　)

A. 易被细菌侵染变坏　　B. 易进入洗洁精

C. 易变软　　D. 会带走鸡蛋中的养分

24. 我国东南西北四个方向与邻国都有分界线，最西部的分界线是(　　)

A. 西藏喜马拉雅山脉　　B. 新疆天山山脉

C. 新疆祁连山脉　　D. 新疆帕米尔高原

25. 连接地中海和大西洋的海峡是(　　)

A. 巴士海峡　　B. 麦哲伦海峡　　C. 马六甲海峡　　D. 直布罗陀海峡

26. 在寒冷的冬天，大雪过后我们通常会看到路面上撒了一层盐，这样做能够加速融雪。这是因为(　　)

A. 盐和冰发生了化学反应　　B. 增大了冰面摩擦力

C. 盐和冰混合后熔点降低　　D. 盐和冰混合后熔点升高

27. 某战士在抗洪救灾时受伤，失血过多需要输血，如果该战士是 O 型血，则应给他输入(　　)

A. A 型血　　B. B 型血　　C. AB 型血　　D. O 型血

28. 我国第一大淡水湖是(　　)

A. 鄱阳湖　　B. 巢湖　　C. 太湖　　D. 洪泽湖

29. 关于天文学知识，下列说法错误的是(　　)

A. 任何东西(包括光)都无法从黑洞逃离

B. 月球自东向西自转，同时围绕着太阳公转

C. "大爆炸"是关于宇宙起源影响最大的理论

D. 宇宙中大部分质量和能量是未知的暗能量

30. 雷电是伴有闪电和雷鸣的一种雄伟壮观而又令人生畏的放电现象。人们在户外遇到雷雨天气时，要注意防范。下列说法错误的是(　　)

A. 在雷雨天气中，不宜在旷野中打伞，或高举羽毛球拍、高尔夫球棍等

B. 如果在雷电交加时，头、颈、手处有蚂蚁爬走感，头发竖起，说明将发生雷击，应赶紧趴在地上，这样可以降低遭雷击的风险

C. 远离建筑物外露的水管、煤气管等金属物体及电力设备

D. 尽快找棚屋、岗亭、大树等处所避雨

31. 下列关于碳水化合物的说法，正确的是(　　)

A. 蛋白质是碳水化合物中的一种

B. 碳水化合物中氢和氧的比例一般为 1∶1

C. 碳水化合物的主要生理功能包括储存和提供热能

D. 碳水化合物是自然界存在最多、分布最广的无机化合物

32. 白炽灯是一种热辐射光源，能量的转换效率很低，只有 2% ~4% 的电能可以转换为眼睛能够感受到的光，在现代，白炽灯灯丝的主要成分通常为(　　)

A. 钨　　B. 铜　　C. 铝　　D. 银

33. 全球气候变暖是世界各国所关注的问题，大气中已经发现近 30 种能产生温室效应的气体。造成温室效应最重要的气体是(　　)

A. 二氧化碳　　B. 氟利昂　　C. 一氧化二氮　　D. 臭氧

34. 随着健康的观念不断深入人心，健康饮食的理念被越来越多的人接受。相对来说，下列食物最适合糖尿病病人食用的是(　　)

A. 水煮鸡胸肉　　B. 白面馒头

C. 水果罐头　　D. 蜂蜜

35. 中东地区储藏着丰富的石油资源，是最重要的石油输出地之一，海湾地区的石油输往世界各地时都要经过唯一的海上通道(　　)，因此该海峡被誉为"世界油阀"。

A. 霍尔木兹海峡　　B. 马六甲海峡

C. 直布罗陀海峡　　D. 德雷克海峡

36. 关于两汉天文学成就的叙述，不正确的是(　　)

A. 制订出中国第一部较完整的历书——《太初历》

B. 张衡对月食作了最早的科学解释

C. 最早记录太阳黑子

D. 制订出当时世界上最先进的历法——《授时历》

37. 《天体运行论》的出版，标志着"日心说"的正式创立。这是天文学上的一次革命，引起了人类宇宙观的重大变革，使西方文明从宗教的束缚中解脱出来。《天体运行论》的作者是(　　)

A. 哥白尼　　B. 牛顿　　C. 伽利略　　D. 开普勒

38. 下列关于我国古代科学技术的说法，正确的是(　　)

A. 毕昇发明了造纸术

B. 《神农本草经》是我国现存最早的医书

C. 《天工开物》被称为"中国 17 世纪的工艺百科全书"

D. 三国时期，祖冲之精确计算出圆周率在 3.1415926 至 3.1415927 之间

39. 历史文化名人中，2500 年前与学生们进行了世界上第一个小孔成像试验，对光的直线传播第一次作出科学解释的是(　　)

A. 曾子　　B. 墨子　　C. 鲁班　　D. 甘德

40. 下列重大科技成果中，名称与研发项目对应有误的是(　　)

A. "天宫一号"——空间实验室　　B. "悟空号"——量子科学实验卫星

C. "蛟龙号"——载人潜水器　　D. "中国天眼"——射电望远镜

41. 太阳系八大行星中，最亮的是(　　)

A. 金星　　B. 火星　　C. 天王星　　D. 水星

42. 关于物理现象，下列描述正确的一项是(　　)

A. 液体的浓度越低越容易沸腾　　B. 常温下没有可以保持液态的金属

C. 白炽灯使用时间越长，它的灯丝越细　　D. 炎热的夏天更容易形成水蒸气

43. 下列关于医学知识的说法，不正确的是(　　)

A. 砒霜在中医里是可以入药的

B. 放疗要使用放射线进行照射

C. 肝脏的功能之一是分解排除血液中的毒素

D. 针灸中的"灸"是指用针扎刺人体的穴位

44. 在我国历史上，创造和改进了简仪、仰仪、圭表等观测天象的仪器，主持编制了《授时历》，将一个回归年的天数精确到365.2425天的数学家、天文学家是（　　）

A. 张衡　　B. 祖冲之　　C. 郭守敬　　D. 徐光启

45. 在（　　）时期，我国采用纸张取代简牍成为最主要的书写材料。

A. 战国　　B. 魏晋南北朝　　C. 秦汉　　D. 隋唐

46. 宣纸得名于它的（　　）

A. 用途　　B. 材质　　C. 产地　　D. 使用人群

47. 明朝医药学家李时珍编著的（　　），分类科学严密，包含药物数目众多，文笔流畅生动，被誉为“东方医药巨典”。

A.《千金方》　　B.《神农本草经》

C.《伤寒杂病论》　　D.《本草纲目》

48. 空间站是一种载人航天器，可供多名航天员巡防、长期工作和居住。2021 年 4 月 29 日，我国发射空间站核心舱进入预定轨道，全面开启空间站建造，该空间站核心舱的名称是（　　）

A. 天宫　　B. 天问　　C. 天和　　D. 天舟

49. 下列将中国古代的科学家与其科学贡献对应错误的是（　　）

A. 张衡—浑天仪　　B. 徐光启—《梦溪笔谈》

C. 蔡伦—造纸术　　D. 宋应星—《天工开物》

50. 太阳系中，按距离太阳由近及远的顺序排列的是（　　）

A. 火星，金星，水星，土星，天王星　　B. 火星，水星，地球，木星，土星

C. 水星，金星，火星，木星，海王星　　D. 水星，地球，金星，土星，木星

51. 能源按其基本形态分为一次能源和二次能源，下列属于二次能源的是（　　）

A. 太阳能　　B. 石油　　C. 海洋能　　D. 煤气

52. 地铁是城市公共交通运输的一种形式，其线路通常铺设在地下隧道内，也有在城市中心以外，采用以地下转到地面或高架桥上的辐射方式。1863 年，开通世界上首条地下铁路系统的城市是（　　）

A. 纽约　　B. 伦敦　　C. 东京　　D. 圣彼得堡

53. 下列属于霍金作品的是（　　）

A.《大爆炸探秘》　　B.《自然的终结》

C.《物理世界奇遇记》　　D.《时间简史——从大爆炸到黑洞》

54. 黄金分割是由公元前 6 世纪古希腊的数学家毕达哥拉斯发现的，被公认为是最能引起美感的比例。其比例是（　　）

A. 1∶0.418　　B. 1∶0.518　　C. 1∶0.618　　D. 1∶0.718

55. 地球被一层很厚的大气层包围着，空气密度随高度而减小。根据随高度不同表现出的不同特点，大气层可分为对流层、平流层、电离层和散逸层等。其中，经常出现极光、流星等天文现象的是（　　）

A. 对流层　　B. 平流层　　C. 电离层　　D. 散逸层

56. “五禽戏”是汉末医学家华佗倡导的一种模仿动物的动作和神态进行健身的方法。下列不属于“五禽”之一的是（　　）

A. 虎　　B. 蛇　　C. 熊　　D. 猿

57. 下列历史人物中属于我国古代著名医学家的是（　　）

A. 郭守敬 B. 孙思邈 C. 沈括 D. 朱世杰

58. 我国《九章算术》成书于（　　）时期。

A. 春秋　　B. 东汉　　C. 西汉　　D. 三国

59. 度量衡是我国古代使用的计量单位，其中“量”指的是哪个方面的标准（　　）

A. 长度　　B. 面积　　C. 容量　　D. 质量

60.（　　）被称作“当代毕昇”。

A. 袁隆平　　B. 程开甲　　C. 李四光　　D. 王选

专题三　传统文化素养

➢答案见 P45

单项选择题（每小题 2 分，共 55 小题。参考时限 85 分钟）

1. 下列说法和其相关人物联系正确的是（　　）

A. 何处招魂，香草还生三户地；当年呵壁，湘流应识九歌心—诸葛亮

B. 一门三父子，都是大文豪，诗赋传千古，峨眉共比高—曹操、曹植、曹丕

C. 枫叶四弦秋，枨触天涯迁谪恨；浔阳千尺水，勾留江上别离情—杜甫

D. 铁板铜琶，继东坡高唱大江东去；美芹悲黍，冀南宋莫随鸿雁南飞—辛弃疾

2. “江边枫落菊花黄，少长登高一望乡”所描写的节日是（　　）

A. 中秋节　　B. 重阳节　　C. 清明节　　D. 端午节

3. 下列依次与蒙古族、回族、藏族、维吾尔族、壮族有关的是（　　）

A. 马头琴、冬不拉、铜钦、葫芦丝、芦笙

B.《嘎达梅林》《穆斯林的葬礼》《格萨尔王传》《阿凡提的故事》《刘三姐》

C. 那达慕大会、开斋节、雪顿节、古尔邦节、泼水节

D. 酥油茶、馓子、青稞酒、馕、萨其马

4.《礼记·月令》用“蝼蝈鸣，蚯蚓出，王瓜生，苦菜秀”解释我国的二十四节气之一。在这个时节，蝼蝈开始聒噪，蚯蚓也忙着帮农民翻松土地，田埂的野菜也都彼此争相出土，日日攀长。这一节气是（　　）

A. 惊蛰　　B. 春分　　C. 谷雨　　D. 立夏

5. 下列关于中国古代“四大美女”的说法正确的是（　　）

A. “云想衣裳花想容”是形容杨玉环美貌的诗句

B. “王允巧施连环记”与“羞花”讲的是貂蝉的故事

C. “闭月”所形容的美女生活在崇尚“以肥为美”的时代

D. “沉鱼”讲的是王昭君的故事，“落雁”讲的是西施的故事

6. 二十四节气是中国古代订立的一种用于指导农事的补充历法，是中国古代汉族劳动人民长期经验的积累和智慧的结晶。其中，太阳几乎直射北回归线的这一天被称为（　　）

A. 立春　　B. 春分　　C. 立夏　　D. 夏至

7. 下列选项中，被后世尊为我国农耕和医药始祖的是（　　）

A. 神农氏　　B. 伏羲氏　　C. 燧人氏　　D. 有巢氏

8. 下列关于文化常识的解说，不正确的一项是(　　)

A. 科举制，我国古代通过考试选拔官吏的制度

B. 服除，指穿上丧服，意谓开始守孝

C. 顿首，以头叩地而拜，在古代书信中，也用于表示对对方尊崇的敬语

D. 讣闻，又叫"讣告"，是向亲友报丧的通知，多附有死者的事

9. 下列选项中，未列入我国"四大名绣"的是(　　)

A. 湘绣　B. 蜀绣　C. 苏绣　D. 京绣

10. 凌晨一点到三点属于(　　)

A. 子时　B. 丑时　C. 午时　D. 辰时

11. 古人对于一昼夜有等分的时辰概念，用十二地支表示十二个时辰，每个时辰恰好等于现代的两小时。下列古代时辰和现代时间对应对的是(　　)

A. 辰时 9:00～11:00　B. 子时 23:00～1:00

C. 未时 15:00～17:00　D. 亥时 19:00～21:00

12. 2018 年 11 月 28 日，被列入联合国教科文组织人类非物质文化遗产代表作名录的中国申遗项目是(　　)

A. 针灸　B. 昆曲　C. 梵净山　D. 藏医药浴法

13. 下列节气不在夏季的是(　　)

A. 小满　B. 夏至　C. 芒种　D. 惊蛰

14. "九品中正制"也叫"九品官人法"，这是(　　)时期的选官制度。

A. 西汉　B. 东汉

C. 魏晋南北朝　D. 唐朝

15. 我国是历史悠久的文明古国，在我国文化史上，(　　)不表示"第一"。

A. 榜首　B. 问鼎　C. 夺魁　D. 伯仲

16. 关于我国的节气，以下说法不正确的是(　　)

A. 公元前 104 年，由邓平等制定的《太初历》，正式把二十四节气纳入历法

B. "杨花落尽子规啼"反映的是四川盆地谷雨时节的景象

C. 节气反映了月球围绕地球运动的过程

D. 二十四节气的命名反映了季节、物候现象、气候变化三种，其中反映物候现象的有惊蛰、清明等

17. "卑己尊人"是中华民族的传统美德。下列属于古人称自己父亲时的谦词的是(　　)

A. 家严　B. 令父　C. 家慈　D. 舍父

18. 下列名言与作者的对应关系不正确的一项是(　　)

A. 朝闻道，夕死可矣。——孔子　B. 生于忧患，死于安乐。——孟子

C. 言不信者行不果——墨子　D. 兼相爱，交相利。——老子

19. "一九二九不出手，三九四九冰上走"，数九天气的计算是从(　　)开始的。

A. 冬至　B. 大雪　C. 立冬　D. 小寒

20. 下列选项中正确的是(　　)

①宜昌市秭归县是屈原的诞生地，屈原是中国伟大的浪漫主义诗人

②"端午节"是中国的传统节日，距今已有 2000 多年的历史

③端午民俗等传统习俗对人们的精神生活产生了持久的影响

④端午节赛龙舟时，发出的阵阵鼓声是由鼓面的振动产生的

A. ①②③　B. ①②④

C. ①③④　D. ①②③④

21. 中国的传统节日形式多样，内容丰富，是中华民族悠久历史文化的重要组成部分。火把节是下列哪个民族的传统节日(　　)

A. 藏族　B. 回族　C. 彝族　D. 傣族

22. 下列诗句描述的是重阳节的是(　　)

A. 不效艾符趋习俗，但祈蒲酒话升平　B. 月色灯山满帝都，香车宝盖隘通衢

C. 江涵秋影雁初飞，与客携壶上翠微　D. 家家乞巧望秋月，穿尽红丝几万条

23. 由于青铜技术的成熟，以及鼓风、浇铸等方法的运用，世界各个民族的先人陆续掌握了冶铁技术，中国是在(　　)初步掌握了冶铁技术。

A. 春秋战国　B. 汉代　C. 秦代　D. 宋代

24. "卧薪尝胆"现在用于形容人刻苦自励，立志雪耻图强，它原来指的是春秋时期的(　　)励精图治以图复国的事迹。

A. 越王勾践　B. 吴王夫差

C. 楚庄王　D. 郑庄公

25. 在我国古代，和谐是一种理想的境界。(　　)所言的"和为贵"，就蕴含着对和谐境界的追求。

A. 老子　B. 墨子　C. 孔子　D. 孟子

26. 人们常用"杏林春暖""杏林满园""誉满杏林"来赞扬医生的精湛医术和高尚医德。"杏林"这一词语出自下列哪一医家(　　)

A. 张仲景　B. 华佗　C. 董奉　D. 扁鹊

27. 中国用天干地支算年份，若今年为乙丑年，则上一年为(　　)

A. 甲申年　B. 丙申年

C. 甲子年　D. 丙子年

28. 四大名绣指的是汉民族传统刺绣工艺中的湘绣、粤绣、苏绣、蜀绣。其中构图饱满，繁而不乱，装饰性强，色彩浓郁鲜艳且题材广泛，多为百鸟朝凤、龙凤的图案的是(　　)

A. 苏绣　B. 湘绣　C. 粤绣　D. 蜀绣

29. 下列选项中，城市与别称对应不正确的是(　　)

A. 昆明——春城　B. 拉萨——日光城

C. 广州——山城　D. 苏州——中国的威尼斯

30. "爆竹声中一岁除，春风送暖入屠苏"，这里的"屠苏"指的是(　　)

A. 苏州　B. 房屋　C. 酒　D. 庄稼

31. 中国古代年龄称谓中的"束发"和"及笄"分别指(　　)

A. 男子十四岁和女子十五岁　B. 男子十五岁和女子十五岁

C. 男子十五岁和女子十四岁　D. 男子十四岁和女子十四岁

32. 古人的年龄有时不直接用数字表示，而是用一种与年龄有关的称谓来代替。《桃花源记》中有“黄发垂髫，并怡然自乐”的语句。“垂髫”是指(　　)

A. 三四岁到八九岁的儿童　　B. 八九岁到十三四岁的少年

C. 男子十五岁　　D. 少女十三四岁

33. 下列成语故事与其主人公对应的关系不正确的是(　　)

A. 指鹿为马—赵高　　B. 凿壁偷光—匡衡

C. 程门立雪—杨时　　D. 孺子可教—班超

34. 下列不属于佛教名山的是(　　)

A. 山西五台山　　B. 四川峨眉山　　C. 安徽九华山　　D. 湖北武当山

35. 下列关于朋友关系与其雅称，对应正确的是(　　)

A. 贫贱而地位低下时结交的朋友—莫逆之交　　B. 有道德有学问的人结成的朋友—竹马之交

C. 以平民身份交往的朋友—贫贱之交　　D. 情谊契合、亲如兄弟的朋友—金兰之交

36. 宋代理学是以儒家思想为基础，吸收佛教和道教思想而形成的新儒学。南宋的(　　)是理学发展的集大成者，他继承了北宋哲学家程颢、程颐的思想，进一步完善和发展了客观唯心主义的理学体系。

A. 陈淳　　B. 吕祖谦　　C. 陆九渊　　D. 朱熹

37. 提出“生而知之者，上也；学而知之者，次也；困而学之，又其次也；困而不学，民斯为下矣”的思想学派是(　　)

A. 儒家　　B. 墨家　　C. 道家　　D. 法家

38. 在教育问题上尤其重视道德教育，强调尚志养气和意志锻炼，主张舍生取义和生于忧患死于安乐的儒家学派代表人物是(　　)

A. 孔子　　B. 孟子　　C. 荀子　　D. 墨子

39. 汉代的董仲舒将天道和人事相比附，提出了(　　)说，成为古代封建统治的理论基础之一。

A. 天人相通　　B. 天人合一　　C. 天人感应　　D. 天人同流

40. 关于孔子，下列观点中正确的是(　　)

A. 法家学派创始人

B. 著有世界上最早的一部专门论述教育问题的《学记》

C. 秦国时期最伟大的教育家

D. 我国私人办学的创始人

41. 下列属于老庄思想的是(　　)

A. 重义轻利　　B. 好利恶害　　C. 绝圣弃智　　D. 五行相生

42. 3 月 5 日是学雷锋纪念日，各地会开展各种形式的纪念活动。3 月 5 日和下列哪个节气的时间最接近(　　)

A. 惊蛰　　B. 雨水　　C. 春分　　D. 清明

43. 2022 年为农历壬寅年，这一称谓沿用了古代干支纪年的方法。下列表述中没有使用干支纪年的是(　　)

A. 永和九年，岁在癸丑，暮春之初，会于会稽山阴之兰亭

B. 夏四月辛巳，败秦师于殽

C. 淳熙丙申至日，予过维扬

D. 死事之惨，以辛亥三月二十九日围攻两广督署之役为最

44. 下列传统节日按照一年中的先后顺序排列，正确的一项是(　　)

①今夜月明人尽望，不知秋思落谁家。　②遥知兄弟登高处，遍插茱萸少一人。

③国亡身殒今何有，只留离骚在世间。　④爆竹声中一岁除，春风送暖入屠苏。

A. ④③②①　　B. ④③①②

C. ③④①②　　D. ③②④①

45. “姑苏城外寒山寺，夜半钟声到客船”出自唐代诗人张继的《枫桥夜泊》，古时候，我国把一日分为“十二时”，诗句中的“夜半”对应的时间是(　　)

A. 从前一日 23 时至次日 1 时　　B. 从 11 时至 13 时

C. 从 15 时至 17 时　　D. 从 19 时至 21 时

46. 我国的成语很多来源于含有历史人物、历史事件和那个时代的社会生活的典故。下列选项中，来源于汉代的人物和事件的成语是(　　)

A. 竭泽而渔　　B. 完璧归赵　　C. 马革裹尸　　D. 洛阳纸贵

47. 我国(　　)有赏花灯、闹年鼓、迎厕神、猜灯谜等活动。

A. 春节　　B. 端午节　　C. 元宵节　　D. 中秋节

48. 古人的年龄有时不直接用数字表示，而是用一种与年龄有关的称谓来代替。陆游有诗“余生已过足，不必到期颐”，苏轼有诗“到处不妨闲卜筑，流年自可数期颐”。“期颐”指的是(　　)

A. 七十岁　　B. 六十岁　　C. 九十岁　　D. 一百岁

49. 谦辞用于自称，以示谦虚。下列称谓不属于谦辞的有(　　)

A. 令郎　　B. 舍妹　　C. 老朽　　D. 家严

50. “伯仲之间”比喻两者之间差不多，难分优劣，其中“伯”和“仲”分别指(　　)

A. 老大、老二　　B. 老二、老三　　C. 老大、老三　　D. 老三、老四

51. 下列选项中，不符合古代“无为”观念的是(　　)

A. 顺天之时　　B. 随地之性　　C. 隐忍之心　　D. 无所作为

52. 农历中的二十四节气，反映气候、物候的变化，用以指导农事。下列节气中，白昼最长的是(　　)

A. 春分　　B. 夏至　　C. 秋分　　D. 冬至

53. 下列历史故事，与秦始皇有关的是(　　)

A. 图穷匕见　　B. 指鹿为马　　C. 望梅止渴　　D. 三顾茅庐

54. 北京市历史悠久，其建制在各朝各代中曾有不同名称。下列选项中，不是其历史名称的是(　　)

A. 蓟城　　B. 燕京　　C. 汴梁　　D. 大都

55. 小王对小李说：“令尊常对我说，活在世上，最为重要的是清清白白地做人。”句中的敬词所指的人是(　　)

A. 小王的父亲　　B. 小王的母亲

C. 小李的父亲　　D. 小李的母亲

专题四　文学素养

➢答案见 P48

单项选择题(每小题 2 分,共 70 小题。参考时限 105 分钟)

1. 下列名句、作者、出处对应不正确的是(　　)
   A. 路漫漫其修远兮,吾将上下而求索—屈原—《离骚》
   B. 先天下之忧而忧,后天下之乐而乐—范仲淹—《岳阳楼记》
   C. 老吾老,以及人之老;幼吾幼,以及人之幼—孟子—《孟子·梁惠王上》
   D. 真的猛士敢于直面惨淡的人生,敢于正视淋漓的鲜血—鲁迅—《为了忘却的记念》
2. 下列有关文学常识的表述,正确的一项是(　　)
   A. 前四史,是指二十四史中前四部史书,包括西汉司马迁的《史记》,东汉班固的《汉书》,南朝宋范晔的《后汉书》,西晋陈寿的《三国志》
   B. 传奇,在中国古代不同阶段的文学史中具有不同的内容。在唐代,传奇指小说,如李朝威的《柳毅传》;在明清,传奇指戏剧,如明代孔尚任的《桃花扇》
   C. 老舍(1899～1966),现代小说家、戏剧家。代表作有长篇小说《骆驼祥子》《四世同堂》《茶馆》等,话剧有《龙须沟》《春华秋实》等,被授予"人民艺术家"称号
   D. 雨果,法国19世纪批判现实主义文学的杰出代表。共出版了26部诗集,12个剧本,20部小说,21部理论著作。最著名的作品有长篇小说《巴黎圣母院》《悲惨世界》等
3. 关于中外文学常识的表述,下列说法正确的是(　　)
   A.《阿Q正传》是我国现代文学史上第一部白话文小说
   B.《资治通鉴》是我国第一部纪传体通史
   C.《十日谈》是欧洲文学史上第一部现实主义巨著
   D.《致大海》是意大利作家普希金的作品
4. 我国现代诗歌史上最能体现"五四"时期精神的第一部诗集是(　　)
   A. 郭沫若的《女神》　B. 鲁迅的《野草》　C. 胡适的《尝试集》　D. 闻一多的《红烛》
5. 下列作者、作品及作品中人物不相配的一项是(　　)
   A. 鲁迅—《祝福》—祥林嫂
   B. 曹禺—《雷雨》—鲁大海
   C. 奥斯特洛夫斯基—《钢铁是怎样炼成的》—保尔·柯察金
   D. 罗贯中—《促织》—成名
6. 下列对故事情节的叙述,不正确的一项是(　　)
   A. 听说关羽在东吴被害,张飞立即起兵报仇。因为丧兄心痛,他经常醉酒并随意打骂军士,范疆、张达无故被鞭打,心生怨恨,就趁张飞熟睡之际将他杀死,投奔东吴去了。(《三国演义》)
   B. 甄士隐可怜寄居庙内的穷儒贾雨村,赠银让他赶考,因葫芦庙失火,甄家被烧毁。不久以后的元宵之夜,女儿英莲被拐走。一日,他听到了道人的《好了歌》,顿悟人生,遂与道人一起飘然而去。(《红楼梦》)
   C. 觉慧是高家年青一代中最激进、最富有斗争精神的人。他积极参加学生运动,创办进步刊物,公开支持觉民抗婚,大胆地和丫鬟鸣凤恋爱,最后奔赴上海,彻底走上叛逆的道路。(《家》)
   D."我只能接受一个能保护我的男子汉。"干果瓦脸红了一会儿,知道这是在责备他,显然艾斯梅拉达指的是两个钟头以前弗罗洛和卡西莫多想把艾斯梅拉达抢走这件事。(《巴黎圣母院》)

7. "尔曹身与名俱灭,不废江河万古流"出自(　　)
   A. 秦观《越王》　B. 杜甫《戏为六绝句》
   C. 刘禹锡《重酬前寄》　D. 白居易《偶作寄朗之》
8. 下列诗句所反映的季节按春夏秋冬排序正确的一项是(　　)
   ①夕阳西下,断肠人在天涯②瀚海阑干百丈冰,愁云惨淡万里凝③绿树阴浓夏日长,楼台倒影入池塘④夜来风雨声,花落知多少
   A. ①④③②　B. ④③②①　C. ①③④②　D. ④③①②
9. 俄国著名小说家契诃夫是世界三大短篇小说家之一,下列作品不属于契诃夫的是(　　)
   A.《变色龙》　B.《小公务员之死》　C.《套中人》　D.《复活》
10. 普希金在小说和童话诗等各种体裁的文学创作方面都赢得了世界性的声誉,为世界文学的发展做出了巨大的贡献。在普希金的诗歌创作中,童话有重要的地位。下列作品不是普希金创作的童话的是(　　)
    A.《驴皮公主》　B.《渔夫和金鱼的故事》
    C.《死公主和七勇士的故事》　D.《母熊的故事》
11. 诙谐幽默,寓悲于喜,形成"含泪的微笑"的独特风格,并被誉为"美国生活的幽默百科全书"的小说家是(　　)
    A. 屠格涅夫　B. 莫泊桑　C. 欧·亨利　D. 杰克·伦敦
12. (　　)是一部自传体的作品,记述了卢梭从出生到1766年被迫离开圣皮埃尔岛的生活经历。
    A.《忏悔录》　B.《爱弥儿》
    C.《新爱洛伊丝》　D.《社会契约论》
13. 被苏轼评价为"诗中有画,画中有诗"的唐代诗人是(　　)
    A. 李白　B. 王维　C. 杜甫　D. 李贺
14. 书信体小说《少年维特之烦恼》通过对主人公痛苦、憧憬、多愁善感和愤世嫉俗等情绪的描写,表达了一代青年要求摆脱封建束缚、建立合乎自然的社会秩序和平等的人际关系、实现人生价值的心声。其作者是(　　)
    A. 歌德　B. 席勒　C. 茨威格　D. 格拉斯
15. "字字看来皆是血,十年辛苦不寻常"和"文不甚深,言不甚俗"分别讲的是中国古典文学中的(　　)
    A.《儒林外史》和《三国演义》　B.《红楼梦》和《三国演义》
    C.《水浒》和《聊斋志异》　D.《西游记》和《聊斋志异》
16. 下列说法正确的一项是(　　)
    A. 毛泽东的《沁园春·雪》中"唐宗宋祖,稍逊风骚"中的"风骚"指的是文学才华。其中"风"原指我国最早的一部诗歌总集《诗经》中的《国风》;"骚"原指《离骚》,"路漫漫其修远兮,吾将上下而求索"就是出自这部作品

B.《变色龙》《我的叔叔于勒》是俄国作家契诃夫的代表作
C. 鲁迅的《从百草园到三味书屋》《社戏》、朱自清的《背影》和魏巍的《我的老师》都是脍炙人口的回忆性散文
D.《陈涉世家》选自西汉史学家、文学家司马迁的编年体通史《史记》

17. "才高八斗"是南朝诗人谢灵运称颂(　　)时用的比喻。
A. 陶渊明　B. 屈原　C. 萧衍　D. 曹植

18. 下列选项中,不属于"世界三大短篇小说家"的是(　　)
A. 莫泊桑　B. 契诃夫　C. 屠格涅夫　D. 欧·亨利

19. 下列不属于"元曲四大家"的是(　　)
A. 郑光祖　B. 高明　C. 马致远　D. 白朴

20. 关于20世纪欧美文学作品的表述,不正确的是(　　)
A. 美国作家德莱赛的长篇小说是《美国的悲剧》
B. 法国作家罗曼·罗兰的长篇小说是《约翰·克利斯朵夫》
C. 德国作家贝克特的剧本是《等待戈多》
D. 苏联作家肖洛霍夫的长篇小说是《静静的顿河》,并获诺贝尔文学奖

21. 中唐传奇的压卷之作、代表了中唐传奇最高水平的作品是(　　)
A.《柳毅传》　B.《莺莺传》　C.《李娃传》　D.《霍小玉传》

22. 下列表述不正确的是(　　)
A. 被誉为"诗中有画,画中有诗"的诗人是王维　B. 高适、孟浩然都是田园诗派的代表人物
C. 李白是盛唐时期伟大的浪漫主义诗人　D. 杜牧和李商隐合称为"小李杜"

23. 下列选项中,作品与评价对应不正确的是(　　)
A.《三国演义》——文不甚深,言不甚俗　B.《资治通鉴》——帝王的镜子
C.《太公兵法》——不朽的战争艺术　D.《史记》——史家之绝唱,无韵之离骚

24. 莎士比亚被认为是英国文学史上最杰出的戏剧家。下列不属于莎士比亚"四大悲剧"的是(　　)
A.《奥赛罗》　B.《麦克白》
C.《罗密欧与朱丽叶》　D.《哈姆雷特》

25. 诗句"故人西辞黄鹤楼,烟花三月下扬州"中的"故人"是指(　　)
A. 李白　B. 王维　C. 杜甫　D. 孟浩然

26. 古代世界各民族创造的科技和文化为近代文明的起步和发展奠定了基础。再现早期希腊社会图景,对西方文学发展产生了深远影响的文学巨著是(　　)
A.《威尼斯商人》　B.《圣经》　C.《俄狄浦斯王》　D.《荷马史诗》

27. 下列情节与《三国演义》有关的是(　　)
A. 景阳冈打虎　B. 流水葬花
C. 三顾茅庐　D. 倒拔垂杨柳

28. 雨果在作品(　　)的序言中指出:"只要本世纪的三个问题——贫穷使男子潦倒,饥饿使妇女堕落,黑暗使儿童羸弱——还得不到解决……那么,和本书同一性质的作品都不会是无益的。"
A.《海上劳工》　B.《巴黎圣母院》
C.《悲惨世界》　D.《九三年》

29. 下列童话故事不属于安徒生童话的是(　　)
A.《海的女儿》　B.《拇指姑娘》
C.《皇帝的新装》　D.《白雪公主》

30. 我国现代儿童文学的奠基之作是(　　)
A. 叶圣陶的《稻草人》和冰心的《寄小读者》
B. 叶圣陶的《稻草人》和张天翼的《大林和小林》
C. 冰心的《小橘灯》和陈伯吹的《阿丽思小姐》
D. 张天翼的《宝葫芦的秘密》和贺宜的《野小鬼》

31. 第一本真正针对儿童创作的儿童文学作品是1744年出版的(　　)
A.《汤姆·索亚历险记》　B.《精品袖珍小书》
C.《汤姆求学记》　D.《七个淘气包》

32. 笛福的作品《鲁滨逊漂流记》的主人公是(　　)
A. 西班牙流浪汉典型　B. 具有才能却自甘堕落的时代畸形典型
C. 资本原始积累时期英国商业资产者的典型　D. 堂吉诃德的典型

33. 世界上最早的儿童文学奖是(　　)
A. 国际安徒生奖　B. 纽伯瑞奖
C. 卡内基文学奖　D. 波士顿全球号角书奖

34. 下列搭配不正确的是(　　)
A. 莎士比亚—《威尼斯商人》—英国　B. 海明威—《老人与海》—美国
C. 莫里哀—《李尔王》—德国　D. 司汤达—《红与黑》—法国

35. 目前世界儿童文学界公认的最高荣誉,有"小诺贝尔文学奖"之称的是(　　)
A. 国际安徒生奖　B. 纽伯瑞奖
C. 卡内基文学奖　D. 凯迪克奖

36. 中国第一篇由作家创作的文学童话是1922年3月在上海《儿童世界》杂志刊登的(　　)
A.《宝葫芦的秘密》　B.《稻草人》
C.《猪八戒吃西瓜》　D.《寄小读者》

37. 在古希腊历史上有三个思想家被称为"希腊三贤",他们在文学、艺术、哲学领域做出了非凡的贡献,至今仍影响着世界文学、哲学、艺术等领域的发展。与苏格拉底、柏拉图并称为"希腊三贤"的是(　　)
A. 埃纽斯　B. 埃斯库罗斯
C. 亚里士多德　D. 毕达哥拉斯

38. 下列古诗词与所涉及的历史人物对应错误的是(　　)
A. 三十功名尘与土,八千里路云和月—岳飞
B. 人生自古谁无死,留取丹心照汗青—文天祥
C. 三顾频烦天下计,两朝开济老臣心—诸葛亮
D. 恸哭六军俱缟素,冲冠一怒为红颜—唐玄宗

39. 李白的诗歌具有豪放飘逸的风格、雄起壮美的意象、大胆恣意的夸张和清新明快的语言。下列诗句为李白所写的是( )
A. 无边落木萧萧下,不尽长江滚滚来
B. 孤帆远影碧空尽,唯见长江天际流
C. 晴川历历汉阳树,芳草萋萋鹦鹉洲
D. 衰兰送客咸阳道,天若有情天亦老

40. “达摩克利斯之剑”是出自古希腊的典故。“达摩克利斯”是( )
A. 国王的名字 B. 大臣的名字
C. 宫殿的名称 D. 利剑的名称

41. “春秋三传”中的三部著作不包括( )
A.《左传》 B.《春秋》
C.《公羊传》 D.《谷梁传》

42.《昆虫记》的全文行文优美,《昆虫记》的作者是( )
A. 韦尔斯 B. 法布尔
C. 布莱森 D. 乔安娜·柯尔

43. 我国著名的长篇章回体神魔小说,被誉为古典文学中最辉煌的神话作品的是( )
A.《山海经》 B.《世说新语》
C.《搜神记》 D.《西游记》

44. “文章合为时而著,歌诗合为事而作”是由( )提出的。
A. 白居易 B. 柳宗元 C. 周敦颐 D. 刘禹锡

45. 美国作家马克·吐温于 1876 年创作了史上最经典的历险记( )
A.《汤姆·索亚历险记》 B.《鲁滨逊漂流记》
C.《纳尼亚传奇》 D.《神秘岛》

46.《蚊子和狮子》出自( )
A.《安徒生童话》 B.《格林童话》
C.《一千零一夜》 D.《伊索寓言》

47. 在《中国诗词大会》上,主持人董卿曾送给攻擂者一句诗“双鬓多年作雪,寸心至死如丹”,这句诗出自( )
A. 李清照《如梦令》 B. 陆游《感事六言》
C. 杜甫《江南逢李龟年》 D. 辛弃疾《清平乐》

48. 法国作家安东尼·德·圣埃克苏佩里创作的一部世界著名的儿童文学中篇童话是( )
A.《快乐王子》 B.《木偶奇遇记》
C.《小王子》 D.《霍比特人》

49. 被评论界认为是意大利继《木偶奇遇记》之后又一部流传各国的传世佳作,给意大利和作者本人带来了世界性声誉的是意大利著名游记作家亚米契斯的( )
A.《绿野仙踪》 B.《小王子》
C.《爱丽丝漫游奇境记》 D.《爱的教育》

50. 使少年儿童“一面翻书,一面狂笑”的是西班牙作家塞万提斯的( )
A.《天路历程》 B.《一千零一夜》
C.《堂吉诃德》 D.《小癞子》

51. 欧洲文学长廊中有四个以吝啬而著称的经典人物形象,他们将吝啬贪婪发挥到了极致。下列文学形象中不属于吝啬鬼的是( )
A.《悭吝人》中的阿巴贡
B.《死魂灵》中的泼留希金
C.《威尼斯商人》中的夏洛克
D.《叶甫盖尼·奥涅金》中的叶甫盖尼·奥涅金

52. 美国作家马克·吐温以童年经历为题材写成了两部儿童小说,成为世界儿童文学的经典作品。其中一部是《汤姆·索亚历险记》,另一部是( )
A.《王子和贫儿》 B.《哈克贝利·费恩历险记》
C.《傻子国外旅行记》 D.《镀金时代》

53. 创作了荒诞神奇的《爱丽丝漫游奇境记》的作者是英国作家( )
A. 科洛迪 B. 米尔恩 C. 王尔德 D. 卡洛尔

54. 有一部作品和叶圣陶的《稻草人》一同被认为是“新文化运动以来的关于童话的两个时期的杰作”。它是( )
A. 张天翼的《大林和小林》 B. 洪汛涛的《神笔马良》
C. 冰心的《寄小读者》 D. 秦文君的《男生贾里》

55. 鲁迅是我国著名作家,他有着强烈的爱国主义热情,其多部作品被奉为经典。其中,鲁迅在作品( )中讲述了自己童年时的生活。
A.《狂人日记》 B.《阿 Q 正传》 C.《朝花夕拾》 D.《野草》

56. 清代诗人王士祯的诗句“山郡逢春复乍晴,陂塘分出几泉清?郭边万户皆临水,雪后千峰半入城”描绘了春雪过后赏心悦目的城市景色。诗中描绘的城市是( )
A. 北京 B. 承德 C. 天津 D. 济南

57. “茕茕孑立,形影相吊”出自( )
A.《出师表》 B.《答司马谏议书》
C.《陈情表》 D.《报刘一丈书》

58. 杨红樱是著名儿童文学作家,下列不是其作品的是( )
A.《女生日记》 B.《淘气包马小跳》
C.《阿笨猫全传》 D.《漂亮老师和坏小子》

59. 2012 年 10 月 11 日,山东籍作家莫言获得 2012 年诺贝尔文学奖。下列是莫言创作的作品的是( )
A.《活着》 B.《人生》 C.《蛙》 D.《白鹿原》

60. 下列儿童文学作品属于郑渊洁创作的是( )
A.《宝葫芦的秘密》 B.《蛇王淘金》
C.《神笔马良》 D.《黑猫警长》

61. 宋代著名词人辛弃疾和李清照都是济南人，字号中都有"安"字，于是后人将他们合称为"济南二安"。下列名句不是出自二人作品的是(　　)
A. 生当作人杰，死亦为鬼雄
B. 我见青山多妩媚，料青山见我应如是
C. 枝上柳绵吹又少，天涯何处无芳草
D. 众里寻他千百度。蓦然回首，那人却在，灯火阑珊处

62. 创作了《骆驼祥子》《四世同堂》等影响后人的文学作品，并获得"人民艺术家"称号的现代作家是(　　)
A. 老舍　B. 巴金　C. 林语堂　D. 王朔

63.《菌儿自传》是我国科普事业的先驱和奠基人(　　)的代表作。他一生为青少年创作了大量的科学文艺作品。
A. 叶圣陶　B. 冰心　C. 林之光　D. 高士其

64. 下列属于英国幼儿科普读物的是(　　)
A.《小小探索者百科全书》
B.《神奇的校车》
C.《简单的科学》
D.《世界上最脏最脏的科学书》

65. 1989 年开始全球发行的法国著名丛书(　　)系列幼儿科普启蒙读物，以生动而百科性的特质向2～8岁的孩子们展开了一个丰富多彩、深入浅出的立体世界，内容涉及孩子们感兴趣的所有领域：自然、动物、植物、历史、技术、日常生活、人的身体等，为孩子自主发现神奇的世界提供了一个很好的窗口。
A.《科技馆里的奥秘》
B.《第一次发现》
C.《科学好好玩》
D.《奇妙世界》

66. 名句"碧云天，黄花地，西风紧，北雁南飞。晓来谁染霜林醉？总是离人泪。"这句出自(　　)
A.《倩女离魂》　B.《梧桐雨》　C.《汉宫秋》　D.《西厢记》

67. 下列不属于《三国演义》中的典故的是(　　)
A. 三英战吕布
B. 千里走单骑
C. 大意失荆州
D. 醉打蒋门神

68. 下列诗句中，不是描写春天的是(　　)
A. 杨花榆荚无才思，惟解漫天作雪飞
B. 沾衣欲湿杏花雨，吹面不寒杨柳风
C. 忽如一夜春风来，千树万树梨花开
D. 雪消门外千山绿，花发江边二月晴

69. 下列选项中，(　　)是鲁迅先生的作品。
A.《追求》　B.《家》　C.《朝花夕拾》　D.《平凡的世界》

70. 下列文学常识说法正确的是(　　)
A. 鲁迅，原名周树人，中国文学家、思想家和革命家，作品有短篇小说集《呐喊》和《彷徨》，散文诗集《野草》，散文集《朝花夕拾》
B. 老舍，原名舒庆春，字舍予，著有短篇小说《骆驼祥子》《寒夜》
C. 茅盾，原名沈德鸿，字雁冰，著有长篇小说《平凡的世界》
D. 路遥，原名王卫国，著有长篇小说《子夜》，短篇小说《林家铺子》《农村三部曲》

专题五　艺术素养

➤答案见 P51

单项选择题(每小题 2 分，共 45 小题。参考时限 70 分钟)

1. 近代欧洲最伟大的音乐家，巴洛克"音乐之父"是(　　)
A. 匈牙利的李斯特
B. 德国的巴赫
C. 奥地利的舒伯特
D. 奥地利的莫扎特

2. 既为"初唐四大家"之一，又是"楷书四大家"之一的书法家是(　　)
A. 颜真卿
B. 褚遂良
C. 欧阳询
D. 柳公权

3. 元代画家(　　)擅长山水画，下图为其代表作《富春山居图》被称为"中国十大传世名画之一"。

A. 黄公望　B. 吴镇　C. 倪瓒　D. 张择端

4. 京剧作为我国著名剧种，它和中医、国画并称为中国三大国粹，下列关于京剧的表述正确的是(　　)
A. 人们习惯称戏班、剧团为"杏园"
B. 京剧当中的"净"指女性角色
C. "梅派"唱腔创始人是京剧艺术大师梅兰芳先生
D.《梁山伯与祝英台》是京剧经典曲目之一

5. 下列与意大利比萨斜塔、法国埃菲尔铁塔并称为世界三大奇塔的是(　　)
A. 陕西西安大雁塔
B. 山西朔州应县木塔
C. 江苏苏州虎丘塔
D. 云南大理崇圣寺三塔

6. 吴哥窟是世界上最大的宗教建筑，被称为东方四大奇迹之一。吴哥窟是哪个国家的著名建筑群(　　)
A. 新加坡　B. 泰国　C. 柬埔寨　D. 印度尼西亚

7.《卖报歌》以明快、流畅的曲调和朴实的语言深刻描述了旧社会报童的苦难生活及其对光明的向往。这首儿歌的创作者是(　　)
A. 聂耳　B. 冼星海　C. 贺绿汀　D. 吕其明

8. (　　)的代表作《洛神赋》，其字体圆润成熟，笔意中已不见波磔隶意，世称"行世小楷无出其右"。
A. 王献之　B. 王羲之　C. 王珣　D. 王导

9. 白居易的诗句中"嘈嘈切切错杂弹，大珠小珠落玉盘"所形容的是什么乐器的演奏声(　　)
A. 琵琶　B. 古筝　C. 扬琴　D. 风琴

10. 下列戏曲角色中,属于女性的是( )

A. 生　B. 旦　C. 净　D. 末

11. 下列古典名曲与王维的送别诗歌有关的是( )

A.《高山流水》　B.《阳关三叠》

C.《梅花三弄》　D.《平沙落雁》

12. 下列不是京剧四大名旦的是( )

A. 尚小云　B. 荀慧生

C. 周信芳　D. 程砚秋

13. 被称为梆子戏,代表剧目有《穆桂英挂帅》《花木兰》《朝阳沟》等的是( )

A. 豫剧　B. 评剧

C. 话剧　D. 戏剧

14. 世界著名华裔建筑大师贝聿铭于 2019 年 5 月 16 日去世,享年 102 岁,他的许多作品享誉世界,其中不包括( )

A. 悉尼歌剧院　B. 苏州博物馆

C. 香港中银大厦　D. 卢浮宫玻璃金字塔

15. 下列选项中,不属于中华戏曲百花苑中五大戏曲剧种的是( )

A. 黄梅戏　B. 秦腔

C. 越剧　D. 豫剧

16. 表达贝多芬"自由、平等、博爱"理想追求的乐曲是( )

A.《第三交响曲》　B.《第五交响曲》

C.《第六交响曲》　D.《第九交响曲》

17. 被称为"天下第一行书"的书法作品是( )

A.《九成宫醴泉铭》　B.《洛神赋》

C.《赤壁赋》　D.《兰亭集序》

18. 霍去病墓石雕作品《伏虎》所属的朝代是( )

A. 汉　B. 唐　C. 宋　D. 北魏

19. 秦始皇灭六国后,统一了全国文字。这种文字被称为( )

A. 隶书　B. 楷书　C. 小篆　D. 行书

20. 巴洛克建筑的特点是外形自由,追求动感,喜好富丽的装饰、雕刻和强烈的色彩,常用穿插的曲面和椭圆空间来表现自由的思想和营造神秘的气氛,下列属于巴洛克风格的建筑是( )

A. 索菲亚教堂　B. 巴黎圣母院

C. 罗马耶稣会教堂　D. 比萨大教堂

21. 杜甫诗句"三月三日天气新,长安水边多丽人"能够使人联想到的美术作品是( )

A.《簪花仕女图》　B.《挥扇仕女图》

C.《虢国夫人游春图》　D.《虢国夫人夜游图》

22. 下列属于苗族最具代表性的传统乐器的是( )

A. 笙　B. 笛　C. 箫　D. 芦笙

23. 下列图片中的人物形象出自( )

A.《大闹天宫》　B.《骄傲的将军》

C.《莲花公主》　D.《宝莲灯》

24. 东吴时期的吴中"八绝"在书、画、算、相、棋、占梦、星象等领域都有卓越的发展,其中善画的是( )

A. 曹不兴　B. 曹仲达

C. 卫协　D. 钟繇

25. 下图描述的是哪个朝代的都市生活( )

A. 南宋　B. 北宋

C. 明朝　D. 唐朝

26. 我国是目前拥有世界非物质文化遗产数量最多的国家。下列我国文化遗产中,不属于世界非物质文化遗产名录的是( )

A. 昆曲　B. 剪纸

C. 京剧　D. 秦腔

27. 戏曲是中国传统艺术之一,剧种繁多有趣,表演形式多样,下列剧种与发源地匹配错误的是( )

A. 花儿剧—甘肃　B. 平弦戏—青海

C. 泗州戏—安徽　D. 柳子戏—山东

28. 中国大陆第一部荣获柏林电影节"金熊奖"的作品是( )

A.《本命年》　B.《我的父亲母亲》

C.《红高粱》　D.《喜宴》

29.《黄河大合唱》以中华民族的发源地黄河为背景,热情地讴歌了中华儿女不屈不挠,保卫祖国的必胜信念。它的曲作者是( )

A. 马思聪　B. 贺绿汀　C. 黎锦晖　D. 冼星海

30. 下列选项中,被誉为“山西的紫禁城”的著名民居是(　　)
A. 徐家大院　B. 王家大院
C. 乔家大院　D. 渠家大院
31. 国画是我国传统的美术形式,我国存世最早最完整的国画作品是下列的哪件作品(　　)
A. 顾恺之的《女史箴图》　B. 张僧繇的《梁武帝像》
C. 周昉的《簪花仕女图》　D. 吴道子的《天王送子图》
32.《玄秘塔碑》全篇布局严谨,章法上行间茂密,精妙高雅。它是唐代著名书法家(　　)的作品。
A. 颜真卿　B. 柳公权
C. 欧阳询　D. 怀素
33. 作品取材于儿童生活、街头景象和古诗词意,风格平淡、意味隽永的中国现代漫画家是(　　)
A. 刘海粟　B. 齐白石　C. 丰子恺　D. 张大千
34. “八音”分类法把乐器按照制作材料的不同分为“金、石、丝、竹、匏、土、革、木”八类。下列依据“八音”分类法分类正确的一项是(　　)
A. 琵琶、三弦、古琴、二胡属于丝类　B. 琵琶、三弦、笛子、埙属于竹类
C. 编钟、三弦、古筝、二胡属于金类　D. 笛子、三弦、古琴、埙属于土类
35. 世界各地的建筑风格因受时代的政治、社会、经济、建筑材料和建筑技术的制约以及建筑设计思想、观念和艺术素养的影响而有所不同。下列关于建筑风格的说法错误的是(　　)
A. 巴洛克式建筑风格起源于文艺复兴时期
B. 帕特农神庙是古希腊式建筑的典型代表
C. 哥特式建筑风格是以法国为中心发展起来的
D. 洛可可式建筑的特点是气势恢宏、简约大气
36. 瘦金体的创立者是(　　)
A. 宋仁宗赵祯　B. 宋徽宗赵佶
C. 宋高宗赵构　D. 宋光宗赵惇
37.《富春山居图》是元朝书画,由画家黄公望为郑樗所绘,以(　　)的富春江为背景。
A. 江苏　B. 浙江
C. 江西　D. 湖南
38. 下列世界著名的美术作品中不属于雕刻作品的是(　　)
A.《掷铁饼者》　B.《呐喊》
C.《思想者》　D.《米洛斯的维纳斯》
39. 京剧是中国五大戏曲剧种之一,被视为中国国粹之一。在京剧的行当中,天真活泼的年轻女性被称为(　　)
A. 正旦　B. 花旦
C. 彩旦　D. 刀马旦
40. 在伯牙子期的故事中,伯牙的《流水》属于著名的(　　)
A. 古筝曲　B. 古琴曲
C. 琵琶曲　D. 二胡曲

41. 被誉为“中国戏曲之母”的剧种是(　　)
A. 京剧　B. 豫剧　C. 秦腔　D. 昆曲
42. 京剧脸谱非常丰富,图案变化多端、内涵丰富。通常情况下黑色脸谱表示(　　)
A. 清正廉洁　B. 凶狠残暴　C. 忠勇侠义　D. 刚烈正直
43. 关于中国戏剧,下列说法错误的是(　　)
A. 中国戏剧包括戏曲与话剧,戏曲是传统戏剧,话剧引自西方
B. 中国戏曲与古希腊悲喜剧、印度梵剧并称为世界三大古剧
C. 明清传奇的出现标志着中国戏剧进入成熟阶段
D.《茶馆》显示了中国话剧的民族化追求,被誉为“东方舞台的奇迹”
44. 巴赫是17世纪杰出的作曲家、管风琴家,其创作广泛吸取16世纪以来意大利、法国等国音乐的成功经验,成就很高,对后世音乐发展有深远影响。他的国籍是(　　)
A. 德国　B. 法国
C. 英国　D. 俄国
45. 彩塑是中国民间手工艺品,以黏土加上纤维物、河沙、水揉合的胶泥为材质,在木制骨架上进行形体塑造,阴干后填缝、打磨,再着色描绘。我国的彩塑到盛唐达到了顶峰,这一时期的代表作品是(　　)
A. 云冈石窟像　B. 山西晋祠像
C. 麦积山石窟像　D. 甘肃敦煌塑像

第五章　基本能力

核心知识提要

- 基本能力
  - 信息处理能力
    - 计算机基础知识★
      - 计算机系统的组成
      - 计算机病毒
      - Windows 操作系统
    - 文字处理软件 Word★
      - Word 的工作界面
      - Word 的基本操作
    - 电子表格软件 Excel★
      - Excel 的常用术语
      - Excel 的工作界面
      - Excel 的基本操作
    - 演示文稿软件 PowerPoint★
      - PowerPoint 的常用术语
      - PowerPoint 的工作界面
      - PowerPoint 的基本操作
  - 逻辑思维能力
    - 概念★
    - 命题
      - 直言命题
      - 复合命题★
    - 推理★
      - 智力推理
      - 类比推理
      - 图形推理
      - 数字推理
  - 阅读理解能力
    - 题型简介
    - 理解阅读材料中重要概念的含义★
    - 理解阅读材料中重要句子的含义★
    - 分析文章结构，把握文章思路★
    - 归纳内容要点，概括中心意思★
    - 分析概括作者在文中的观点态度★

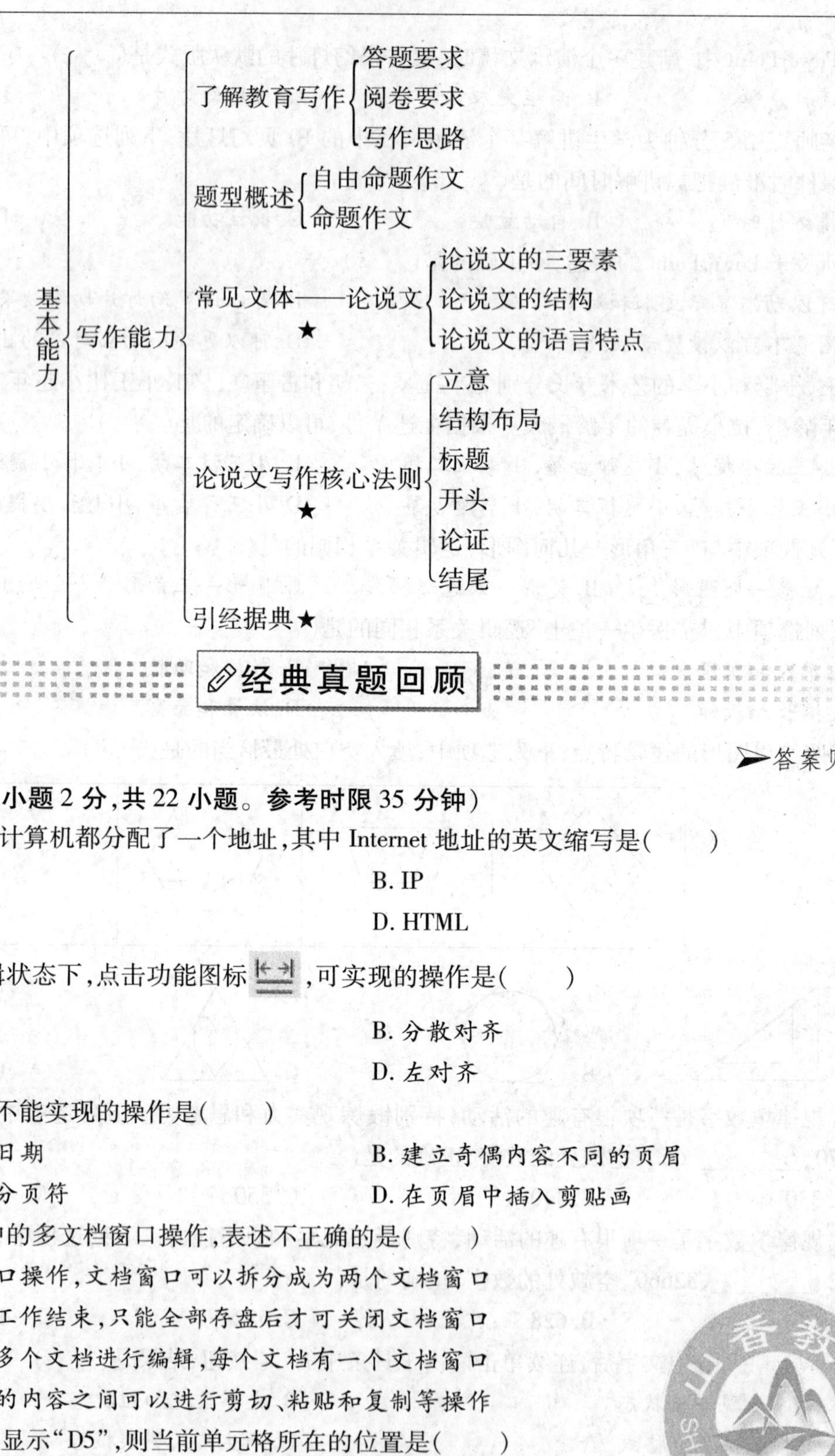

经典真题回顾

➢答案见 P53

一、单项选择题(每小题 2 分，共 22 小题。参考时限 35 分钟)

1. Internet 为每一台计算机都分配了一个地址，其中 Internet 地址的英文缩写是(　　)

A. TCP　　B. IP
C. WEB　　D. HTML

2. 在 Word 文档编辑状态下，点击功能图标 ，可实现的操作是(　　)

A. 居中对齐　　B. 分散对齐
C. 右对齐　　D. 左对齐

3. 在 Word 中，下列不能实现的操作是(　　)

A. 在页眉中插入日期　　B. 建立奇偶内容不同的页眉
C. 在页眉中插入分页符　　D. 在页眉中插入剪贴画

4. 下列关于 Word 中的多文档窗口操作，表述不正确的是(　　)

A. 通过多文档窗口操作，文档窗口可以拆分成为两个文档窗口
B. 多个文档编辑工作结束，只能全部存盘后才可关闭文档窗口
C. 允许同时打开多个文档进行编辑，每个文档有一个文档窗口
D. 多个文档窗口的内容之间可以进行剪切、粘贴和复制等操作

5. Excel 中的名称框显示“D5”，则当前单元格所在的位置是(　　)

A. 第四列第五行　　B. 第一列第五行
C. 第四列第一行　　D. 第一列第一行

6. 在 PowerPoint 中,新建一个演示文稿时,第一张幻灯片的默认版式是(　　)

A. 项目清单　B. 两栏文本　C. 标题幻灯片　D. 空白

7. 李老师想用 5 分钟为学生讲解某个演示文稿中的 10 页幻灯片,下列选项中,可以帮助李老师在制作课件时准确把握讲解时间的是(　　)

A. 排练计时　B. 自动放映　C. 批注功能　D. 使用母版

8. 下列关于 PowerPoint 的表述,不正确的是(　　)

A. 可以动态显示文本和对象　B. 可以设置幻灯片切换效果

C. 图表不可以设置动画效果　D. 可以更改小动画对象的出现顺序

9. 小王、小赵和小李的艺术专长分别为小提琴、二胡和古筝。已知:小王比小赵年龄大,小李比弹古筝的年龄小,拉小提琴的年龄最大。根据上述条件,可以确定的是(　　)

A. 小王拉小提琴,小赵弹古筝,小李拉二胡　B. 小王拉二胡,小赵拉小提琴,小李弹古筝

C. 小王拉小提琴,小赵拉二胡,小李弹古筝　D. 小王弹古筝,小赵拉小提琴,小李拉二胡

10. 下列选项中与"三角形—几何图形"逻辑关系相同的是(　　)

A. 矩形—椭圆形　B. 菱形—六边形　C. 圆形—三角形　D. 梯形—四边形

11. 下列选项中,与"医生—护士"逻辑关系相同的是(　　)

A. 军人和军医　B. 教授和助教

C. 校长和教师　D. 法警和警察

12. 按照给出图形的逻辑特点,下列选项中,填入空白处最恰当的是(　　)

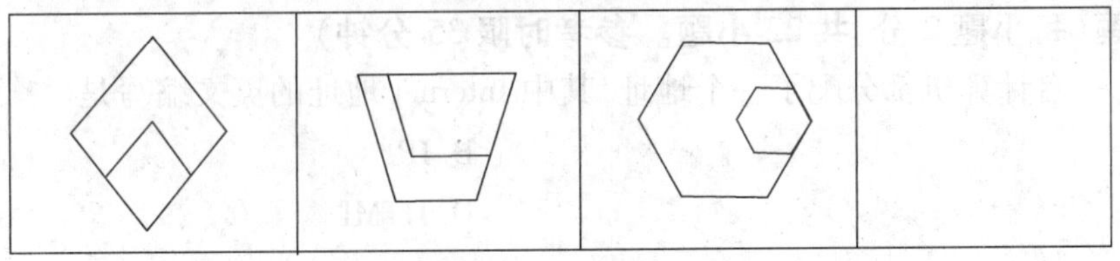

A. 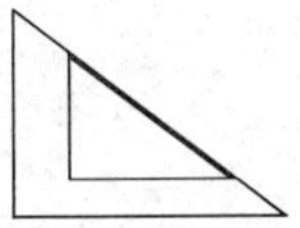　B. 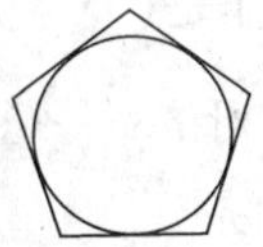　C. 　D.

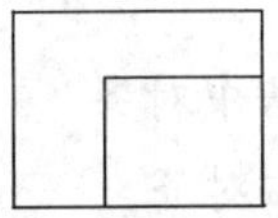

13. 找规律填数字是一项很有趣的活动,特别锻炼观察力和思考力。下列选项中,填入数列"50、90、170、________、650"空缺处的数字,正确的是(　　)

A. 330　B. 340　C. 350　D. 360

14. 找规律填数字是一项很有趣的活动,特别锻炼观察和思考能力。下列选项中,填入数列"2、4、12、52、________、32660"空缺处的数字,正确的是(　　)

A. 624　B. 628　C. 632　D. 636

15. 在 Word 中,选中文字后,连续单击两次工具条中的"I"按钮,结果是(　　)

A. 文字呈现删除状态　B. 文字呈现加粗状态

C. 文字保持原有格式　D. 产生格式错误报告

16. 在 PowerPoint 的浏览视图下,在多张幻灯片中选定一张并拖动,可实现的操作是(　　)

A. 复制幻灯片　B. 选定幻灯片

C. 删除幻灯片　D. 移动幻灯片

17. 下列选项中,与"学术著作—探险小说"的逻辑关系相同的是(　　)

A. 电商—微商　B. 商人—晋商

C. 浙商—闽商　D. 直销—销售

18. 按照给出图形的逻辑特点,下列选项中,填入空白处最恰当的是(　　)

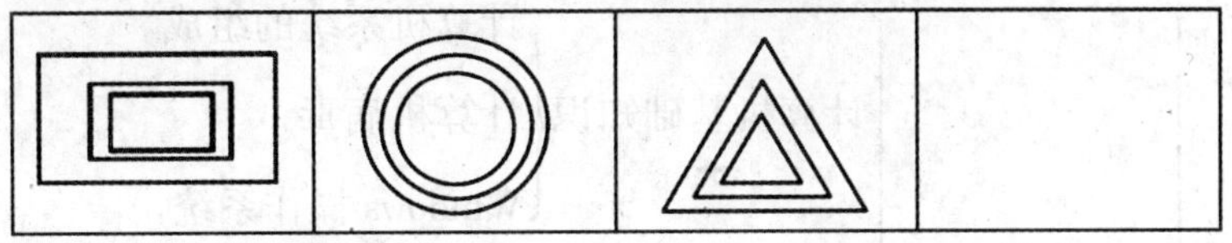

A. 　B. 　C. 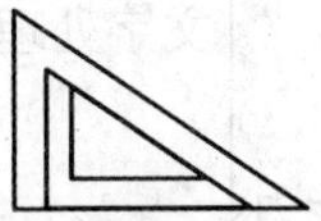　D.

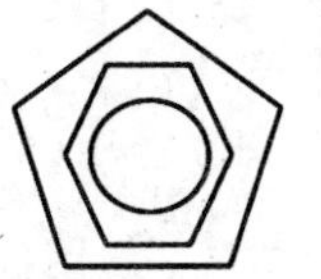

19. Word 文档中,要将一张图片作为一段文字的背景,应该将图片版式设置为(　　)

A. 四周型环绕　B. 紧密型环绕

C. 浮于文字上方　D. 衬于文字下方

20. 在使用 Excel 制作表格时,可实现输入数字字符串 0210409 的是(　　)

A. [0210409]　B. "0210409"

C. 0210409　D. '0210409

21. 下列选项中,与"首饰—镯子"的逻辑关系相同的是(　　)

A. 汽车—轮胎　B. 石窟—石雕

C. 玉石—翡翠　D. 摆件—胸针

22. 按照给出图形的逻辑特点,下列选项中,填入空格处最恰当的是(　　)

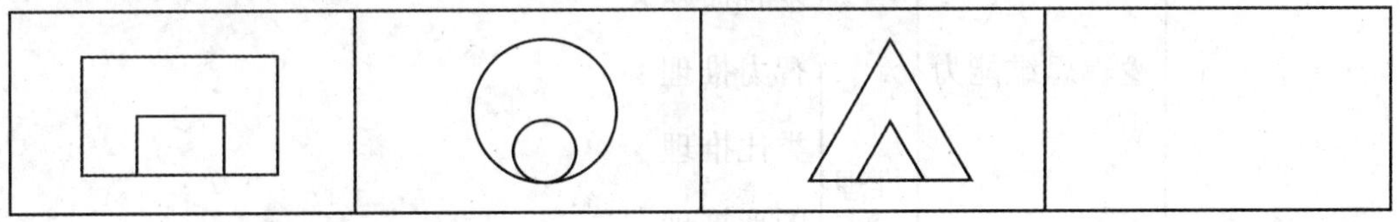

A. 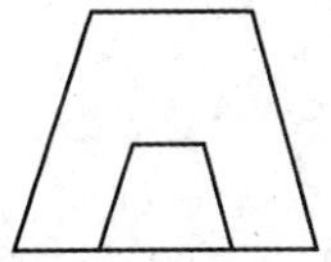　B. 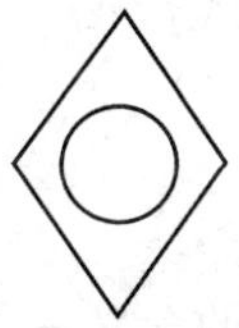　C. 　D.

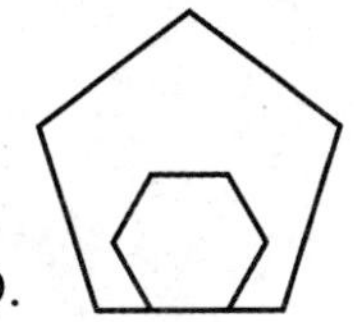

二、材料分析题(每小题 14 分,参考时限 15 分钟。共 3 小题)阅读材料,并回答问题。

1. 材料:

众所周知,文化是民族进步之魂,但是对正处于社会大变革的中国来说,文化的进步却是较为缓慢的,所取得的影响远没有经济领域明显,这的确值得我们深思。不容否认,急功近利的心态是导致文化浮躁的重要原因。"快"成了我们社会生活的不变节奏,无形中我们似乎进入了一个以"快"来博取"价值"的时代。当改革的现实进程与人们的心理预期形成反差时,焦虑、浮躁的文化心态便随之出现。

文化浮躁的突出表现，就是整个社会都急于求成：普通人期待一夜成名，渴望一夜暴富；地方管理动辄宏观战略，贪大求洋，不再扎实肯干、埋头苦干、任劳任怨；科研人员不肯再刻苦钻研、兢兢业业；企业经营者不再诚实劳动、诚信守诺、合法经营；甚至于一些社会决策也只顾眼前利益，忽略可持续发展的未来……人们耐不住寂寞，守不住自我，静不下心来，急功近利、心浮气躁，越来越成为人们生活的常态。在这种文化浮躁的氛围中，文化生活似乎越来越与真、善、美渐行渐远。

文化对社会的推动力，通常是在潜移默化中释放出来的，真正的文化应该对社会生活的基本价值和秩序有所坚持，因为文化的人文本性要求人们必须诉诸恒常的价值关切。在一个文化底蕴厚重的社会里，作为世代累积沉淀下来的文化习惯和文化信念，理应渗透于百姓的生活实践中，成为社会发展进步的稳定性要素。文化需要固根扶本，一个健康的社会需要为全体社会成员提供源源不断的、充足的精神资源，以满足全社会的精神慰藉之需求。

抑制文化浮躁，首先需要夯实全民族的信仰根基。信仰既是一个人的精神支柱，也是一个民族凝聚力的根本因素。信仰危机是社会浮躁的根源，而文化浮躁，实际上也是文化精神支柱缺失的“躁动而浮”。心中有明确的信仰，我们才会“不畏浮云遮望眼”，在纷繁复杂的现象中守住我们最想要的东西。信仰的弱化与分散，对一个向上的民族来说是十分危险的，它会使人的心灵无所皈依，会弱化民族的奋发自强精神。

抑制文化浮躁，还需要自觉培育民族文化自信心。改革开放以来，西方文化强势影响并改变着中国既有的文化格局，加剧了中国的文化震荡，这种文化落差在催生了国人浮躁心态的同时，也挫伤了我们对民族文化的自信心，甚至出现了文化的价值迷失。今天，随着中国综合国力的大幅度提升，我们有幸迎来了中国文化繁荣发展的契机。我们要涵养我们的文化元气，找到民族文化的“自我”。一个文化创新的时代，一定是一个充满民族文化自信的时代。

抑制文化浮躁，无疑需要全社会的共同努力。通过良好社会氛围的营造，让每个人沉下心来，积极主动地去学习和思考，激发出自己的创造力和想象力，唯有如此，全社会才会面对中国社会发展凝聚共识，更加从容与自信地走向未来。

（摘编自邹广文《抑制文化浮躁》，有删改）

问题：

(1)文章认为文化浮躁产生的原因是什么？请简要概括。

(2)抑制文化浮躁有何现实意义？请结合文本，简要分析。

2. 材料：

哲学的根本特征在于它是思想的一种“元”思想。“元”的意思是在人类各种思想观念后面所进行的“更进一步”的反思性思想或者奠基性的思想。

哲学到底有什么用处？别的思想方法有什么用，我们都很清楚：科学方法能够发现自然规律，逻辑方法能保证正确的分析和推理，艺术方法可用于创造作品，可是哲学的方法能用来做什么呢？

如果说，哲学只是让人见见思想的世面，让人的思想变得大气而不小气，这当然很好，但恐怕不够。

哲学还必须证明它的必要性。既然有了其他思想方法，我们为什么还一定需要哲学方法？如果我们真的需要哲学，它就必须有某种不可代替的用处。说得再明确一些，哲学所要做的那种“更进一步”的研究真的很有必要吗？这种疑惑并不是一点道理都没有，因为即使没有哲学，人们也照样生活和思考，照样劳动生产，照样生儿育女，照样发动战争，照样追求利益和荣誉，江山照样如此多娇，浪花照样淘尽英雄。但奇怪的是，不管人们是否愿意思考哲学问题，人类思想总是自然而然地产生出哲学问题。看来，当思想深入到一定的层次，哲学就成为必需的。没有哲学的思想是不健全的思想。

然而，我们又怎么能够知道哪些指导性的思想是可靠可信的呢？那些指导性的思想会不会实际上把事情搞错了？无论如何，任何一种指导性的思想，它本身都有可能是错误的，所以，我们不能盲目地相信某一种思想观念，不能因为许多人相信某种看法就随波逐流，也不能因为某种观点好像振振有词就相信它，更不能因为某种说法看上去很美就相信它。

随便哪一种看法，不管它把世界和生活看成什么样，这种看法并不能证明它自身是真的。要把一种规定硬说成是合理的，我们只能根据“更进一步”的规定来充当道理。同样，一种看法，或者一种思想，也不能证明它本身是正确的，这相当于，我说“我是正确的”并不算已经证明自己是正确的。因此，我们必须对思想观念进行“更进一步”的研究，通过这些研究来判断这些思想观念有什么意义和价值，好知道该不该相信这些思想观念。

好哲学虽然怀着“平常心”，却有着“异常思”。哲学所思考的虽然是一些很平常很普通的问题，但是，思考角度和方式超凡脱俗、异乎寻常，这正是哲学思想方法的价值所在。哲学的方法使我们能够获得超出知识范围的智慧，而正是那些充满智慧的理解方式始终在不知不觉地改变着、塑造着人类的整个思想风格和结构。可以做一个比较：科学不断增加人类的知识、扩大人类的视野，哲学则不断增强人类的思想能力、更新着人类的眼光。那么，哲学的“异常思”到底异常在哪里？这很难概括，不过哲学往往从某种与普通思想方式不同的思想方式去重新思考问题，它能够开拓更多的思想可能性。

（摘编自赵汀阳《思想的功夫》，有删改）

问题：

(1)文章认为哲学的特征是什么？请简要概括。

(2)哲学有哪些用处？请结合文本，简要分析。

3. 材料：

1610 年，伽利略把他刚刚制作出来的第一架望远镜对准了满天繁星。那时候行星和恒星的区别还远不像现在这么清晰。有些星星尽管看上去是以别的星星为背景来运动的，但这种运动的原因尚未明了。伽利略选择以木星为观察对象并不代表他明白这是怎么一回事，也许就是因为木星是天空中最明亮的星星之一，所以最吸引人。

伽利略的第一个惊人发现就是木星并不仅仅是一个点，而是一个小圆圈。这意味着这个“光点”很可能是一个有固定大小的实体。伽利略一定见过一个人提着灯笼慢慢走近他的场景。在远处，这个灯笼看上去就像是一个没有大小的点，但是慢慢地，这个点慢慢变大，就成了具有某一直径的圆。正是通过与他所熟悉的现象的类比，伽利略才能够把木星当时的这个光点想象成一个物体，这个物体和他身边的东西并没有本质区别。

他的第二个惊人发现就是在木星这个白色圆圈的背景里，有几个微小的黑点。那么第三个发现来了，这些小黑点都沿着直线穿过这个圆圈，有些需要几小时，有些则需要好几天。更有意思的是，每当这些小黑点到达白色圆圈的边缘时，它们就会变成白色，与圆圈外的黑色背景形成对比。之后，小黑点会继续沿着直线运动，但是会慢下来，然后停下来，再沿着相反的方向运动。当它回到白色圆圈的边缘时，就会完全消失，一段时间后才在白色圆圈的另一端出现。

这里，我们并不打算讨论伽利略时代科学发现中的细节，而是想看看，一位杰出的科学家是如何解释他通过望远镜所看到的现象。伽利略认为木星是一个球形的物体，并且有不少较小的物体绕着它做严格的周期运动，周期从 2 天到 15 天不等。他还知道地球也是圆的，并且月球围绕地球做规则的周期运动，周期约为 30 天。所有这些信息放在一起，让伽利略灵光一现，他“看”到了天空中的第二个地球，并且由好几个月亮环绕着。在地球的卫星月亮和木星的小点之间建立起类比关系，这是伽利略的天才之见。

就算其他人也有一台望远镜，并且花上几个星期盯着木星，也并不意味着他们都能“看”到伽利略所看到的类比。这其中的原因就是，在那个年代，“月亮”这个词仅仅被用来特指一个物体，几乎没有人敢想象两个或者更多的“月亮”，如果有人胆敢这么做，那就想想 1600 年的布鲁诺，仅仅是因为提出宇宙中还有许多和我们的世界相同的世界，就在罗马被活活烧死，更重要的是，伽利略通过类比大胆地想象出多个月亮来，这个类比是把我们的世界和一个小到不能再小的光点连结起来了。这个类比虽然看上去实在令人难以置信，但还是让人们接受了宇宙中存在多个“地球”的可能性，因为木星就可以被比作另一个地球。接下来人们又接受了宇宙中可能有许多个月球，并称其为卫星。“卫星”这个概念就这样产生了。从此，任何一个天体，甚至卫星，都可以有多个围绕它转动的卫星。

那么我们在伽利略的发现和小孩子所作的归类之间作类比，让我们将伽利略的深刻洞见与小孩子将玩具小车看作卡车之间做个比较。小孩子将地板上不能发声、没有气味的玩具卡车，与在高速公路上跑着的、声振屋瓦、排放尾气的大卡车联系起来时所做的小型认知飞跃，是否与伽利略将脚下的地球、头顶的明月与遥远的木星及其卫星联系起来时所做的复杂认知飞跃大同小异呢？无论如何，有一件事是可以确定的，在这两种情况下，都有一个很小的物体被想象成为很大的物体，同时，观察者都是通过熟悉的事物去了解不熟悉的事物。那么，我们在伽利略的发现和小孩子所作的归类之间作类比，能否算作从一个类比到另一个类比的认知飞跃呢？

（摘编自侯世达、桑德尔《表象与本质》，有删改）

问题：

（1）文章画线句中“看”的意思是什么？请结合原文，简要概括。

（2）伽利略的发现与小孩子对玩具车和卡车所作的归类之间有何异同？请结合文本，简要分析。

三、写作题（每小题 50 分，参考时限 40 分钟。共 4 小题）

1. 阅读下面的材料，按要求作文。

材料一：一位擅长画荷花的艺术家说：“画荷花不一定要整天拿着笔在池边写生，而应该静坐在荷花旁欣赏，看风中的荷，雨中的荷，夏天的盛荷，秋天的老荷，冬天的残荷。久而久之，你已经不知道什么是我，什么是荷，从而融入其中，摊开纸，自然满眼荷花，四季的烟雨一起涌上，还怕画不生动吗？”

材料二：苏轼在《文与可画筼筜谷偃竹记》一文中说：“故画竹，必得成竹于胸中，执笔熟视，乃见其所欲画者，急起从之，振笔直遂，以追其所见，如兔起鹘落，少纵则逝矣。”

综合上述材料所引发的联想和感悟，写一篇论说文。

要求：用规范的现代汉语写作，角度自选，立意自定，标题自拟，不少于 800 字。

2. 阅读下面的材料，按要求作文。

20 世纪 30 年代，梅兰芳先生初到上海，虽然他唱功绝佳，誉满京华，但要在大上海一下子出名也难。当时想在报纸上打广告，但广告要怎么写才能引起人们的注意呢？经过一番筹划，戏班子决定在报纸上只印三个字——梅兰芳，当时上海的市民并不知道梅兰芳是谁，因为好奇都在互相打听。连登了一周之后，报纸上登出了一个详细的广告："梅兰芳——京剧名旦，今晚在上海某戏院登台献艺，欢迎观看。"就这样，梅先生在上海一唱走红。

综合上述材料所引发的思考和感悟，写一篇论说文。

要求：用规范的现代汉语写作，角度自选，立意自定，题目自拟，不少于 800 字。

3. 阅读下面的材料，按要求作文。

某一布鞋品牌的老板，经营模式很简单，每卖出一双鞋子就捐赠一双给贫困地区的孩子，让没有鞋穿的孩子拥有一双自己的鞋，可是生意却不见起色，半年后一家报社报道了"卖一双，捐一双"的故事，立刻引起了轰动。

人们为他的事迹所感动。一天之内他接到 2200 多双鞋子的订单，到目前为止已经卖出了 3800 万双，这意味着非洲、拉丁美洲、亚洲等贫困地区的 3800 多万小脚丫有了鞋子的保护。

综合上述材料所引发的联想和感悟，写一篇论说文。

要求：用规范的现代汉语写作，角度自选，立意自定，标题自拟，不少于 800 字。

4. 阅读下面的材料，按要求作文。

2017 年春节期间，央视一档以古诗词为主要内容的文化综艺节目《中国诗词大会》吸引了无数低头玩手机的年轻人。该节目的一位嘉宾对此评论道："中国人的诗心一直在，但需要被激活。"另有学者认为，中国古典诗词是一座巨大的精神宝库，它唤醒了中国人内心深处的文化自信。

综合上述材料所引发的联想和感悟，写一篇论说文。

要求：用规范的现代汉语写作，角度自选，立意自定，标题自拟，不少于 800 字。

过关必刷题库

专题一　信息处理能力

答案见 P57

单项选择题（每小题 2 分，共 60 小题。参考时限 90 分钟）

1. 某单位要求公文传输必须使用专门的办公自动软件，该软件属于(　　)

A. 工具软件　　B. 系统软件　　C. 编辑软件　　D. 应用软件

2. Word 功能区中常会出现一些暗灰色的选项，这表示(　　)

A. 系统运行故障　　B. Word 本身缺陷

C. 文档带病毒　　D. 这些选项当前无效

3. 在 Word 中，选择"另存为"命令后，一般的功能是(　　)

A. 换名存盘　　B. 关闭文件　　C. 打开文件　　D. 没意义

4. 在 Word 中，以下哪种操作可以使在下层的图片移至上层(　　)

A. "格式"选项卡下的"更正"　　B. "格式"选项卡下的"图片版式"

C. "格式"选项卡下的"重设图片"　　D. "格式"选项卡下的"上移一层"

5. 在 Word 中，保存文件的快捷键是(　　)

A. Ctrl + S　　B. Ctrl + V　　C. Ctrl + X　　D. Ctrl + W

6. 在 Word 中，选择"文件"选项卡下的"另存为"命令，可以将当前打开的文档另存为(　　)

A. txt 文件类型　　B. pptx 文件类型

C. xlsx 文件类型　　D. bat 文档类型

7. Word 的"开始"选项卡按钮栏中，表示"两端对齐"操作的按钮是(　　)

A. 　　B. 　　C. 　　D. 

8. 在 Word 中，如果用户选中了大段文字，不小心按了空格键，则大段文字将被一个空格所代替，此时可用(　　)操作还原到原先的状态。
A. 替换　B. 粘贴　C. 撤消　D. 恢复

9. 在 Windows 操作系统中，关于文件命名说法错误的是(　　)
A. 文件名的长度不允许超过 8 个字符
B. 扩展名中允许使用多个分隔符
C. 不允许使用 *、/、\等符号
D. 一个文件夹里不能有名字相同的文件

10. Word 的两种文本编辑模式是(　　)
A. 改写与删除
B. 插入与删除
C. 插入与改写
D. 复制与删除

11. 使用 Word 在查看文档过程中，发现不能进行修订操作，在左下方出现“不允许修改，因为所选内容已被锁定”提示信息，可用以下哪种方法解决(　　)
A. 勾选“设置格式”
B. 勾选“插入与删除”
C. 关闭文档保护
D. 单击“修订”按钮

12. 下图中 Word 2010 文稿的文字环绕方式是(　　)

A. 衬于文字下方
B. 嵌入型
C. 衬于文字上方
D. 四周型

13. 在 Word 中，艺术字被当作是(　　)对象的一种形式。
A. 图片　B. 文字　C. 表格　D. 特殊符号

14. Word 在编辑一个文档完毕后，要想知道它打印后的效果，可使用(　　)功能。
A. 打印预览　B. 模拟打印　C. 提前打印　D. 屏幕打印

15. 在 Word 中，要将一张图片作为某段文字的背景，需将该图片的环绕方式设置为(　　)
A. 四周型
B. 紧密型
C. 浮于文字上方
D. 衬于文字下方

16. 在 Word 中，如果输入的文字或标点下面出现红色波浪线，可能表示(　　)
A. 句法错误
B. 拼写和语法错误
C. 系统错误
D. 格式错误

17. Word 的“文件”选项卡下会显示的文件是(　　)
A. 当前使用的文件
B. 当前已经打开的所有文件
C. 最近使用过的 Word 文件
D. 扩展名是 doc 的所有文件

18. 在 Word 编辑状态下，绘制一个图形，首先应该选择(　　)
A. “插入”选项卡→“图片”命令按钮
B. “插入”选项卡→“形状”命令按钮
C. “开始”选项卡→“更改样式”按钮
D. “插入”选项卡→“文本框”命令按钮

19. 在 Word 中，双击“格式刷”，可将格式从一个区域一次复制到的区域数目是(　　)
A. 一个　B. 两个　C. 三个　D. 多个

20. 关于 Word 下列说法正确的是(　　)
A. 可以将文本转化为表，但表不能转成文本
B. 可以将表转化为文本，但文本不能转成表
C. 文本和表不能互相转化
D. 文本和表可以互相转化

21. 在 Word 编辑状态下，要将另一文档的内容全部添加在当前文件光标处，正确的操作是(　　)
A. 单击“文件”→“新建”
B. 单击“插入”→“对象”
C. 单击“文件”→“打开”
D. 单击“插入”→“超级链接”

22. 在 Word 文档中，对图片设置(　　)后，可以形成水印效果。
A. 四周型环绕
B. 紧密型环绕
C. 衬于文字下方
D. 衬于文字上方

23. 使用 Word 软件处理文档，合适的是(　　)
A. 段落开始处按两次空格键
B. 文档中设置的字体种类越多越好
C. 多个段落之间按回车键添加空行
D. 用样式给文档各级标题排版

24. 在 Word 表格中，单元格内能填写的信息(　　)
A. 只能是文字
B. 只能是文字或符号
C. 只能是图像
D. 文字、图像、符号均可

25. Word 文档“打印”时，“页码范围”设置为“8－15，25，60”，表示打印(　　)
A. 第 8 页至第 15 页
B. 第 8 页，第 15 页，第 25 页，第 60 页
C. 第 8 页至第 15 页，第 25 页和第 60 页
D. 以上都不是

26. 在 Word 中，调整文本行间距应选取(　　)
A. “页面布局”选项卡中的“段落”命令中的“行距”
B. “插入”选项卡中的“段落”命令中的“行距”
C. “视图”选项卡中的“标尺”
D. “插入”选项卡中的“文本”命令中的“文本框”

27. 在 Excel 工作表中，表示以单元格 C5、N5、C8、N8 为顶点的单元格区域，正确的是(　　)
A. C5:C8:N5:N8
B. C5:N8
C. C5:C8
D. N8:N5

28. 下列关于 Excel 单元格的说法，错误的是(　　)
A. 可以选定连续的多个单元格
B. 可以选定不连续的多个单元格
C. 一个数据表只有一个活动单元格
D. 一个数据表可以有多个活动单元格

29. Excel 中，用条件“数学 > 70 与总分 > 350”对成绩数据表进行筛选，结果是(　　)
A. 所有数学 > 70 的记录
B. 所有数学 > 70，并且总分 > 350 的记录
C. 所有总分 > 350 的记录
D. 所有数学 > 70，或者总分 > 350 的记录

30. 在 Excel 工作表单元格中输入(　　)时，应首先输入“＝”。
A. 中文
B. 公式
C. 日期
D. 关键词

31. 假定一个单元格存入的公式为"=13*2+7",则当该单元格处于非编辑状态时显示的内容为(　　)

A. 13*2+7　　B. =13*2+7　　C. 33　　D. =33

32. 在 Excel 中,对数据源进行分类汇总之前,应先完成的操作是(　　)

A. 排序　　B. 筛选　　C. 有效地计算　　D. 建立数据库

33. 在 Excel2010 中,对数据表进行排序时,在"排序"对话框中能够指定的排序关键字个数限制为(　　)

A. 1 个　　B. 2 个　　C. 3 个　　D. 任意个

34. 在单元格 A1、A2、A3、B1、B2、B3 中分别输入 1、2、3、4、5、6,单元格 C5 中输入"=AVERAGE(A1:B3)",则 C5 单元格中的数据为(　　)

A. 3　　B. 3.5　　C. 21　　D. # NAME?

35. 在 Excel 中,为缩小单元格中的文字数据,使数据的宽度与列宽相同,应选中(　　)复选框。

A. 自动换行　　B. 缩小字体填充

C. 合并单元格　　D. 单元格匹配

36. 在当前工作表的单元格中输入"=MAX(0.5,0,-2,false,true)"则单元格的结果显示为(　　)

A. 1　　B. 4　　C. -2　　D. 0.5

37. 在记录工资的 Excel 表格中,C 列是每名员工的工资,第 2~9 行分别代表 8 名员工的记录。下列公式能正确计算出这 8 名员工工资总额的是(　　)

A. AVG(C2:C9)　　B. COUNT(C2:C9)

C. MAX(C2:C9)　　D. SUM(C2:C9)

38. 下列关于 Excel 的自动筛选功能的叙述,错误的是(　　)

A. 使用自动筛选时,将隐藏不满足条件的数据行

B. 使用自动筛选时,将删除不满足条件的数据行

C. 设置了筛选条件后,可以取消筛选条件,显示所有数据行

D. 用"数据"选项卡中的"排序和筛选"命令中的"筛选",可以进入自动筛选

39. 下列关于 Excel 的分类汇总功能的说法,正确的是(　　)

A. 在分类汇总前需要按分类的列进行排序

B. 在分类汇总前不需要按分类的列进行排序

C. 可以使用删除行操作来取消分类汇总的结果,恢复到汇总前的状态

D. 分类汇总的方式是求和

40. Excel 工作表中第 5 行第 4 列的单元格地址是(　　)

A. E4　　B. 4E　　C. D5　　D. 5D

41. 下列说法不正确的是(　　)

A. PowerPoint 中的文字可以设置超链接到网页　　B. PowerPoint 中的图片可以设置超链接到网页

C. PowerPoint 中的按钮可以设置超链接到网页　　D. PowerPoint 中的对象不能设置超链接到网页

42. PowerPoint 空白的幻灯片中,不可以直接插入的是(　　)

A. 艺术字　　B. 声音　　C. 字符　　D. 文本框

43. 在 PowerPoint 中,为所有幻灯片设置统一的、特有的外观风格,应运用(　　)

A. 母版　　B. 自动版式　　C. 配色方案　　D. 联机协作

44. 在 PowerPoint 中,设置幻灯片的切换方式时,不能设置的是(　　)

A. 切换效果　　B. 切换时的声音

C. 幻灯片放映顺序　　D. 切换速度

45. 在 PowerPoint 中,(　　)模式可以实现在其他视图中可实现的一切编辑功能。

A. 大纲视图　　B. 普通视图

C. 幻灯片视图　　D. 幻灯片浏览视图

46. 使用 PowerPoint 软件制作"吉祥物设计"作品,其中一张幻灯片中有 4 张图片,要使他们播放时依次出现,应设置(　　)

A. 自定义动画　　B. 幻灯片切换

C. 幻灯片版式　　D. 超链接

47. 某 PowerPoint 文件打开时显示的界面如图所示,下列说法正确的是(　　)

A. 第 2、3 张幻灯片已被删除

B. 第 2、3 张幻灯片已被锁定,不能修改

C. 在幻灯片浏览视图中,第 2、3 张幻灯片不会显示

D. 在幻灯片放映视图中,第 2、3 张幻灯片不会显示

48. 下列关于 PowerPoint 的说法中,正确的是(　　)

A. 可以编辑修改内容的视图有幻灯片视图和幻灯片浏览视图

B. 幻灯片播放时可以显示占位符

C. 幻灯片中一个对象可以设置多种动画效果

D. 每张幻灯片不可以使用不同的版式

49. 在 PowerPoint 各种视图中,可以同时浏览多张幻灯片,便于选择、添加、删除、移动幻灯片等操作的是(　　)

A. 普通视图　　B. 备注页视图

C. 阅读视图　　D. 幻灯片浏览视图

50. 下列关于设置幻灯片背景的说法中,错误的是(　　)

A. 可以为单张幻灯片设置背景　　B. 不可以同时为多张幻灯片设置相同的背景

C. 可以将图片设置为背景　　D. 用户可以为幻灯片设置不同颜色的背景

51. 下列关于 PowerPoint 自定义动画的说法,正确的是(　　)

A. 幻灯片中的每一个对象都只能使用相同的动画效果

B. 各个对象动画的出现顺序是固定的,不能随便调整

C. 各个对象动画可以以任意顺序出现

D. 一个文件中的幻灯片只能使用相同的动画效果

52. 在 PowerPoint 中,下列关于图片来源的说法,错误的是(　　)

A. 剪贴画中的图片　　B. 来自文件的图片

C. 来自扫描仪的图片　　D. 来自打印机的图片

53. 下列哪个搜索关键词可以找到音频资源(　　)

A. 水晶. swf　　B. 北戴河. docx

C. 狼牙山. wav　　D. 故乡的云. bmp

54. 插入新幻灯片的快捷键是(　　)

A. Ctrl + M　　B. Ctrl + Z

C. ESC　　D. Ctrl + C

55. 某位教师用 PowerPoint 软件给学校制作一个招生宣传材料,为该材料添加校徽合适的操作是(　　)

A. 分别在每张幻灯片中插入校徽　　B. 将校徽插入母版中,应用母版制作

C. 复制插入的校徽分别粘贴到每张幻灯片中　　D. 将校徽插入幻灯片中作为模板,复制使用

56. 在 Word 的编辑状态下,选择整个表格,执行"表格"菜单中的"删除行"命令,对其结果表述正确的是(　　)

A. 表格中一行被删除　　B. 整个表格被删除

C. 表格中一列被删除　　D. 表格没有被删除

57. 在 Excel 中,下列函数表达式可完成计算工作表中数据平均值的是(　　)

A. = SUM(A1:A6)　　B. = COUNTIF(A1:A6)

C. = MIN(A1:A6)　　D. = AVERAGE(A1:A6)

58. 关于 PowerPoint 设计模板,下列说法正确的是(　　)

A. 只限定了模板类型,版式不受限定　　B. 既限定了模板类型,也限定了版式

C. 既不限定模板类型,也不限定版式　　D. 不限定模板类型,但限定了其版式

59. 下列关于 CPU 的叙述中,正确的是(　　)

A. CPU 能直接读取硬盘上的数据　　B. CPU 能直接与内存储器交换数据

C. CPU 主要组成部分是存储器和控制器　　D. CPU 只能用来执行算术运算

60. 计算机病毒可以使整个计算机瘫痪,危害极大。下列选项中对计算机病毒描述最为准确的是(　　)

A. 一条命令　　B. 一段特殊的程序

C. 一种生物病毒　　D. 一种芯片

专题二　逻辑思维能力

➢答案见 P59

单项选择题(每小题 2 分,共 30 小题。参考时限 45 分钟)

1. 如果"我们班有的同学不会跳舞"是一个真判断,下列选项不能确定其真假的是(　　)

A. 我们班至少有一个同学不会跳舞　　B. 我们班所有的同学都会跳舞

C. 我们班有的同学会跳舞　　D. 不会跳舞的有些是我们班的同学

2. 赵、钱、孙、李四个人比谁的身高最高。已知:赵、钱的身高之和与孙、李的身高之和相等,当将钱、李互换后,赵、李的身高之和高于钱、孙的身高之和,钱的身高高于赵、孙的身高。如果上述为真,以下哪项为真(　　)

A. 钱的身高最高　　B. 赵的身高最高

C. 孙的身高最高　　D. 李的身高最高

3. 妈妈要带两个女儿去参加一个晚会,女儿在选择搭配的衣服。家中有蓝色短袖衫、粉色长袖衫、绿色短裙和白色长裙各一件。妈妈不喜欢女儿穿长袖配短裙。以下哪种是妈妈不喜欢的方案(　　)

A. 姐姐穿粉色衫,妹妹穿短裙　　B. 姐姐穿蓝色衫,妹妹穿短裙

C. 姐姐穿长裙,妹妹穿短袖衫　　D. 妹妹穿长袖衫和白色裙

4. 一部电影要有好的票房,必须要有精彩的情节或者强大的演员阵容。如果上述论断成立,则以下选项一定为真的是(　　)

A. 没有强大演员阵容的电影,不可能有好的票房

B. 拥有精彩情节并且演员阵容强大的电影,也不一定有好的票房

C. 没有好的票房的电影,其情节一定是不精彩的

D. 大多数人喜欢拥有精彩情节并且演员阵容强大的电影

5. 某跨国单位选出国留学人员,条件是:业务精通,并且英语流利或者法语流利。小洪没有被选上。以下哪一项解释可以从上面得出(　　)

A. 小洪业务精通,但英语不流利

B. 小洪业务精通,但法语不流利

C. 小洪只有英语流利是不够的,还需要法语也比其他候选人流利

D. 如果小洪业务精通的话,那么他的英语和法语都不够流利

6. 甲、乙、丙三人各自举着红旗、绿旗和黄旗,分别从东面、南面和西面三个方向朝山顶攀登。甲不举红旗,也不从东面上山;举红旗的人从西面上山;乙举着绿旗。由此可以推出(　　)

A. 举黄旗的不是甲　　B. 举绿旗者从南面上山

C. 乙不从南面上山　　D. 丙从东面上山

7. 从 A、B、C、D、E、F 六位同学中挑选一些人去参加某项竞赛活动,根据竞赛规则,参赛人员须满足下列要求:①A、B 两人中至少去一个人;②A、D 两人不能同时去;③A、E、F 三人中要选两人去;④B、C 两人都去或者都不去;⑤C、D 两人中去一个人;⑥若 D 不去,则 E 也不去。则选中参赛的人数为几人(　　)

A. 1 人　　B. 2 人　　C. 3 人　　D. 4 人

8. A、B、C、D 四个球队进行循环赛(每队与其他队各比赛一场),比赛结果:B 队输一场,C 队比 B 队少赢一场,B 队比 D 队少赢一场。那么,A 队的名次为(　　)

A. 第一名　　B. 第二名

C. 第三名　　D. 第四名

9. 某篮球队主教练规定,如果一号上场,而且三号没有上场,那么五号与七号队员中至少要有一人上场。如果主教练的规定被贯彻执行了,一号队员没有上场的充分条件是(　　)

A. 三号上场,五号与七号没上场　　B. 三号没上场,五号与七号上场

C. 三号五号七号都没上场　　D. 三号五号上场,七号没上场

10. 下列选项中,与"植物不可能都是多年生的"意思相同的是(　　)

A. 植物可能都不是多年生的　　B. 有的植物有可能是多年生的

C. 有的植物必然是多年生的　　D. 有的植物必然不是多年生的

11. 全国运动会举行女子 5000 米比赛,辽宁、山东、河北各派了三名运动员参加。比赛前,四名体育爱好者在一起预测比赛结果。甲说:"辽宁队训练就是有一套,这次的前三名非他们莫属。"乙说:"今年与去年可不同了,金银铜牌辽宁队顶多拿一块。"丙说:"据我估计,山东队或者河北队会拿奖牌。"丁说:"第一名如果不是辽宁队,就该是山东队了。"比赛结束后,发现四个人中只有一人言中。以下哪项最可能是该项比赛的结果(　　)

A. 第一名辽宁队,第二名辽宁队,第三名辽宁队

B. 第一名辽宁队,第二名河北队,第三名山东队

C. 第一名山东队,第二名辽宁队,第三名河北队

D. 第一名河北队,第二名辽宁队,第三名辽宁队

12. 甲、乙、丙、丁四位球迷有一段对话。甲说:"Y 球队能进入决赛。"乙说:"如果 X 球队能进入决赛,那么 Y 球队也能进入决赛。"丙说:"我看 Y 球队不能进入决赛,但 X 球队能进入决赛。"丁说:"X 球队不能进入决赛。"如果四人中只有一人是对的,那么可以推出(　　)

A. X 和 Y 球队都能进入决赛　　B. X 球队不能进入决赛,Y 球队能进入决赛

C. X 和 Y 球队都不能进入决赛　　D. X 球队能进入决赛,Y 球队不能进入决赛

13. 找规律填数字是一项很有趣的活动,特别锻炼观察和思考能力。下列选项中,填入数列"1、6、5、9、12、______"空缺处的数字,正确的是(　　)

A. 13　　B. 15　　C. 17　　D. 19

14. 找规律填数字是一项很有趣的活动,特别锻炼观察和思考能力。下列选项中,填入数列"4、2、2、3、6、______"空缺处的数字,正确的是(　　)

A. 6　　B. 8　　C. 10　　D. 15

15. 找规律填数字是一项很有趣的活动,特别锻炼观察和思考能力。下列选项中,填入数列 6、14、22、______、38、46 空缺处的数字,正确的是(　　)

A. 30　　B. 32　　C. 34　　D. 36

16. 找规律填数字是一项很有趣的活动,特别锻炼观察和思考能力。按照"2 +5 +7→144935""3 +5 +6→184830""4 +4 +9→367236"的规律,下列选项中正确的是(　　)

A. 7 +6 +4→285224　　B. 7 +6 +4→284270

C. 7 +6 +4→422452　　D. 7 +6 +4→422824

17. 找规律填数字是一项很有趣的活动,特别锻炼观察和思考能力。下列选项中,填入数列 1、6、36、216、______空缺处的数字,正确的是(　　)

A. 1296　　B. 1297　　C. 1299　　D. 1230

18. 找规律填数字是一项很有趣的活动,特别锻炼观察和思考能力。将选项中的数字填入"2、7、14、25、38、______"空缺处,符合该组数字排列规律的是(　　)

A. 54　　B. 55　　C. 57　　D. 58

19. 下列选项中,与"车票——票据"逻辑关系相同的是(　　)

A. 飞机票——船票　　B. 戏票——入场券

C. 购水票——门票　　D. 餐券——优惠券

20. 下列选项中,与"蝴蝶:蟋蟀"逻辑相同的是(　　)

A. 桑葚:鲜花　　B. 海棠:海参

C. 鹦鹉:海鸥　　D. 恒星:太阳

21. 下列选项中,与"量尺和厘米"两概念的关系一致的是(　　)

A. 时间和小时　　B. 天平和千克

C. 电话和号码　　D. 显微镜和细胞

22. 下列选项中,与"琵琶:琴弦"逻辑关系相同的是(　　)

A. 钢琴:钢琴凳　　B. 眼镜:眼镜盒

C. 台灯:灯管　　D. 书法:毛笔

23. 下列选项中,与"遗忘:记忆"逻辑关系相同的是(　　)

A. 残疾:肢体　　B. 昏迷:知觉

C. 幻觉:感觉　　D. 呕吐:胃肠

24. 下列选项中,与"沧海桑田:手表"逻辑关系相同的是(　　)

A. 凿壁借光:电灯　　B. 一言九鼎:电子秤

C. 遥不可及:卷尺　　D. 一曝十寒:温度计

25. 按照给出图形的逻辑特点,下列选项中,填入?处最恰当的是(　　)

?

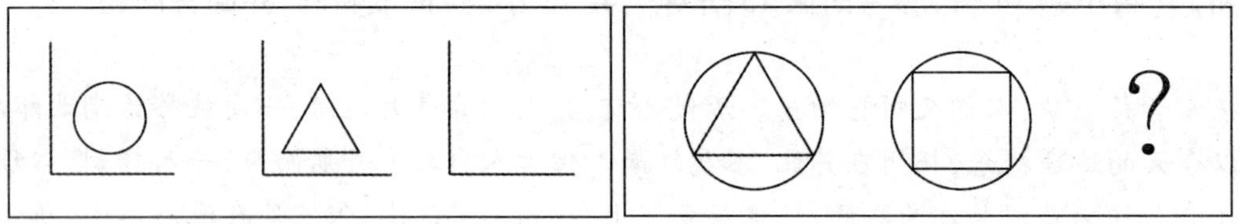

A. 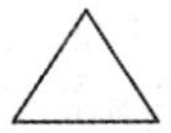　　B. 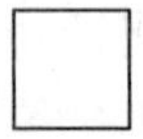　　C. 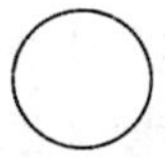　　D.

26. 按照给出图形的逻辑特点,下列选项中,填入?处最恰当的是(　　)

?

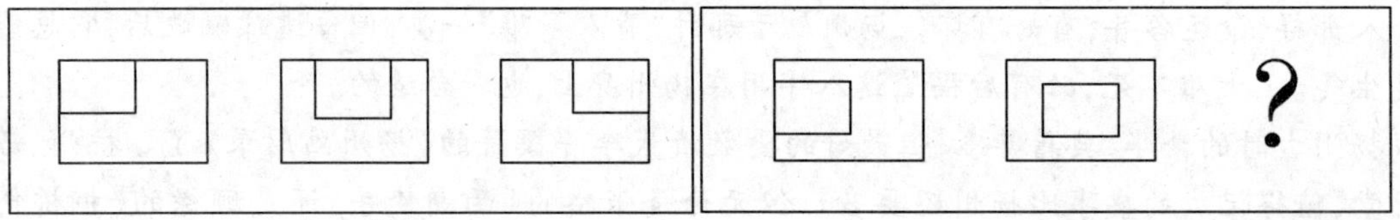

A. 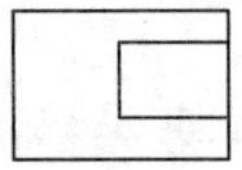　　B. 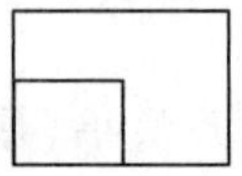　　C. 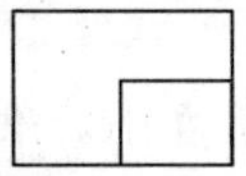　　D.

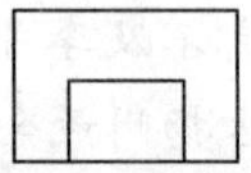

27. 下列选项中,与例图的四个图形有一致性规律的是(　　)

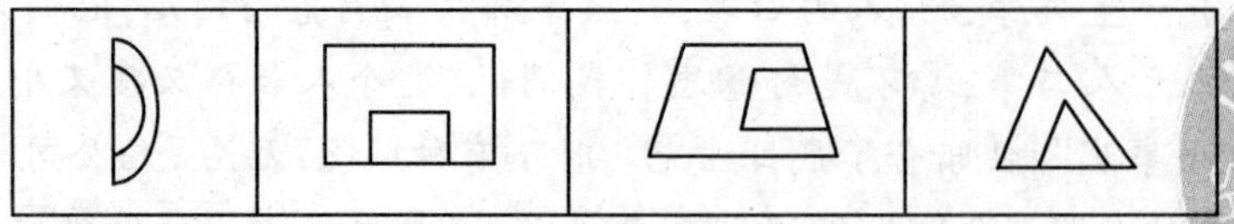

A. 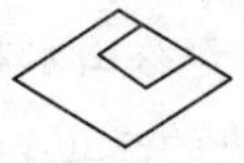　　B. 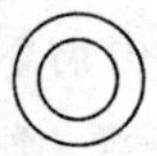　　C. 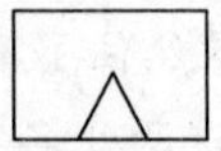　　D.

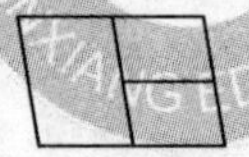

28. 按照给出图形的逻辑特点，下列选项中，填入？处最恰当的是(　　)

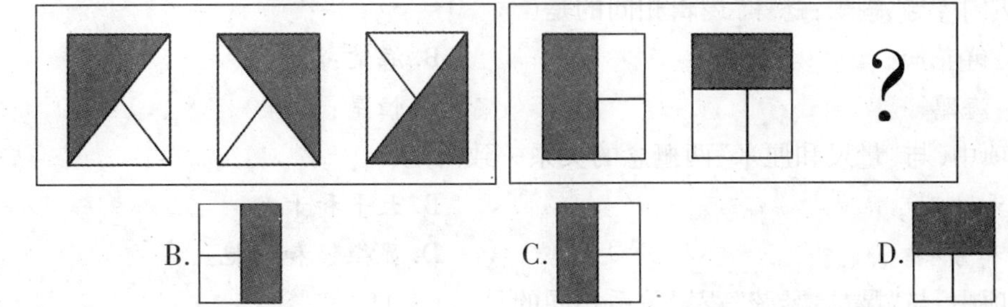

A.　　B.　　C.　　D.

29. 下列表述，与“并非‘只有本地人当经理，才能把企业搞好’”的判断一致的是(　　)

A. 要想把企业搞好，必须由本地人当经理　　B. 只要把企业搞好了，谁来当经理都可以
C. 不由本地人当经理，也可以把企业搞好　　D. 不由本地人当经理，就不能把企业搞好

30. 下列选项中，与“大学生—志愿者”的逻辑关系不一致的是(　　)

A. 英文书—教材　　B. 铅笔—画笔
C. 老年人—科学家　　D. 医生—护士

专题三　阅读理解能力

➢答案见 P61

材料分析题(每小题 14 分，参考时限 15 分钟。共 18 小题)阅读材料，并回答问题。

1. **材料：**

扬州古称广陵，人们又叫它维扬。清代之前，扬州因靠着大运河，一向被誉为南北枢纽，淮左名邦。以今天的地理概念，扬州在苏北，不属江南。但古人自北方舟船而来，一入扬州，心理上便感觉到了江南。江南是以长江为界的，从这层意义上，扬州不算江南，但它处在淮河以南，属不南不北之地，且扬州的人文风气、山水风光，都是近南而远北。杜牧写扬州的诗句“二十四桥明月夜，玉人何处教吹箫”，便绝不是凛冽的北地所能产生的情境了。

历史上的扬州，自隋至清一千多年间，虽屡遭兵燹，却不掩其繁华锦绣的气象。大凡一个城市，就像一个人那样，命运各异，有好有坏。扬州属于那种“贵人多难”一类，但每遭蹂躏之后，它总能顽强地恢复生气。“大难不死，必有后福”，这八字用在扬州身上，也是合适的。

记载扬州古时的繁华，典籍甚多，但最好的要数清代李斗撰著的《扬州画舫录》了。杭州、苏州乃人间天堂，值得记载的盛事比扬州还要多。但无论是张岱的《西湖梦寻》还是顾禄的《桐桥倚棹录》，都不及李斗的这本书。

古扬州最令人向往的地方，当在小秦淮与瘦西湖两处。其繁华、其绮丽、其风流、其温婉，《扬州画舫录》皆记述甚详。西湖之名借于杭州，秦淮之名借于南京，但前头各加一“瘦”与“小”字，便成了扬州的特色。我一直揣摩扬州人的心理，天底下那么多响亮的词儿，他们为何偏爱“瘦”与“小”呢？这两个字用之于人与事，都不是好意思。我们说“这个人长得又瘦又小”，便有点损他不堪重用；说“他专门做小事儿”，便暗含了鼠目寸光。时下有种风气，无论是给公司起名，还是为项目招商，均把名头拔得高高的。照这个理儿，瘦西湖完全可以叫“大西湖”或“金西湖”，小秦淮也可叫“中国秦淮”或“银秦淮”了。古扬州城中，虽然住了不少点石成金的商人，但铜臭不掩书香，负责给山水楼台命名的，肯定还是李斗这样的秀才。这两处名字最令人寻味：西湖一瘦，便有了尺水玲珑的味道；秦淮一小，便有了小家碧玉的感觉。如此一来，山水就成了佳丽一族，而扬州城也就格外的诗化了。

如是，话题就回到“烟花三月下扬州”上头，知道扬州的地理与历史，就知道什么季节到扬州最好。因为没有红枫，更没有与红枫相配的壮阔逶迤的峰峦沟壑，秋老时分到扬州的意义就不大。杜牧说“秋尽江南草未凋”，未凋并不等于葳蕤，失了草木欣欣的气象。莺歌燕舞的三月却不一样：那杨柳岸畔的水国人家，那碧波深处的江花江草、园林台榭、寺观舫舟，一色儿都罩在迷离的烟雨之中。此时的扬州，那些硬硬的房屋轮廓都被朦胧的雨雾软化了下来，曲折的小巷浮荡着兰草花的幽香。湖上的画舫，禅院的钟声，每一个细节上，都把江南的文章做到了极致。

“南朝四百八十寺，多少楼台烟雨中”，这样的句子把我们东方人的审美意趣，写得如同梦境。在三月的扬州，我们是可以寻到这种梦境的。

为了这梦境，我曾动了烟花三月下扬州的念头。2007 年，我打听何处可以雇一条船，邀二三好友于黄鹤楼下出发，一路吟诗作画，听琴吹箫到扬州去。结果人家告诉我，现在从武汉到扬州，根本无水路可通。后来打听到，从杭州或苏州出发，可从运河到达扬州。我又来了兴趣，让朋友去觅一只画舫。事情也未做成，其因是这一段运河虽然畅通，但除了运送货物的商船，渡客的帆舟早就绝了踪迹。

由此我想到，坐一条船于烟雨蒙蒙的江上，去拜访唐代的扬州，已是完全不可能了。扬州的繁华还在，但唐代的风流不再。若有意去欣赏今日生机勃勃的扬州，只能自驾车从高速路上去了。

(选自《中国小记》，有删改)

问题：

(1)根据你的体会，请简要分析“二十四桥明月夜，玉人何处教吹箫”在文章结构中的作用。

(2)作者为什么说“扬州的繁华还在，但唐代的风流不再”？请联系全文作简要分析。

2. **材料：**

美国文化传播学家波兹曼的《把我们自己娱乐死》是一部声讨电视文化的著作。在阅读的过程中，我确实时时听见一声声急切有力的喝问：难道我们真的要把自己娱乐死？

无人能否认电视带来的便利，问题在于，这种便利在总体上是推进了文化，还是损害了文化。

波兹曼认为媒介的变化意味着并且导致了认识世界方式的变化。在文字一直是主要媒介的时代，人们主要通过书籍来交流思想和传播信息。在书籍的阅读中，我们得以进入用文字记载的悠久传统。相反，电视则以现时为中心，所传播的信息越具有当下性似乎就越有价值。文字是抽象的符号，作为一种媒介，它要求阅读的同时必须思考。而电视直接用图像影响观众，它有时甚至忌讳思考，因为思考会妨碍观看。在波兹曼看来，做一个有文化的人，就是置身于人类精神传统之中进行

思考。书籍能够帮助我们实现这个目标，电视却会使我们背离这个目标。那么，电视究竟把我们引向何方？引向文化的反面——娱乐。一种迷恋当下和排斥思考的文化，我们只能恰如其分地称之为娱乐。

并不是说娱乐和文化一定势不两立，问题也不在于电视展示了娱乐性内容，而在于电视上的一切内容都必须以娱乐的方式表现出来。波兹曼的结论是，在电视的强势影响下，一切文化都依照其转变成娱乐的程度而被人们接受，因而在不同程度上都转变成了娱乐。"除了娱乐业没有其他行业"——到了这个地步，本来意义上的文化就荡然无存了。

波兹曼是把美国作为典型来对电视文化进行分析和批判的，但是，电视主宰文化、文化变成娱乐的倾向却是世界性的。譬如说，在我们这里，通过电视剧学习历史，而历史仅仅作为戏说、也就是作为娱乐而存在，消灭历史的方式再也不可能有比这更加彻底的了。又譬如说，在我们这里，电视也成了印刷媒介的榜样，报纸和杂志纷纷向电视看齐，蜕变成了"电视型印刷媒介"。且不说那些纯粹娱乐性的时尚杂志，只要翻开几乎任何一种报纸，你都会看到一个所谓文化版面，所报道的全是娱乐圈的新闻和大小明星的逸闻。这无可辩驳地表明，文化即娱乐日渐成为新的约定俗成，只有娱乐才是文化即将成为不争的事实。

赫胥黎曾预言：一旦无人想读书，无人想知道真理，一旦文化成为滑稽戏，文化就灭亡了。波兹曼认为，赫胥黎的预言应验了。这个结论也许太过悲观，我相信，只要人类精神存在一天，文化就决不会灭亡。不过，我无法否认，对于文化来说，一个娱乐至上的环境是最坏的环境。在这样的环境中，任何严肃的精神活动都不被严肃地看待，人们不能容忍不是娱乐的文化，非把严肃化为娱乐不可；如果做不到，就干脆把戏侮严肃当作一种娱乐。面对这样的行径，我的感觉是，波兹曼的书名听起来像是诅咒。

（摘编自《波兹曼的诅咒》，有删改）

问题：

（1）文章第三段阐述了波兹曼的媒介文化观，请作简要概括。

（2）作者既说波兹曼的结论"也许太过悲观"，又说"波兹曼的书名听起来像是诅咒"，对此应当如何理解？

3. 材料：

今日所讲，专为现在有职业及现在正做职业上预备的人——学生——说法，告诉他们对于自己现有的职业应采何种态度。

第一要敬业。敬字为古圣贤教人做人最简易、直捷的法门，可惜被后来有些人说得太精微，倒变得不适实用了。惟有朱子解得最好，他说："主一无适便是敬。"用现在的话讲，凡做一件事，便忠于一件事，将全副精力集中到这事上头，一点不旁骛，便是敬。业有什么可敬呢？为什么该敬呢？人类一面为生活而劳动，一面也是为劳动而生活。人类既不是上帝特地制来充当消化面包的机器，自然该各人因自己的地位和才力，认定一件事去做。凡可以名为一件事的，其性质都是可敬。当大总统是一件事，拉黄包车也是一件事。事的名称，从俗人眼里看来，有高下；事的性质，从学理上解剖起来，并没有高下。只要当大总统的人，信得过我可以当大总统才去当，实实在在把总统当作一件正经事来做；拉黄包车的人，信得过我可以拉黄包车才去拉，实实在在把拉车当作一件正经事来做，便是人生合理的生活。这叫做职业的神圣。凡职业没有不是神圣的，所以凡职业没有不是可敬的。惟其如此，所以我们对于各种职业，没有什么分别拣择。总之，人生在世，是要天天劳作的。劳作便是功德，不劳作便是罪恶。至于我该做哪一种劳作呢？全看我的才能何如、境地何如。因自己的才能、境地，做一种劳作做到圆满，便是天地间第一等人。

怎样才能把一种劳作做到圆满呢？惟一的秘诀就是忠实，忠实从心理上发出来的便是敬。《庄子》记佝偻丈人承蜩的故事，说道："虽天地之大，万物之多，而惟吾蜩翼之知。"凡做一件事，便把这件事看作我的生命，无论别的什么好处，到底不肯牺牲我现做的事来和他交换。我信得过我当木匠的做成一张好桌子，和你们当政治家的建设成一个共和国家同一价值；我信得过我当挑粪的把马桶收拾得干净，和你们当军人的打胜一支压境的敌军同一价值。大家同是替社会做事，你不必羡慕我，我不必羡慕你。怕的是我这件事做得不妥当，便对不起这一天里头所吃的饭。所以我做这事的时候，丝毫不肯分心到事外。曾文正说："坐这山，望那山，一事无成。"一个人对于自己的职业不敬，从学理方面说，便亵渎职业之神圣；从事实方面说，一定把事情做糟了，结果自己害自己。所以敬业主义，于人生最为必要，又于人生最为有利。庄子说："用志不分，乃凝于神。"孔子说："素其位而行，不愿乎其外。"所说的敬业，不外这些道理。

（摘编自梁启超《敬业与乐业》，有删改）

问题：

（1）文中所说的"人生合理的生活"，这句话的意思是什么，如何理解？

（2）文中说，"事的性质，从学理上解剖起来，并没有高下。"又说，"我信得过我当木匠的做成一张好桌子，和你们当政治家的建设成一个共和国家同一价值"。然而，也有人引用拿破仑名言说："不想当元帅的士兵不是好士兵。"请你谈谈你的看法。

4. 材料：

学生时代读沈括的《梦溪笔谈·雁荡山》，其中有云"按西域书，阿罗汉诺矩罗居震旦东南大海际雁荡山芙蓉峰龙湫湫"，从此知道"震旦"是中国古称。后来了解到有一段距今6亿年的地质年代，最先在中国被调查研究，故而被称为震旦纪。由此看来，"震旦"一词似乎凝结了中国悠久历史和深厚文化底蕴。而以"震旦"命名的小鸟，必定有其特别之处吧。

2007年6月初，我们前往河北衡水湖自然保护区做鸟类繁殖季节调查。机缘巧合，在这里竟与久仰的震旦鸦雀不期而遇。调查进行到最后半天时，我们突然在芦苇丛中发现了一个精致的杯状巢，里面有5枚尚有余温的卵。巢的形状很像大苇莺的巢，但根据经验判断这不是。虽然它们都是固定在几根芦苇上的杯状巢，但仔细观察发现，这个巢的巢材都是精选的苇茎，编织也更精细，巢色黄褐，一尘不染，卵的颜色和斑点也与大苇莺不同。一会儿，一只小鸟从芦苇丛中悄悄钻出飞进巢中。对照鸟类图鉴，我们兴奋地发现这竟是一只震旦鸦雀！无奈工作已接近尾声，下午我们就将结束这次调查返京。

6月底，我们再赴衡水湖。一连几日，淫雨霏霏，我们冒雨泡在齐腰深的苇塘里，寻找上次发现的震旦鸦雀巢。好不容易找到了，却发现早已雀去巢空。"也许选了新巢址呢！"朋友的话让我们重拾信心，继续寻找。果然拨开层层苇叶发现苇秆上正有一个震旦鸦雀嫩黄色的小巢，里面还有一枚呈奶茶色略带斑点的卵，拇指盖大小！不一会儿，一只震旦鸦雀就飞回来了。孵化期的震旦鸦雀不太怕人，它泰然稳"坐"巢中孵卵，与我们仅隔五六米。这一次我们总算能仔细地观察它了。它头部为灰色，两道黑色的眉纹从眼上方一直延伸到后颈。最特别的就是它们黄色的钩状喙，与鹦鹉的喙非常相似。拍摄完震旦鸦雀的孵化行为后，我们在附近几个苇塘里又陆续发现了数个巢，其中一个巢中有5枚卵，其中1枚颜色和大小与其他的略有不同，我们猜测这可能是杜鹃鱼目混珠的把戏。同时也发现一个有趣的现象，部分新巢附近都有一个旧巢。为什么震旦鸦雀会在繁殖季节营巢两次？是不是它们一年繁殖两次？疑问增加了我们的兴趣，不知道它们的育雏又将带给我们怎样的惊喜。

三周后，我们又来到衡水湖。我们在粗壮、高大的芦苇丛中，满怀希望地走向最早发现的那个震旦鸦雀巢，小心拨开苇叶，震旦鸦雀的小巢慢慢显露出来。只见4个黑乎乎的小家伙挤在一起！光溜溜的皮肤还没有长出羽毛，双眼紧闭。我们立即架好设备，等亲鸟回巢育雏。没过多久，苇叶晃动了，亲鸟回巢了。显然，亲鸟还是比较警惕，没有直接飞入巢中喂食，它衔着满嘴的虫子在苇叶间一蹦一跳，迂回地向巢靠近，最终还是绕过我们的机器跳回巢里。一落到巢边，巢中4只小鸟就炸开了锅。我们从监视器上看到它们伸长了脖子，橙黄色的大嘴张得几乎和头一样大。亲鸟喂光虫子，又俯身从巢里叼出一团白乎乎的东西吞进肚子，这是雏鸟的粪，外面裹着白色的蛋白膜。看着亲鸟清理巢内卫生的一幕，不由让人有"可怜天下父母心"的慨叹！通过观察我们还发现，震旦鸦雀取食寄生苇秆虫子的方法十分特别，很像啄木鸟。取食之前，先用奇特粗厚的钩状喙敲击芦苇秆以确定虫子的位置，然后用喙将苇秆咬碎并将虫子叼出。

三访衡水湖，我们也仅仅对衡水湖地区的震旦鸦雀有了初步的了解，希望在不久的将来，震旦鸦雀能得到人们更多的关注。

（选自双月刊《大自然》2008年第2期，有删改）

问题：

(1)根据文本概括震旦鸦雀的巢的特征。

(2)作者对震旦鸦雀的研究初有成效，从全文看取得成效的缘由有哪些？试作简要分析。

5. 材料：

2016年1月13日，中国著名语言学家、文字学家周有光迎来了111岁大寿。这位名人一生的经历可谓充满传奇，精彩异常。11日上午，周有光的外甥女毛晓园在接受中新网记者采访时表示，舅舅在百岁之后仍然思路清晰、眼界开阔，只是这两年身体确实比以前差了一些，"他还一直关心国家、世界上发生的大事"。

周有光10岁时，随全家迁居苏州，进入当时初始兴办的新式学堂读书。后来，与同为语言学家的吕叔湘成为同学。1923年，成绩优异的周有光中学毕业，在亲友的资助下，来到上海圣约翰大学就读。

1925年，周有光改入光华大学继续学习。大学毕业后，他与夫人张允和同往日本留学。1935年，周有光放弃日本的学业返回上海，任教于光华大学。在此后十多年的时间里，他基本都在经济、金融领域工作，并出国任职。1949年后，他放弃了海外优裕的生活，毅然选择回国。在周有光的工作经历中，最为人熟知的或许就是他参与"汉语拼音方案"的工作。有资料称，是周有光主导建立中国汉语拼音体系，他也因此被称为"汉语拼音之父"。

1955年10月，时任复旦大学经济学教授的周有光到北京参加全国文字会议，为期一个月的会议结束后，组织上通知他到中国文字改革委员会工作。就这样，周有光在50岁左右时，改行专职研究语言学，并取得了不俗的成就。

改行之后的周有光到北京中国文字改革委员会参加拟定拼音方案的工作，在三年的时间里，周有光认认真真工作，深入对语言学和文字学的研究。在与他人的通力合作下，该方案最终于1958年正式公布。之后，周有光又提出了"文字三相分类法"（符形、语段、表达法），并把汉字的传播历史分为"学习、借用、仿造、创造"四个阶段，对汉字文字学的研究起到了推动作用。

在周有光的传奇人生中，还有这样一段为人津津乐道的趣事，他曾经做过爱因斯坦的"陪聊"，他们见过两次。周有光是极少见的和爱因斯坦聊过天的中国人。

在《周有光百年口述》一书中，周有光这样描述："打完仗，何廉到美国，我也到美国，他到普林斯顿大学做研究教授，爱因斯坦也在普林斯顿大学做研究教授。他跟我说：'爱因斯坦现在空闲得不得了，想找人聊天，你高兴跟他聊天吗？'我说：'当然很高兴。'就这样两次去访问爱因斯坦。我

们是一般的谈话，当时的国际形势，当时美国发生的情况，随便讲讲。为什么我会把这个事情忘掉呢？因为谈话内容没有特点。这是一个遗憾的事情，也不可能有特点，因为他的研究方向跟我不一样。我跟爱因斯坦谈过两次，只是随便的聊天，没有学术性的，所以我就不放在心上。”

到了晚年，乃至年过百岁之后，周有光仍然精神健旺，没有停止思考，先后出版《周有光文集》《朝闻道集》《拾贝集》等作品，撰写了大量兼具学术性与通俗性的文章，文化批评家解玺璋曾这样评价道：“他达到了勇者无惧的境界。”

在叶芳的眼中，周有光既是一位思维敏锐的学者，又是一位宽厚待人的老人，“他过生日，有很多人去看望他。他现在身体很弱，坐那么长时间听别人说话是很耗费体力的，但他特别宽容，不会阻止别人说话，静静等着人家离去。这是一种很高的人格”。

“周老先生自己说过，从来都是把坏的东西尽快忘掉，记住的都是生命中有趣的、美好的事情。”叶芳说，周有光对世界上新奇的东西总是充满好奇心，“他很多次提到高铁发展给人们带来的便利，也非常想坐一次高铁回常州老家，但他心里知道，再也不可能做这样的长途旅行了”。

中评网称周有光具有“自由之思想，独立之人格”；苏培成称其“敢于说真话、说实话”。

（选自中国新闻网，有删改）

问题：

(1)周有光在语言文字学领域做出了哪些突出贡献？请结合文本，简要概括。

(2)有人说，周有光的百年人生充满了传奇。你如何看待这个观点？请结合文本简要分析。

6. 材料：

苏轼作为诗、文、书、画无所不能的文艺全才，是中国封建社会后期文人们最亲切最喜爱的对象。其实，苏轼的文艺成就本身并不算太高，比起屈、陶、李、杜，要逊色一筹。然而他在中国文艺史上却有巨大影响，是美学史中的重要人物，道理在哪里呢？我认为，他的典型意义正在于，他是地主士大夫矛盾心情最早的鲜明人格化身。他把中晚唐开其端的进取与退隐的矛盾双重心理发展到一个新的质变点。

苏轼一方面是忠君爱国、学优则仕、抱负满怀、谨守儒家思想的人物，这上与杜、白、韩，下与后代无数士大夫知识分子，均无不同，甚至有时还带着似乎难以想象的正统迂腐气。但要注意的是，苏东坡留给后人的主要形象并不是这一面，而恰好是他的另一面。这后一面才是苏所以为苏的关键所在。苏轼一生并未退隐，也从未真正“归田”，但他通过诗文所表达出来的那种人生空漠之感，却比前人任何口头上或事实上的“退隐”“归田”“遁世”要更深刻更沉重。因为，苏轼诗文中所表达出来的“退隐”心绪，已不只是对政治的退避，而是一种对社会的退避；他不是对政治杀戮的恐惧哀伤，而是对整个人生、世上的纷纷扰扰究竟有何目的和意义这个根本问题的怀疑、厌倦和企求解脱与舍弃。这当然比前者又要深刻一层了。前者是可能做到的，后者实际上是不可能做到的，除了出家做和尚。这便成了一种无法解脱而又要求解脱的对整个人生的厌倦和感伤。这种整个人生空漠之感，这种对整个存在、宇宙、人生、社会的怀疑、厌倦、无所希冀、无所寄托的深沉喟叹，是苏轼最早在文艺领域中把它充分透露出来的。

正是这种对整体人生的空幻、悔悟、淡漠感，求超脱而未能，欲排遣反戏谑，使苏轼奉儒家而出入佛老，谈世事而颇作玄思。苏轼在美学上的追求是一种朴质无华、平淡自然的情趣韵味，一种退避社会、厌弃世间的人生理想和生活态度，反对矫揉造作和装饰雕琢，并把这一切提到了某种透彻了悟的哲理高度。无怪乎在古今诗人中，就只有陶潜最合苏轼的标准，才是苏轼所愿顶礼膜拜的对象。苏轼发现了陶诗在极平淡朴质的形象意境中，所表达出来的美，把它看作是人生的真谛，艺术的极峰。千年以来，陶诗就一直以这种苏化的面目流传着。

“人生到处知何似？应似飞鸿踏雪泥；泥上偶然留指爪，鸿飞那复计东西。”苏轼传达的就是这种携带某种禅意玄思的人生偶然的感喟。尽管苏轼不断地进行自我安慰，时时现出一副随遇而安的“乐观”情绪，但与陶渊明、白居易等人毕竟不同，其中总深深地埋藏着某种要求彻底解脱的出世意念。无怪乎同样具有敏锐眼光的朱熹最不满意苏轼了，他宁肯赞扬王安石，也决不喜欢苏东坡。他感受到苏轼这一套对当时社会秩序具有潜在的破坏性。苏东坡生得太早，他没法做封建社会的否定者，但他的这种美学理想和审美趣味，却对从元画、元曲到明中叶以来的浪漫主义思潮，起了重要的先驱作用。直到《红楼梦》中的“悲凉之雾，遍被华林”，更是这一因素在新时代条件下的成果。苏轼在后期传统美学上的深远的典型意义，其实就在这里。

（选自李泽厚《美的历程》，有删改）

问题：

(1)简要概述第四段的论证层次。

(2)“苏轼的意义”在文中的具体表现有哪些？

7. 材料：

走进可可西里，我的耳朵里只剩下风。我想看清楚那些掠过原野的藏羚羊，但又怕惊扰它们。于是只好把脸扭向另一边。尽管我转移了视线，但还是嗅到了风中血腥的味道。

在可可西里，所有的声音都是风中藏羚羊的声音。它凄惨的叫声穿过冷冷的月光，像一支走调的歌谣。偷猎者所到之处，一颗颗雪白的藏羚羊头颅，垒在历史的风口，把我的眼睛烫伤。

远远看见"可可西里自然保护站"几个红字时，我还看到一排简单的白房子。这座为挽救藏羚羊生命屹立在风中的自然保护站，使我想起许多年前一些志愿者在这里为藏羚羊的生命捐出了自己的生命，我的灵魂不禁随风而颤。

我一任风吹，吹去泪水，开始用手中的相机捕捉仓皇奔逃的藏羚羊。我知道它们怕我，我只好悄悄选择一个隐蔽的角落，将它们的惶恐统统收藏进我的镜头。

在风里，蓦地，一只受伤的藏羚羊进入了我的视野，我情不自禁走近孤零零的它。其实，我非常怕直接面对藏羚羊。因为在那些枪声乍起的风里，藏羚羊对人影早已有了防备，而我的闯入或多或少对藏羚羊都是一种不可抗拒的惶恐。

我刚蹲下身，一个声音从身后冒出来："喂！"

高高的石堆后，闪出一个美丽的藏族少女，她望着我，惶恐的脸上堆着忿恨。

我连忙说："小波姆（姑娘）啦，你在做什么？"

她回答说："我的藏羚羊，我的藏羚羊在流血啊！"她把怀抱着的一只幼小的藏羚羊给我看。

我抚摸着那可怜的小羚羊，发现它的眼睛在风中一眨一眨的，浑身都在抖动。但我却没有发现流血的伤口。虽然我听懂了少女说的汉语，但我想她一定还有一些表达不当的词，使我没理解她的意思。

她见我不语，伸手扯住我的衣裳大声吼："血，血，血你有吗？"她捂住自己的胸口，突然跪在我的面前。

这让我很震惊。血？难道她指的不是藏羚羊在流血？她是说她的心在流血，可可西里在流血？

她坚硬的发丝被风吹得很弯，她耳边的九条辫子已被风吹散，她的声音在风中颤抖，但她的眼睛依然像高原天空那样明澈。我明白了：她在向我苦苦祈求——别再伤害羊了，好吗？

看着她绝望的表情，我久久无言。耳边的风小口小口地吞噬着我想要说的话。沉寂片刻，仿佛可可西里的心也停止了跳动。

我抱起脚下那受伤的藏羚羊，踩着风的翅膀，越过美丽的山路，向那小小的自然保护站走去。

背后仍有风吹来，风中回荡着美丽少女呜咽的声音。风过可可西里，我看到生命如此苍凉。

（摘自《少年文艺》2005 年第 8 期，有删改）

问题：

(1)文中多次出现对风的描写，简要分析这一环境描写的作用。

(2)有人说，本文赞颂了关爱生命的人性之美；有人说，本文控诉了猎杀野生动物的罪恶行径。结合文章内容，谈谈你的看法。

8. 材料：

本来，曹禺从南开转学到清华，一半是冲着王文显。他早就听说，这位外国语文学系主任，对戏剧颇有研究。

但听课后，他竟有些失望。从头至尾，王文显都在念英文讲义，而且年年如此，从不增删。难怪教《近代诗歌》的温源宁教授说，那情形"好似一个长老会的牧师正在主持葬礼"。

即使在课下，他也枯燥无味。据说，学生登门拜访，大多是谈正事，说完便走，"没有人逗留，也没有人希望延长约会时间"。

他不苟言笑，瘦长白净的脸上，嘴角略微向下撇。1936 年外国语文学会的合影里，他穿件深色的西服，搭配斜纹领带，背着手，和吴宓一左一右立在中央，满脸严肃。自 1915 年伦敦大学毕业，王文显便在清华教书，直至 1937 年学校南迁。其间，他历任教务主任、代理校长和外文系主任。

不同于为人的刻板，他写出的剧本却别有一番幽默，"没有丝毫沉闷无味之处"。

在暗讽袁世凯称帝的喜剧《梦里京华》中，他写下一幕大小老婆争当皇后的闹剧："大太太喘气喘得活像夏天的狗。她旋转得眼花缭乱。一姨太太一个箭步跳到她身后，伸手要抓她的头发。她没有抓住头发，仅仅撕下她的领子。"

他的另一部英文喜剧《委曲求全》，写的则是教授勾心斗角的丑态。男主角是一位大学校长，一出场，便抱着哈巴狗，大言不惭地对下人说："我要不耍一点儿手腕，你想我能维持五分钟之久吗？"

这是这位代理校长的切身感受吗？人们不得而知，至少，在现实中不大看得出来。在会议上，他不慌不忙，不东拉西扯；做事方面，他一丝不苟，"各个方面无疵可求"。甚至，他永远一个样儿，抽烟斗，打网球，夏天穿短装，冬天换长袍。

温源宁说他"像个固定的设备毫无改变"，调侃他为清华的"不倒翁"和"定影液"："没有他，清华就不是清华；有了他，不管清华还会再有多少变革，也依旧是清华。"

与学生曹禺的悲剧不同，王文显的作品是喜剧，充满了嘲讽，令人捧腹大笑后若有所思。《委曲求全》在耶鲁大学演出时，《波士顿报》一位记者评价："柔和的、恶嘲的微笑……实在是中国人对于喜剧的一种贡献。"

"（他的作品）是那种坐在小剧场里，一边喝着咖啡和茶，一边细细品味的话剧。"中国艺术研究院话剧研究所副研究员张耀杰说。

1990 年，正读研究生的张耀杰在资料室无意中发现一本二三十年代的杂志。上面布满灰尘，旧得"翻几下就会烂掉"，其中介绍了王文显。不同于那个年代常有的慷慨激昂，他的剧作文字温文尔雅，很有情趣。

"这种情趣充满了文人式幽默，没有火药味，温厚中带着一丝人文关怀。"张耀杰说，"我们现在很少还有这种幽默。"

只是这种情趣"缺乏战斗性"，这些文字也在以往的戏剧史研究中被忽略。出版于上世纪 80 年代、被称为中国戏剧史权威著作的《中国现代戏剧史稿》一书，732 页里对他的介绍只有薄薄 4 页。"剧中所表现的民主主义和爱国主义精神以及基于这种精神对当时中国黑暗现实的批判，是在历史上起了进步作用的。"书中写道。

清华大学图书馆东北角不远处，曾是王文显居住的北院住宅区。梁启超、朱自清等学者也一度在这里居住。

而如今，这里则是一大片草坪，稀稀拉拉种着柳树和杨树，有学生在看书，也有老人推着童车，早已不复是“点点翠竹千般绿，几条小路尽文人”的景象了。

（摘编自《过去的那些人》，有删改）

问题：

（1）文章已有“《梦里京华》”一例，为何还要列举“《委曲求全》”？请简要分析。

（2）请根据文本，探析“没有他，清华就不是清华；有了他，不管清华还会再有多少变革，也依旧是清华”这句话的涵义。

9. 材料：

中国古话说：“长江后浪推前浪，世人新人换旧人。”

人类社会的进步，有如运动场上的接力赛。老年人跑第一棒，中年人跑第二棒，青年人跑第三棒。各有各的长度，各有各的任务，互相协调，共同努力，以期获得最后胜利。这里面并没有高低之分，而只有前后之别。老年人先走，青年人也会变老。如此循环往复，流转不息。这是宇宙和人世间的永恒规律，谁也改变不了一丝一毫。所谓社会的进步，就寓于其中。这一番道理，虽然老生常谈，然而却是真理。

人世间的真理都是明白易懂的。可是，芸芸众生，花花世界，浑浑噩噩者居多，而明明白白者实少。你们青年人感觉敏锐，英气蓬勃，首先应该认识这个真理。要想树立正确的人生观和价值观，也必须从这里开始。换句话说就是，要认清自己在人类社会进化的漫漫长河中的地位。人类的前途要由你们来决定，祖国的前途要由你们来创造。这就是你们青年人的责任。千万不要把人生观和价值观当作一个哲学命题来讨论，徒托空谈，无补实际。一切人生观和价值观，离开了这个责任感，都是空谈。

那么，我作为一个过来人，我不想说些空话、废话、假话、大话，更是一无灵丹妙药，二无锦囊妙计。我只有一点明白易懂、简单朴素，又确实是真理的道理。我引宋代大儒朱子的一首诗：

少年易老学难成，一寸光阴不可轻。
未觉池塘春草梦，阶前梧叶已秋声。

这首诗的关键有二：一是要学习。比如你们对浩如烟海的中华经典必须有深刻的了解。最好能背诵几百首旧诗词和几十篇古文，让它们随时含蕴于你们心中，低吟于你们口头。这对于你们人文素质的提高，都会有极大的好处。二是要惜寸阴。光阴，对青年和老年，都是转瞬即逝，必须爱惜。“一寸光阴一寸金，寸金难买寸光阴”，这是古人留给我们的两句意义深刻的话。

对此，你们青年人不仅要心里明白，还要真正能实行，才能接好前人的接力棒，才不会虚度此生。以上都是我的肺腑之谈。

青年们，好自为之。世界是你们的。

（选编自季羡林《我的人生感悟》，有删改）

问题：

（1）文中画线句子中“青年人的责任”在作者眼中指的是什么？

（2）文章认为肩负着希望的青年人应该如何“好自为之”呢？请结合文本简要分析。

10. 材料：

我们开始写作时，有时也许为出名；有时也许为稿费；有时则受编辑先生的逼迫，情不可却，我们的动机可说并不纯粹。不过写到后来，我们把这些都忘记了，我们的精神飞腾到忘我忘人的境界，我们的思想白热化到要把整个的自己融化，我们只是写、写、写，忘记疲劳、忘记饥渴、忘记疾病，要把自己最后一滴精力都绞沥出来，来完成一件自己认为满意的艺术品。司马相如写《子虚赋》，焕然如醒，昏然如睡者百日；扬雄作某文，构思极苦，梦见己身五脏流出满地；但丁完成《神曲》最后部分，自觉精力枯涸，不能再振，不久病死。他们以宝贵生命去兑换艺术的完美，除了为创作而创作之外，还有别的企图吗？作家必如此，才算艺术忠臣，文艺必在这种情况下写出，才有永久的生命。

不过我说这话也许有人要提出反驳，他们说倘使文艺创作果然是受神秘的内在力量之压迫，是作家于不自觉之中为人类文化的进步而努力，则作家的作品应该篇篇纯正才对。为什么世间偏有许多诲淫诲盗的小说，浪漫颓废，堕人志气的诗歌，及各种方式的不道德的文艺呢？作家撰写这类作品，说图名，则此类作品每采匿名方式，说图利，则那时代人的写作十之八九没有稿费版税可收，可见他们的动机也甚纯洁，但作品的结果则与文化进步背道而驰，可见你的话是没有根据的了。这种事实，我也承认，不过原因也很复杂，有教育环境的关系，有个性兴趣的关系，致作家走错方向，故文学之需要纯正的批评亦犹做人之需要生活规律的约束。

（选自苏雪林《谈文学创作的动机》，有删改）

问题：

(1)文中画线句子"不过我说这话也许有人要提出反驳"应怎样理解？请结合文本，简要分析。

(2)文章认为作家怎样才能创作出纯正的艺术作品？请结合文本，概括说明。

11. 材料：

"废墟"在很多中国人的心目中是一个跟文化和美学不相干的贬义词，甚至《现代汉语词典》对"废墟"一词的解释也仅仅是"城市、村庄遭受破坏或灾害后变成的荒凉地方"。《现代汉语词典》的解释并没有错；但若用世界知识来衡量，这样的理解就很不够了。在欧洲，"废墟"的含义自近代以来有了明显的丰富和扩充，这个语词被赋予了更为深厚的内涵。

"废墟"的词义变化是从欧洲的文艺复兴开始的。早在15世纪，人们从偶然的废墟挖掘中发现了古代希腊、罗马时代那些生机勃勃的壁画、雕塑等绝妙艺术品，受到极大的震撼和鼓舞，于是决心以古代为榜样来复兴文学和艺术。古代那些巍峨的神庙和宫殿，尽管多半都在战火和天灾中沦为废墟了，但它们依然令人肃然起敬，不仅引起人们思古的幽情，更激发人们对艺术创造的热情。从那时起，欧洲人就渐渐养成了对所谓"残缺美"的欣赏习惯。于是各地残破的古建筑遗址越来越成为文学艺术家描写和表现的对象，"文物"的意识也在人们心中萌发了。

废墟的美学价值及品位的提升，另一个重要进程是18世纪末、19世纪初的浪漫主义运动。这一历史时期，欧洲工业化运动的弊端已开始显现，加上启蒙运动中提出的"返归自然"的主张，这些都在浪漫主义运动中引起强烈的反响。一些浪漫派作家厌恶工业化的喧嚣，缅怀中世纪的田园生活和情调，创作中喜好远古的题材，追求神奇和神秘，爱好废墟的景象。欧洲常见的古堡遗址很符合他们的审美理想。

第三股推动力量是1820年爱琴海米罗岛上的女性雕塑阿弗洛狄忒，即"断臂维纳斯"的发现。这尊被认为世界上最美的女性雕塑，多少人想复原她的双臂姿势都以失败告终。"断臂维纳斯"也由此作为残缺美的经典永远定格，为废墟的残缺美进入美学殿堂提供了有力的依据，使保护废墟遗址成为一种文化行为。

有位外国作家在观赏希腊卫城废墟的时候，发出这样的惊叹："那种想象的喜悦，不是所谓的空想的诗，而是悟性的陶醉。"我国有作家旅欧时也兴发类似的惊叹："看到一座古堡废墟耸立在多瑙河畔，就像看到了600年前塞尔维亚人的智慧和力量。"美学家朱光潜说："年代的久远常常使一种最寻常的物体也具有一种美。"那些遥远年代创造的宏伟的宫殿、陵寝、庙宇、城墙、古桥、古塔等，包含着前人非凡的智慧和巨大的辛劳，不管它毁于兵燹还是天灾，都会引起人们的痛惜，抚残体以思整体，产生心灵的震撼和共鸣，而这种震撼和共鸣就是一个审美的过程。

一见残破的废墟就觉得碍眼，不惜工本修葺一新，这在某种意义上是缺乏文化素养的表现。

重修伟大的长城废墟这一"石头的史诗"，修了一段又一段，然后把这些新长城当作旅游点，吸引游人来看这假古董，这是对国民文物意识的严重误导！殊不知这种以假乱真的做法，对那些稍有文物意识的游客来说是倒胃口的。笔者曾多次陪同来自各地的朋友游览长城，人家往往事先就提出要求："可不要领我们去看新的长城哦！"一次我陪两对外国夫妇游览司马台长城，起初我也不知道它是"修旧如旧"过的，以为是被岁月特赦了的。直到走完最后一个完好的岗楼时，眼前突然出现乱石满地的残破的长城遗迹。大家不约而同喊了起来："长城在这里呢！"不顾一切地攀爬了起来。不难理解，人家要瞻仰和领悟的是那尽管残破，却带着岁月沧桑，因而能唤起"悟性的陶醉"的伟大长城废墟，而不是任何用钱就能换来的崭新建筑。

联系近年来重修圆明园的呼声，特别是上世纪90年代以来无数大拆大建事件，不难看出，关于废墟美的意识在有些人那里还是"0"！

（摘编自叶廷芳《保护废墟，欣赏废墟之美》，有删改）

问题：

(1)作者是如何理解"废墟"的？请结合文本，简要概括。

(2)文章勾勒了欧洲自近代以来理解"废墟"过程中的三个重要历史节点，请分别概括三个节点中人们对"废墟"的不同审美感悟。

12. 材料：

看过很多描写一个人应该怎样自信的文章，它们说得非常有道理。我们的生命之所以能拥有某种高度，是因为我们的心灵已经抵达了它，否则，你永远只能是山脚下一棵矮小的狗尾巴草。然而，一般的人很少想到适当的自卑有时也是一种生命的补液，偶尔使用它，我们的事业之花就会开放得更艳、更美，也更持久。

或许你早已听说过奥地利小说家卡夫卡的故事。卡夫卡出生于布拉格一个犹太商人家庭，他的父亲性情暴躁，而且非常专制，这使卡夫卡从小就形成了敏感多疑、忧郁孤独的性格，他有时不免有点自卑。事业最不顺的时候，他甚至说过"巴尔扎克的手杖上写着'我粉碎了一切困难'，我的手杖上写着'一切困难粉碎了我'"这样很绝对的话，不过，卡夫卡没有放任这种自卑，而是一直企图超越自己，终于写出了《变形记》《城堡》这样的优秀小说，成为西方现代派文学的鼻祖。

拥有一点点自卑之心，对人生多有教益。爱迪生的学业成绩差得让老师想跳楼，为此，老师竟建议家长让他退学。爱迪生也曾自卑过，但他把这种自卑当成动力，最后成了伟大的发明家。普希金当学生时，他的数学一塌糊涂，无论做什么题目，也不管运用哪种方法，最后他都会让答案等于零。为了自我鼓劲，他选择了写诗，结果成为一代文豪……

自卑能促使我们对自我作出一种冷静的剖析。一个人不难走向自信，人天性中就有一种自恋

和唯我独尊的基因，这种基因使我们自以为是，听不进别人的好意见。我们真正难以做到的是时刻认识到自己生命的不完善、不完美，从而保持一种谦和的心境。自卑是这种谦和的母亲。

自卑对人生还有一个重要价值：让你变得有所敬畏。人生的很多问题都是因为无所顾忌而起的：贪官之所以把手伸得很长，无非是因为觉得在他那个小圈子里，他可以搞定一切；奸商之所以泯灭天良牟取暴利，不过是因为他认为自己有足够的智慧对付国家的政策、法律……这些人的确没有自卑感，然而，没有道理的"自信"却毁了他们。

人生自然不能过于自卑，过分的自卑会打倒一个人的毅力和勇气，使我们自己消灭自己；但也绝不能盲目自信，一个人盲目自信容易变得狂妄，自己挡住前进的道路。最理想的是把两者结合起来，用自卑探照自己性格、知识、才华的黑洞，用自信寻找走出迷途的道路。

（选自《时文选粹》第二辑，有删改）

问题：

(1)文章第三段运用了什么论证方法？有什么作用？

(2)请结合文章，联系生活实际，谈谈你对自卑的理解。

13. 材料：

"苦难是人生的一笔财富。"这是人们常说的一句激励人奋进的话，但学会正确对待苦难更有现实的意义，毕竟，苦难不是幸事，也不是每个人都能承受得起的。

在一次聚会上，那些堪称成功的实业家、明星谈笑风生，其中就有著名的汽车商约翰·艾顿。艾顿向他的朋友、后来成为英国首相的丘吉尔回忆起他的过去——他出生在一个偏远小镇，父母早逝，是姐姐帮人洗衣服、干家务，辛苦挣钱将他抚育成人。但姐姐出嫁后，姐夫将他撵到了舅舅家。舅妈更是刻薄，在他读书时，规定每天只能吃一顿饭，还得收拾马厩和剪草坪。刚工作当学徒时，他根本租不起房子，有一年多时间是躲在郊外一处废旧的仓库里睡觉……

丘吉尔惊讶地问："以前怎么没有听你说过这些？"艾顿笑道："有什么好说的呢？正在受苦或者正在摆脱受苦的人是没有权利诉苦的。"这位曾经在生活中失意、痛苦了很久的汽车商又说："苦难变成财富是有条件的，这个条件就是，你战胜了苦难并远离苦难，不再受苦。只有在这里，苦难才是你值得骄傲的一笔人生财富。别人听你的苦难时，也不觉得你是在念苦经，只会觉得你意志坚强，值得敬重。但如果你还在苦难中或者没有摆脱苦难的纠缠，你说什么呢？在别人听来，无异于就是请求廉价的怜悯甚至乞讨……这个时候你能说你正在享受苦难，在苦难中锻炼了品质、学会了坚韧？别人只会觉得你是在玩精神胜利、自我麻痹。"

艾顿的一席话，使丘吉尔重新修订他"热爱苦难"的信条。他在自传中这样写道——苦难，是财富还是屈辱？当你战胜了苦难时，它就是你的财富；可当苦难战胜了你时，它就是你的屈辱。

那么，让苦难不再成为屈辱的前提是：坚强面对，不屈不挠，勇于奋斗，最终战胜苦难，而让它成为你人生中真正值得汲取的财富！

（摘编自《课外阅读》，有删改）

问题：

(1)让苦难不再成为屈辱的前提是什么？请结合本文，说说你的看法。

(2)每个人都有表达、自诉的权利，可是艾顿却说"还在受苦或正在摆脱受苦的人是没有权利诉苦的"，说说你的理解。

14. 材料：

16岁那年，父亲送我去一家电脑培训中心学习微机课程，那些枯燥的操作命令很快使我厌倦了。渐渐地，一有空我便溜到与中心相邻的"创世纪"网吧上网玩游戏，几个月下来，我微机知识没学到多少，倒是对那些神奇莫测的游戏入了迷，经常玩个通宵达旦。

网吧老板是一个过早秃顶的中年男人，在众多网民中，他好像独独对我这个学生特别反感，走来走去总要教训我两句："玩物丧志，这词儿你懂吗？"世上哪有老板赶顾客出门的道理？我把他的告诫当成了耳旁风，只顾在网吧中玩得昏天黑地。

一天，父亲从乡下到城里来看我。我正痴迷地玩"僵尸与侠客"的游戏，突然听到身后一个声音说："好精彩，好安逸哟！"这话音好耳熟，方言土语在城里极少能听见。我猛回头，只见父亲不知何时站在了我的身后。那一刻，我有一种做贼的感觉，赶紧站起身，垂手而立。父亲却神情古怪地一把拉住我的手说："章子，精彩，来，继续玩！"我做梦也没想到父亲不但不骂我，竟然让我教他玩游戏。我兴奋地抓住他的手，教他如何选择按键、如何控制鼠标、如何躲避对方的打击、如何出击，没想到父亲学得还真快，不到3分钟便投入于那醉人的游戏中。

一晃7天过去了。父亲的玩法越来越高明，也越来越上瘾，竟好几天通宵达旦泡在网吧中。这时，我的衣袋中只剩下30元钱了。父亲省吃俭用，每月寄400元钱给我做生活费，我却将它们全都消费在了这些醉人的游戏中，刚过了半个月，我的衣袋就快空了，再向父亲要钱，我开不了口。那天在网吧里，父亲问我："章子，身上有钱吗？拿出来，让爸过足这把瘾！"一听这话，我的脑袋便"嗡"地一下大了。我家在城里没有亲戚，身上没了钱，我跟父亲在城里如何生活？父亲是个复员军人，只听说他在城里有一个战友叫方伯雄，我到城里来上学，父亲便让我去找方伯伯，可我却压

根儿没心思去见那些古板的人。

那个秃顶的网吧老板又来催缴费了。按每小时两元估算下来，父亲已欠费300余元。眼看父亲翻遍他所有的衣兜，再也没有翻出一分钱来，我心里焦急万分。网吧老板呈现出他从未有过的凶相，威胁说："3个小时内不缴清欠费，就把你们送到派出所。"父亲眼巴巴地望着我，我偷眼看着网吧老板那副讨债不成不罢休的架势，不由胆战心惊。我退下手腕上那块花去父亲80元钱买给我的手表做抵押，谁知网吧老板竟然不屑一顾。父亲指着他身上那件过年时新买的呢大衣诚惶诚恐地说："要不，我……我脱下这身衣服给你？"网吧老板用鼻孔哼了一声说："一个乡下人的破衣服，能值几个钱？"围观的人里三层外三层，将我们围了个水泄不通，有人在对我的父亲指指点点："没钱玩什么游戏？乡巴佬！"这时我看见父亲的嘴角抽了抽，就在那一刻，我感觉那讥讽的话语就像皮鞭似的抽打在我的脸上。我发狂似地冲出人群，找我的同学去借钱，可他们一见我，都如见了瘟神，慌忙离去。"天哪，这个时候，我到哪里去弄钱解救我的父亲？"我急得像热锅上的蚂蚁，不停地在心里说。我不禁悔恨交加。回到网吧，跪倒在父亲面前，我痛哭失声地说："爸，是我害了你，我不该教你玩这种害人的游戏！"父亲也不禁老泪纵横，他一把拉起我说："孩子，你终于明白了，这就叫玩物丧志！来，爸给你介绍一位伯伯，他就是我在家跟你提起过的方伯雄伯伯！"我抬起头来，顺着父亲所指的方向看去，只见网吧老板一反常态，正笑吟吟地站在我的面前……

（节选自《当代微型小说精选》，有删改）

问题：

(1)小说情节的发展似乎有些"突兀"，但细细看来，一切都在情理之中。试就文中的"伏笔"和"铺垫"各举一例做简要分析。

(2)小说描写了一位父亲独特的教育方式，对于这种方式，有人表示赞同，有人表示异议，你的看法是怎样的呢？请就你认同的一种观点加以探究。

15. 材料：

最近，看了一部话剧《弗罗斯特》。该剧是对1977年一场电视访谈半写实、半虚构的舞台重构，访谈者是英国脱口秀主持人弗罗斯特，被访谈者是美国前总统尼克松。虽然当时水门事件已经过去了5年，尼克松也下台了3年，但是尼克松从来没有真正承认过错误。弗罗斯特雄心勃勃地想迫使尼克松在访谈中认错，而尼克松步步为营，将弗罗斯特咄咄逼人的提问转化为自我辩护，但最终还是"战败"了，在亿万电视观众面前出尽洋相，不得不缴械投降。

这个故事的主题，用最简洁的话说就是：不忘记，不原谅。

尼克松30年前的错误并没有随着时间的流逝而在公众的记忆中消失，西方文化中公众对政治家的过错"耿耿于怀"的态度令我感慨。虽然尼克松在世时就受到了政治的、舆论的惩罚，但他并没有因此得到救赎，几十年来人们从没有忘记向已经落入"井底"的他扔"石头"。要许多习惯领导特权的人来说，美国总统对竞选对手进行窃听，好像不是什么大不了的丑闻。但是美国社会没有这种"宽容"，支持率的自由落体、弹劾的压力、甚至入狱的威胁，迅速将尼克松抛入历史的垃圾堆。

"不忘记、不原谅"的表现，就是各类文化产品中反思主题反反复复的出现。拿水门事件来说，电影《尼克松》《迪克》《所有总统的人》都有对水门事件的再现和反思，电视片《辛普森》《X档案》《福图拉马》中也都有反映水门事件的剧情。当然，文化产业对政治错误最不依不饶的典型，还是越战的"文化工业"。且不说书籍、电视、歌曲、漫画等，就拿电影一项来说，作品就已经汗牛充栋，如奥利弗·斯通的越战三部曲。

可以看出，在人类天生的健忘倾向面前，文化产业主动承担了守护记忆、背负记忆、传载记忆的责任。面对权力社会可能手无寸铁，但是至少还有记忆。相比之下，中国有多少文艺作品在守护我们的集体记忆呢？"三年自然灾害"死亡成百上千万，我们有几部电影反映那些苦难？面对血流成河的土改、镇反、文革、四清，我们的奥利弗·斯通在哪里？在《大话西游》里？在《无极》和《满城尽带黄金甲》里？权力固然封锁了记忆，但是社会本身、公众本身又有多少回忆的冲动、诉说的冲动、用历史的火炬去照亮未来的黑暗的冲动？

对于历史的伤痛，我们习惯于说"过去的就让它过去吧，何必揭历史的伤疤"；对于哪怕映射这一伤疤的文艺作品，我们涂抹着西方解构主义、荒诞主义、后现代主义的口红的嘴巴又说，"这种宏大叙事是多么的土气"。但是，如果对生命和痛苦的漠视可以体现在我们对待历史的态度里，它同样可以体现到我们对现实的态度里。事实上，当我们的文艺作品用五光十色的豁达、诗意、颓废、华丽、放荡、恶搞去包裹怯懦时，它正在体现到我们对现实的态度里。

当然，《弗罗斯特》这样的作品集中出现在这几年，绝非巧合。显然，这些作品的编剧导演都或多或少有影射当代政治尤其是伊战的意图。也许，历史的妙处正在于此：它不仅是关于过去的事件，还可以是关于现实和未来的寓言。

（选自《民主的细节》，有删改）

问题：

(1)请简要概括本文的论述思路。

(2)"它不仅是关于过去的事件，还可以是关于现实和未来的寓言。"这句话包含了哪些深意？

16. 材料：

自从有一天，和他因小事争吵，我一怒离家，回来时却发现忘带钥匙，又不肯按铃请他来为我开门，只得索性坐火车去高雄住了一夜。那以后，我对钥匙就十分小心。在这个意义上来说，它是一种自尊的保障，独立的象征。代表着可以我行我素的自由和不必求助于人的快乐。我的钥匙好像就因为这种意义的追求，才逐渐多起来的。

除了自己住处大门、二门的钥匙，以及家中一切备而不用的钥匙之外，我有办公室抽屉和四个柜橱的钥匙，还有发音室的钥匙。另外我还有洛杉矶女儿住处的两套钥匙和纽约朋友住处的钥匙。他们说："知道你这人喜欢随时高兴就跑来了，给你一套钥匙，我们不在家，你也可以进来。"

钥匙因此不仅是一种自由，也是一种权利和别人对你的信任。

为了预防自己某天忘了带钥匙或丢了皮包，我多配了一些钥匙，放在办公室。必要时，我可以回办公室去拿，而不必麻烦锁匠或任何其他的人。办公室昼夜都有人在。我不怕任何时候会被关在办公室的门外——这另一套的钥匙给我的是一种左右逢源的保障。

我信赖我的钥匙，而且对它们十分感谢，好像它们是黑夜中的一些灯，寒夜里的一炉火，或一把挡雨的伞，一件御寒的大衣。它们是如此的简单、轻便、信实，而又可以由我自己掌握。

仿佛凡不能由我自己一个人来掌握的东西，都使我觉得不安全。不是我不信任别人，而是我不知自己肯不肯去劳烦或支配别人。我总觉得，要劳烦或支配别人的时候是很紧张的。虽然，我知道，那么多的人乐意对我付出关怀与帮助。不说别人，电台的老工友，每当我进了办公室，还未坐定，他就用我留给他的钥匙帮我把抽屉打开了，而且总会问："又没带钥匙吧？"我接受他的好意。在他面前，我永远可以不必说我带了钥匙。只有当他偶尔休假，或出去访友的时候，我才庆幸我不会真的没带钥匙，而可以很愉快地打开抽屉，取用我工作上绝对必需的唱片或录音带。这使我产生一种有备无患的快乐。

为了怕使未曾预料我真会从天而降的朋友或女儿大吃一惊，我还没有这样使用过他们善意交给我的钥匙。不过，我也曾想象，如果某一天，天寒地冻或风雨交加，迫使我不得不找个地方落脚的时候，忽然想起，附近就有她们某一个人的住处，而我正带着她们的钥匙，尽管她们已去上班，或者刚好出去度假，我也一样可以轻而易举，开门进入她们舒适的家，让我卸下满身风尘、一心倦意，安稳地蜷卧在沙发上入睡——这钥匙，对我来说，是一种可以安心的投奔。

天气冷了，外面淅淅沥沥地下着冬雨。从外面回来，躲进自己的家里，插上电暖炉，把那串小小的钥匙珍重地放回皮包内存有拉链的口袋，感觉上，我所拥有的一切都在这里了。于是，我忽然记起二十多年前的某一天，住处的邻居发生火警。慌乱中，一点也想不起该先抢救什么，敞着大门跑出去，却带着一把开大门的钥匙。我并不觉得自己反应错误，因为那是一种下意识"提纲挈领"的抢救——有钥匙，就可以让我拥有那个家。

女儿出国前夕，把她用的那把开大门的钥匙交给我。我推还给她，说："万一你什么时候回来，我不在家呢？"——钥匙，在这时，是一种无言的挽留。

当忍痛不得不把房子卖掉的时候，最后的割舍，是交出了那把使用了多年，感觉上犹有余温的钥匙，使我觉得那把交出去的钥匙上，像是缀满了珠钻，而它们却是我在这人生旅途上奔波时的汗滴和泪滴。

（摘编自罗兰《钥匙》，有删改）

问题：

（1）文章围绕"钥匙"而展开，那么"钥匙"在文章中有哪些含义？

（2）文章最后一段，作者说"交出去的钥匙上，像是缀满了珠钻，而它们却是我在这人生旅途上奔波时的汗滴与泪滴"。作者想要表达什么？谈谈你的看法。

17. 材料：

人们常常把人与自然对立起来，宣称要征服自然。殊不知在大自然面前，人类永远只是一个天真幼稚的孩童，只是大自然机体上普通的一部分，正像一株小草只是她的普通一部分一样。如果说自然的智慧是大海，那么，人类的智慧就只是大海中的一个小水滴，虽然这个水滴也映照着大海，但毕竟不是大海。可是，人们竟然不自量力地宣称要用这滴水来代替大海。

看着人类这种狂妄的表现，大自然一定会窃笑——就像母亲面对无知的孩子那样的笑。人类的作品飞上了太空，打开了一个个微观世界，于是人类就沾沾自喜，以为揭开了大自然的秘密。可是，在自然看来，人类上下翻飞的这片巨大空间，不过是咫尺之间而已，就如同鲲鹏看待斥鴳一般，只是蓬蒿之间罢了。即使从人类自身智慧发展史的角度看，人类也没有理由过分自傲：人类的知识与其祖先相比诚然有了极大的进步，似乎有嘲笑古人的资本；可是殊不知对于后人而言我们也是古人，一万年以后的人们也同样会嘲笑今天的我们，也许在他们看来，我们的科学观念还幼稚的很，我们的航天器在他们眼中不过是个非常简单的儿童玩具。人类的认识史仿佛是纠错的历史，一代一代地纠正着前人的错误，于是当我们打开科学史的时候，就会发现科学史也是犯错误的历史。那么，我们有什么理由和资格嘲笑古人，在大自然面前卖弄小聪明呢？

在宇宙中，一定存在着远比我们的智慧要高得多的生物。因为，我们的太阳系只有四十多亿年的历史，就演化出了有智慧的生物；而宇宙至少已有二百亿年的历史了。可以推想，在那些比我们更古老的星系里，一定早就演化出了更高级的生物。这些生物的智慧是我们所无法比拟的。他们看我们，也许就像我们看蚂蚁一般，即使我们中的那些伟大人物，在他们看来也不过尔尔。

这样看来，我就只是宇宙机体上的一个部分，一个器官，就如同大脑是我们身体的一个器官一样，人与宇宙本来就是一体的。宇宙是一个大生命，而我只是这个大生命的一个组成部分。那么，让我们爱护自然就像爱护我们的身体一样吧。

即使那些看起来死气沉沉的物质，也是宇宙生命的构成部分，也是生命的一种存在形式。那些高级的生命形态正是从这"死"的物质中产生的，换言之，包括我们人类在内的高级生命，只是物质的另一种存在方式。在物质中，有无数的生命在沉睡着，一旦出场的时间到了，它们就会从睡梦

中醒来。

因此，人类并不孤独，在宇宙中处处是我们的弟兄。

（摘编自《大自然的智慧》，有删改）

问题：

(1)“看着人类这种狂妄的表现，大自然一定会窃笑——就像母亲面对无知的孩子那样的笑”中“这种狂妄的表现”指的是什么？“窃笑”的依据是什么？

(2)“人类并不孤独，在宇宙中处处是我们的弟兄。”其中，“我们的弟兄”指什么？为什么称之为“弟兄”？

18. 材料：

“礼”，这个笔画简单的字眼，解释起来却有些复杂。

这世上本来没有“礼”，只是因为集体生存、社会发展的需要，才产生了“礼”的仪式，造出了“礼”的汉字。因此，“礼”也是社会生态的描摹。“礼”字的繁体是“禮”，本字为“豊”，一看便知与祭祀有关。在甲骨文中，“豊”的顶部就像两串美玉，底部就像有支架的建鼓。合起来会意，就是击鼓奏乐，用美玉敬奉祖先和神灵。上升到定义，就是敬神祈福的仪式。这托盘状的“豆”，后来也被视作食器或祭器。在人类文明早期，食器和祭器可不是普通物件，而是很重要的符号。食器象征基本的物质寄托，祭器象征虔敬的精神寄托，融汇起来恰巧与“民以食为天”的理念相吻合。

《礼记》有云：“经礼三百，曲礼三千”，大的礼仪准则有三百，小的礼仪规范有三千，可见礼仪数量之多。于是有人说，怪不得中国人太累，是被“礼”压的。其实，这么多“礼”是根据时间、场合和对象制订的，并不需要时时、处处、人人都去掌握，你只要知道什么场合注意什么问题就可以了。外交上有个术语叫“国际惯例”，社交场合的“礼”也是约定俗成的惯例，大家都按惯例行事，就习以为常了。庄重的场合需要彬彬有礼，宽松的场合可以不拘礼数。

在今人字典里，“礼”也分虚实两类，虚的如礼节、礼仪、礼貌、礼俗等，实的如礼品、礼金、礼服、礼花等。还包括与“礼”相关的人事和行为，如礼宾、礼遇、礼聘、礼让等。先贤把夫妻同房看作人伦之大常，文称“敦伦”，戏称“周公之礼”。委婉含蓄之至，诙谐幽默之至。由此可见，大到国家和社团，小到街邻和家庭，“礼”无处不在，所以有“礼尚往来”，所以说“来而不往非礼也”。单“礼多人不怪”这句俗语，只能用在中国人身上，若用在外国人特别是西方人身上，他们会感到莫名其妙。满桌子美味佳肴，却说“略备薄馔，不成礼敬”，外国人怎能不奇怪呢？钱穆先生在会见美国学者邓尔麟时曾说：中国文化的特质是“礼”，“西方语言中没有‘礼’的同义词；它是整个中国人世界里一切习俗行为的准则，标志着中国的特殊性”。我们常说，中国是文明礼仪之邦，因为礼仪与文明是相统一的，礼仪是文明的载体，文明是礼仪的内涵，没有了礼仪，文明也就无所依附。总之，现代的“礼”，主要体现在外交与社交领域。

与现代有所不同的是，“礼”在古代还被看作是核心价值观，用来调整社会关系，具有制度属性和法律属性，是社会的典章制度和道德规范，即所谓“礼法”。“礼”的本意是“别尊卑，等贵贱”，其本质是对奴隶主中不同等级的人所享有不同礼遇的规定。先秦诸子都强调“礼”的作用在于维持建立在等级制度和亲属关系基础上的社会差异，这也正是“礼”的本质内涵。荀子说：“人道莫不有辨，辨莫大于分，分莫大于礼。”每个人都要按照自己的社会地位去选择合乎身份的“礼”，否则就是非“礼”。在《论语》中，颜渊问孔子什么是仁。子曰：“克己复礼为仁。一日克己复礼，天下归仁焉。为仁由己，而由人乎哉？”颜渊曰：“请问其目。”子曰：“非礼勿视，非礼勿听，非礼勿言，非礼勿动。”春秋时，鲁季氏以卿的身份行天子之礼，孔子愤慨地说：“是可忍也，孰不可忍也？”

鲁迅有个著名的立论叫“礼教吃人”。他所抨击的“礼教”，兴起于封建社会，其实质是封建礼法。有人把“礼教吃人”与孔子联系起来，其实记错了账。孔子曰：“敦礼教，远罪疾，则民寿矣。”孔子倡导的“礼教”与封建“礼法”有着本质的区别。封建卫道士从孔子那里取火，不是去爱人而是害人，这关孔子什么事？

“礼”经夏、殷、周三代沿革，到周公的时代已经比较完善。因此孔子说，“郁郁乎文哉，吾从周”。孔子遵从的就是周朝的典章礼制，这是他的政治理想。从某种意义上说，孔子是为“礼”而生并为“礼”奋斗了一生。孔子为何给儿子取名孔鲤，“鲤”者，礼也。他让儿子自小就要学诗、学礼，并说：“不学诗，无以言。”“不学礼，无以立。”“诗”和“礼”是古人教育后代最基本的功课，所以有“诗礼传家”之说，这是中国独有的历史文化传统。有的学者把文化分成观念形态、制度形态和物质形态，而在中国传统文化中，礼是把价值观念、制度设计、物质载体统合在一起，并且包含了风俗习惯的文化形态。邹昌林先生认为，文明产生在国家之前，礼仪产生在文字之前，文化的传承不仅依靠语言、文字，还依靠礼仪。中国文化作为唯一没有间断的原生文化，是以“礼”为标志和根源的。

（摘编自王兆贵《言之有“礼”》，有删改）

问题：

(1)文章为什么说在我国“礼仪是文明的载体”？请简要概括。

(2)请根据文章简要分析，“礼”的发展进程及其存在的意义。

专题四　写作能力

➢答案见 P63

写作题(每小题 50 分,参考时限 40 分钟。共 16 小题)

1. 阅读下面的材料,按要求作文。

20 出头的瑶族姑娘小卜,是瑶寨走出的第一个大学生。临近毕业时,小卜犯难了:家里的父老乡亲希望她能回去做教师,传播知识,为改变家乡贫穷状况尽一份力;对小卜有录用意向的一家著名外企,则鼓励小卜加盟公司,发挥专业特长,创造优质生活;而小卜自己认为当前创业环境好,很想创办一家民族服装设计公司,实现自己的创业梦。

综合上述材料所引发的联想和感悟,写一篇论说文。

要求:用规范的现代汉语写作,角度自选,立意自定,标题自拟,不少于 800 字。

2. 阅读下面的材料,按要求作文。

古人常以比喻说明对理想的追求,涉及基础、方法、路径、目标及其关系等。如汉代扬雄就曾以射箭为喻,他说:"修身以为弓,矫思以为矢,立义以为的,奠而后发,发必中矣。"大意是,只要不断加强修养,端正思想,并将"义"作为确定的目标,再付诸行动,就能实现理想。

综合上述材料所引发的联想和感悟,写一篇论说文。

要求:用规范的现代汉语写作,角度自选,立意自定,标题自拟,不少于 800 字。

3. 阅读下面的材料,按要求作文。

师旷是我国古代著名的音乐家。一天,师旷正为晋平公演奏,忽然听到晋平公叹气说:"有很多东西我还不知道,可我现在已 70 多岁,再想学也太迟了吧!"师旷笑着答道:"那您就赶紧点蜡烛啊。"晋平公有些不高兴:"你这话什么意思? 求知与点蜡烛有什么关系? 答非所问! 你不是故意戏弄我吧?"师旷赶紧解释:"我怎敢戏弄大王您啊! 只是我听人说,年少时学习,就像走在朝阳下;壮年时学习,犹如在正午的阳光下行走;老年时学习,那便是在夜间点起蜡烛小心前行。烛光虽然微弱,比不上阳光,但总比摸黑强吧。"晋平公听了,点头称是。

综合上述材料所引发的联想和感悟,写一篇论说文。

要求:用规范的现代汉语写作,角度自选,立意自定,标题自拟,不少于 800 字。

4. 阅读下面材料,按要求作文。

孟子说:"得天下英才而教育之。"苏霍姆林斯基说:"没有爱就没有教育。"请你说一说,新时代教师应该要有什么教学情怀?

综合上述材料所引发的联想和感悟,写一篇论说文。

要求:用规范的现代汉语写作,角度自选,立意自定,标题自拟,不少于 800 字。

5. 阅读下面的材料,按要求作文。

"抢红包"是近年来流行的话题之一。各类抢红包活动此起彼伏,好不热闹。

与此同时,有关"抢红包"的争议也越来越大,有人认为是高科技时代的民俗变化,值得发扬;有人认为把亲情友情晾在一边,只认钱,坏了社会风气,也有人认为玩点游戏并没有错。

综合上述材料所引发的联想和感悟,写一篇论说文。

要求:用规范的现代汉语写作,角度自选,立意自定,标题自拟,不少于 800 字。

6. 阅读下面的材料,按要求作文。

同声相应,同气相求。人们总是关注自己喜爱的人和事,久而久之,就会被同类信息所环绕、所塑造。智能互联网时代,这种环绕更加紧密,这种塑造更加可感。你未来的样子,也许就开始于当下一次从心所欲的浏览,一串惺惺相惜的点赞,一回情不自禁的分享,一场突如其来的感动。

综合上述材料所引发的联想和感悟,写一篇论说文。

要求:用规范的现代汉语写作,角度自选,立意自定,标题自拟,不少于 800 字。

7. 阅读下面的材料，按要求作文。

一个年轻人在远行途中遇到一条恶狗挡道，年轻人并不与它对峙，而是绕道而行。

一个路人见了，对年轻人说，一条狗就让你怕了，你又怎么去远方呢？年轻人说，他不是怕狗，而是不想与狗纠缠。

路人说，在通往远方的途中，会遇到许许多多像“恶狗挡道”一样的障碍，你不去一一战胜它们，那怎么能到达远方呢？

年轻人回答说，正因为这样，我才要有选择地去避开它。有时，避开障碍，绕道而行，不失为一条更有效的捷径。

综合上述材料所引发的联想和感悟，写一篇论说文。

要求：用规范的现代汉语写作，角度自选，立意自定，标题自拟，不少于800字。

8. 阅读下面的材料，按要求作文。

近年来，素有“语林啄木鸟”之称的《咬文嚼字》开设专栏，为当代著名作家的作品挑错，发现其中确有一些语言文字和文史知识差错。对此，这些作家纷纷表示理解，并积极回应。中国作协主席铁凝诚恳地感谢读者对她的作品“咬文嚼字”；莫言在被“咬”之后，也表达了自己的谢意，他表示，请别人挑错，可能是消除谬误的好办法。

综合上述材料所引发的联想和感悟，写一篇论说文。

要求：用规范的现代汉语写作，角度自选，立意自定，标题自拟，不少于800字。

9. 阅读下面的材料，按要求作文。

“天街小雨润如酥，草色遥看近却无”是唐代诗人韩愈的名句。诗句的意思是说，在滋润如酥的初春细雨中，春草发芽，远远望去，一片淡淡的绿色，可是走近后，却只见到极为稀疏的草芽，绿色反而感觉不到了。诗句的意境是美的，隐含的哲理也很丰富。它使我们领悟到：置身太近，有时反而感觉不到实际存在的东西；要把握某一事物，有时需要跳出这一事物；人对事物的看法与对美的感受同距离是有关系的……其实，生活中的许多事物和现象，都含有这两句诗的意境与哲理，关键在于你的观察与体会。

综合上述材料所引发的联想和感悟，写一篇论说文。

要求：用规范的现代汉语写作，角度自选，立意自定，标题自拟，不少于800字。

10. 阅读下面的材料，按要求作文。

走进书店，最畅销的全是一些“有用”的书，考试类啊，健康类啊，营销类啊……读它可以直接帮你升学、谋生、获利。其实读一些“无用”的书，做一些“无用”的事，花一些“无用”的时间，都是为了在已知之外，保留一个超越自己的机会。人生中一些很了不起的变化，就是来自这样的机会。不仅读书是这样，世上很多事情又何尝不是如此？

综合上述材料所引发的联想和感悟，写一篇论说文。

要求：用规范的现代汉语写作，角度自选，立意自定，标题自拟，不少于800字。

11. 阅读下面的材料，按要求作文。

窗子就是一个画框，从窗子望出去，就可以看见一幅图画。有人看到的是雅，有人看到的是俗，有人看到的是闹，有人看到的是静……

综合上述材料所引发的联想和感悟，写一篇论说文。

要求：用规范的现代汉语写作，角度自选，立意自定，标题自拟，不少于800字。

12. 阅读下面的材料,按要求作文。

许多植物自身都有对自然界灵敏的反应,并且不断调整自身的生存状态,如干旱让植物的根深扎于泥土中,风力大的地区的植物长得更牢固。肥沃的土地上生长快的植物往往材质松软,贫瘠的土地上生长慢的植物常常材质坚硬,植物如此,人也一样。

综合上述材料所引发的联想和感悟,写一篇论说文。

要求:用规范的现代汉语写作,角度自选,立意自定,标题自拟,不少于800字。

13. 阅读下面的材料,按要求作文。

为了督促学生学习,某职业技术学院的焦老师想出在课后用微信发红包的新招,对出勤率高、学习成绩好和上课认真的同学,都发了红包。此举一出,他的课没一个学生逃课,课堂气氛活跃,师生关系变好。此事传出,该校老师和学生表示认可,觉得这个做法有新意。媒体报道后,引发争议,有家长明确反对老师这种做法,认为用钱引导学生上课,会让孩子变得功利,使教育变味。

综合上述材料所引发的联想和感悟,写一篇论说文。

要求:用规范的现代汉语写作,角度自选,立意自定,标题自拟,不少于800字。

14. 阅读下面的材料,按要求作文。

一位老人上了公交车,发现忘带老年卡,对司机说:我没带老年卡,让我上车行吧?

司机说:抱歉。按规定,您不出示老年卡,就必须投币。

有位乘客听到,怒了:你这人咋这么不通情达理?人家都已经说明了,你还刁难。

司机说:公司规定,我不能违背;你既然这么好心,要不替老人把车费付了吧?

这位乘客后退,说:凭什么?

司机自己掏出钱来,替老人投了币。

综合上述材料所引发的联想和感悟,写一篇论说文。

要求:用规范的现代汉语写作;角度自选,立意自定,标题自拟;不少于800字。

15. 阅读下面的材料,按要求作文。

贾谊:国而忘家,公而忘私。

范仲淹:先天下之忧而忧,后天下之乐而乐。

林则徐:苟利国家生死以,岂因祸福避趋之。

孙中山:天下为公。

毛泽东:为人民服务。

习近平:我将无我,不负人民。

…………

综合上述材料所引发的联想和感悟,写一篇论说文。

要求:用规范的现代汉语写作,角度自选,立意自定,标题自拟,不少于800字。

16. 阅读下面的材料,按要求作文。

英国患有自闭症的小男孩梅森,心理上无法忍受别人为其理发。他的父母一直为找不到理发师而苦恼。后来,一位名叫威廉姆斯的发型师知道后,愿意前往尝试。

威廉姆斯从给予梅森关心入手,几个月过去了,二人之间建立了互信、友谊及默契。终于有一天,梅森趴在地上玩手机,威廉姆斯见状也伏在旁边,梅森乖乖地让威廉姆斯完成了理发全程。

威廉姆斯让梅森跟他去掌庆祝,梅森却送上了一个温暖的拥抱。威廉姆斯表示,自己在这份工作中获得了很大的满足感和成就感。

综合上述材料所引发的联想和感悟,写一篇论说文。

要求:用规范的现代汉语写作,角度自选,立意自定,标题自拟,不少于800字。

第二模块　全真模拟试卷

国家教师资格考试全真模拟试卷(一)

➢答案见 P71

综合素质(幼儿园)

注意事项:

1. 考试时间为 120 分钟,满分为 150 分。
2. 请按规定在答题卡上填涂、作答,在试卷上作答无效,不予评分。

一、单项选择题(本大题共 29 小题,每小题 2 分,共 58 分)

在每小题列出的四个备选项中只有一个是符合题目要求的,请用 2B 铅笔把答题卡上对应题目的答案字母按要求涂黑。错选、多选或未选均无分。

1. 为了准备“六一”儿童节全园体操表演,刘老师提前一个月组织幼儿反复训练,甚至缩短幼儿午睡及游戏时间。刘老师的做法(　　)

A. 错误,不利于儿童身体健康　　B. 错误,不利于儿童个体发展
C. 正确,有利于提高儿童素质　　D. 正确,有利于儿童全面发展

2. 小郑、小刘都是某学校的老师,平时两人都很努力,也喜欢暗暗较劲。学校举办的青年教师说课比赛,小郑和小刘都有参加,但赛前两位老师既无教学的交流,也无比赛想法的讨论,最后双双遗憾出局。关于小郑和小刘的做法,下列说法合理的是(　　)

A. 有利于教师的个人成长　　B. 有利于教师在竞争中成长
C. 体现了教师公平竞争的自觉性　　D. 违背了教师间的合作理念

3. 小红怀疑同伴小刚偷了她新买的油画棒,并报告了老师,老师便要搜查小刚的衣服口袋,小刚拒绝被搜。该老师的做法(　　)

A. 错误,应当充分尊重信任小刚　　B. 错误,应搜查所有幼儿的口袋
C. 错误,应避免当众对小刚搜查　　D. 错误,应该通知家长之后再搜

4. 某幼儿园把小学一年级语文、数学知识作为主要教学内容。这种做法有违(　　)

A. 儿童身心发展的稳定性　　B. 儿童身心发展的个别差异性
C. 儿童身心发展的互补性　　D. 儿童身心发展的顺序性

5. 青少年儿童有着独立的社会地位,并依法享受各种合法权利。其中不包括(　　)

A. 生存权　　B. 选举权
C. 安全权　　D. 受教育权

6. 李老师在幼儿园门口开了一个超市,幼儿张某喝了该超市所售卖的过期的酸奶,腹泻不止,在此事件中应当承担责任的是(　　)

A. 张某和其监护人　　B. 幼儿园和李老师
C. 幼儿园　　D. 李老师

7. 小明是个活泼好动的孩子,某天上课的时候,老师以他过分活跃干扰了课堂秩序为由将他赶出课堂,老师这样的做法(　　)

A. 侵犯了小明的人格权
B. 侵犯了小明在学业成绩和品行上获得公正评价的权利
C. 侵犯了小明参加教育教学计划安排的各种活动的权利
D. 可以督促小明遵守课堂行为规范

8. 我国实行适龄儿童、少年免试入学的政策,地方各级人民政府应当保障适龄儿童、少年就近入学的学校所在地是(　　)

A. 出生地　　B. 居住地
C. 父母工作所在地　　D. 户籍所在地

9. 根据《中华人民共和国教育法》的规定,学校、教师可以对学生家长提供(　　)

A. 家长学习教育　　B. 家庭教育指导
C. 家长教育援助　　D. 有偿助学服务

10. 下列明确规定“儿童有权享有休息和闲暇,从事与儿童年龄相宜的游戏和娱乐活动,应尊重儿童参加活动的权利”的是(　　)

A.《中华人民共和国未成年人保护法》　　B.《中华人民共和国教育法》
C.《幼儿园工作规程》　　D.《儿童权利公约》

11. 大班幼儿梁某欺凌同学,扰乱课堂纪律,学校决定将其开除。该校做法(　　)

A. 不合法,学校只能劝退学生　　B. 不合法,学校不得开除学生
C. 合法,学校有教育学生的权利　　D. 合法,学校有处分学生的权利

12. 崔老师经常向上课违反课堂纪律的幼儿收取“违纪金”,并进行公布。崔老师的做法(　　)

A. 合法,教师有管理学生的权利　　B. 合法,教师可以惩戒违反纪律的学生
C. 不合法,侵犯了幼儿的财产权　　D. 不合法,侵犯了幼儿的姓名权

13. 教师在处理与学校领导关系时,不符合教师行为规范的是(　　)

A. 教师要支持领导工作　　B. 教师要绝对服从学校领导
C. 共同为学校发展出谋划策　　D. 教师要尊重领导

14. 谢老师非常热爱教育事业,工作兢兢业业,立志做一名优秀教师。但是自从当了班主任,他遇到了一些困惑。新的一周刚刚开始,谢老师就遇到一个难题,一名小朋友找到他,放下一个罐子,说了句:“谢老师,这是我奶奶要我给您的。”他打开罐子一看,里面整整齐齐躺着十几个鸡蛋。面对这些鸡蛋,谢老师最恰当的做法是(　　)

A. 作为一名光荣的人民教师,不该拿学生的“一针一线”,应该立刻拒绝那名学生
B. 这是学生和学生家长的心意,也不是什么贵重的东西,可以收下
C. 为学生付出了那么多,收他们一点东西也是应该的,没什么大不了的
D. 与学生家长沟通,说明情况,委婉而坚定地谢绝家长的礼物

15. 心理的发展总是由机械记忆到意义记忆，由具体思维到抽象思维，由喜怒哀乐等一般情感到理智感、道德感、美感等复杂情感。这体现了个体身心发展规律中的（ ）

A. 不平衡性 B. 阶段性 C. 互补性 D. 顺序性

16. 李老师对调皮捣蛋的乐乐说："看你这个样子，将来肯定学习不好。"李老师的行为违反了教师职业道德规范中的（ ）

A. 爱岗敬业
B. 关爱学生
C. 教书育人
D. 为人师表

17. 我国古代有五行之说，指的是（ ）

A. 青、黄、赤、白、黑
B. 仁、义、礼、智、信
C. 金、木、水、土、火
D. 宫、商、角、徵、羽

18. 下列选项中，以"孔雀舞"著称的少数民族是（ ）

A. 土家族 B. 傣族 C. 藏族 D. 蒙古族

19. 下面的诗句中不是白居易写的一句是（ ）

A. 迟迟钟鼓初长夜，耿耿星河欲曙天
B. 同是天涯沦落人，相逢何必曾相识
C. 几处早莺争暖树，谁家新燕啄春泥
D. 溪云初起日沉阁，山雨欲来风满楼

20. 京剧脸谱中，黄色脸谱象征（ ）的性格。

A. 飞扬、肃然
B. 刚正、稳练
C. 骁勇、凶暴
D. 阴险、疑诈

21.《游击队之歌》的作者是（ ）

A. 朱永宁
B. 林耀基
C. 贺绿汀
D. 夏之秋

22. 不锈钢制品与我们的日常生活密切相关，不锈钢的主要组成元素是（ ）

A. 铜、锌 B. 铜、铁、铬 C. 铁、碳 D. 铁、铬、镍

23. 战国时期，诸侯间的兼并战争愈演愈烈，产生了多种外交、军事策略。下列人物中，主张"远交近攻"策略的是（ ）

A. 孙膑 B. 苏秦 C. 张仪 D. 范雎

24. 古人在交际或著述中，谈及年龄，除了直接用数量词，还常使用隐喻、转喻和借助诗词、典故来代称。下列选项中，代称与所表示的年龄对应不正确的是（ ）

A. 豆蔻年华—13 岁
B. 桃李年华—30 岁
C. 知天命—50 岁
D. 古稀—70 岁

25. 北方许多地区都有"冬至饺子夏至面"的说法，冬至吃饺子这一习俗是为了纪念（ ）而流传下来的。

A. 华佗
B. 张仲景
C. 李时珍
D. 孙思邈

26. Word 中，可多次重复进行格式复制的操作步骤是（ ）

A. 左单击格式刷按钮
B. 右单击格式刷按钮
C. 左双击格式刷按钮
D. 右双击格式刷按钮

27. 下列 PowerPoint 功能选项中，可将幻灯片放映的换页效果设为"垂直百叶窗"的是（ ）

A. "动画"选项卡
B. "切换"选项卡
C. "幻灯片放映"选项卡
D. "设计"选项卡

28. 下列选项中，与"雷阵雨：大暴雨：流星雨"逻辑关系一致的是（ ）

A. 观赏花：食用花：交际花
B. 标志灯：指示灯：红绿灯
C. 内陆湖：淡水湖：人工湖
D. 捕鱼船：太空船：海盗船

29. 找规律填数字是一项很有趣的活动，特别锻炼观察和思考能力。下列选项中，填入数列 2、3、8、26、________、5462 空缺处的数字，正确的是（ ）

A. 70 B. 120 C. 160 D. 210

二、材料分析题（本大题共 3 小题，每小题 14 分，共 42 分）阅读材料，并回答问题。

30. 材料：

刘老师经常带着孩子做模仿游戏，开始很受孩子们的欢迎。后来刘老师发现孩子们渐渐不愿意跟着老师做模仿游戏了，而是喜欢自己创意。有一天孩子们对刘老师说："老师，我们不想跟你那样做，我们想和你做得不一样！"刘老师说好，于是老师跺脚，孩子拍手，老师扮猴子，孩子扮老虎。孩子们做得特别认真，做出了很多平时没有做过的动作。刘老师发现游戏规则改变后更能吸引孩子们的注意力，孩子们的反应能力、想象能力和创造能力都得到了发展和提升，游戏的积极性和秩序性比原来更好了。

问题：请结合材料，从儿童观的角度，评析刘老师的教育行为。

31. 材料：

小班的丹丹有个很奇怪的表现，每次午睡都不愿意脱袜子，夏天也是如此。一天午睡，丹丹依旧不肯脱袜子，李老师决心要帮助她改掉这个毛病，对她说："丹丹，天气热了，脱了袜子睡觉好吗？"边说边帮丹丹脱袜子。令李老师惊讶的是，丹丹右脚有 6 个趾头，看丹丹蜷曲着双脚，眼里含着泪水，李老师心里责备自己的莽撞，迅速地帮丹丹穿好袜子，并安慰她："对不起，宝贝！不愿意脱就不脱吧，没关系！"

班上的乐乐是一个留守儿童，长期和性格孤僻、不善言辞的爷爷一起生活，3 岁了还不怎么会说话。在和乐乐相处的过程中，李老师仔细观察，做好记录，发现他要玩玩具就会说"咿呀"，上厕所就会说"哦哦"。李老师不厌其烦地放慢语速，嘴型夸张地教他正确地发音。在游戏活动中，李老师积极引导乐乐和小伙伴进行交流。李老师还给乐乐的父母打电话，希望他们能在繁忙的工作之余，每天抽空在固定时间利用电话与乐乐进行交流，尽量多回来看孩子。在家园共同努力下，乐

乐的语言能力获得了发展，能主动和小伙伴玩耍，性格开朗多了。

问题：请结合材料，从教师职业道德的角度，评析李老师的教育行为。

32. 材料：

十月，山楂红了。一簇簇，一串串，挂在枝叶间。压弯了的枝头上，绿的叶成了陪衬。从树下或从远处望去，十月的天空也成了它的背景。

想起春天的清晨，揉着惺忪睡眼端着相机站在山楂树下，一个快门按下去惊扰了它的梦，从春日的这一刻，山楂树在我的取景框里不停地变幻着……但不能不说，我并没有按照原有的打算为它写下生长日志，尽管每天不断与它相遇，甚至不得不与它擦肩而过，随着时间的推移，我仍旧不经意地忽略了它的存在。

在我的视线中，山楂树是跳跃的。它的生长像童话里的故事——"忽然间"开了花，"忽然间"结出了果，"忽然间"红了一树，仿佛总被一缕忽如一夜的"春风"拂过，我则通常在这样"忽然间"的惊喜中才去关注它、品味它。

山楂树每天都在生长、变化，时间每天都在奔跑，而我身后的光阴也变得越来越浓重。实际上，山楂树离我很近，根本无须特意抽时间"去"看它。一天，朋友说："你们公司大院种的山楂树真美，写一篇山楂树的文字吧。"其实，我是写过山楂树的，只不过是我家门前的那棵，且记得一位文友读后说"正意犹未尽怎么就戛然而止了？像是没有写完"。我虽莞尔未语，但事实上，这个疑惑是有答案的，且是我内心的一个情结。而每每看到山楂树，我就会很自然地想起。

山楂说红就红了。在十月朗阔的天空，果子们挤来嚷去，一个挨着一个，它们笑声嘎嘎，没有一丝掩饰或修饰地从枝叶间飞出，落在地上，飞向空中，四下到处是喜悦，到处是嘎嘎的笑声。仿佛中，山楂不是一天一天长红的，而是日复一日笑红的，从未经历风雨，从未饱尝暑寒，咄咄的红里全部是欢喜。感慨中，禁不住又想起那个春天的清早，邻居李嫂呵呵地笑着，从集市上带回这棵幼苗，从那一天，李嫂每天站在山楂树下瞧个没够。李嫂呵呵地笑着，山楂树悄悄地长着，久而久之，李嫂的笑声成了山楂树特殊的养分。那天，得知李嫂患下绝症的时候，李嫂正和旁人说笑，我定下神来望向她，四目刚一相碰，笑声便随着一张绽开的笑颜响彻云霄。第二年春天，山楂树还未开花，李嫂便匆匆走了，带着她的笑声。山楂树对于我，除去追忆，因为李嫂的豁达和乐观，从此更多了一种鼓舞。

临近下班时间，带着对山楂树别样的情怀，我来到山楂树的近前。真美！想必是因为日照充足，公司院里的山楂格外红，相比我家门前因楼房挡遮缺少阳光照射的果子颜色要鲜艳得多。此时，在秋阳的笼罩下愈加显得密匝匝、红彤彤。站在树下向上望，秋光挂在浓密的枝叶间闪烁晕染，像一幅镂空而斑驳的画。真美！而并排的另一棵山楂树，和树下站着的同事——两位年轻的孕妇组成的画面更令人怦然心动。两人手牵手仰头看山楂，不时抬手指指点点，隆起的肚子和树上的果子相映成趣，甚是动人。孕育，生长，成熟。我突然觉得植物和人类是多么相似——果子是植物孕育的结果，宝宝是人类相恋的结晶。大自然繁衍不同的物种，同时又赋予共同的使命。只不过人类的孕育和生长相比植物要张扬热烈得多，但每一种生命的形成和延续却都有着自我的从容，都有着不可抗拒的自然之力与无从计量的恩赐。孕育是喜悦，生长是喜悦，成熟更是喜悦。在这么多喜悦的包围中，我们有什么理由不满怀欢喜和热爱地行走？有什么理由拒绝鼓舞、丧失热情和爱的能力呢？

生命无所谓来去。每每看到山楂树的时候，脑子里总出现这样的一种思绪。因为在我心深处，一个人的来去对于整个世界就好比大海里多了或少了一滴水而已，而真正能够激荡、影响你一生，抚慰你心灵，敦促你，激发你，让你以最佳的姿态从生活、从人生获得欢喜、从容和幸福，能够收获这些能力才是弥足珍贵的。像那一树火红的山楂，无论曾经历过怎样的风霜雪雨，都尽可能结出属于自己的果实。而最终，所有的过往，都会像枝叶或者天空，成为它的背景。

（选自《十月，山楂红了》，有删改）

问题：

(1)文中画线的句子应怎样理解？请结合文本，简要分析。

(2)文章题目是"十月，山楂红了"，文中又写到了李嫂和孕妇，三者之间有什么内在联系？请结合文本，简要分析。

三、写作题(本大题1小题，50分)

33. 阅读下面的材料，根据要求作文。

苏霍姆林斯基说："一个好老师意味着什么？首先意味着他是这样一个人，他热爱孩子，感到和孩子在一起交往是一种乐趣，相信每个孩子都能成为好人，善于跟他们交朋友，关心孩子们的快乐和悲伤，了解孩子的心灵。"马克思说："只能用爱来交换爱，只能用信任来交换信任。"高尔基说："谁爱孩子，孩子就爱谁，只有爱孩子的人才会教育孩子。"

综合上述材料所引发的联想和感悟，写一篇论说文。

要求：用规范的现代汉语写作，角度自选，立意自定，标题自拟，不少于800字。

"小小阅读员",阳阳非常认真负责,管理好班级里的阅读角,并为阅读角增加了不少的绘本。渐渐地阳阳改变了以前的毛病,还积极参加学校的各项活动,各方面都有明显的进步,和以前相比判若两人。

问题:请结合材料,从儿童观的角度,评价"我"的教育行为。

31. 材料:

张老师不断学习,制订新的幼儿教育方案,让幼儿有快乐和精彩的童年。当别的老师在思考怎么管住幼儿的时候,张老师制订了主题周式教学方案,每周通过一个主题开展活动、做游戏。"种子的秘密"是通过让幼儿搜集资料,观察种子的生长状况,开展一定的游戏,让幼儿更加直观地了解种子的生长。现在的孩子都有一些不良习惯,张老师通过和家长交流沟通,和家长一起完成了幼儿良好习惯的养成工作。有一位幼儿在和别人吵架的时候喜欢咬人,张老师一边和他说"好孩子不咬人",一边和他做游戏,改掉他的不良习惯。

问题:请结合材料,从教师的职业道德角度,评析张老师的教育行为。

32. 材料:

中国人对于梅花普遍怀有一种特殊的爱恋之情。应该说,没有哪一种花像梅花这样享受着众口一词的好评。其实,就梅的形象看,若是在花中"选美",她是无论如何难当花魁的。那薄如蝉翼的花瓣,稀疏的花蕊,淡淡的清香,在众香国里,绝对难以招人眼目。历览前贤崇尚梅的缘由,加之几次充当梅客的感悟,我想,千百年来,梅之所以让人欣赏、赞誉、咏叹,多半是源于她的品格。因此,"品逸如梅"常常被用作是对一个人品行的赞誉抑或是自励的标准。宋代林和靖老先生生性奇俊,超凡脱俗,终生不愿做官,也不娶妻生子,一直在杭州孤山过着隐居生活,平生植梅放鹤,人称"梅妻鹤子",历来被传为佳话。

梅花在中国文化中得宠,说来说去,还是文人的笔力所致。中国的文人往往自诩以天下为己任,而文人们的际遇又千差万别,各不相同,特别是那些刚正耿直的正人君子和贤达官宦,往往怀才不遇,或是屡遭贬谪,尽尝阶下之苦。而梅花的韵致高格,清雅幽香便往往被他们寄寓远大的志向,比拟自己的意志和胸怀。如陆游的诗"向来冰雪凝严地,力斡春回竟是谁?"王冕也有诗云:"不要人夸好颜色,只留清气满乾坤。"正是这些古仁人的生花妙笔,给梅赋予了淡泊迷人又孤高桀骜的个性,且广为传播。

从拟人的角度看,造物也实在是委屈了梅的。二十四番花信风,梅信属第一,节气恰恰是在"苦寒"之时。尽管生不逢时,命运不济,而梅却我行我素,不屈不挠,在苦寒之中"寂寞开无主",显现着既勇敢叛逆又悲壮凄楚的色彩。正是梅的这种秉性,才使她在物竞天择、优胜劣汰的大千世界中非但未被挤出局,反而被文人们升华到"岁寒三友"、花中"四君子"的位置。作为一名忠诚的"梅客",我委实在梅的品行中,汲取了太多太多的教益。每次赏梅归来,时常夙夜忧叹:苦寒之于梅,确属命运的不公,世道的不公。而梅呢,却无怨无悔地傲雪凌霜,年年岁岁按季奉献出自己的幽香。在遇到了挫折,遭到了磨难,碰到了不公之时,我常在梦乡里看到那千树万树的梅花。

佛家曾有"一切有情,众生平等"之说。其实人生一世与世上其他生灵的一生就其过程来讲,并无二致。人若托生是国色天香,魏紫姚黄,时时遭人羡慕当然是大好事。但世事往往不尽如人意,在这个世界之上,高官厚禄的幸运者终归是极少数,多数人不论从事什么职业,努力的结果充其量只是小康而已。我当然不喜欢贫穷,现今社会,一个终身怀有衣食之忧的人是很难成就事业的。但是我也从不企盼锦衣玉食,大富大贵,凭组织的培养,个人的努力,能有一份自己力所能及又喜欢做的事情,并在生活上衣食无忧就已足矣。想那冷峻的梅,若真的给她换一个温室环境,怕还真是难以承受呢。梅是在苦寒的背景之下,扎根,生长,开花的,也恰恰是这苦寒,才使她蓄满了成长的动力。苦寒之于梅,何尝不是一份财富呢?人的一生也同样,心想事成,万事顺遂,只是一种美好的愿望而已,苦难同样是人生的必含内容。一个人通过承受苦难而获得的精神价值,同样是一笔特殊的财富,它来之不易,自然也不会轻易丧失。梅是在病态的环境中,在不公正的待遇中散放幽香的。

是否要改变这种生存环境,纠正这种不公,讨还个正确的说法呢?这也许是永远做不到的事情。对此,梅采取的是默默承受的态度,正是这种承受,才使得她在万花丛中始终能独树一帜!人若失去对困难的承受能力和达观的心态,还会有生存的信念吗?

（摘编自王本道《梅花几度梦里寻》，有删改）

问题：

(1)文章为什么说“梅花在中国文化中得宠，说来说去，还是文人的笔力所致”？请结合文本，简要概括。

(2)文中引用佛家语“一切有情，众生平等”是为了表达怎样的观点？结合本文，谈谈自己对这一观点的认识。

三、写作题（本大题1小题，50分）

33. 阅读下面的材料，按要求作文。

由新教师成长为专家教师，会经历一段艰难甚至于痛苦的转折，在这一时期，教师可能出现各种问题，其中包括职业倦怠，如果不能得到很好的化解，可能会出现教师情绪低落、缺乏意义感、跳槽等。

综合上述材料所引发的联想和感悟，写一篇论说文。

要求：用规范的现代汉语写作，角度自选，立意自定，标题自拟，不少于800字。

国家教师资格考试全真模拟试卷(二)

➢答案见 P73

综合素质(幼儿园)

注意事项:

1. 考试时间为 120 分钟,满分为 150 分。
2. 请按规定在答题卡上填涂、作答,在试卷上作答无效,不予评分。

一、单项选择题(本大题共 29 小题,每小题 2 分,共 58 分)

在每小题列出的四个备选项中只有一个是符合题目要求的,请用 2B 铅笔把答题卡上对应题目的答案字母按要求涂黑。错选、多选或未选均无分。

1. 王老师得知红红偷拿了同伴的玩具,没有当着全体幼儿的面批评红红,而是把红红叫到办公室耐心引导。王老师的做法(　　)

A. 正确,幼儿需要赏识　　B. 不正确,幼儿是有个性的人
C. 正确,幼儿需要尊重　　D. 不正确,幼儿是有发展潜能的人

2. 老师在组织规则游戏时,发现有孩子开小差。老师应采取的措施是(　　)

A. 点名批评,制止这种行为　　B. 继续游戏,完全视而不见
C. 大发雷霆,把幼儿赶出教室　　D. 轻拍幼儿,提醒幼儿集中注意力

3. 可可在滑滑梯时不小心把腿给蹭了,当时只是蹭破一点皮,因此放学时老师也就没有告诉可可家长,可第二天可可的爷爷说孩子的腿都淤青了,问老师是怎么回事。面对家长的指责,老师应该(　　)

A. 说明孩子只是一点点小擦伤,没有必要大惊小怪
B. 说明自己不知道这一情况,所以没有向家长说明
C. 耐心解释情况,将责任归咎到自己身上,向家长诚恳道歉
D. 将责任推到其他老师身上

4. 每次实施新的教学设计之后影老师都会问自己:“有没有必要?是不是最好?能不能改进?要不要调整?”这说明影老师(　　)

A. 善于自我反思　　B. 善于自我激励　　C. 缺乏教育自信　　D. 缺乏学习方法

5. 根据我国《宪法》相关规定,下列选项中不属于国务院职权的是(　　)

A. 领导和管理国防建设事业
B. 管理对外事务,同外国缔结条约和协定
C. 根据全国人大及其常委会决定任免国务院总理
D. 根据宪法和法律,规定行政措施,制定行政法规,发布决定和命令

6. 公民李某在教师资格考试结束前泄露、传播考试试题及答案,且有违法所得,根据我国《教育法》的规定,由公安机关没收其违法所得,并处(　　)违法所得罚款。

A. 一倍以上三倍以下　　B. 一倍以上四倍以下
C. 一倍以上五倍以下　　D. 一倍以上六倍以下

7. 因学校教师或者其他工作人员在履行职务中的故意或者重大过失造成的学生伤害事故,应当(　　)

A. 由学校予以赔偿　　B. 由直接责任人赔偿
C. 由学校和直接责任人各赔偿一半或协商赔偿　　D. 由学校予以赔偿后,可以向直接责任人追偿

8. 教师魏某工作消极,多次旷工,给学校教学工作造成损失,依据《中华人民共和国教师法》,学校可以采取的措施是(　　)

A. 给魏某予以解聘　　B. 给予魏某行政处罚
C. 对魏某予以罚款　　D. 要求魏某悔过

9. 某幼儿园为实现管理工作的规范化,要求保育员采取措施控制幼儿的便溺时间和次数,该幼儿园做法(　　)

A. 正确,有利于培养幼儿良好的生活习惯
B. 正确,体现了保育员管理幼儿生活的权利
C. 错误,违反了《幼儿园工作规程》的规定
D. 错误,违反了联合国《儿童权利公约》的规定

10. 班级里一个同学丢了东西,班主任让大家指认小偷,小明被选了出来,他否认自己偷东西,但班主任依旧认定他是小偷。班主任侵犯了小明的(　　)

A. 健康权　　B. 名誉权　　C. 荣誉权　　D. 隐私权

11. 学生刘某因家庭经济困难无法按照规定完成义务教育。依据《中华人民共和国未成年人保护法》,对于刘某的受教育权利,具有保障责任的是(　　)

A. 刘某的监护人　　B. 当地教育机构
C. 儿童福利机构　　D. 当地人民政府

12. 教师李某因盗窃被法院判处有期徒刑一年缓刑一年,下列说法正确的是(　　)

A. 李某服刑期满可以继续从事教师职业　　B. 李某可在民办幼儿园从事教师职业
C. 李某 5 年内不得从事教师职业　　D. 李某终身不能从事教师职业

13. 李老师在班级设立了“生日祝福墙”,每当有学生过生日时同学纷纷在祝福墙上留下祝福的话语,还互赠自制卡片。李老师的做法(　　)

A. 不恰当,会加重学生负担　　B. 不恰当,会助长物质攀比之风
C. 恰当,能让学生感受温暖　　D. 恰当,能让学生提高消费意识

14. 张老师生气时在学生面前不自觉地会“爆粗口”,学生很反感。张老师应该(　　)

A. 依然如故,顺其自然　　B. 无意为之,不必在意
C. 努力改正,尽量避免　　D. 改变自己,不说脏话

15. “不以分数作为评价学生的唯一标准”是2008年修订的《中小学教师职业道德规范》中(　　)的要求。

A. 爱国守法　　B. 关爱学生　　C. 教书育人　　D. 终身学习

16. 何老师家访时,晓峰的家长向何老师抱怨:“晓峰这个孩子太调皮了,我每次说他,他总是左耳进,右耳出,把我的话当耳旁风。我感觉我是管不住他了。”下列选项中,何老师最恰当的做法是(　　)

A. 放弃对家长配合自己工作的期望

B. 督促家长,让家长成为自己的“助教”

C. 在孩子面前嘲笑家长

D. 尊重家长,树立家长的威信,一起做好教育工作

17. 下列书法作品中,属于楷书的是(　　)

A.　　B.　　C.　　D.

18. “四书”是封建社会科举取士的初级标准书。它所指的是下列哪四本书(　　)

A.《史记》《春秋》《汉书》《诗经》　　B.《大学》《中庸》《论语》《孟子》

C.《史记》《论语》《诗经》《汉书》　　D.《论语》《春秋》《诗经》《中庸》

19. 俗话说“一寸光阴一寸金”。这里的“一寸”是用哪种古代计时器量出的时间单位(　　)

A. 圭表　　B. 漏刻　　C. 日晷　　D. 漏壶

20. 下列诗句与作者及作品名称的对应,错误的是(　　)

A. “大漠孤烟直,长河落日圆。”—王维《使至塞上》

B. “但使龙城飞将在,不教胡马度阴山。”—王昌龄《出塞》

C. “谁言寸草心,报得三春晖。”—李白《南园》

D. “感时花溅泪,恨别鸟惊心。”—杜甫《春望》

21. 下列对联与名楼对应正确的是(　　)

①祢衡洲上千年根,崔颢楼头一首诗——鹳雀楼

②高楼出云千里目,黄河入海一蓑翁——黄鹤楼

③放不开眼底乾坤,何必登斯楼把酒;吞得尽胸中云梦,方可对仙人吟诗——岳阳楼

④我辈复登临,目极湖山千里而外;奇文共欣赏,人在水天一色之中——滕王阁

A. ①②　　B. ③④　　C. ①③　　D. ②④

22. 1895年,列宁在评价某重要的著作时指出:“这本书虽然篇幅不多,但是价值却相当于多部巨著:它的精神至今还鼓舞着、推动着文明世界全体有组织的正在进行斗争的无产阶级。”这部著作是(　　)

A.《人权宣言》　　B.《权利法案》

C.《共产党宣言》　　D.《人民宪章》

23. 老舍原名舒庆春,字舍予。现代小说大家。代表作有长篇小说《老张的哲学》《赵子曰》《二马》《猫城记》(　　)《牛天赐传》《骆驼祥子》《四世同堂》(包括《惶惑》《偷生》《饥荒》三部)《鼓书艺人》等;中篇小说《我这一辈子》《月牙儿》等。

A.《子夜》　　B.《离婚》　　C.《寒夜》　　D.《老实人》

24. 下列事件按先后顺序排列正确的是(　　)

①八七会议召开②西安事变和平解决③“九一八事变”④红军长征的开始

A. ①③④②　　B. ①④②③　　C. ②①④③　　D. ③①②④

25. 苏州园林蕴含浓厚的中国传统思想和文化内涵,是东方造园艺术的典范,下列选项中,不属于苏州园林的是(　　)

A. 豫园　　B. 拙政园　　C. 留园　　D. 网师园

26. 制作PowerPoint课件时如需插入背景音乐,下列选项中,应该选择的素材文件是(　　)

A. 汉宫秋月. wav　　B. 夕阳箫鼓. gif

C. 平沙落雁. png　　D. 梅花三弄. jpg

27. 不能将书本上的内容采集为数字图像储存到计算机中的设备是(　　)

A. 数码相机　　B. 扫描仪　　C. 打印机　　D. 手机

28. 下列选项中,与“破釜沉舟——项羽”逻辑关系相同的是(　　)

A. 乐不思蜀——刘备　　B. 精忠报国——岳飞

C. 卧薪尝胆——夫差　　D. 纸上谈兵——赵奢

29. 从所给四个选项中,选择最合适的一个填入问号处,使之呈现一定的规律性(　　)

?

A.　　B.　　C.　　D.

二、材料分析题(本大题共3小题,每小题14分,共42分)阅读材料,并回答问题。

30. 材料:

全校闻名的“小魔王”——阳阳是我的学生,开学没几天,阳阳的问题便接踵而来,上课不专心,爱捣蛋,喜欢单腿盘坐在座位上,书包随意扔在地上,和同学闹矛盾后就动手打人……如何改变他的这些毛病呢?我利用两周的时间认真观察阳阳,发现他有许多的毛病,但也有不少优点,比如酷爱阅读。于是,我请他在全班交流读书心得,阳阳非常高兴地接受了任务。他利用课余时间认真查阅资料确定内容,反复练习讲解,阳阳在班上的读书交流获得成功。此外,我让阳阳担任